2023年最新版

人資人員常用法典

李聰成◎編著

五南圖書出版公司 印行

目　錄
Contents

PART ① 職業訓練

職業訓練法

民國 104 年 7 月 1 日總統令修正公布。

第一章　總　則

第 1 條

為實施職業訓練，以培養國家建設技術人力，提高工作技能，促進國民就業，特制定本法。

第 2 條

本法所稱主管機關：在中央為勞動部；在直轄市為直轄市政府；在縣（市）為縣（市）政府。

第 3 條

本法所稱職業訓練，指為培養及增進工作技能而依本法實施之訓練。

職業訓練之實施，分為養成訓練、技術生訓練、進修訓練及轉業訓練。

主管機關得將前項所定養成訓練及轉業訓練之職業訓練事項，委任所屬機關（構）或委託職業訓練機構、相關機關（構）、學校、團體或事業機構辦理。

接受前項委任或委託辦理職業訓練之資格條件、方式及其他應遵行事項之辦法，由中央主管機關定之。

第 4 條

職業訓練應與職業教育、補習教育及就業服務，配合實施。

第 4-1 條

中央主管機關應協調、整合各中央目的事業主管機關所定之職能基準、訓練課程、能力鑑定規範與辦理職業訓練等服務資訊，以推動國民就業所需之職業訓練及技能檢定。

第二章　職業訓練機構

第 5 條

職業訓練機構包括左列三類：

一、政府機關設立者。

二、事業機構、學校或社團法人等團體附設者。

三、以財團法人設立者。

第 6 條

職業訓練機構之設立，應經中央主管機關登記或許可；停辦或解散時，應報中央主管機關核備。

職業訓練機構，依其設立目的，辦理訓練；並得接受委託，辦理訓練。

職業訓練機構之設立及管理辦法，由中央主管機關定之。

第三章　職業訓練之實施

第一節　養成訓練

第 7 條

養成訓練，係對十五歲以上或國民中學畢業之國民，所實施有系統之職前訓練。

第 8 條

養成訓練，除本法另有規定外，由職業訓練機構辦理。

第 9 條

經中央主管機關公告職類之養成訓練，應依中央主管機關規定之訓練課程、時數及應具設備辦理。

第 10 條

養成訓練期滿，經測驗成績及格者，由辦理職業訓練之機關（構）、學校、團體或事業機構發給結訓證書。

第二節 技術生訓練

第 11 條

技術生訓練，係事業機構為培養其基層技術人力，招收十五歲以上或國民中學畢業之國民，所實施之訓練。

技術生訓練之職類及標準，由中央主管機關訂定公告之。

第 12 條

事業機構辦理技術生訓練，應先擬訂訓練計畫，並依有關法令規定，與技術生簽訂書面訓練契約。

第 13 條

主管機關對事業機構辦理技術生訓練，應予輔導及提供技術協助。

第 14 條

技術生訓練期滿，經測驗成績及格者，由事業機構發給結訓證書。

第三節 進修訓練

第 15 條

進修訓練，係為增進在職技術員工專業技能與知識，以提高勞動生產力所實施之訓練。

第 16 條

進修訓練，由事業機構自行辦理、委託辦理或指派其參加國內外相關之專業訓練。

第 17 條

事業機構辦理進修訓練，應於年度終了後二個月內將辦理情形，報主管機關備查。

第四節 轉業訓練

第 18 條

轉業訓練，係為職業轉換者獲得轉業所需之工作技能與知識，所實施之

訓練。

第 19 條

主管機關為因應社會經濟變遷，得辦理轉業訓練需要之調查及受理登記，配合社會福利措施，訂定訓練計畫。

主管機關擬定前項訓練計畫時，關於農民志願轉業訓練，應會商農業主管機關訂定。

第 20 條

轉業訓練，除本法另有規定外，由職業訓練機構辦理。

第五節　　（刪除）

第 21 條至第 23 條（刪除）

第四章　　職業訓練師

第 24 條

職業訓練師，係指直接擔任職業技能與相關知識教學之人員。

職業訓練師之名稱、等級、資格、甄審及遴聘辦法，由中央主管機關定之。

第 25 條

職業訓練師經甄審合格者，其在職業訓練機構之教學年資，得與同等學校教師年資相互採計。其待遇並得比照同等學校教師。

前項採計及比照辦法，由中央主管機關會同教育主管機關定之。

第 26 條

中央主管機關，得指定職業訓練機構，辦理職業訓練師之養成訓練、補充訓練及進修訓練。

前項職業訓練師培訓辦法，由中央主管機關定之。

第五章　事業機構辦理訓練之費用

第 27 條

應辦職業訓練之事業機構，其每年實支之職業訓練費用，不得低於當年度營業額之規定比率。其低於規定比率者，應於規定期限內，將差額繳交中央主管機關設置之職業訓練基金，以供統籌辦理職業訓練之用。

前項事業機構之業別、規模、職業訓練費用比率、差額繳納期限及職業訓練基金之設置、管理、運用辦法，由行政院定之。

第 28 條

前條事業機構，支付職業訓練費用之項目如左：

一、自行辦理或聯合辦理訓練費用。

二、委託辦理訓練費用。

三、指派參加訓練費用。

前項費用之審核辦法，由中央主管機關定之。

第 29 條

依第二十七條規定，提列之職業訓練費用，應有獨立之會計科目，專款專用，並以業務費用列支。

第 30 條

應辦職業訓練之事業機構，須於年度終了後二個月內將職業訓練費用動支情形，報主管機關審核。

第六章　技能檢定、發證及認證

第 31 條

為提高技能水準，建立證照制度，應由中央主管機關辦理技能檢定。

前項技能檢定，必要時中央主管機關得委託或委辦有關機關（構）、團體辦理。

第 31-1 條

中央目的事業主管機關或依法設立非以營利為目的之全國性專業團體，得向中央主管機關申請技能職類測驗能力之認證。

前項認證業務，中央主管機關得委託非以營利為目的之專業認證機構辦理。

前二項機關、團體、機構之資格條件、審查程序、審查費數額、認證職類、等級與期間、終止委託及其他管理事項之辦法，由中央主管機關定之。

第 31-2 條

依前條規定經認證之機關、團體（以下簡稱經認證單位），得辦理技能職類測驗，並對測驗合格者，核發技能職類證書。

前項證書之效力比照技術士證，其等級比照第三十二條規定；發證及管理之辦法，由中央主管機關定之。

第 32 條

辦理技能檢定之職類，依其技能範圍及專精程度，分甲、乙、丙三級；不宜分三級者，由中央主管機關定之。

第 33 條

技能檢定合格者稱技術士，由中央主管機關統一發給技術士證。

技能檢定題庫之設置與管理、監評人員之甄審訓練與考核、申請檢定資格、學、術科測試委託辦理、術科測試場地機具、設備評鑑與補助、技術士證發證、管理及對推動技術士證照制度獎勵等事項，由中央主管機關另以辦法定之。

技能檢定之職類開發、規範製訂、試題命製與閱卷、測試作業程序、學科監場、術科監評及試場須知等事項，由中央主管機關另以規則定之。

第 34 條

進用技術性職位人員，取得乙級技術士證者，得比照專科學校畢業程度遴用；取得甲級技術士證者，得比照大學校院以上畢業程度遴用。

第 35 條
技術上與公共安全有關業別之事業機構，應僱用一定比率之技術士；其業別及比率由行政院定之。

第七章　輔導及獎勵

第 36 條
主管機關得隨時派員查察職業訓練機構及事業機構辦理職業訓練情形。
職業訓練機構或事業機構，對前項之查察不得拒絕，並應提供相關資料。

第 37 條
主管機關對職業訓練機構或事業機構辦理職業訓練情形，得就考核結果依左列規定辦理：
一、著有成效者，予以獎勵。
二、技術不足者，予以指導。
三、經費困難者，酌予補助。

第 38 條
私人、團體或事業機構，捐贈財產辦理職業訓練，或對職業訓練有其他特殊貢獻者，應予獎勵。

第 38-1 條
中央主管機關為鼓勵國民學習職業技能，提高國家職業技能水準，應舉辦技能競賽。
前項技能競賽之實施、委任所屬機關（構）或委託有關機關（構）、團體辦理、裁判人員遴聘、選手資格與限制、競賽規則、爭議處理及獎勵等事項之辦法，由中央主管機關定之。

第八章　罰　則

第 39 條

職業訓練機構辦理不善或有違反法令或設立許可條件者，主管機關得視其情節，分別為下列處理：

一、警告。

二、限期改善。

三、停訓整頓。

四、撤銷或廢止許可。

第 39-1 條

依第三十一條之一規定經認證單位，不得有下列情形：

一、辦理技能職類測驗，為不實之廣告或揭示。

二、收取技能職類測驗規定數額以外之費用。

三、謀取不正利益、圖利自己或他人。

四、會務或財務運作發生困難。

五、依規定應提供資料，拒絕提供、提供不實或失效之資料。

六、違反中央主管機關依第三十一條之一第三項所定辦法關於資格條
　　件、審查程序或其他管理事項規定。

違反前項各款規定者，處新臺幣三萬元以上三十萬元以下罰鍰，中央主管機關並得視其情節，分別為下列處理：

一、警告。

二、限期改善。

三、停止辦理測驗。

四、撤銷或廢止認證。

經認證單位依前項第四款規定受撤銷或廢止認證者，自生效日起，不得再核發技能職類證書。

經認證單位違反前項規定或未經認證單位，核發第三十一條之二規定之技能職類證書者，處新臺幣十萬元以上一百萬元以下罰鍰。

第 39-2 條

取得技能職類證書者，有下列情形之一時，中央主管機關應撤銷或廢止其證書：

一、以詐欺、脅迫、賄賂或其他不正方法取得證書。

二、證書租借他人使用。

三、違反第三十一條之二第二項所定辦法關於證書效力等級、發證或其他管理事項規定，情節重大。

經認證單位依前條規定受撤銷或廢止認證者，其參加技能職類測驗人員於生效日前合法取得之證書，除有前項行為外，效力不受影響。

第 40 條

依第二十七條規定，應繳交職業訓練費用差額而未依規定繳交者，自規定期限屆滿之次日起，至差額繳清日止，每逾一日加繳欠繳差額百分之零點二滯納金。但以不超過欠繳差額一倍為限。

第 41 條

本法所定應繳交之職業訓練費用差額及滯納金，經通知限期繳納而逾期仍未繳納者，得移送法院強制執行。

第九章　附　則

第 42 條（刪除）

第 43 條

本法施行細則，由中央主管機關定之。

第 44 條

本法自公布日施行。

本法修正條文，除中華民國一百年十月二十五日修正之第三十一條之一、第三十一條之二、第三十九條之一及第三十九條之二自公布後一年施行外，自公布日施行。

職業訓練法施行細則

民國 101 年 5 月 30 日行政院勞工委員會令修正發布。

第 1 條

本細則依職業訓練法（以下簡稱本法）第四十三條規定訂定之。

第 2 條

本法第四條所定職業訓練及就業服務之配合實施，依下列規定辦理：

一、職業訓練機構規劃及辦理職業訓練時，應配合就業市場之需要。

二、職業訓練機構應提供未就業之結訓學員名冊，送由公立就業服務機
　　構推介就業。

三、職業訓練機構應接受公立就業服務機構之委託，辦理職業訓練。

四、職業訓練機構得接受其他機構之委託，辦理職業訓練。

第 2-1 條

中央主管機關為辦理本法第四條之一所定事項，應訂定各項服務資訊之
提供期間及方式。

各中央目的事業主管機關應依前項規定配合辦理。

第 3 條

辦理未經公告職類之養成訓練，由職業訓練機構擬具訓練計畫，同時報
請中央主管機關備查。

前項訓練計畫，應包括左列事項：

一、訓練職類及班別。

二、訓練目標。

三、受訓學員資格。

四、訓練期間。

五、訓練課程。

六、訓練時間配置及進度。

七、訓練場所。

八、訓練設備。

九、訓練方式。

十、經費概算。

第 4 條

養成訓練結訓證書應記載下列事項：

一、結訓學員姓名、身分證明文件字號及出生年、月、日。

二、訓練班別。

三、訓練起訖年、月、日。

四、訓練課程及其時數。

五、訓練單位名稱。

六、證書字號。

訓練單位依本法第三條第三項接受委託辦理養成訓練者，其結訓證書除應記載前項事項外，應再列明委託機關名稱。

第 5 條

事業機構辦理技術生訓練，應由具備左列資格之技術熟練人員擔任技術訓練及輔導工作：

一、已辦技能檢定之職類，經取得乙級以上技術士證者。

二、未辦技能檢定之職類，具有五年以上相關工作經驗者。

第 6 條

事業機構辦理技術生訓練，依本法第十二條擬訂之訓練計畫，除應依第三條第二項規定辦理外，並應包括左列事項：

一、事業機構名稱。

二、擔任技術訓練及輔導工作人員之姓名及資格。

三、配合訓練單位。

第 7 條

技術生訓練結訓證書之應記載事項，準用第四條之規定。

第 8 條（刪除）

第 9 條（刪除）

第 10 條

本法所稱年度，為各職業訓練機構依其應適用之年度。

第 11 條

私人、團體或事業機構對於職業訓練機構捐贈現金、有價證券或其他動產時，受贈機構應出具收據；捐贈不動產時，應即會同受贈機構辦理所有權移轉登記手續，並均應列帳。

第 12 條

本細則自發布日施行。

技術士技能檢定及發證辦法

民國 112 年 1 月 11 日勞動部令修正發布。

第一章　總　則

第 1 條

本辦法依職業訓練法第三十三條第二項規定訂定之。

第 2 條

中央主管機關掌理事項如下：

一、法規之訂定、修正及解釋。

二、技能檢定學科、術科題庫之建立。

三、技能檢定學科、術科收費標準之審定及支出之規定。

四、技能檢定監評人員資格甄審、訓練、考核及發證。

五、技能檢定術科測試場地及機具設備之評鑑及發證。

六、全國技能檢定計畫之訂定、公告及辦理。

七、技能檢定之專案辦理及委託辦理。

八、技術士證與證書之核發及管理。

九、技術士證照效用之協調推動。

十、辦理技能檢定優良單位及人員之獎勵。

十一、其他技能檢定業務之推動、辦理、監督、協調、稽核及考評。

第 3 條（刪除）

第 4 條

直轄市及縣（市）政府應協助中央主管機關辦理技術士證與證書之管理。

第二章　申請檢定資格

第 5 條

技能檢定職類分為甲、乙、丙三級，不宜分三級者，定為單一級。

第 6 條

年滿十五歲或國民中學畢業者，得參加丙級或單一級技術士技能檢定。
前項年齡計算，以檢定辦理單位同一梯次學科測試日期之第一日為準。

第 7 條

具有下列資格之一者，得參加乙級技術士技能檢定：

一、取得申請檢定相關職類丙級以上技術士證，並接受相關職類職業
　　訓練時數累計八百小時以上，或從事申請檢定職類相關工作二年以
　　上。

二、取得申請檢定相關職類丙級以上技術士證，並具有高級中等學校畢
　　業或同等學力證明，或高級中等學校在校最高年級。

三、取得申請檢定相關職類丙級以上技術士證，並為五年制專科三年級
　　以上、二年制及三年制專科、技術學院、大學之在校學生。

四、接受相關職類職業訓練時數累計四百小時，並從事申請檢定職類相
　　關工作三年以上。

五、接受相關職類職業訓練時數累計八百小時，並從事申請檢定職類相
　　關工作二年以上。

六、接受相關職類職業訓練時數累計一千六百小時以上。

七、接受相關職類職業訓練時數累計八百小時以上，並具有高級中等學
　　校畢業或同等學力證明。

八、接受相關職類職業訓練時數累計四百小時，並從事申請檢定職類相
　　關工作一年以上，且具有高級中等學校畢業或同等學力證明。

九、接受相關職類技術生訓練二年，並從事申請檢定職類相關工作二年
　　以上。

十、具有高級中等學校畢業或同等學力證明，並從事申請檢定職類相關

工作二年以上。

十一、具有大專校院以上畢業或同等學力證明，或大專校院以上在校最
　　　高年級。

十二、從事申請檢定職類相關工作六年以上。

前項相關職類丙級以上技術士證，由中央主管機關認定，並公告之。

第一項相關職類職業訓練及技術生訓練由中央主管機關認定，並以在職
業訓練機關（構）或政府委辦單位參訓者為限。

參加國際技能競賽或國際展能節職業技能競賽之國手培訓時數，經中央
主管機關認定，得納入第一項相關職類職業訓練時數。

第 8 條

具有下列資格之一者，得參加甲級技術士技能檢定：

一、取得申請檢定相關職類乙級以上技術士證，並從事申請檢定職類相
　　關工作二年以上。

二、取得申請檢定相關職類乙級以上技術士證，並接受相關職類職業訓
　　練時數累計八百小時以上。

三、取得申請檢定相關職類乙級以上技術士證，並接受相關職類職業訓
　　練時數累計四百小時以上者，並從事申請檢定職類相關工作一年以
　　上。

四、取得申請檢定相關職類乙級以上技術士證，並具有技術學院、大學
　　畢業或同等學力證明，且從事申請檢定職類相關工作一年以上。

五、具有專科畢業或同等學力證明，並從事應檢職類相關工作四年以
　　上。

六、具有技術學院或大學畢業或同等學力證明，並從事應檢職類相關工
　　作三年以上。

前項相關職類乙級以上技術士證，由中央主管機關認定，並公告之。

第一項相關職類職業訓練由中央主管機關認定，並以在職業訓練機關
（構）或政府委辦單位參訓者為限。

參加國際技能競賽或國際展能節職業技能競賽之國手培訓時數，經中央

主管機關認定，得納入第一項相關職類職業訓練時數。

第 9 條

前三條規定之申請檢定資格，中央目的事業主管機關另有法規規定者，從其規定。

申請檢定資格特殊之職類，由中央主管機關公告其申請檢定資格，必要時得會商中央目的事業主管機關後公告之。

第 9-1 條

前四條學歷證明之採認、訓練時數或工作年資之採計，計算至受理檢定報名當日為止。

第 10 條

同一職類級別之技能檢定，學科測試成績及術科測試成績均及格者，為檢定合格。

前項術科測試成績及格者，該測試成績自下年度起，三年內參加檢定時，得予保留。

不適用前二項規定之職類，由中央主管機關公告檢定合格方式。

第二項保留年限，得扣除暫停辦理檢定之年限，或配合停辦之職類縮短保留年限。

第 10-1 條（刪除）

第 11 條

參加技能競賽之下列人員，得向中央主管機關申請免術科測試：

一、國際技能組織主辦之國際技能競賽、國際奧林匹克身心障礙聯合會主辦之國際展能節職業技能競賽，獲得前三名或優勝獎，自獲獎日起五年內參加相關職類各級技能檢定者。

二、中央主管機關主辦之全國技能競賽或全國身心障礙者技能競賽成績及格，自及格日起三年內，參加相關職類乙級、丙級或單一級技能檢定者。

三、中央主管機關主辦之分區技能競賽或經認可之機關（構）、學校或

法人團體舉辦之技能及技藝競賽獲得前三名，自獲獎日起三年內，參加相關職類丙級或單一級技能檢定者。

前項得免術科測試之人員，應以獲獎日或及格日已開辦之職類擇一參加，其年限之計算依第十條第四項規定辦理。

前項得免術科測試之職類、級別及項目，由中央主管機關公告之。

第一項第三款有關經認可單位之資格條件，由中央主管機關公告之。

第三章　學、術科測試委託辦理

第 12 條

中央主管機關應於年度開始前公告辦理全國技能檢定之梯次、職類級別、報名及測試等相關事項，為非特定對象舉辦全國技能檢定。

中央主管機關於必要時，得為特定對象及特定目的辦理專案技能檢定。

中央主管機關得委任所屬下級機關或委託其他機關（構）、學校或法人團體辦理技能檢定學、術科測試試務。

第 13 條

受委任、委託辦理技能檢定術科測試試務工作單位，其術科測試採筆試非測驗題以外之方式者，其場地及機具設備應經中央主管機關評鑑合格。

第 14 條

受委任、委託辦理技能檢定單位有下列情形之一者，中央主管機關得終止委任或委託：

一、對參加技能檢定人員之資格有故意或重大過失審查不實，經查證屬實。

二、未依相關規定辦理各項試務工作，經通知限期改善，屆期仍未改善完成。

三、辦理職業訓練、技能檢定收取規定標準以外之費用或不當利益，經查證屬實。

四、未經許可將受託業務再委託其他單位。

五、違反本辦法及相關法令規定情節重大。

第 15 條

中央主管機關得委任、委託下列單位辦理所屬特定對象專案技能檢定學科、術科測試試務工作：

一、政府機關設立之職業訓練機關（構）：自行辦理受訓學員技能檢定。

二、法務部所屬矯正機關：辦理收容人技能檢定。

三、事業機構：辦理在職員工技能檢定。

四、國防部所屬機關（構）：辦理國軍人員技能檢定。

五、教育部：辦理在校生技能檢定。

六、依法設立之公會：辦理所屬廠商僱用之員工技能檢定。

七、依法設立之工會：辦理所屬會員技能檢定。

八、其他依法或經專案核准之機關（構）：辦理技能檢定。

第 16 條

受委任、委託辦理專案技能檢定之單位，應符合下列資格條件：

一、政府機關設立之職業訓練機關（構）及法務部所屬矯正機關：辦理之職類，應與訓練課程相關，且當期訓練時數至少符合下列規定：

　　（一）甲、乙級檢定：依職業訓練主管機關公告之養成訓練課程或報經職業訓練主管機關核准之養成訓練課程訓練完畢。

　　（二）丙級檢定：八十小時以上。

二、事業機構：

　　（一）依法領有登記證明文件，且營業項目與辦理技能檢定職類相關。

　　（二）內部規章訂有從事某項工作須為技能檢定合格人員，或對參加技能檢定合格人員給予核敘職級、薪給等激勵措施。

　　（三）為在職員工辦理短期訓練，報經該主管機關核准，並負擔或補助參檢費用。

三、國防部所屬機關（構）：為國軍人員辦理短期訓練報經國防部核
　　准。
四、中央教育主管機關：其辦理程序及承辦單位等事項，由中央主管機
　　關會商中央教育主管機關另定年度實施計畫規定之。
五、依法設立之公會或工會：
　　（一）章程所定任務與申辦技能檢定職類具有相關性。
　　（二）持有經主管機關核准設立之立案證書滿三年以上者。
　　（三）持有經主管機關出具證明文件確認其會務運作正常者。
　　（四）擬訂技能檢定推動計畫書及提經會員（代表）大會通過且列
　　　　　有紀錄，並報經主管機關核准者。
　　（五）備有一次可容納十人以上學科測試專用場地者。
　　（六）為其所屬會員或廠商僱用之員工辦理短期訓練，報經主管機
　　　　　關核准，並負擔或補助參檢費用。

第 17 條
申請檢定各項專案技能檢定人員，除符合第二章申請檢定資格外，並應
符合下列資格條件：
一、受訓學員：參加職業訓練機關（構）之當期學員，且申請檢定職類
　　與受訓課程內容相關。
二、收容人：參加法務部所屬矯正機關之當期學員，且申請檢定職類與
　　受訓課程內容相關。
三、在職員工：經參加短期技能訓練班結訓且參加公教人員保險或勞工
　　保險之在職員工。
四、國軍人員：經參加短期技能訓練班結訓之國軍官兵、軍事校院學生
　　及國軍單位之聘僱人員。
五、在校生：為具有學籍之在校學生。
六、公會所屬廠商僱用之員工：經參加短期技能訓練班結訓，且已參加
　　勞工保險者。
七、工會所屬會員：經參加短期技能訓練班結訓，且已參加勞工保險
　　者。

前項申請專案技能檢定人員，同一梯次以申請一職類為限。

第 18 條

辦理專案技能檢定，應以公告之全國技能檢定職類及級別為限。但術科試題測試前列入保密之職類及級別，應經中央主管機關核准，始得辦理。

第 19 條

辦理專案技能檢定之單位，除情形特殊經中央主管機關核准者外，應符合下列事項：
一、每一梯次之同一職類同一級別參加檢定人數須在十人以上。
二、甲、乙級之學科測試採筆試測驗題方式者，須配合全國技能檢定舉辦學科測試。但中央主管機關必要時，得另定各職類級別統一學科試題及測試日期。

第四章　術科測試場地機具設備評鑑與補助

第 20 條

技能檢定術科測試採筆試非測驗題以外之方式者，其場地及機具設備應先經中央主管機關評鑑。但術科測試場地設在海上、海下或空中者，其場地得不列入評鑑。

第 21 條

申請技能檢定術科測試場地及機具設備評鑑之單位，除經中央主管機關專案核定者外，應符合下列資格之一：
一、職業訓練機構：依職業訓練機構設立及管理辦法登記或許可設立，領有職業訓練機構設立證書，且其設立證書登載之訓練職類與申請評鑑職類相關者。
二、學校：經教育主管機關核准設立之公私立高級中等以上學校，並設有與評鑑職類相關科系者。
三、事業機構：依公司法或商業登記法登記，領有公司登記證明文件或

商業登記證明文件之公司行號，其所營事業與申請評鑑職類相關，且其登記資本額在新臺幣一千五百萬元以上或僱用員工人數達一百人以上者。

四、團體：

（一）設立三年以上領有登記證書，且申請評鑑職類與其會員本業相關之工會或同業公會。

（二）設立三年以上領有登記證書，且申請評鑑職類與其捐助章程所定任務相關之全國性財團法人。

五、政府機關（構）或政府輔助設立之法人機構：依政府組織法規設置之機關（構）或政府輔助設立之法人機構。

第 22 條

中央主管機關應於每年一月底前，公告辦理當年度各職類級別技能檢定術科測試場地及機具設備評鑑自評表（以下簡稱自評表）與測試場地之所在地及需求數。

中央主管機關應每月公告辦理技術士技能檢定術科測試場地及機具設備之評鑑日期、評鑑結果。

前二項情形特殊者，得另行公告辦理。

第 23 條

申請技能檢定術科測試場地及機具設備評鑑之單位，應於依據各職類級別自評表自行評鑑符合規定後，檢附下列文件及自評表一式二份向中央主管機關申請評鑑：

一、設立證明文件影本。但機關及公立學校不在此限。

二、測試場地之土地所有權狀影本或土地登記簿謄本、建築物所有權狀影本或建築物登記簿謄本。但機關、學校或得由地政資訊網際網路服務系統進行確認者，不在此限。

三、學校應檢附與申請評鑑職類級別相關科系之課程表。

四、團體應檢附經主管機關備查之會務運作相關之證明文件。

前項第二款測試場地屬租借者，應另檢附自受理申請日起二年以上期間

之租約或使用同意書。

同一場地及機具設備不得提供作為二個以上單位申請評鑑使用。

申請評鑑職類級別術科測試場地，具有獨特性、單一場地、就業市場需求、從業管理法規效用或其他情形特殊者，中央主管機關得專案核定之。

第 24 條

技能檢定術科測試場地、機具及設備評鑑之審核程序如下：

一、初審：由中央主管機關以書面審查方式為之。

二、實地評鑑：初審合格者，由中央主管機關聘請題庫命製人員或具監評人員資格者二人至三人實地評鑑，評鑑結果應填列評鑑結果表。

第 25 條

經實地評鑑合格單位，由中央主管機關核發技能檢定術科測試場地及機具設備評鑑合格證書，並載明下列事項：

一、評鑑合格者之名稱。

二、職類名稱及級別。

三、每場檢定崗位數量。

四、場地地址。

五、有效期限。

前項第一款至第四款事項或機具發生變更時，應報中央主管機關核備。

第一項第五款所稱有效期限，自發證日起算五年，場地租借期間少於五年者，有效期限與場地租約或使用同意書終止日期相同。但遇有第二十七條情事者，從其規定。

評鑑合格單位應於有效期限屆滿前三個月內重新填報自評表送中央主管機關備查。必要時，中央主管機關得隨時辦理實地評鑑。

第 26 條

中央主管機關得視經費預算編列情形，補助術科測試辦理單位技能檢定所需機具設備。

第 27 條

中央主管機關於技能檢定職類級別試題有重大修訂並更動自評表時，應於適用該新試題三個月前公告新訂自評表。

評鑑合格單位應依前項自評表重新自評，並於中央主管機關所訂期間內提出評鑑申請或填報調整情形。

第 28 條

離島地區、偏遠地區或符合第十五條第二款規定資格之單位，申請評鑑經中央主管機關核准者，不受評鑑自評表所定每場最少辦理崗位數量之限制。

符合第十五條第二款規定資格之單位，因矯治及管理需要，得向中央主管機關申請免設置自評表所定之部分場地共同設施。

第 29 條

評鑑合格單位有下列情形之一者，中央主管機關應為廢止其職類級別場地合格之處分，並註銷其合格證書：

一、場地及機具設備嚴重毀損或變更用途，致已無法辦理術科測試。

二、場地經建管、環保、消防、安全衛生或相關機關（構）檢查不符規定，經各該目的事業主管機關限期改善，屆期未改善。

三、評鑑合格後縮減場地空間、機具設備，經中央主管機關限期改善，屆期未改善。

四、拒絕接受中央主管機關委託辦理術科測試連續三次以上或五年內累計達五次以上。

五、違反第二十三條第三項規定。

六、未依第二十七條第二項規定辦理。

七、辦理技能檢定有徇私舞弊。

八、其他違反本辦法及相關法令規定情節重大。

評鑑合格單位有前項第一款、第二款情形時，應立即停止辦理技能檢定，並通知中央主管機關，未通知經查獲者，除註銷其評鑑合格證書外，不再受理其申請同職類級別場地評鑑。

第 30 條

評鑑合格單位所提供申請評鑑之資料、文件，有偽造、變造或其他虛偽不實情事者，中央主管機關得撤銷其評鑑合格證書。

第五章　監評人員資格甄審、訓練及考核

第 31 條

中央主管機關有下列情形之一者，應公告辦理監評人員資格之培訓：
一、新開發之職類級別。
二、經評估具監評人員資格者數量不足之職類級別。
三、其他有必要辦理之職類級別。

第 32 條

下列單位得向中央主管機關推派人員參加監評人員資格之培訓：
一、培訓職類之術科測試辦理單位。
二、培訓職類之技能檢定規範製訂及學、術科題庫命製人員服務單位。
三、培訓職類技能檢定術科測試場地及機具設備經評鑑合格之單位。
四、設有與培訓職類相同或相關科別之職業訓練機關（構）或學校。
五、具有與培訓職類相同技術、設備等之事業單位。
六、與培訓職類相關之職業工會、同業公會及專業團體。
七、各有關目的事業主管機關。
八、其他經中央主管機關指定者。

第 33 條

具下列資格條件之一者，得經前條單位推派或自我推薦參加監評人員資格之培訓：
一、專科學校以上畢業，現任或曾任培訓職類依法領有登記證明文件相
　　關機構之技術人員、高中（職）以上學校教師、軍事學校教官、技
　　術人員或職業訓練機關（構）訓練師，並從事與培訓職類相關工作
　　達八年以上。

二、現任或曾接受中央主管機關聘請擔任培訓職類技能檢定規範製訂或學、術科題庫命製人員。

三、由各有關目的事業主管機關或中央主管機關指定推薦具有相當學經歷之專家或主管（辦）人員。

四、取得培訓職類乙級以上技術士證，並從事相關工作達十年以上。

五、高中（職）以上學校畢業，具所開辦職類級別技術士證，並從事相關工作達十三年以上，而培訓之職類未開辦乙級檢定。

六、參加國際技能競賽或國際展能節職業技能競賽，獲得優勝以上，並從事相關工作三年以上，且競賽職類與培訓職類相關。

七、參加全國技能競賽，獲得前三名，並從事相關工作八年以上，且競賽職類與培訓職類相關。

前項單位推派或自我推薦人員之甄選，由中央主管機關公開辦理。

符合第一項所列資格條件之人員，以培訓職類相關科系畢業、實際教授培訓職類相關課程並持有培訓職類技術士證者，優先遴選參加監評人員之培訓。

前項人員參加監評人員培訓，以一個職類為限。但經中央主管機關公告者，不在此限。

擔任監評相關職類之補習班等相同性質單位之負責人或行政、教學工作者，不得參加培訓。

情形特殊之職類，其資格條件得由中央主管機關專案核定之。

第 34 條

參加監評人員資格培訓者，應全程參與培訓課程，經測試成績合格取得監評人員資格後，由中央主管機關發給監評人員資格證書。

前項證書效期自發證日起算五年。

取得第一項監評人員資格證書者，於有效期間內，得向中央主管機關申請註銷監評人員資格證書。

第 35 條

中央主管機關有下列情形之一者，應對已具有監評人員資格者辦理監評

人員研討：

一、技能檢定術科測試試題或監評標準有重大修訂之職類級別。

二、五年內未辦理監評研討之職類級別。

三、其他有必要辦理之職類級別。

第 36 條

參加監評研討之人員，應全程參與課程，並經測試成績合格，始得擔任該職類級別之監評工作。

具監評人員資格者，擔任監評相關職類之補習班等相同性質單位之負責人或行政、教學工作，不得參加前項研討。

未參加第一項研討、未全程參與或研討成績不合格者，暫停執行監評工作。

參加第一項研討之監評人員資格證書定有效期者，應重新核發資格證書，其效期自發證日起算五年。

因天災、事變或突發事件，致中央主管機關未能於效期內辦理第一項研討，得專案核定延長其資格效期六個月；必要時，得再延長之，每次最長為六個月。

第 36-1 條

具監評人員資格者報名參加其所擔任監評職類技能檢定術科測試，不得受聘擔任當梯次該職類所有場次監評工作。

第 36-2 條（刪除）

第 37 條

監評人員對於術科測試成績或因職務及業務知悉或持有之秘密事項，應保守秘密。

第 38 條

具監評人員資格者，無正當理由不得拒絕至指定術科測試場地擔任監評工作。

違反前項規定者，應停止遴聘其擔任監評工作二年。

第 39 條

具監評人員資格者有下列情形之一，經查證屬實者，中央主管機關應撤銷或廢止監評人員資格證書：

一、洩漏或盜用屬於保密性試題、評審標準、評審表、參考答案、測試成績或因職務、業務知悉或持有秘密事項之資料。

二、資格證明文件有偽造、變造或其他虛偽不實情事。

三、受有期徒刑一年以上刑之宣告確定。但過失犯不在此限。

四、以詐術、冒名頂替或其他不正當手法，參加監評人員培訓或研討。

五、其他因故意或重大疏忽致影響應檢人權益或測試事宜。

前項具監評人員資格者之證書經撤銷或廢止後，其不得再參加任何職類級別監評人員資格培訓。

第 39-1 條

具監評人員資格者有下列情形之一，經查證屬實者，中央主管機關應撤銷或廢止該職類級別監評人員資格證書：

一、擔任監評相關職類之補習班等相同性質單位之負責人或行政、教學工作。

二、應檢人為其配偶、前配偶、四親等內之血親、三親等內之姻親，應自行迴避而未迴避。

三、現任或自報名梯次首日前二年內曾任應檢人之授課人員，應自行迴避而未迴避。

四、現任應檢人機關（構）、團體、學校或事業機構之首長（負責人）或直屬長官，應自行迴避而未迴避。

五、在術科測試辦理單位專任、兼任之授課人員及協同教學業界專家，監評對象為該單位學員或學生，應自行迴避而未迴避。

六、其他有具體事實足認其執行職務有偏頗之虞，應自行迴避而未迴避。

具監評人員資格者於暫停或停止執行監評工作期間有前項第一款情形者，不予撤銷或廢止監評人員資格證書。

第一項具監評人員資格者之證書經撤銷或廢止後,其不得再參加該職類級別監評人員資格培訓。

第六章　題庫設置與管理

第 40 條

中央主管機關為統一管理技能檢定試題,應設置題庫並指定管理人員負責試題管理事項。

前項管理人員應保守秘密。

第 41 條

各職類題庫命製人員之遴聘資格,應符合下列條件之一:

一、現任或曾任大學校院助理教授以上職務,並有相關科系五年以上教學經驗者。

二、大學校院以上畢業,並有十年以上相關職類教學經驗者。

三、大專以上畢業,現任或曾任檢定相關職類,政府機關或依法領有登記證明文件相關機構技術部門或訓練部門之主管職位五年以上或非主管職位八年以上者。

四、高中職以上畢業,具有現已辦理檢定相關職類最高級別技能檢定合格者,並在相關職類有現場實務經驗十年以上者或擔任相關職業訓練工作十年以上者。

五、各級主管機關或目的事業主管機關推薦之代表。

性質特殊職類之命製人員無法依前項規定遴聘時,不受前項之限制。

每一職類題庫命製人員為六人至十二人;每人限擔任一職類題庫命製人員,但經中央主管機關專案核定者,不在此限。

第 42 條

中央主管機關遴聘前條人員,得請相關目的事業主管機關、學校、機構及團體推薦之;其經遴聘者,發給題庫命製人員聘書。

前項聘書效期,自聘任日起至當年十二月三十一日止。

第 43 條

題庫命製人員對命製過程中持有或知悉未公開之試題及其相關資料,應保守秘密,不得洩漏或據以編印書本、講義。

第 44 條

有下列情事之一者,不得遴聘為題庫命製人員,已遴聘者應予解聘:

一、投資或經營相關職類之補習班等營利單位。

二、於技能檢定相關職類之補習班等營利單位,擔任行政或教學工作。

三、違反前條規定。

第 45 條

題庫命製人員於參與命製題庫及試題使用期間,不得報名參加該職類技能檢定。但試題使用逾二年者,不在此限。

前項命製題庫及試題使用期間,題庫命製人員有下列情形之一,應予迴避:

一、題庫命製人員之配偶、前配偶、四親等內之血親或三親等內之姻親應檢者。

二、有具體事實足認其執行職務有偏頗之虞者。

違反前二項規定者,適用前條規定。

第 46 條

學、術科測試試題應由題庫管理人員密封後,點交學、術科測試辦理單位領題人員簽收,或密交辦理單位首長。

測試辦理單位相關人員於試題之領取、印製、分送等過程,應保守秘密。

第 46-1 條

保密性之學、術科試題職類級別,由中央主管機關公告之。

第七章　技術士證發證與管理

第 47 條

技能檢定合格者，由中央主管機關發給技術士證，並得應技能檢定合格者之申請，發給技術士證書。技術士證或證書毀損或遺失者，得申請換發或補發。

前項技術士證及技術士證書之發給，必要時中央主管機關得委託有關機關（構）、團體辦理。

中央主管機關得應中央目的事業主管機關之請求，於其執行法定職務必要範圍內，提供技術士名冊等相關資料。

第 48 條

技術士證應記載之事項及內容如下：

一、姓名、出生年月日及國民身分證統一編號。

二、照片。

三、職類（項）名稱及等級。

四、技術士證總編號。

五、發證機關。

六、生效日期。

七、製發日期。

八、其他經中央主管機關認定應記載事項。

技術士證書應記載姓名及前項第二款至第八款所列事項。

第 49 條

技術士證及證書不得租借他人使用。違反規定者，中央主管機關應廢止其技術士證，並註銷其技術士證書。

應檢人有下列情形之一者，撤銷其報檢資格或學、術科測試成績，並不予發證；已發技術士證及證書者，應撤銷其技術士證，並註銷其技術士證書：

一、參加技能檢定者之申請檢定資格與規定不合。

二、參加技能檢定違反學、術科測試規定。

三、冒名頂替。

四、偽造或變造應考證件。

五、擾亂試場內外秩序，經監場人員勸阻不聽。

六、以詐術或其他不正當手法，使檢定發生不正確結果。

七、其他舞弊情事。

應檢人或參與人員涉及前項所定情形之一者，中央主管機關應通知其相關學校或機關依規定究辦，其涉及刑事責任者，中央主管機關應移送檢察機關。

中央主管機關於撤銷技術士證或註銷技術士證書時，應通知相關中央目的事業主管機關。

第 50 條（刪除）

第八章　附　則

第 51 條

中央主管機關對推廣技能檢定績效優良之個人、事業機構、學校、職業訓練及就業服務機關（構），應予公開獎勵。

第 52 條（刪除）

第 53 條（刪除）

第 54 條

本辦法所定之各項書證格式，由中央主管機關定之。

第 55 條

本辦法自發布日施行。

職業訓練機構設立及管理辦法

民國 95 年 11 月 13 日行政院勞工委員會令修正發布。

第 1 條

本辦法依職業訓練法（以下簡稱本法）第六條第三項規定訂定之。

第 2 條

職業訓練機構之名稱，依下列規定：

一、政府機關設立者，依其組織法令之規定。

二、事業機構、學校、社團法人或財團法人附設者，稱職業訓練中心或
　　職業訓練所，並冠以設立主體全銜附設字樣。

三、以財團法人設立者，稱職業訓練中心或職業訓練所，並冠以財團法
　　人字樣。

依前項第三款設立之職業訓練機構所辦理之業務，除職業訓練外，並辦
理其他業務者，其機構名稱得不受前項第三款之限制。

第 3 條

職業訓練機構應置負責人，綜理業務；並設若干單位，辦理教務、輔
導、訓練技術服務、總務、人事及會計業務。但附設之職業訓練機構，
其業務得由設立主體之相關單位兼辦。

第 4 條

職業訓練機構應有專用教室、訓練場所、訓練設備及配置飲水及盥洗設
備等，並符合訓練品質規範。

專用教室面積不得少於三十平方公尺，每一學員平均使用面積不得少於
一點三平方公尺；但其他法規另有特別規定者，從其規定。

第 5 條

職業訓練機構應置職業訓練師，按其訓練容量，每十五人至少置職業訓
練師一人，未滿十五人者，以十五人計算。

前項職業訓練師，於事業機構、學校、社團法人或財團法人附設之職業
訓練機構，得由該設立主體符合職業訓練師資格之人員調充之。

第 6 條

政府機關設立職業訓練機構及公營事業機構或公立學校附設職業訓練機構，應先報請各該直接監督機關核准後，檢附下列文件，送請中央主管機關登記及發給設立證書：

一、直接監督機關核准設立文件影本。

二、負責人資料。

三、職業訓練師名冊。

四、組織及重要管理規章。

五、開辦年度之業務計畫及預算。

六、建築物完成圖說。

七、建築物使用執照及最近一年內之有效消防安全檢查合格證明文件等影本。

八、訓練設備清冊。

前項第一款規定之文件應載明訓練實施方式、訓練職類及容量。

第 7 條

財團法人設立職業訓練機構及民營事業機構、社團法人或財團法人附設職業訓練機構之許可程序，應報請申請設立職業訓練機構所在地之地方主管機關審核後，送請中央主管機關許可及發給設立證書。

第 8 條

民營事業機構、社團法人或財團法人申請附設職業訓練機構，應檢附下列文件，依前條程序申請許可：

一、申請書。

二、設立計畫書。

三、土地使用分區證明及土地使用權證明文件影本。

四、場所位置圖及配置圖。

五、符合訓練品質規範之證明文件。

六、民營事業機構附設者，其設立主體之章程、股東或董事會議事錄及營利事業登記證影本。

七、社團法人附設者,其設立主體之章程、大會會議紀錄、法人登記證書影本、立案證書及直接監督機關同意附設職業訓練機構之文件影本。

八、財團法人附設者,其設立主體之章程、董事會會議紀錄、法人登記證書及直接監督機關同意附設職業訓練機構之文件影本。

第 9 條

申請以財團法人設立職業訓練機構者,應檢附下列文件,依第七條程序申請許可:

一、申請書。

二、設立計畫書。

三、土地使用分區證明及土地使用證明文件影本。

四、場所位置圖及配置圖。

五、捐助章程或遺囑影本。

六、捐贈財產清冊及證明文件。

七、董事名冊、戶籍謄本及印鑑;設有監察人者,其名冊、戶籍謄本及印鑑。

八、法人登記證書影本及法人印鑑。

九、董事會議紀錄。

十、直接監督機關同意設立職業訓練機構之文件影本。

第 10 條

經許可設立職業訓練機構者,應於許可後二年內,檢附下列文件,依第七條程序報請中央主管機關發給設立證書:

一、許可文件影本。

二、負責人資料與身分證影本。

三、職業訓練師名冊。

四、組織及重要管理規章。

五、開辦年度之業務計畫及預算。

六、建築物完成圖說。

七、建築物使用執照及最近一年內之有效消防安全檢查合格證明文件等

影本。

八、訓練設備清冊。

未依前項期限報請核發設立證書，或有正當理由，經報請中央主管機關核准延長一年仍逾時者，依本法第三十九條規定處理之。

第 11 條

設立計畫書應記載下列事項：

一、設立目的。

二、職業訓練機構名稱及所在地。

三、設立主體名稱、所在地、負責人姓名及住所。

四、擬設訓練職類、容量、訓練實施方式、訓練期限、訓練目標及受訓
　　資格。

五、土地面積及土地使用權取得情形。

六、建築物設計及使用權取得情形。

七、訓練設備規劃情形。

八、結訓學員就業輔導規劃情形。

九、組織編制。

十、師資及學員來源。

十一、經費概算及來源。

十二、預定開辦日期。

十三、開辦後之業務發展計畫。

第 12 條

職業訓練機構申請設立分支機構者，應報其直接監督機關或地方主管機關審核後，由中央主管機關單獨發給設立證書。但以該分支機構組織、人事及財務獨立者為限。

第 13 條

設立證書應記載下列事項：

一、名稱。

二、所在地。

三、訓練實施方式。

四、訓練職類及容量。

五、負責人。

六、許可或核准機關及許可或核准文件日期、文號。

第 14 條

職業訓練機構之名稱、所在地及負責人有變更時，應報請中央主管機關變更證書之記載；其訓練實施方式、訓練職類及容量有變更時，應報請中央主管機關核定。

前項變更事項，準用第六條及第七條規定之程序辦理。

第 15 條

職業訓練機構應備置教職員名冊、員工待遇清冊、學員名冊、學員考查記錄、課程表、教學進度表、會計簿籍、訓練設備清冊、訓練規則及其他重要規章。

前項學員名冊及考查記錄，應永久保存。

第 16 條

職業訓練機構辦理訓練，除法令另有規定外，得向學員收取必要費用，並應掣給正式收據。

繳納訓練費用之學員於開訓前退訓者，職業訓練機構應依其申請退還所繳訓練費用之七成；受訓未逾全期三分之一而退訓者，退還所繳訓練費用之半數；受訓逾全期三分之一而退訓者，不退費。

第 17 條

職業訓練機構不能依原訂業務計畫書辦理訓練，必須暫停全部訓練業務時，應於停訓前一個月，將停訓事由、停訓期間及在訓學員之安排，報各該主管機關或直接監督機關核定。

直轄市、縣（市）主管機關或直接監督機關於同意停訓時應將有關資料報請中央主管機關登錄。

第一項停訓期間不得超過一年，必要時得報請各該主管機關或直接監督機關核准延長六個月。

第 18 條

職業訓練機構有下列情事之一者，主管機關得視其情節，依本法第
三十九條規定處理：

一、招訓廣告或簡章內容不實者。

二、訓練場所、訓練設備、公共設施或安全衛生設施不良者。

三、訓練教材或訓練方式違反訓練目標者。

四、收費不當者。

五、經費開支浮濫者。

六、業務陳報不實者。

七、對於主管機關查核業務不予配合或妨礙其進行者。

八、經主管機關評鑑不合格或不符訓練品質規範者。

九、其他辦理不善者。

第 19 條

主管機關依本法第三十九條規定處分時，得公開之。

第 20 條

職業訓練機構停辦或解散時，應檢附停辦或解散計畫書，記載下列事
項，報中央主管機關核定：

一、停辦或解散之事由。

二、在訓學員之安排計畫，並以自行完成訓練為原則。

三、免稅進口訓練用品及受政府機構獎助添置訓練設備之處理方法。

四、賸餘經費及學員所繳費用之處理方法。

五、預定停辦或解散日期。

第 21 條

職業訓練機構停辦、解散或撤銷許可時，中央主管機關應註銷其設立證
書。

第 22 條

本辦法自發布日施行。

PART ❷

就業服務

就業服務法

民國 107 年 11 月 28 日總統令修正公布。

第一章　總　則

第 1 條

爲促進國民就業，以增進社會及經濟發展，特制定本法；本法未規定者，適用其他法律之規定。

第 2 條

本法用詞定義如下：

一、就業服務：指協助國民就業及雇主徵求員工所提供之服務。

二、就業服務機構：指提供就業服務之機構；其由政府機關設置者，爲公立就業服務機構；其由政府以外之私人或團體所設置者，爲私立就業服務機構。

三、雇主：指聘、僱用員工從事工作者。

四、中高齡者：指年滿四十五歲至六十五歲之國民。

五、長期失業者：指連續失業期間達一年以上，且辦理勞工保險退保當日前三年內，保險年資合計滿六個月以上，並於最近一個月內有向公立就業服務機構辦理求職登記者。

第 3 條

國民有選擇職業之自由。但爲法律所禁止或限制者，不在此限。

第 4 條

國民具有工作能力者，接受就業服務一律平等。

第 5 條

爲保障國民就業機會平等，雇主對求職人或所僱用員工，不得以種族、階級、語言、思想、宗教、黨派、籍貫、出生地、性別、性傾向、年齡、婚姻、容貌、五官、身心障礙、星座、血型或以往工會會員身分爲

由，予以歧視；其他法律有明文規定者，從其規定。

雇主招募或僱用員工，不得有下列情事：

一、為不實之廣告或揭示。

二、違反求職人或員工之意思，留置其國民身分證、工作憑證或其他證明文件，或要求提供非屬就業所需之隱私資料。

三、扣留求職人或員工財物或收取保證金。

四、指派求職人或員工從事違背公共秩序或善良風俗之工作。

五、辦理聘僱外國人之申請許可、招募、引進或管理事項，提供不實資料或健康檢查檢體。

六、提供職缺之經常性薪資未達新臺幣四萬元而未公開揭示或告知其薪資範圍。

第 6 條

本法所稱主管機關：在中央為勞動部；在直轄市為直轄市政府；在縣（市）為縣（市）政府。

中央主管機關應會同原住民族委員會辦理相關原住民就業服務事項。

中央主管機關掌理事項如下：

一、全國性國民就業政策、法令、計畫及方案之訂定。

二、全國性就業市場資訊之提供。

三、就業服務作業基準之訂定。

四、全國就業服務業務之督導、協調及考核。

五、雇主申請聘僱外國人之許可及管理。

六、辦理下列仲介業務之私立就業服務機構之許可、停業及廢止許可：

　　（一）仲介外國人至中華民國境內工作。

　　（二）仲介香港或澳門居民、大陸地區人民至臺灣地區工作。

　　（三）仲介本國人至臺灣地區以外之地區工作。

七、其他有關全國性之國民就業服務及促進就業事項。

直轄市、縣（市）主管機關掌理事項如下：

一、就業歧視之認定。

二、外國人在中華民國境內工作之管理及檢查。

三、仲介本國人在國內工作之私立就業服務機構之許可、停業及廢止許可。

四、前項第六款及前款以外私立就業服務機構之管理。

五、其他有關國民就業服務之配合事項。

第 7 條

主管機關得遴聘勞工、雇主、政府機關之代表及學者專家，研議、諮詢有關就業服務及促進就業等事項；其中勞工、雇主及學者專家代表，不得少於二分之一。

前項代表單一性別，不得少於三分之一。

第 8 條

主管機關為增進就業服務工作人員之專業知識及工作效能，應定期舉辦在職訓練。

第 9 條

就業服務機構及其人員，對雇主與求職人之資料，除推介就業之必要外，不得對外公開。

第 10 條

在依法罷工期間，或因終止勞動契約涉及勞方多數人權利之勞資爭議在調解期間，就業服務機構不得推介求職人至該罷工或有勞資爭議之場所工作。

前項所稱勞方多數人，係指事業單位勞工涉及勞資爭議達十人以上，或雖未達十人而占該勞資爭議場所員工人數三分之一以上者。

第 11 條

主管機關對推動國民就業有卓越貢獻者，應予獎勵及表揚。

前項獎勵及表揚之資格條件、項目、方式及其他應遵行事項之辦法，由中央主管機關定之。

第二章　政府就業服務

第 12 條

主管機關得視業務需要，在各地設置公立就業服務機構。

直轄市、縣（市）轄區內原住民人口達二萬人以上者，得設立因應原住民族特殊文化之原住民公立就業服務機構。

前兩項公立就業服務機構設置準則，由中央主管機關定之。

第 13 條

公立就業服務機構辦理就業服務，以免費爲原則。但接受僱主委託招考人才所需之費用，得向僱主收取之。

第 14 條

公立就業服務機構對於求職人及僱主申請求職、求才登記，不得拒絕。但其申請有違反法令或拒絕提供爲推介就業所需之資料者，不在此限。

第 15 條（刪除）

第 16 條

公立就業服務機構應蒐集、整理、分析其業務區域內之薪資變動、人力供需及未來展望等資料，提供就業市場資訊。

第 17 條

公立就業服務機構對求職人應先提供就業諮詢，再依就業諮詢結果或職業輔導評量，推介就業、職業訓練、技能檢定、創業輔導、進行轉介或失業認定及轉請核發失業給付。

前項服務項目及內容，應作成紀錄。

第一項就業諮詢、職業輔導及其他相關事項之辦法，由中央主管機關定之。

第 18 條

公立就業服務機構與其業務區域內之學校應密切聯繫，協助學校辦理學生職業輔導工作，並協同推介畢業學生就業或參加職業訓練及就業後輔

導工作。

第 19 條

公立就業服務機構為輔導缺乏工作知能之求職人就業，得推介其參加職業訓練；對職業訓練結訓者，應協助推介其就業。

第 20 條

公立就業服務機構對申請就業保險失業給付者，應推介其就業或參加職業訓練。

第三章　促進就業

第 21 條

政府應依就業與失業狀況相關調查資料，策訂人力供需調節措施，促進人力資源有效運用及國民就業。

第 22 條

中央主管機關為促進地區間人力供需平衡並配合就業保險失業給付之實施，應建立全國性之就業資訊網。

第 23 條

中央主管機關於經濟不景氣致大量失業時，得鼓勵雇主協商工會或勞工，循縮減工作時間、調整薪資、辦理教育訓練等方式，以避免裁減員工；並得視實際需要，加強實施職業訓練或採取創造臨時就業機會、辦理創業貸款利息補貼等輔導措施；必要時，應發給相關津貼或補助金，促進其就業。

前項利息補貼、津貼與補助金之申請資格條件、項目、方式、期間、經費來源及其他應遵行事項之辦法，由中央主管機關定之。

第 24 條

主管機關對下列自願就業人員，應訂定計畫，致力促進其就業；必要時，得發給相關津貼或補助金：

一、獨力負擔家計者。
二、中高齡者。
三、身心障礙者。
四、原住民。
五、低收入戶或中低收入戶中有工作能力者。
六、長期失業者。
七、二度就業婦女。
八、家庭暴力被害人。
九、更生受保護人。
十、其他經中央主管機關認為有必要者。
前項計畫應定期檢討，落實其成效。
主管機關對具照顧服務員資格且自願就業者，應提供相關協助措施。
第一項津貼或補助金之申請資格、金額、期間、經費來源及其他相關事項之辦法，由主管機關定之。

第 25 條
公立就業服務機構應主動爭取適合身心障礙者及中高齡者之就業機會，並定期公告。

第 26 條
主管機關為輔導獨力負擔家計者就業，或因妊娠、分娩或育兒而離職之婦女再就業，應視實際需要，辦理職業訓練。

第 27 條
主管機關為協助身心障礙者及原住民適應工作環境，應視實際需要，實施適應訓練。

第 28 條
公立就業服務機構推介身心障礙者及原住民就業後，應辦理追蹤訪問，協助其工作適應。

第 29 條
直轄市及縣（市）主管機關應將轄區內低收入戶及中低收入戶中有工作能力者，列冊送當地公立就業服務機構，推介就業或參加職業訓練。
公立就業服務機構推介之求職人爲低收入戶、中低收入戶或家庭暴力被害人中有工作能力者，其應徵工作所需旅費，得酌予補助。

第 30 條
公立就業服務機構應與當地役政機關密切聯繫，協助推介退伍者就業或參加職業訓練。

第 31 條
公立就業服務機構應與更生保護會密切聯繫，協助推介受保護人就業或參加職業訓練。

第 32 條
主管機關爲促進國民就業，應按年編列預算，依權責執行本法規定措施。
中央主管機關得視直轄市、縣（市）主管機關實際財務狀況，予以補助。

第 33 條
雇主資遣員工時，應於員工離職之十日前，將被資遣員工之姓名、性別、年齡、住址、電話、擔任工作、資遣事由及需否就業輔導等事項，列冊通報當地主管機關及公立就業服務機構。但其資遣係因天災、事變或其他不可抗力之情事所致者，應自被資遣員工離職之日起三日內爲之。
公立就業服務機構接獲前項通報資料後，應依被資遣人員之志願、工作能力，協助其再就業。

第 33-1 條
中央主管機關得將其於本法所定之就業服務及促進就業掌理事項，委任所屬就業服務機構或職業訓練機構、委辦直轄市、縣（市）主管機關或

委託相關機關（構）、團體辦理之。

第四章　民間就業服務

第 34 條

私立就業服務機構及其分支機構，應向主管機關申請設立許可，經發給許可證後，始得從事就業服務業務；其許可證並應定期更新之。

未經許可，不得從事就業服務業務。但依法設立之學校、職業訓練機構或接受政府機關委託辦理訓練、就業服務之機關（構），為其畢業生、結訓學員或求職人免費辦理就業服務者，不在此限。

第一項私立就業服務機構及其分支機構之設立許可條件、期間、廢止許可、許可證更新及其他管理事項之辦法，由中央主管機關定之。

第 35 條

私立就業服務機構得經營下列就業服務業務：

一、職業介紹或人力仲介業務。

二、接受委任招募員工。

三、協助國民釐定生涯發展計畫之就業諮詢或職業心理測驗。

四、其他經中央主管機關指定之就業服務事項。

私立就業服務機構經營前項就業服務業務得收取費用；其收費項目及金額，由中央主管機關定之。

第 36 條

私立就業服務機構應置符合規定資格及數額之就業服務專業人員。

前項就業服務專業人員之資格及數額，於私立就業服務機構許可及管理辦法中規定之。

第 37 條

就業服務專業人員不得有下列情事：

一、允許他人假藉本人名義從事就業服務業務。

二、違反法令執行業務。

第 38 條

辦理下列仲介業務之私立就業服務機構，應以公司型態組織之。但由中央主管機關設立，或經中央主管機關許可設立、指定或委任之非營利性機構或團體，不在此限：

一、仲介外國人至中華民國境內工作。

二、仲介香港或澳門居民、大陸地區人民至臺灣地區工作。

三、仲介本國人至臺灣地區以外之地區工作。

第 39 條

私立就業服務機構應依規定備置及保存各項文件資料，於主管機關檢查時，不得規避、妨礙或拒絕。

第 40 條

私立就業服務機構及其從業人員從事就業服務業務，不得有下列情事：

一、辦理仲介業務，未依規定與雇主或求職人簽訂書面契約。

二、為不實或違反第五條第一項規定之廣告或揭示。

三、違反求職人意思，留置其國民身分證、工作憑證或其他證明文件。

四、扣留求職人財物或收取推介就業保證金。

五、要求、期約或收受規定標準以外之費用，或其他不正利益。

六、行求、期約或交付不正利益。

七、仲介求職人從事違背公共秩序或善良風俗之工作。

八、接受委任辦理聘僱外國人之申請許可、招募、引進或管理事項，提供不實資料或健康檢查檢體。

九、辦理就業服務業務有恐嚇、詐欺、侵占或背信情事。

十、違反雇主或勞工之意思，留置許可文件、身分證件或其他相關文件。

十一、對主管機關規定之報表，未依規定填寫或填寫不實。

十二、未依規定辦理變更登記、停業申報或換發、補發證照。

十三、未依規定揭示私立就業服務機構許可證、收費項目及金額明細表、就業服務專業人員證書。

十四、經主管機關處分停止營業，其期限尚未屆滿即自行繼續營業。

十五、辦理就業服務業務，未善盡受任事務，致雇主違反本法或依本法
　　　所發布之命令，或致勞工權益受損。

十六、租借或轉租私立就業服務機構許可證或就業服務專業人員證書。

十七、接受委任引進之外國人入國三個月內發生行蹤不明之情事，並於
　　　一年內達一定之人數及比率者。

十八、對求職人或受聘僱外國人有性侵害、人口販運、妨害自由、重傷
　　　害或殺人行為。

十九、知悉受聘僱外國人疑似遭受雇主、被看護者或其他共同生活之
　　　家屬、雇主之代表人、負責人或代表雇主處理有關勞工事務之人
　　　為性侵害、人口販運、妨害自由、重傷害或殺人行為，而未於
　　　二十四小時內向主管機關、入出國管理機關、警察機關或其他司
　　　法機關通報。

二十、其他違反本法或依本法所發布之命令。

前項第十七款之人數、比率及查核方式等事項，由中央主管機關定之。

第 41 條

接受委託登載或傳播求才廣告者，應自廣告之日起，保存委託者之姓名
或名稱、住所、電話、國民身分證統一編號或事業登記字號等資料二個
月，於主管機關檢查時，不得規避、妨礙或拒絕。

第五章　外國人之聘僱與管理

第 42 條

為保障國民工作權，聘僱外國人工作，不得妨礙本國人之就業機會、勞
動條件、國民經濟發展及社會安定。

第 43 條

除本法另有規定外，外國人未經雇主申請許可，不得在中華民國境內工
作。

第 44 條

任何人不得非法容留外國人從事工作。

第 45 條

任何人不得媒介外國人非法爲他人工作。

第 46 條

雇主聘僱外國人在中華民國境內從事之工作，除本法另有規定外，以下列各款爲限：

一、專門性或技術性之工作。

二、華僑或外國人經政府核准投資或設立事業之主管。

三、下列學校教師：

　　（一）公立或經立案之私立大專以上校院或外國僑民學校之教師。

　　（二）公立或已立案之私立高級中等以下學校之合格外國語文課程教師。

　　（三）公立或已立案私立實驗高級中等學校雙語部或雙語學校之學科教師。

四、依補習及進修教育法立案之短期補習班之專任教師。

五、運動教練及運動員。

六、宗教、藝術及演藝工作。

七、商船、工作船及其他經交通部特許船舶之船員。

八、海洋漁撈工作。

九、家庭幫傭及看護工作。

十、爲因應國家重要建設工程或經濟社會發展需要，經中央主管機關指定之工作。

十一、其他因工作性質特殊，國內缺乏該項人才，在業務上確有聘僱外國人從事工作之必要，經中央主管機關專案核定者。

從事前項工作之外國人，其工作資格及審查標準，除其他法律另有規定外，由中央主管機關會商中央目的事業主管機關定之。

雇主依第一項第八款至第十款規定聘僱外國人，須訂立書面勞動契約，

並以定期契約為限；其未定期限者，以聘僱許可之期限為勞動契約之期限。續約時，亦同。

第 47 條

雇主聘僱外國人從事前條第一項第八款至第十一款規定之工作，應先以合理勞動條件在國內辦理招募，經招募無法滿足其需要時，始得就該不足人數提出申請，並應於招募時，將招募全部內容通知其事業單位之工會或勞工，並於外國人預定工作之場所公告之。

雇主依前項規定在國內辦理招募時，對於公立就業服務機構所推介之求職人，非有正當理由，不得拒絕。

第 48 條

雇主聘僱外國人工作，應檢具有關文件，向中央主管機關申請許可。但有下列情形之一，不須申請許可：

一、各級政府及其所屬學術研究機構聘請外國人擔任顧問或研究工作者。

二、外國人與在中華民國境內設有戶籍之國民結婚，且獲准居留者。

三、受聘僱於公立或經立案之私立大學進行講座、學術研究經教育部認可者。

前項申請許可、廢止許可及其他有關聘僱管理之辦法，由中央主管機關會商中央目的事業主管機關定之。

第一項受聘僱外國人入境前後之健康檢查管理辦法，由中央衛生主管機關會商中央主管機關定之。

前項受聘僱外國人入境後之健康檢查，由中央衛生主管機關指定醫院辦理之；其受指定之資格條件、指定、廢止指定及其他管理事項之辦法，由中央衛生主管機關定之。

受聘僱之外國人健康檢查不合格經限令出國者，雇主應即督促其出國。

中央主管機關對從事第四十六條第一項第八款至第十一款規定工作之外國人，得規定其國別及數額。

第 48-1 條

本國僱主於第一次聘僱外國人從事家庭看護工作或家庭幫傭前，應參加主管機關或其委託非營利組織辦理之聘前講習，並於申請許可時檢附已參加講習之證明文件。

前項講習之對象、內容、實施方式、受委託辦理之資格、條件及其他應遵行事項之辦法，由中央主管機關定之。

第 49 條

各國駐華使領館、駐華外國機構、駐華各國際組織及其人員聘僱外國人工作，應向外交部申請許可；其申請許可、廢止許可及其他有關聘僱管理之辦法，由外交部會商中央主管機關定之。

第 50 條

僱主聘僱下列學生從事工作，得不受第四十六條第一項規定之限制；其工作時間除寒暑假外，每星期最長為二十小時：

一、就讀於公立或已立案私立大專校院之外國留學生。

二、就讀於公立或已立案私立高級中等以上學校之僑生及其他華裔學生。

第 51 條

僱主聘僱下列外國人從事工作，得不受第四十六條第一項、第三項、第四十七條、第五十二條、第五十三條第三項、第四項、第五十七條第五款、第七十二條第四款及第七十四條規定之限制，並免依第五十五條規定繳納就業安定費：

一、獲准居留之難民。

二、獲准在中華民國境內連續受聘僱從事工作，連續居留滿五年，品行端正，且有住所者。

三、經獲准與其在中華民國境內設有戶籍之直系血親共同生活者。

四、經取得永久居留者。

前項第一款、第三款及第四款之外國人得不經僱主申請，逕向中央主管

機關申請許可。

外國法人為履行承攬、買賣、技術合作等契約之需要，須指派外國人在中華民國境內從事第四十六條第一項第一款或第二款契約範圍內之工作，於中華民國境內未設立分公司或代表人辦事處者，應由訂約之事業機構或授權之代理人，依第四十八條第二項及第三項所發布之命令規定申請許可。

第 52 條

聘僱外國人從事第四十六條第一項第一款至第七款及第十一款規定之工作，許可期間最長為三年，期滿有繼續聘僱之需要者，雇主得申請展延。

聘僱外國人從事第四十六條第一項第八款至第十款規定之工作，許可期間最長為三年。有重大特殊情形者，雇主得申請展延，其情形及期間由行政院以命令定之。但屬重大工程者，其展延期間，最長以六個月為限。

前項每年得引進總人數，依外籍勞工聘僱警戒指標，由中央主管機關邀集相關機關、勞工、雇主、學者代表協商之。

受聘僱之外國人於聘僱許可期間無違反法令規定情事而因聘僱關係終止、聘僱許可期間屆滿出國或因健康檢查不合格經返國治療再檢查合格者，得再入國工作。但從事第四十六條第一項第八款至第十款規定工作之外國人，其在中華民國境內工作期間，累計不得逾十二年，且不適用前條第一項第二款之規定。

前項但書所定之外國人於聘僱許可期間，得請假返國，雇主應予同意；其請假方式、日數、程序及其他相關事項之辦法，由中央主管機關定之。

從事第四十六條第一項第九款規定家庭看護工作之外國人，且經專業訓練或自力學習，而有特殊表現，符合中央主管機關所定之資格、條件者，其在中華民國境內工作期間累計不得逾十四年。

前項資格、條件、認定方式及其他相關事項之標準，由中央主管機關會

商中央目的事業主管機關定之。

第 53 條

雇主聘僱之外國人於聘僱許可有效期間內，如需轉換雇主或受聘僱於二以上之雇主者，應由新雇主申請許可。申請轉換雇主時，新雇主應檢附受聘僱外國人之離職證明文件。

第五十一條第一項第一款、第三款及第四款規定之外國人已取得中央主管機關許可者，不適用前項之規定。

受聘僱從事第四十六條第一項第一款至第七款規定工作之外國人轉換雇主或工作者，不得從事同條項第八款至第十一款規定之工作。

受聘僱從事第四十六條第一項第八款至第十一款規定工作之外國人，不得轉換雇主或工作。但有第五十九條第一項各款規定之情事，經中央主管機關核准者，不在此限。

前項受聘僱之外國人經許可轉換雇主或工作者，其受聘僱期間應合併計算之，並受第五十二條規定之限制。

第 54 條

雇主聘僱外國人從事第四十六條第一項第八款至第十一款規定之工作，有下列情事之一者，中央主管機關應不予核發招募許可、聘僱許可或展延聘僱許可之一部或全部；其已核發招募許可者，得中止引進：

一、於外國人預定工作之場所有第十條規定之罷工或勞資爭議情事。

二、於國內招募時，無正當理由拒絕聘僱公立就業服務機構所推介之人員或自行前往求職者。

三、聘僱之外國人行蹤不明或藏匿外國人達一定人數或比率。

四、曾非法僱用外國人工作。

五、曾非法解僱本國勞工。

六、因聘僱外國人而降低本國勞工勞動條件，經當地主管機關查證屬實。

七、聘僱之外國人妨害社區安寧秩序，經依社會秩序維護法裁處。

八、曾非法扣留或侵占所聘僱外國人之護照、居留證件或財物。

九、所聘僱外國人遣送出國所需旅費及收容期間之必要費用，經限期繳納屆期不繳納。

十、於委任招募外國人時，向私立就業服務機構要求、期約或收受不正利益。

十一、於辦理聘僱外國人之申請許可、招募、引進或管理事項，提供不實或失效資料。

十二、刊登不實之求才廣告。

十三、不符申請規定經限期補正，屆期未補正。

十四、違反本法或依第四十八條第二項、第三項、第四十九條所發布之命令。

十五、違反職業安全衛生法規定，致所聘僱外國人發生死亡、喪失部分或全部工作能力，且未依法補償或賠償。

十六、其他違反保護勞工之法令情節重大者。

前項第三款至第十六款規定情事，以申請之日前二年內發生者為限。

第一項第三款之人數、比率，由中央主管機關公告之。

第 55 條

雇主聘僱外國人從事第四十六條第一項第八款至第十款規定之工作，應向中央主管機關設置之就業安定基金專戶繳納就業安定費，作為加強辦理有關促進國民就業、提升勞工福祉及處理有關外國人聘僱管理事務之用。

前項就業安定費之數額，由中央主管機關考量國家經濟發展、勞動供需及相關勞動條件，並依其行業別及工作性質會商相關機關定之。

雇主或被看護者符合社會救助法規定之低收入戶或中低收入戶、依身心障礙者權益保障法領取生活補助費，或依老人福利法領取中低收入生活津貼者，其聘僱外國人從事第四十六條第一項第九款規定之家庭看護工作，免繳納第一項之就業安定費。

第一項受聘僱之外國人有連續曠職三日失去聯繫或聘僱關係終止之情事，經雇主依規定通知而廢止聘僱許可者，雇主無須再繳納就業安定

費。

雇主未依規定期限繳納就業安定費者，得寬限三十日；於寬限期滿仍未繳納者，自寬限期滿之翌日起至完納前一日止，每逾一日加徵其未繳就業安定費百分之零點三滯納金。但以其未繳之就業安定費百分之三十為限。

加徵前項滯納金三十日後，雇主仍未繳納者，由中央主管機關就其未繳納之就業安定費及滯納金移送強制執行，並得廢止其聘僱許可之一部或全部。

主管機關並應定期上網公告基金運用之情形及相關會議紀錄。

第 56 條

受聘僱之外國人有連續曠職三日失去聯繫或聘僱關係終止之情事，雇主應於三日內以書面載明相關事項通知當地主管機關、入出國管理機關及警察機關。但受聘僱之外國人有曠職失去聯繫之情事，雇主得以書面通知入出國管理機關及警察機關執行查察。

受聘僱外國人有遭受雇主不實之連續曠職三日失去聯繫通知情事者，得向當地主管機關申訴。經查證確有不實者，中央主管機關應撤銷原廢止聘僱許可及限令出國之行政處分。

第 57 條

雇主聘僱外國人不得有下列情事：

一、聘僱未經許可、許可失效或他人所申請聘僱之外國人。

二、以本人名義聘僱外國人為他人工作。

三、指派所聘僱之外國人從事許可以外之工作。

四、未經許可，指派所聘僱從事第四十六條第一項第八款至第十款規定工作之外國人變更工作場所。

五、未依規定安排所聘僱之外國人接受健康檢查或未依規定將健康檢查結果函報衛生主管機關。

六、因聘僱外國人致生解僱或資遣本國勞工之結果。

七、對所聘僱之外國人以強暴脅迫或其他非法之方法，強制其從事勞

動。

八、非法扣留或侵占所聘僱外國人之護照、居留證件或財物。

九、其他違反本法或依本法所發布之命令。

第 58 條

外國人於聘僱許可有效期間內，因不可歸責於雇主之原因出國、死亡或發生行蹤不明之情事經依規定通知入出國管理機關及警察機關滿六個月仍未查獲者，雇主得向中央主管機關申請遞補。

雇主聘僱外國人從事第四十六條第一項第九款規定之家庭看護工作，因不可歸責之原因，並有下列情事之一者，亦得向中央主管機關申請遞補：

一、外國人於入出國機場或收容單位發生行蹤不明之情事，依規定通知入出國管理機關及警察機關。

二、外國人於雇主處所發生行蹤不明之情事，依規定通知入出國管理機關及警察機關滿三個月仍未查獲。

三、外國人於聘僱許可有效期間內經雇主同意轉換雇主或工作，並由新雇主接續聘僱或出國者。

前二項遞補之聘僱許可期間，以補足原聘僱許可期間為限；原聘僱許可所餘期間不足六個月者，不予遞補。

第 59 條

外國人受聘僱從事第四十六條第一項第八款至第十一款規定之工作，有下列情事之一者，經中央主管機關核准，得轉換雇主或工作：

一、雇主或被看護者死亡或移民者。

二、船舶被扣押、沈沒或修繕而無法繼續作業者。

三、雇主關廠、歇業或不依勞動契約給付工作報酬經終止勞動契約者。

四、其他不可歸責於受聘僱外國人之事由者。

前項轉換雇主或工作之程序，由中央主管機關另定之。

第 60 條

雇主所聘僱之外國人，經入出國管理機關依規定遣送出國者，其遣送所需之旅費及收容期間之必要費用，應由下列順序之人負擔：

一、非法容留、聘僱或媒介外國人從事工作者。

二、遣送事由可歸責之雇主。

三、被遣送之外國人。

前項第一款有數人者，應負連帶責任。

第一項費用，由就業安定基金先行墊付，並於墊付後，由該基金主管機關通知應負擔者限期繳納；屆期不繳納者，移送強制執行。

雇主所繳納之保證金，得檢具繳納保證金款項等相關證明文件，向中央主管機關申請返還。

第 61 條

外國人在受聘僱期間死亡，應由雇主代為處理其有關喪葬事務。

第 62 條

主管機關、入出國管理機關、警察機關、海岸巡防機關或其他司法警察機關得指派人員攜帶證明文件，至外國人工作之場所或可疑有外國人違法工作之場所，實施檢查。

對前項之檢查，雇主、雇主代理人、外國人及其他有關人員不得規避、妨礙或拒絕。

第六章 罰 則

第 63 條

違反第四十四條或第五十七條第一款、第二款規定者，處新臺幣十五萬元以上七十五萬元以下罰鍰。五年內再違反者，處三年以下有期徒刑、拘役或科或併科新臺幣一百二十萬元以下罰金。

法人之代表人、法人或自然人之代理人、受僱人或其他從業人員，因執行業務違反第四十四條或第五十七條第一款、第二款規定者，除依前項

規定處罰其行為人外，對該法人或自然人亦科處前項之罰鍰或罰金。

第 64 條

違反第四十五條規定者，處新臺幣十萬元以上五十萬元以下罰鍰。五年內再違反者，處一年以下有期徒刑、拘役或科或併科新臺幣六十萬元以下罰金。

意圖營利而違反第四十五條規定者，處三年以下有期徒刑、拘役或科或併科新臺幣一百二十萬元以下罰金。

法人之代表人、法人或自然人之代理人、受僱人或其他從業人員，因執行業務違反第四十五條規定者，除依前二項規定處罰其行為人外，對該法人或自然人亦科處各該項之罰鍰或罰金。

第 65 條

違反第五條第一項、第二項第一款、第四款、第五款、第三十四條第二項、第四十條第一項第二款、第七款至第九款、第十八款規定者，處新臺幣三十萬元以上一百五十萬元以下罰鍰。

未經許可從事就業服務業務違反第四十條第一項第二款、第七款至第九款、第十八款規定者，依前項規定處罰之。

違反第五條第一項規定經處以罰鍰者，直轄市、縣（市）主管機關應公布其姓名或名稱、負責人姓名，並限期令其改善；屆期未改善者，應按次處罰。

第 66 條

違反第四十條第一項第五款規定者，按其要求、期約或收受超過規定標準之費用或其他不正利益相當之金額，處十倍至二十倍罰鍰。

未經許可從事就業服務業務違反第四十條第一項第五款規定者，依前項規定處罰之。

第 67 條

違反第五條第二項第二款、第三款、第六款、第十條、第三十六條第一項、第三十七條、第三十九條、第四十條第一項第一款、第三款、第四

款、第六款、第十款至第十七款、第十九款、第二十款、第五十七條第五款、第八款、第九款或第六十二條第二項規定，處新臺幣六萬元以上三十萬元以下罰鍰。

未經許可從事就業服務業務違反第四十條第一項第一款、第三款、第四款、第六款或第十款規定者，依前項規定處罰之。

第 68 條

違反第九條、第三十三條第一項、第四十一條、第四十三條、第五十六條第一項、第五十七條第三款、第四款或第六十一條規定者，處新臺幣三萬元以上十五萬元以下罰鍰。

違反第五十七條第六款規定者，按被解僱或資遣之人數，每人處新臺幣二萬元以上十萬元以下罰鍰。

違反第四十三條規定之外國人，應即令其出國，不得再於中華民國境內工作。

違反第四十三條規定或有第七十四條第一項、第二項規定情事之外國人，經限期令其出國，屆期不出國者，入出國管理機關得強制出國，於未出國前，入出國管理機關得收容之。

第 69 條

私立就業服務機構有下列情事之一者，由主管機關處一年以下停業處分：

一、違反第四十條第一項第四款至第六款、第八款或第四十五條規定。

二、同一事由，受罰鍰處分三次，仍未改善。

三、一年內受罰鍰處分四次以上。

第 70 條

私立就業服務機構有下列情事之一者，主管機關得廢止其設立許可：

一、違反第三十八條、第四十條第一項第二款、第七款、第九款、第十四款、第十八款規定。

二、一年內受停業處分二次以上。

私立就業服務機構經廢止設立許可者，其負責人或代表人於五年內再行申請設立私立就業服務機構，主管機關應不予受理。

第 71 條

就業服務專業人員違反第三十七條規定者，中央主管機關得廢止其就業服務專業人員證書。

第 72 條

雇主有下列情事之一者，應廢止其招募許可及聘僱許可之一部或全部：

一、有第五十四條第一項各款所定情事之一。

二、有第五十七條第一款、第二款、第六款至第九款規定情事之一。

三、有第五十七條第三款、第四款規定情事之一，經限期改善，屆期未改善。

四、有第五十七條第五款規定情事，經衛生主管機關通知辦理仍未辦理。

五、違反第六十條規定。

第 73 條

雇主聘僱之外國人，有下列情事之一者，廢止其聘僱許可：

一、為申請許可以外之雇主工作。

二、非依雇主指派即自行從事許可以外之工作。

三、連續曠職三日失去聯繫或聘僱關係終止。

四、拒絕接受健康檢查、提供不實檢體、檢查不合格、身心狀況無法勝任所指派之工作或罹患經中央衛生主管機關指定之傳染病。

五、違反依第四十八條第二項、第三項、第四十九條所發布之命令，情節重大。

六、違反其他中華民國法令，情節重大。

七、依規定應提供資料，拒絕提供或提供不實。

第 74 條

聘僱許可期間屆滿或經依前條規定廢止聘僱許可之外國人，除本法另有

規定者外，應即令其出國，不得再於中華民國境內工作。

受聘僱之外國人有連續曠職三日失去聯繫情事者，於廢止聘僱許可前，入出國業務之主管機關得即令其出國。

有下列情事之一者，不適用第一項關於即令出國之規定：

一、依本法規定受聘僱從事工作之外國留學生、僑生或華裔學生，聘僱許可期間屆滿或有前條第一款至第五款規定情事之一。

二、受聘僱之外國人於受聘僱期間，未依規定接受定期健康檢查或健康檢查不合格，經衛生主管機關同意其再檢查，而再檢查合格。

第 75 條

本法所定罰鍰，由直轄市及縣（市）主管機關處罰之。

第 76 條

依本法所處之罰鍰，經限期繳納，屆期未繳納者，移送強制執行。

第七章　附　則

第 77 條

本法修正施行前，已依有關法令申請核准受聘僱在中華民國境內從事工作之外國人，本法修正施行後，其原核准工作期間尚未屆滿者，在屆滿前，得免依本法之規定申請許可。

第 78 條

各國駐華使領館、駐華外國機構及駐華各國際組織人員之眷屬或其他經外交部專案彙報中央主管機關之外國人，其在中華民國境內有從事工作之必要者，由該外國人向外交部申請許可。

前項外國人在中華民國境內從事工作，不適用第四十六條至第四十八條、第五十條、第五十二條至第五十六條、第五十八條至第六十一條及第七十四條規定。

第一項之申請許可、廢止許可及其他應遵行事項之辦法，由外交部會同中央主管機關定之。

第 79 條

無國籍人、中華民國國民兼具外國國籍而未在國內設籍者，其受聘僱從事工作，依本法有關外國人之規定辦理。

第 80 條

大陸地區人民受聘僱於臺灣地區從事工作，其聘僱及管理，除法律另有規定外，準用第五章相關之規定。

第 81 條

主管機關依本法規定受理申請許可及核發證照，應收取審查費及證照費；其費額，由中央主管機關定之。

第 82 條

本法施行細則，由中央主管機關定之。

第 83 條

本法施行日期，除中華民國九十一年一月二十一日修正公布之第四十八條第一項至第三項規定由行政院以命令定之，及中華民國九十五年五月五日修正之條文自中華民國九十五年七月一日施行外，自公布日施行。

就業服務法施行細則

民國 107 年 6 月 8 日勞動部令修正發布。

第 1 條

本細則依就業服務法（以下簡稱本法）第八十二條規定訂定之。

第 1-1 條

本法第五條第二項第二款所定隱私資料，包括下列類別：

一、生理資訊：基因檢測、藥物測試、醫療測試、HIV 檢測、智力測驗或指紋等。

二、心理資訊：心理測驗、誠實測試或測謊等。

三、個人生活資訊：信用紀錄、犯罪紀錄、懷孕計畫或背景調查等。

雇主要求求職人或員工提供隱私資料，應尊重當事人之權益，不得逾越基於經濟上需求或維護公共利益等特定目的之必要範圍，並應與目的間具有正當合理之關聯。

第 2 條

直轄市、縣（市）主管機關依本法第六條第四項第一款規定辦理就業歧視認定時，得邀請相關政府機關、單位、勞工團體、雇主團體代表及學者專家組成就業歧視評議委員會。

第 3 條（刪除）

第 4 條

本法第十三條所定接受雇主委託招考人才所需之費用如下：

一、廣告費。

二、命題費。

三、閱卷或評審費。

四、場地費。

五、行政事務費。

六、印刷、文具及紙張費。

七、郵寄費。

第 5 條

公立就業服務機構對於雇主或求職人依本法第十四條規定提出之求才或求職申請表件，經發現有記載不實、記載不全或違反法令時，應通知其補正。

申請人不為前項之補正者，公立就業服務機構得拒絕受理其申請。

第 6 條

本法第二十四條第一項第五款及第二十九條所稱低收入戶或中低收入戶，指依社會救助法規定認定者。

第 7 條

公立就業服務機構應定期蒐集其業務區域內之薪資變動、人力供需之狀況及分析未來展望等資料，並每三個月陳報其所屬之中央、直轄市或縣（市）主管機關。

直轄市、縣（市）主管機關應彙整前項資料，陳報中央主管機關，作為訂定人力供需調節措施之參據。

第 8 條

公立就業服務機構依本法第十七條規定提供就業諮詢時，應視接受諮詢者之生理、心理狀況及學歷、經歷等條件，提供就業建議；對於身心障礙者，並應協助其參加職業重建，或就其職業能力及意願，給予適當之就業建議與協助。

第 9 條

本法第二十四條第一項第三款、第二十五條、第二十七條及第二十八條所稱身心障礙者，指依身心障礙者權益保障法規定領有身心障礙手冊或證明者。

第 9-1 條

本法第四十八條第一項第二款所定獲准居留，包含經入出國管理機關依入出國及移民法第二十三條第一項第一款規定許可居留、第二十五條規定許可永久居留或第三十一條第四項第一款至第五款規定准予繼續居留者。

第 10 條

本法第四十九條所稱駐華外國機構，指依駐華外國機構及其人員特權暨豁免條例第二條所稱經外交部核准設立之駐華外國機構。

第 11 條

本法第五十一條第一項第三款所稱經獲准與其在中華民國境內設有戶籍之直系血親共同生活者，指經入出國管理機關以依親爲由許可居留者。但獲准與在中華民國境內設有戶籍之直系血親共同生活前，已爲中華民國國民之配偶而有第九條之一所定入出國及移民法相關規定情形者，其在中華民國境內從事工作，仍依本法第四十八條第一項第二款規定辦理。

第 12 條

本法第六十二條第一項所稱證明文件，指主管機關、入出國管理機關、警察機關、海岸巡防機關或其他司法警察機關所製發之服務證件、勞動檢查證或其他足以表明其身分之文件及實施檢查之公文函件。

主管機關、入出國管理機關、警察機關、海岸巡防機關或其他司法警察機關得視實際情形，會同當地里、鄰長，並持前項規定之證明文件，至外國人工作之場所或可疑有外國人違法工作之場所，實施檢查。

第 13 條

本法第六十九條第二款所稱同一事由，指私立就業服務機構違反本法同一條項款所規定之行爲。

第 14 條

本法第六十九條第三款及第七十條第一項第二款所稱一年內，指以最後

案件處分日往前計算一年之期間。

第 15 條
本細則自發布日施行。

公立就業服務機構設置準則

民國 92 年 7 月 14 日行政院勞工委員會令修正發布。

第 1 條

本準則依就業服務法（以下簡稱本法）第十二條第三項規定訂定之。

第 2 條

公立就業服務機構之設置，應符合本準則之規定。

公立就業服務機構得視業務區域勞動供需、經濟發展及交通狀況，設立就業服務站或就業服務台辦理就業服務。

第 3 條

公立就業服務機構掌理下列事項：

一、求職、求才登記及推介就業事項。

二、職業輔導及就業諮詢。

三、就業後追蹤及輔導工作。

四、被資遣員工再就業之協助。

五、雇主服務。

六、應屆畢業生、退伍者、更生保護會受保護人等專案就業服務。

七、職業分析、職業訓練諮詢及安排。

八、就業市場資訊蒐集、分析及提供。

九、雇主申請聘僱外國人辦理國內招募之協助。

十、特定對象之就業服務及就業促進。

十一、就業保險失業給付申請、失業認定等事項。

十二、中央主管機關委任或委辦之就業服務或促進就業事項。

十三、其他法令規定應辦理事項。

公立就業服務機構得將前項所定掌理事項，委託相關機關（構）、團體辦理之。

第 4 條

公立就業服務機構置主管一人，綜理業務；並得依實際業務需求，置若干工作人員。

前項工作人員之員額、職稱及官、職等，由主管機關另以編制表定之。

就業服務站或就業服務台所需工作人員，就前項所定公立就業服務機構編制員額內派充之。

第 5 條

公立就業服務機構所置工作人員之員額，由主管機關參考下列因素定之：

一、勞動力。

二、失業率。

三、廠商家數。

四、學校數。

五、業務量。

六、業務績效。

七、交通狀況。

八、區域發展需要。

九、財務狀況。

第 6 條

直轄市、縣（市）主管機關設置原住民公立就業服務機構，應符合本法第十二條第二項及本準則之規定，並應依原住民族工作權保障法之規定優先進用原住民。

第 7 條

本準則自發布日施行。

私立就業服務機構收費項目及金額標準

民國 106 年 4 月 6 日勞動部令修正發布。

第 1 條

本標準依就業服務法（以下簡稱本法）第三十五條第二項規定訂定之。

第 2 條

本標準收費項目定義如下：

一、登記費：辦理求職或求才登錄所需之費用。

二、介紹費：媒合求職人與雇主成立聘僱關係所需之費用。

三、職業心理測驗費：評量求職人之職業能力等所需之費用。

四、就業諮詢費：協助求職人了解其就業人格特質，釐定其就業方向所需之費用。

五、服務費：辦理經中央主管機關依本法第三十五條第一項第四款指定之就業服務事項所需之費用，包含接送外國人所需之交通費用。

第 3 條

營利就業服務機構接受雇主委任辦理就業服務業務，得向雇主收取費用之項目及金額如下：

一、登記費及介紹費：

　　（一）招募之員工第一個月薪資在平均薪資以下者，合計每一員工不得超過其第一個月薪資。

　　（二）招募之員工第一個月薪資逾平均薪資者，合計每一員工不得超過其四個月薪資。

二、服務費：每一員工每年不得超過新臺幣二千元。

前項第一款規定之平均薪資，係指中央主管機關公告之行職業別薪資調查最新一期之工業及服務業人員每月平均薪資。

第 4 條

營利就業服務機構接受本國求職人委任辦理就業服務業務，得向本國求職人收取費用之項目及金額如下：

一、登記費及介紹費：合計不得超過求職人第一個月薪資百分之五。
二、就業諮詢費：每小時不得超過新臺幣一千元。
三、職業心理測驗費：每項測驗不得超過新臺幣七百元。

第 5 條

營利就業服務機構接受外國人委任辦理從事本法第四十六條第一項第一款至第七款或第十一款規定工作之就業服務業務，得向外國人收取費用之項目及金額如下：

一、登記費及介紹費：合計不得超過外國人第一個月薪資。但求職條件特殊經外國人同意者，不在此限。
二、服務費：每年不得超過新臺幣二千元。

第 6 條

營利就業服務機構接受外國人委任辦理從事本法第四十六條第一項第八款至第十款規定工作之就業服務業務，得向外國人收取服務費。

前項服務費之金額，依外國人當次入國後在臺工作累計期間，第一年每月不得超過新臺幣一千八百元，第二年每月不得超過新臺幣一千七百元，第三年起每月不得超過新臺幣一千五百元。但曾受聘僱工作二年以上，因聘僱關係終止或聘僱許可期間屆滿出國後再入國工作，並受聘僱於同一雇主之外國人，每月不得超過新臺幣一千五百元。

前項費用不得預先收取。

第 7 條

非營利就業服務機構接受委任辦理就業服務業務，得向雇主、本國求職人或外國人收取費用之項目，適用第三條至第六條規定，收費金額以第三條至第六條規定金額百分之八十為上限。

第 8 條
本標準自發布日施行。

就業促進津貼實施辦法

民國 111 年 4 月 29 日勞動部令修正發布。

第一章　總　則

第 1 條

本辦法依就業服務法（以下簡稱本法）第二十三條第二項及第二十四條第四項規定訂定之。

第 2 條

本辦法之適用對象如下：

一、非自願離職者。

二、本法第二十四條第一項各款所列之失業者。

前項所定人員須具有工作能力及工作意願。

第 3 條

前條第一項所定人員有下列情事之一者，不適用本辦法：

一、已領取公教人員保險養老給付或勞工保險老年給付。

二、已領取軍人退休俸或公營事業退休金。

前項人員符合社會救助法低收入戶或中低收入戶資格、領取中低收入老人生活津貼或身心障礙者生活補助費者，得適用本辦法。

第 4 條

中央主管機關得視國內經濟發展、國民失業及經費運用等情形，發給下列就業促進津貼：

一、求職交通補助金。

二、臨時工作津貼。

三、職業訓練生活津貼。

前項津貼發給業務，得委任、委託公立就業服務機構或職業訓練單位辦理。

第一項津貼之停止發給，應由中央主管機關公告之。

第5條

第二條第一項所定人員，領取前條第一項第一款至第三款津貼者，除檢具國民身分證正反面影本及同意代為查詢勞工保險資料委託書外，並應附下列文件：

一、獨力負擔家計者：本人及受扶養親屬戶口名簿等戶籍資料證明文件影本；其受撫養親屬為年滿十五歲至六十五歲者，另檢具該等親屬之在學或無工作能力證明文件影本。

二、身心障礙者：身心障礙手冊或證明影本。

三、原住民：註記原住民身分之戶口名簿等戶籍資料證明文件影本。

四、低收入戶或中低收入戶：低收入戶或中低收入戶證明文件影本。

五、二度就業婦女：因家庭因素退出勞動市場之證明文件影本。

六、家庭暴力被害人：直轄市、縣（市）政府開立之家庭暴力被害人身分證明文件、保護令影本或判決書影本。

七、更生受保護人：出監證明或其他身分證明文件影本。

八、非自願離職者：原投保單位或直轄市、縣（市）主管機關開具之非自願離職證明文件影本或其他足資證明文件。

九、其他經中央主管機關規定之文件。

第二章　津貼申請及領取

第一節　求職交通補助金

第6條

第二條第一項所定人員親自向公立就業服務機構辦理求職登記後，經公立就業服務機構諮詢並開立介紹卡推介就業，而有下列情形之一者，得發給求職交通補助金：

一、其推介地點與日常居住處所距離三十公里以上。

二、為低收入戶、中低收入戶或家庭暴力被害人。

第 7 條

申請前條補助金者，應備下列文件：

一、第五條規定之文件。

二、補助金領取收據。

三、其他經中央主管機關規定之文件。

第 8 條

第六條補助金，每人每次得發給新臺幣五百元。但情形特殊者，得核實發給，每次不得超過新臺幣一千二百五十元。

前項補助金每人每年度以發給四次為限。

第 9 條

領取第六條補助金者，應於推介就業之次日起七日內，填具推介就業情形回覆卡通知公立就業服務機構，逾期未通知者，當年度不再發給。

第二節　臨時工作津貼

第 10 條

公立就業服務機構受理第二條第一項所定人員之求職登記後，經就業諮詢並推介就業，有下列情形之一者，公立就業服務機構得指派其至用人單位從事臨時性工作，並發給臨時工作津貼：

一、於求職登記日起十四日內未能推介就業。

二、有正當理由無法接受推介工作。

前項所稱正當理由，指工作報酬未達原投保薪資百分之六十，或工作地點距離日常居住處所三十公里以上者。

第一項所稱用人單位，指政府機關（構）或合法立案之非營利團體，並提出臨時工作計畫書，經公立就業服務機構審核通過者。但不包括政治團體及政黨。

用人單位應代發臨時工作津貼，並為扣繳義務人，於發給津貼時扣繳稅款。

第 11 條

用人單位申請前條津貼，應備下列文件：

一、執行臨時工作計畫之派工紀錄及領取津貼者之出勤紀錄表。

二、經費印領清冊。

三、臨時工作計畫執行報告。

四、領據。

五、其他經中央主管機關規定之文件。

第 12 條

第十條津貼發給標準，按中央主管機關公告之每小時基本工資核給，且一個月合計不超過月基本工資，最長六個月。

第 13 條

領取第十條津貼者，經公立就業服務機構推介就業時，應於推介就業之次日起七日內，填具推介就業情形回覆卡通知公立就業服務機構。期限內通知者，應徵當日給予四小時或八小時之有給求職假。

前項求職假，每週以八小時為限。

第一項人員之請假事宜，依用人單位規定辦理；用人單位未規定者，參照勞動基準法及勞工請假規則辦理。請假天數及第一項求職假應計入臨時工作期間。

第 14 條

公立就業服務機構得不定期派員實地查核臨時工作計畫執行情形。

用人單位有下列情形之一，得終止其計畫：

一、規避、妨礙或拒絕查核。

二、未依第十條第三項之臨時工作計畫書及相關規定執行，經書面限期改正，屆期未改正者。

三、違反勞工相關法令。

臨時工作計畫經終止者，公立就業服務機構應以書面限期命用人單位繳回終止後之津貼；屆期未繳回，依法移送行政執行。

第 15 條

臨時工作計畫經終止，致停止臨時工作之人員，公立就業服務機構得指派其至其他用人單位從事臨時性工作，並發給臨時工作津貼。

前項工作期間應與原從事之臨時工作合併計算。

第 16 條

申領第十條津貼者，有下列情形之一，應予撤銷、廢止、停止或不予給付臨時工作津貼：

一、於領取津貼期間已就業。

二、違反用人單位之指揮及規定，經用人單位通知公立就業服務機構停止其臨時性工作。

三、原從事之臨時性工作終止後，拒絕公立就業服務機構指派之其他臨時性工作。

四、拒絕公立就業服務機構推介就業。

第 17 條

用人單位應為從事臨時工作之人員辦理參加勞工保險、勞工職業災害保險及全民健康保險。

第三節　職業訓練生活津貼

第 18 條

第二條第一項第二款人員經公立就業服務機構就業諮詢並推介參訓，或經政府機關主辦或委託辦理之職業訓練單位甄選錄訓，其所參訓性質為各類全日制職業訓練，得發給職業訓練生活津貼。

前項所稱全日制職業訓練，應符合下列條件：

一、訓練期間一個月以上。

二、每星期訓練四日以上。

三、每日訓練日間四小時以上。

四、每月總訓練時數一百小時以上。

第 19 條

申請前條津貼者，應備下列文件，於開訓後十五日內向訓練單位提出：

一、第五條規定之文件。

二、津貼申請書。

三、其他經中央主管機關規定之文件。

第 20 條

第十八條津貼每月按基本工資百分之六十發給，最長以六個月為限。申請人為身心障礙者，最長發給一年。

第十八條津貼依受訓學員參加訓練期間以三十日為一個月計算，一個月以上始發給；超過三十日之畸零日數，應達十日以上始發給，並依下列方式辦理：

一、十日以上且訓練時數達三十小時者，發給半個月。

二、二十日以上且訓練時數達六十小時者，發給一個月。

第 21 條

申領第十八條津貼，有下列情形之一者，應予撤銷、廢止、停止或不予核發職業訓練生活津貼：

一、於領取津貼期間已就業、中途離訓或遭訓練單位退訓。

二、同時具有第二條第一項第一款及第二款身分者，未依第二十六條第二項優先請領就業保險法職業訓練生活津貼。

第四節　（刪除）

第 22 條至第 24 條（刪除）

第三章　津貼申請及領取之限制

第 25 條

第二條第一項所定人員，依本辦法、就業保險促進就業實施辦法領取之臨時工作津貼及政府機關其他同性質之津貼或補助，二年內合併領取期

間以六個月爲限。

第 26 條

第二條第一項第二款人員，依本辦法、就業保險法領取之職業訓練生活津貼及政府機關其他同性質之津貼或補助，二年內合併領取期間以六個月爲限。但申請人爲身心障礙者，以一年爲限。

前項人員同時具有第二條第一項第一款身分者，應優先請領就業保險法所定之職業訓練生活津貼。

第一項人員領取就業保險法之失業給付或職業訓練生活津貼期間，不得同時請領第十八條之津貼。

前項情形於扣除不得同時請領期間之津貼後，賸餘之職業訓練生活津貼依第二十條第二項規定辦理。

第 27 條（刪除）

第 28 條

不符合請領資格而領取津貼或有溢領情事者，發給津貼單位得撤銷或廢止，並以書面限期命其繳回已領取之津貼；屆期未繳回者，依法移送行政執行。

因不實領取津貼經依前項規定撤銷者，自撤銷之日起二年內不得申領本辦法之津貼。

第 29 條

中央主管機關、公立就業服務機構或職業訓練單位爲查核就業促進津貼執行情形，必要時得查對相關資料，領取津貼者不得規避、妨礙或拒絕。

領取津貼者違反前項規定時，發給津貼單位得予撤銷或廢止，並以書面限期命其繳回已領取之津貼；屆期未繳回者，依法移送行政執行。

第四章 附 則

第 30 條
本辦法所規定之書表、文件，由中央主管機關另定之。

第 31 條
本辦法之經費，由就業安定基金支應。

第 32 條
本辦法自發布日施行。

本辦法中華民國一百十一年四月二十九日修正發布之條文，自一百十一年五月一日施行。

青年跨域就業促進補助實施辦法

民國 111 年 5 月 3 日勞動部令修正發布。

第 1 條

本辦法依就業服務法第二十四條第四項規定訂定之。

第 2 條

本辦法適用對象為年滿十八歲至二十九歲，未在學而有就業意願且初次跨域尋職之本國籍青年（以下簡稱未就業青年）。但畢業於高級中等學校者，不受年滿十八歲之限制。

前項所稱初次跨域尋職，指於開立介紹卡推介就業前未曾參加勞工保險或勞工職業災害保險，且推介或就業地點與日常居住處所距離三十公里以上者。

未就業青年在學期間曾參加前項保險，且於開立介紹卡推介就業前未曾再參加者，視為未曾參加。

第 3 條

本辦法所定雇主，為就業保險投保單位之民營事業單位、團體或私立學校。

前項所稱團體，指依人民團體法或其他法令設立者。但不包括政治團體及政黨。

第 4 條

本辦法所定跨域就業補助，分下列四種：

一、求職交通補助金。

二、異地就業交通補助金。

三、搬遷補助金。

四、租屋補助金。

第 5 條

未就業青年親自向公立就業服務機構辦理求職登記，經諮詢及開立介紹卡推介就業，推介地點與其日常居住處所距離三十公里以上者，公立就

業服務機構得發給求職交通補助金。

第 6 條

前條之未就業青年申請求職交通補助金，應檢附下列文件：

一、補助金領取收據。

二、其他中央主管機關規定之文件。

第 7 條

求職交通補助金，每人每次得發給新臺幣五百元。但情形特殊者，得於新臺幣一千二百五十元內核實發給。

每人每年度合併領取前項補助金及依就業促進津貼實施辦法領取之求職交通補助金，以四次為限。

第 8 條

領取求職交通補助金者，應於推介就業之次日起七日內，填具推介就業情形回覆卡通知公立就業服務機構，逾期未通知者，當年度不再發給。

第 9 條

未就業青年親自向公立就業服務機構辦理求職登記，經諮詢及開立介紹卡推介就業，並符合下列情形者，得向就業當地轄區之公立就業服務機構申請核發異地就業交通補助金：

一、就業地點與原日常居住處所距離三十公里以上。

二、因就業有交通往返之事實。

三、連續三十日受僱於同一雇主。

前項第三款受僱之認定，自未就業青年到職投保就業保險生效之日起算。

第 10 條

前條之未就業青年於連續受僱滿三十日之日起九十日內，得向就業當地轄區公立就業服務機構申請異地就業交通補助金，並應檢附下列文件：

一、異地就業交通補助金申請書。

二、補助金領取收據。

三、本人名義之國內金融機構存摺封面影本。

四、本人之身分證影本。

五、同意代為查詢勞工保險資料委託書。

六、居住處所查詢同意書。

七、其他中央主管機關規定之文件。

前項之未就業青年，得於每滿三個月之日起九十日內，向就業當地轄區之公立就業服務機構申請補助金。

第 11 條

異地就業交通補助金，依下列規定核發：

一、未就業青年就業地點與原日常居住處所距離三十公里以上未滿五十公里者，每月發給新臺幣一千元。

二、未就業青年就業地點與原日常居住處所距離五十公里以上未滿七十公里者，每月發給新臺幣二千元。

三、未就業青年就業地點與原日常居住處所距離七十公里以上者，每月發給新臺幣三千元。

前項補助金最長發給十二個月。

補助期間一個月以三十日計算，其末月期間逾二十日而未滿三十日者，以一個月計算，未滿二十日者不予發給補助。

第 12 條

未就業青年親自向公立就業服務機構辦理求職登記，經諮詢及開立介紹卡推介就業，並符合下列情形者，得向就業當地轄區之公立就業服務機構申請核發搬遷補助金：

一、就業地點與原日常居住處所距離三十公里以上。

二、因就業而需搬離原日常居住處所，搬遷後有居住事實。

三、就業地點與搬遷後居住處所距離三十公里以內。

四、連續三十日受僱於同一雇主。

前項第四款受僱之認定，自未就業青年到職投保就業保險生效之日起算。

第 13 條

前條之未就業青年向就業當地轄區公立就業服務機構申請搬遷補助金者，應檢附下列文件於搬遷之日起九十日內為之：

一、搬遷補助金申請書。

二、補助金領取收據。

三、本人名義之國內金融機構存摺封面影本。

四、搬遷費用收據。

五、搬遷後居住處所之居住證明文件。

六、本人之身分證影本。

七、同意代為查詢勞工保險資料委託書。

八、居住處所查詢同意書。

九、其他中央主管機關規定之必要文件。

前項第四款所稱搬遷費用，指搬運或寄送傢俱與生活所需用品之合理必要費用。但不含包裝人工費及包裝材料費用。

第 14 條

搬遷補助金，以搬遷費用收據所列總額核實發給，最高發給新臺幣三萬元。

第 15 條

未就業青年親自向公立就業服務機構辦理求職登記，經諮詢及開立介紹卡推介就業，並符合下列情形者，得向就業當地轄區之公立就業服務機構申請核發租屋補助金：

一、就業地點與原日常居住處所距離三十公里以上。

二、因就業而需租屋，並有居住事實。

三、就業地點與租屋處所距離三十公里以內。

四、連續三十日受僱於同一雇主。

前項第四款受僱之認定，自未就業青年到職投保就業保險生效之日起算。

第 16 條

前條之未就業青年於受僱且租屋之日起九十日內，得向就業當地轄區公立就業服務機構申請租屋補助金，並應檢附下列文件：

一、租屋補助金申請書。

二、補助金領取收據。

三、本人名義之國內金融機構存摺封面影本。

四、房租繳納證明文件。

五、房屋租賃契約影本。

六、租賃房屋之建物登記第二類謄本。

七、本人之身分證影本。

八、同意代為查詢勞工保險資料委託書。

九、居住處所及租賃事實查詢同意書。

十、其他中央主管機關規定之必要文件。

前項之未就業青年，得於受僱且租屋每滿三個月之日起九十日內，向就業當地轄區之公立就業服務機構申請補助金。

第 17 條

租屋補助金，自受僱且租賃契約所記載之租賃日起，以房屋租賃契約所列租金總額之百分之六十核實發給，每月最高發給新臺幣五千元，最長十二個月。

前項補助期間一個月以三十日計算，其末月期間逾二十日而未滿三十日者，以一個月計算，未滿二十日者不予發給補助。

第 18 條

未就業青年申領租屋補助金或異地就業交通補助金，於補助期間得互相變更申領，其合併領取期間以十二個月為限。

第 19 條

未就業青年申請本辦法之補助不符申請規定之文件，經公立就業服務機構通知限期補正，屆期未補正者，不予受理。

第 20 條

中央主管機關及公立就業服務機構為查核本辦法執行情形，得查對相關資料，申請或領取補助金者不得規避、妨礙或拒絕。

第 21 條

申領異地就業交通補助金、搬遷補助金或租屋補助金者，有下列情形之一，公立就業服務機構應不予發給補助；已發給者，經撤銷後，應追還之：

一、未於公立就業服務機構推介就業之次日起七日內，填具推介就業情形回覆卡通知公立就業服務機構。

二、為雇主、事業單位負責人或房屋出租人之配偶、直系血親或三親等內之旁系血親。

三、於同一事業單位或同一負責人之事業單位離職未滿一年再受僱者。

四、搬遷後居住處所為其戶籍所在地。

五、規避、妨礙或拒絕中央主管機關或公立就業服務機構查核。

六、不實申領。

七、其他違反本辦法之規定。

領取補助金者，有前項情形之一，經公立就業服務機構書面通知限期繳回，屆期未繳回者，依法移送強制執行。

第 22 條

本辦法所規定之書表及文件，由中央主管機關定之。

第 23 條

本辦法所需經費，由就業安定基金項下支應。

中央主管機關得視預算額度之調整，發給或停止本辦法之津貼，並公告之。

第 24 條

本辦法自發布日施行。

本辦法中華民國一百十一年五月三日修正發布之條文，自一百十一年五月一日施行。

私立就業服務機構許可及管理辦法

民國 110 年 6 月 2 日勞動部令修正發布。

第一章 總 則

第 1 條
本辦法依就業服務法（以下簡稱本法）第三十四條第三項及第四十條第二項規定訂定之。

第 2 條
本法所稱私立就業服務機構，依其設立目的分為營利就業服務機構及非營利就業服務機構，其定義如下：
一、營利就業服務機構：謂依公司法所設立之公司或依商業登記法所設立之商業組織，從事就業服務業務者。
二、非營利就業服務機構：謂依法設立之財團、以公益為目的之社團或其他非以營利為目的之組織，從事就業服務業務者。

第 3 條
本法第三十五條第一項第四款所定其他經中央主管機關指定之就業服務事項如下：
一、接受雇主委任辦理聘僱外國人之招募、引進、接續聘僱及申請求才證明、招募許可、聘僱許可、展延聘僱許可、遞補、轉換雇主、轉換工作、變更聘僱許可事項、通知外國人連續曠職三日失去聯繫之核備。
二、接受雇主或外國人委任辦理在中華民國境內工作外國人之生活照顧服務、安排入出國、安排接受健康檢查、健康檢查結果函報衛生主管機關、諮詢、輔導及翻譯。
三、接受從事本法第四十六條第一項第八款至第十一款規定工作之外國人委任，代其辦理居留業務。

第 4 條

私立就業服務機構收取費用時，應掣給收據，並保存收據存根。

介紹費之收取，應於聘僱契約生效後，始得為之。

聘僱契約生效後四十日內，因可歸責於求職人之事由，致聘僱契約終止者，雇主得請求私立就業服務機構免費重行推介一次，或退還百分之五十之介紹費。

聘僱契約生效後四十日內，因可歸責於雇主之事由，致聘僱契約終止者，求職人得請求私立就業服務機構免費重行推介一次，或退還百分之五十之介紹費。

求職人或雇主已繳付登記費者，得請求原私立就業服務機構於六個月內推介三次。但經推介於聘僱契約生效或求才期限屆滿者，不在此限。

第 5 條

本法第三十六條所稱就業服務專業人員，應具備下列資格之一者：

一、經中央主管機關發給測驗合格證明，並取得就業服務專業人員證書。

二、就業服務職類技能檢定合格，經中央主管機關發給技術士證，並取得就業服務專業人員證書。

參加就業服務職類技術士技能檢定者，應具備經教育部立案或認可之國內外高中職以上學校畢業或同等學力資格。

第 5-1 條

就業服務專業人員以取得一張就業服務專業人員證書為限。

就業服務專業人員經依本法第七十一條規定廢止證書者，自廢止之日起二年內不得再行申請核發證書。

本辦法中華民國九十三年一月十三日修正發布後，取得就業服務專業人員效期證書者，由中央主管機關換發就業服務專業人員證書。

第 6 條

本法第三十六條所稱就業服務專業人員之數額如下：

一、從業人員人數在五人以下者，應置就業服務專業人員至少一人。

二、從業人員人數在六人以上十人以下者，應置就業服務專業人員至少二人。

三、從業人員人數逾十人者，應置就業服務專業人員至少三人，並自第十一人起，每逾十人應另增置就業服務專業人員一人。

私立就業服務機構或其分支機構依前項規定所置之就業服務專業人員，已為其他私立就業服務機構或分支機構之就業服務專業人員者，不計入前項所定之數額，且不得從事第七條第一項第四款所定之職責。

第 7 條

就業服務專業人員之職責如下：

一、辦理暨分析職業性向。

二、協助釐定生涯發展計畫之就業諮詢。

三、查對所屬私立就業服務機構辦理就業服務業務之各項申請文件。

四、依規定於雇主相關申請書簽證。

就業服務專業人員執行前項業務，應遵守誠實信用原則。

第 8 條

本法第三十九條所稱各項文件資料包括：

一、職員名冊應記載職員姓名、國民身分證統一編號、性別、地址、電話及到職、離職日期等事項。

二、各項收費之收據存根，含第四條第一項規定之收據存根。

三、會計帳冊。

四、求職登記及求才登記表應記載求職人或雇主名稱、地址、電話、登記日期及求職、求才條件等事項。

五、求職、求才狀況表。

六、與雇主、求職人簽訂之書面契約。

七、仲介外國人從事本法第四十六條第一項第八款至第十一款工作之外國人報到紀錄表及外國人入國工作費用及工資切結書。

八、主管機關規定之其他文件資料。

前項文件資料應保存五年。

第 9 條

私立就業服務機構，受理求職登記或推介就業，不得有下列情形：

一、推介十五歲以上未滿十六歲之童工，及十六歲以上未滿十八歲之人，從事危險性或有害性之工作。

二、受理未滿十五歲者之求職登記或為其推介就業。但國民中學畢業或經主管機關認定其工作性質及環境無礙其身心健康而許可者，不在此限。

三、推介未滿十八歲且未具備法定代理人同意書及其年齡證明文件者就業。

第 10 條

私立就業服務機構除經許可外，不得以其他形式設立分支機構，從事就業服務業務。

第二章　私立就業服務機構之許可及變更

第 11 條

辦理仲介本國人在國內工作之營利就業服務機構最低實收資本總額為新臺幣五十萬元，每增設一分支機構，應增資新臺幣二十萬元。但原實收資本總額已達增設分支機構所須之實收資本總額者，不在此限。

仲介外國人至中華民國工作、或依規定仲介香港或澳門居民、大陸地區人民至臺灣地區工作、或仲介本國人至臺灣地區以外工作之營利就業服務機構，最低實收資本總額為新臺幣五百萬元，每增設一分公司，應增資新臺幣二百萬元。但原實收資本總額已達增設分支機構所須之實收資本總額者，不在此限。

仲介外國人至中華民國工作、或依規定仲介香港或澳門居民、大陸地區人民至臺灣地區工作、或仲介本國人至臺灣地區以外工作之非營利就業服務機構，應符合下列規定：

一、依法向主管機關登記設立二年以上之財團法人或公益社團法人；其
　　為公益社團法人者，應為職業團體或社會團體。

二、申請之日前二年內，因促進社會公益、勞雇和諧或安定社會秩序等
　　情事，受主管機關或目的事業主管機關獎勵或有具體事蹟者。

第 12 條

私立就業服務機構及其分支機構之設立，應向所在地之主管機關申請許
可。但從事仲介外國人至中華民國工作、或依規定仲介香港或澳門居
民、大陸地區人民至臺灣地區工作、或仲介本國人至臺灣地區以外工作
者，應向中央主管機關申請許可。

申請設立私立就業服務機構及其分支機構者，應備下列文件申請籌設許
可：

一、申請書。

二、法人組織章程或合夥契約書。

三、營業計畫書或執行業務計畫書。

四、收費項目及金額明細表。

五、實收資本額證明文件。但非營利就業服務機構免附。

六、主管機關規定之其他文件。

主管機關於必要時，得要求申請人繳驗前項文件之正本。

經中央主管機關許可籌設之從事仲介外國人至中華民國工作、或依規定
仲介香港或澳門居民、大陸地區人民至臺灣地區工作、或仲介本國人至
臺灣地區以外工作者，應於申請設立許可前，通知當地主管機關檢查。
前項檢查項目由中央主管機關公告之。

第 13 條

前條經許可籌設者，應自核發籌設許可之日起三個月內，依法登記並應
備下列文件向主管機關申請設立許可及核發許可證：

一、申請書。

二、從業人員名冊。

三、就業服務專業人員證書及其國民身分證正反面影本。

四、公司登記、商業登記證明文件或團體立案證書影本。

五、銀行保證金之保證書正本。但分支機構、非營利就業服務機構及辦理仲介本國人在國內工作之營利就業服務機構免附。

六、經當地主管機關依前條第四項規定檢查確有籌設事實之證明書。

七、主管機關規定之其他文件。

主管機關於必要時，得要求申請人繳驗前項文件之正本。

未能於第一項規定期限內檢具文件申請者，應附其理由向主管機關申請展延，申請展延期限最長不得逾二個月，並以一次為限。

經審核合格發給許可證者，本法第三十四條第一項及第二項之許可始為完成。

經中央主管機關許可之私立就業服務機構，並得從事仲介本國人在國內工作之就業服務業務。

第 13-1 條

主管機關得自行或委託相關機關（構）、團體辦理私立就業服務機構評鑑，評鑑成績分為 A、B 及 C 三級。

前項評鑑辦理方式、等級、基準及評鑑成績優良者之表揚方式，由主管機關公告之。

第 14 條

辦理仲介外國人至中華民國工作、或依規定仲介香港或澳門居民、大陸地區人民至臺灣地區工作、或仲介本國人至臺灣地區以外工作之營利就業服務機構，依第十三條第一項第五款規定應繳交由銀行出具金額新臺幣三百萬元保證金之保證書，作為民事責任之擔保。

前項營利就業服務機構於許可證有效期間未發生擔保責任及最近一次經評鑑為 A 級者，每次許可證效期屆滿換發新證時，保證金依次遞減新臺幣一百萬元之額度。但保證金數額最低遞減至新臺幣一百萬元。

前二項營利就業服務機構發生擔保責任，經以保證金支付後，其餘額不足法定數額者，應由該機構於不足之日起一個月內補足，並於其許可證效期屆滿換發新證時，保證金數額調為新臺幣三百萬元。未補足者，由

中央主管機關廢止其設立許可。

營利就業服務機構所繳交銀行保證金之保證書，於該機構終止營業繳銷許可證或註銷許可證或經主管機關廢止設立許可之日起一年後，解除保證責任。

第 15 條

私立就業服務機構及其分支機構申請籌設許可、設立許可或重新申請設立許可有下列情形之一，主管機關應不予許可：

一、不符本法或本辦法之申請規定者。

二、機構或機構負責人、經理人、董（理）事或代表人曾違反本法第三十四條第二項或第四十五條規定，受罰鍰處分、經檢察機關起訴或法院判決有罪者。

三、機構負責人、經理人、董（理）事或代表人曾任職私立就業服務機構，因其行為致使該機構有下列情事之一者：

　　（一）違反本法第四十條第一項第四款至第九款或第四十五條規定。

　　（二）違反本法第四十條第一項第二款或第十四款規定，經限期改善，屆期未改善。

　　（三）同一事由，受罰鍰處分三次，仍未改善。

　　（四）一年內受罰鍰處分四次以上。

　　（五）一年內受停業處分二次以上。

四、機構負責人、經理人、董（理）事或代表人從事就業服務業務或假借業務上之權力、機會或方法對求職人、雇主或外國人曾犯刑法第二百二十一條至第二百二十九條、第二百三十一條至第二百三十三條、第二百九十六條至第二百九十七條、第三百零二條、第三百零四條、第三百零五條、第三百三十五條、第三百三十六條、第三百三十九條、第三百四十一條、第三百四十二條或第三百四十六條規定之罪，經檢察機關起訴或法院判決有罪者。

五、機構負責人、經理人、董（理）事或代表人曾犯人口販運防制法所

定人口販運罪，經檢察機關起訴或法院判決有罪者。

六、非營利就業服務機構曾因妨害公益，受主管機關或目的事業主管機關處罰鍰、停業或限期整理處分。

七、營利就業服務機構申請為營業處所之公司登記地址或商業登記地址，已設有私立就業服務機構者。

八、非營利就業服務機構申請之機構地址，已設有私立就業服務機構者。

九、評鑑為 C 級，經限期令其改善，屆期不改善或改善後仍未達 B 級者。

十、申請設立分支機構，未曾接受評鑑而無評鑑成績或最近一次評鑑成績為 C 級者。

十一、規避、妨礙或拒絕接受評鑑者。

十二、接受委任辦理聘僱許可，外國人入國後三個月內發生行蹤不明情事達附表一規定之人數及比率者。

前項第二款至第六款及第十二款規定情事，以申請之日前二年內發生者為限。

直轄市或縣（市）主管機關核發許可證者，不適用第一項第九款及第十二款規定。

第 15-1 條

本法第四十條第一項第十七款所稱接受委任引進之外國人入國三個月內發生行蹤不明之情事，並於一年內達一定之人數及比率者，指接受委任引進之外國人入國三個月內，發生連續曠職三日失去聯繫之情事，經廢止或不予核發聘僱許可達附表一規定之人數及比率。

中央主管機關應定期於每年三月、六月、九月及十二月，依附表一規定查核私立就業服務機構。

中央主管機關經依前項規定查核，發現私立就業服務機構達附表一規定之人數及比率者，應移送直轄市或縣（市）主管機關裁處罰鍰。

第 16 條

外國人力仲介公司辦理仲介其本國人或其他國家人民至中華民國、或依規定仲介香港或澳門居民、大陸地區人民至臺灣地區，從事本法第四十六條第一項第八款至第十款規定之工作者，應向中央主管機關申請認可。

外國人力仲介公司取得前項認可後，非依第十七條規定經主管機關許可，不得在中華民國境內從事任何就業服務業務。

第一項認可有效期間為二年；其申請應備文件如下：

一、申請書。

二、當地國政府許可從事就業服務業務之許可證或其他相關證明文件影
　　本及其中譯本。

三、最近二年無違反當地國勞工法令證明文件及其中譯本。

四、中央主管機關規定之其他文件。

前項應備文件應於申請之日前三個月內，經當地國政府公證及中華民國駐當地國使館驗證。

外國人力仲介公司申請續予認可者，應於有效認可期限屆滿前三十日內提出申請。

中央主管機關為認可第一項規定之外國人力仲介公司，得規定其國家或地區別、家數及業務種類。

第 17 條

主管機關依國內經濟、就業市場狀況，得許可外國人或外國人力仲介公司在中華民國境內設立私立就業服務機構。

外國人或外國人力仲介公司在中華民國境內設立私立就業服務機構，應依本法及本辦法規定申請許可。

第 18 條

私立就業服務機構及其分支機構變更機構名稱、地址、資本額、負責人、經理人、董（理）事或代表人等許可證登記事項前，應備下列文件向原許可機關申請變更許可：

一、申請書。
二、股東同意書或會議決議紀錄；屬外國公司在臺分公司申請變更負責
　　人時，應檢附改派在中華民國境內指定之負責人授權書。
三、許可證影本。
四、主管機關規定之其他文件。
前項經許可變更者，應自核發變更許可之日起三個月內依法辦理變更登
記，並應備下列文件向主管機關申請換發許可證：
一、申請書。
二、公司登記、商業登記證明文件或團體立案證書影本。
三、許可證正本。
四、主管機關規定之其他文件。
未能於前項規定期限內檢具文件申請者，應附其理由向主管機關申請展
延，申請展延期限最長不得逾二個月，並以一次為限。

第 19 條
私立就業服務機構及其分支機構申請變更許可，有下列情形之一，主管
機關應不予許可：
一、申請變更後之機構負責人、經理人、董（理）事或代表人，曾違反
　　本法第三十四條第二項或第四十五條規定，受罰鍰處分、經檢察機
　　關起訴或法院判決有罪者。
二、申請變更後之機構負責人、經理人、董（理）事或代表人，曾任職
　　私立就業服務機構，因執行業務致使該機構有下列情事之一者：
　　（一）違反本法第四十條第一項第四款至第九款或第四十五條規
　　　　　定。
　　（二）違反本法第四十條第一項第二款或第十四款規定，經限期改
　　　　　善，屆期未改善。
　　（三）同一事由，受罰鍰處分三次，仍未改善。
　　（四）一年內受罰鍰處分四次以上。
　　（五）一年內受停業處分二次以上。

三、申請變更後之機構負責人、經理人、董（理）事或代表人從事就
　　業服務業務或假借業務上之權力、機會或方法對求職人、雇主或外
　　國人曾犯刑法第二百二十一條至第二百二十九條、第二百三十一條
　　至第二百三十三條、第二百九十六條至第二百九十七條、第三百
　　零二條、第三百零四條、第三百零五條、第三百三十五條、第
　　三百三十六條、第三百三十九條、第三百四十一條、第三百四十二
　　條或第三百四十六條規定之罪，經檢察機關起訴或法院判決有罪
　　者。
四、申請變更後之機構負責人、經理人、董（理）事或代表人曾犯人口
　　販運防制法所定人口販運罪，經檢察機關起訴或法院判決有罪者。
五、營利就業服務機構申請變更後之營業處所之公司登記地址或商業登
　　記地址，已設有私立就業服務機構者。
六、非營利就業服務機構申請變更後之機構地址，已設有私立就業服
　　務機構者。
七、未依前條規定申請變更許可者。
前項第一款至第四款規定情事，以申請之日前二年內發生者為限。

第三章　私立就業服務機構之管理

第 20 條
私立就業服務機構為雇主辦理聘僱外國人或香港或澳門居民、大陸地區
人民在臺灣地區工作之申請許可、招募、引進、接續聘僱或管理事項
前，應與雇主簽訂書面契約。辦理重新招募或聘僱時亦同。
前項書面契約應載明下列事項：
一、費用項目及金額。
二、收費及退費方式。
三、外國人或香港或澳門居民、大陸地區人民未能向雇主報到之損害賠
　　償事宜。
四、外國人或香港或澳門居民、大陸地區人民入國後之交接、安排接受

健康檢查及健康檢查結果函報衛生主管機關事宜。

五、外國人或香港或澳門居民、大陸地區人民之遣返、遞補、展延及管
　　理事宜。

六、違約之損害賠償事宜。

七、中央主管機關規定之其他事項。

雇主聘僱外國人從事本法第四十六條第一項第九款規定之家庭幫傭或看
護工作，第一項之書面契約，應由雇主親自簽名。

第 21 條

私立就業服務機構為從事本法第四十六條第一項第八款至第十一款規定
工作之外國人，辦理其在中華民國境內工作之就業服務事項，應與外國
人簽訂書面契約，並載明下列事項：

一、服務項目。

二、費用項目及金額。

三、收費及退費方式。

四、中央主管機關規定之其他事項。

外國人從事本法第四十六條第一項第九款規定之家庭幫傭或看護工作，
前項之書面契約，應由外國人親自簽名。

第一項契約應作成外國人所瞭解之譯本。

第 22 條

主管機關依第十七條規定許可外國人或外國人力仲介公司在中華民國境
內設立之私立就業服務機構，其負責人離境前，應另指定代理人，並
將其姓名、國籍、住所或居所及代理人之同意書，向原許可機關辦理登
記。

第 23 條

私立就業服務機構之就業服務專業人員異動時，應自異動之日起三十日
內，檢附下列文件報請原許可機關備查：

一、就業服務專業人員異動申請表。

二、異動後之從業人員名冊。

三、新聘就業服務專業人員證書及其國民身分證正反面影本。

四、主管機關規定之其他文件。

第 24 條

私立就業服務機構之許可證，不得租借或轉讓。

前項許可證或就業服務專業人員證書污損者，應繳還原證，申請換發新證；遺失者，應備具結書及申請書，並載明原證字號，申請補發遺失證明書。

第 25 條

私立就業服務機構許可證有效期限為二年，有效期限屆滿前三十日內，應備下列文件重新申請設立許可及換發許可證：

一、申請書。

二、從業人員名冊。

三、公司登記、商業登記證明文件或團體立案證書影本。

四、銀行保證金之保證書正本。但分支機構、非營利就業服務機構及辦理仲介本國人在國內工作之營利就業服務機構免附。

五、申請之日前二年內，曾違反本法規定受罰鍰處分者，檢附當地主管機關所開具已繳納罰鍰之證明文件。

六、許可證正本。

七、主管機關規定之其他文件。

未依前項規定申請許可者，應依第二十七條之規定辦理終止營業，並繳銷許可證。未辦理或經不予許可者，由主管機關註銷其許可證。

第 26 條

私立就業服務機構暫停營業一個月以上者，應於停止營業之日起十五日內，向原許可機關申報備查。

前項停業期間最長不得超過一年；復業時應於十五日內申報備查。

第 27 條

私立就業服務機構終止營業時，應於辦妥解散、變更營業項目或歇業登記之日起三十日內，向原許可機關繳銷許可證。未辦理者，由主管機關廢止其設立許可。

第 28 條

私立就業服務機構應將許可證、收費項目及金額明細表、就業服務專業人員證書，揭示於營業場所內之明顯位置。

第 29 條

私立就業服務機構於從事職業介紹、人才仲介及甄選服務時，應告知所推介工作之內容、薪資、工時、福利及其他有關勞動條件。

私立就業服務機構接受委任仲介從事本法第四十六條第一項第八款至第十款規定工作之外國人，應向雇主及外國人告知本法或依本法發布之命令所規定之事項。

第 30 條

私立就業服務機構應於每季終了十日內，填報求職、求才狀況表送直轄市或縣（市）主管機關。

直轄市及縣（市）主管機關應於每季終了二十日內彙整前項資料，層報中央主管機關備查。

第 31 條

第十六條之外國人力仲介公司或其從業人員從事就業服務業務有下列情形之一，中央主管機關得不予認可、廢止或撤銷其認可：

一、不符申請規定經限期補正，屆期未補正者。

二、逾期申請續予認可者。

三、經其本國廢止或撤銷營業執照或從事就業服務之許可者。

四、違反第十六條第二項規定者。

五、申請認可所載事項或所繳文件有虛偽情事者。

六、接受委任辦理就業服務業務，違反本法第四十五條規定，或有提供

不實資料或外國人健康檢查檢體者。

七、辦理就業服務業務，未善盡受任事務，致雇主違反本法第四十四條或第五十七條規定者。

八、接受委任仲介其本國人或其他國家人民至中華民國工作、或依規定仲介香港或澳門居民、大陸地區人民至台灣地區工作，未善盡受任事務，致外國人發生行蹤不明失去聯繫之情事者。

九、辦理就業服務業務，違反雇主之意思，留置許可文件或其他相關文件者。

十、辦理就業服務業務，有恐嚇、詐欺、侵占或背信情事，經第一審判決有罪者。

十一、辦理就業服務業務，要求、期約或收受外國人入國工作費用及工資切結書或規定標準以外之費用，或不正利益者。

十二、辦理就業服務業務，行求、期約或交付不正利益者。

十三、委任未經許可者或接受其委任辦理仲介外國人至中華民國境內工作事宜者。

十四、在其本國曾受與就業服務業務有關之處分者。

十五、於申請之日前二年內，曾接受委任仲介其本國人或其他國家人民至中華民國境內工作，其仲介之外國人入國後三個月內發生行蹤不明情事達附表二規定之人數及比率者。

十六、其他違法或妨礙公共利益之行為，情節重大者。

中央主管機關依前項規定不予認可、廢止或撤銷其認可者，應公告之。

第 32 條（刪除）

第 33 條

本法第四十條第一項第十一款所定報表如下：

一、求職、求才狀況表。

二、從業人員名冊。

三、就業服務專業人員異動申請表。

四、外國人招募許可之申請表。

五、外國人聘僱許可之申請表。

六、外國人展延聘僱許可之申請表。

七、外國人轉換雇主或工作之申請表。

八、外國人行蹤不明失去聯繫之申報表。

九、主管機關規定之其他報表。

第 34 條

私立就業服務機構接受委任辦理就業服務業務，應依規定於雇主或求職人申請書（表）加蓋機構圖章，並經負責人簽章及所置就業服務專業人員簽名。

第 35 條

私立就業服務機構刊播或散發就業服務業務廣告，應載明機構名稱、許可證字號、機構地址及電話。

第 36 條

從業人員或就業服務專業人員離職，私立就業服務機構應妥善處理其負責之業務及通知其負責之委任人。

第 37 條

私立就業服務機構經委任人終止委任時，應將保管之許可文件及其他相關文件，歸還委任人。

私立就業服務機構終止營業或經註銷許可證、廢止設立許可者，應通知委任人，並將保管之許可文件及其他相關文件歸還委任人，或經委任人書面同意，轉由其他私立就業服務機構續辦。

第 38 條

第十六條規定之外國人力仲介公司經廢止或撤銷認可者，於二年內重行申請認可，中央主管機關應不予認可。

第 39 條

主管機關對私立就業服務機構所為評鑑成績、罰鍰、停止全部或一部營

業、撤銷或廢止其設立許可者，應公告之。

第 40 條

主管機關得隨時派員檢查私立就業服務機構業務狀況及有關文件資料；
經檢查後，對應改善事項，應通知其限期改善。

主管機關依前項所取得之資料，應保守秘密，如令業者提出證明文件、
表冊、單據及有關資料爲正本者，應於收受後十五日內發還。

第 41 條

直轄市及縣（市）主管機關應於每季終了二十日內，統計所許可私立就
業服務機構之設立、變更、停業、復業、終止營業及違規受罰等情形，
層報中央主管機關備查。

第 42 條

依身心障礙者權益保障法規定向主管機關申請結合設立之身心障礙者就
業服務機構，不得有下列行爲：

一、未依主管機關核定設立計畫執行者。

二、規避、妨礙或拒絕會計帳目查察者。

第四章　附　　則

第 43 條

本辦法有關書表格式由中央主管機關定之。

第 44 條

本辦法自發布日施行。

雇主聘僱外國人許可及管理辦法

民國 111 年 12 月 26 日勞動部令修正發布。

第一章　總　則

第 1 條

本辦法依就業服務法（以下簡稱本法）第四十八條第二項規定訂定之。

第 2 條

本辦法用詞，定義如下：

一、第一類外國人：指受聘僱從事本法第四十六條第一項第一款至第六款規定工作之外國人。

二、第二類外國人：指受聘僱從事本法第四十六條第一項第八款至第十款規定工作之外國人。

三、第三類外國人：指下列受聘僱從事本法第四十六條第一項第十一款規定工作之外國人：

（一）外國人從事就業服務法第四十六條第一項第八款至第十一款工作資格及審查標準（以下簡稱審查標準）規定之雙語翻譯工作、廚師及其相關工作。

（二）審查標準規定中階技術工作之海洋漁撈工作、機構看護工作、家庭看護工作、製造工作、營造工作、外展農務工作、農業工作或其他經中央主管機關會商中央目的事業主管機關指定之工作（以下併稱中階技術工作）。

（三）其他經中央主管機關專案核定之工作。

四、第四類外國人：指依本法第五十條第一款或第二款規定從事工作之外國人。

五、第五類外國人：指依本法第五十一條第一項第一款至第四款規定從事工作之外國人。

第 3 條

中央主管機關就國內經濟發展及就業市場情勢，評估勞動供需狀況，得公告雇主聘僱前條第一類外國人之數額、比例及辦理國內招募之工作類別。

第 4 條

非以入國工作為主要目的之國際書面協定，其內容載有同意外國人工作、人數、居（停）留期限等者，外國人據以辦理之入國簽證，視為工作許可。

前項視為工作許可之期限，最長為一年。

第 5 條

外國人有下列情形之一者，其停留期間在三十日以下之入國簽證或入國許可視為工作許可：

一、從事本法第五十一條第三項規定之工作。

二、為公益目的協助解決因緊急事故引發問題之需要，從事本法第四十六條第一項第一款規定之工作。

三、經各中央目的事業主管機關認定或受大專以上校院、各級政府機關及其所屬機構邀請之知名優秀專業人士，並從事本法第四十六條第一項第一款規定之演講或技術指導工作。

四、受各級政府機關、各國駐華使領館或駐華外國機構邀請，並從事非營利性質之表演或活動。

經入出國管理機關核發學術及商務旅行卡，並從事本法第四十六條第一項第一款規定之演講或技術指導工作之外國人，其停留期間在九十日以下之入國簽證或入國許可視為工作許可。

第 6 條

外國人受聘僱在我國境內從事工作，除本法或本辦法另有規定外，雇主應向中央主管機關申請許可。

中央主管機關為前項許可前，得會商中央目的事業主管機關研提審查意見。

雇主聘僱本法第四十八條第一項第二款規定之外國人從事工作前，應核對外國人之外僑居留證及依親戶籍資料正本。

第 7 條

雇主申請聘僱外國人或外國人申請工作許可，中央主管機關得公告採網路傳輸方式申請項目。

依前項規定公告之項目，雇主申請聘僱第一類外國人至第四類外國人申請工作許可，應採網路傳輸方式為之。但有正當理由，經中央主管機關同意者，不在此限。

雇主依前二項規定之方式申請者，申請文件書面原本，應自行保存至少五年。

第 8 條

雇主申請聘僱外國人之應備文件中，有經政府機關（構）或國營事業機構開具之證明文件，且得由中央主管機關自網路查知者，雇主得予免附。

前項免附之文件，由中央主管機關公告之。

第 8-1 條

中央主管機關得應中央目的事業主管機關之請求，於其執行法定職務必要範圍內，提供外國人名冊等相關資料。

第二章　第一類外國人聘僱許可之申請

第 9 條

雇主申請聘僱第一類外國人，應備下列文件：

一、申請書。

二、申請人或公司負責人之身分證、護照或外僑居留證；其公司登記、商業登記證明、工廠登記證明或特許事業許可證等影本。但依相關法令規定，免辦工廠登記證明或特許事業許可證者，免附。

三、聘僱契約書影本。

四、受聘僱外國人之名冊、護照影本或外僑居留證影本及畢業證書影本。但外國人入國從事本法第四十六條第一項第二款、第五款及第六款工作者，免附畢業證書影本。

五、審查費收據正本。

六、其他經中央主管機關規定之文件。

申請外國人入國從事本法第五十一條第三項規定之工作，除應備前項第一款、第五款及第六款規定之文件外，另應備下列文件：

一、承攬、買賣或技術合作等契約書影本。

二、訂約國內、國外法人登記證明文件。

三、外國法人出具指派履約工作之證明文件。

四、申請單位之登記或立案證明。特許事業應附特許證明文件影本及負責人身分證、護照或外僑居留證影本。

五、履約外國人之名冊、護照或外僑居留證影本及畢業證書影本。但自申請日起前一年內履約工作期間與當次申請工作期間累計未逾九十日者，免附畢業證書影本。

前二項檢附之文件係於國外作成者，中央主管機關得要求經我國駐外館處之驗證。

雇主為人民團體者，除檢附第一項第一款、第三款至第六款規定之文件外，另應檢附該團體立案證書及團體負責人之身分證、護照或外僑居留證影本。

第 10 條

依國際書面協定開放之行業項目，外國人依契約在我國境內從事本法第四十六條第一項第一款或第二款規定之工作，除本法或本辦法另有規定外，應由訂約之事業機構，依第一類外國人規定申請許可。

前項外國人之訂約事業機構屬自由經濟示範區內事業單位，且於區內從事本法第四十六條第一項第一款或第二款規定之工作者，得不受國際書面協定開放行業項目之限制。

前二項外國人入國後之管理適用第一類外國人規定。

申請第一項或第二項許可，除應檢附前條第一項第一款、第五款、第六款及第二項第四款規定文件外，另應備下列文件：

一、契約書影本。

二、外國人名冊、護照影本、畢業證書或相關證明文件影本。但外國人入國從事本法第四十六條第一項第二款工作者，免附畢業證書或相關證明文件。

外國人從事第一項或第二項之工作，應取得執業資格、符合一定執業方式及條件者，另應符合中央目的事業主管機關所定之法令規定。

第 11 條

聘僱許可有效期限屆滿日前四個月期間內，雇主如有繼續聘僱該第一類外國人之必要者，於該期限內應備第九條第一項第一款、第三款至第六款規定之文件，向中央主管機關申請展延聘僱許可。但聘僱許可期間不足六個月者，應於聘僱許可期間逾三分之二後，始得申請。

第 12 條

第五條之外國人，其停留期間在三十一日以上九十日以下者，得於該外國人入國後三十日內依第九條規定申請許可。

第 13 條

中央主管機關於核發第一類外國人之聘僱許可或展延聘僱許可時，應副知外交部。

第 14 條

雇主申請聘僱第一類外國人而有下列情形之一者，中央主管機關應不予聘僱許可或展延聘僱許可之全部或一部：

一、提供不實或失效資料。

二、依中央衛生福利主管機關訂定相關之受聘僱外國人健康檢查管理辦法規定，健康檢查不合格。

三、不符申請規定，經限期補正，屆期未補正。

四、不符本法第四十六條第二項所定之標準。

第 15 條

雇主聘僱第一類外國人，依法有留職停薪之情事，應於三日內以書面通知中央主管機關。

第 16 條

依本法第五十一條第三項規定入國工作之外國人，除本法另有規定者外，其申請及入國後之管理適用第二條第一款第一類外國人之規定。

第三章　第二類外國人招募及聘僱許可之申請

第 17 條

雇主申請聘僱第二類外國人應以合理勞動條件向工作場所所在地之公立就業服務機構辦理求才登記後次日起，在中央主管機關依本法第二十二條所建立全國性之就業資訊網登載求才廣告，並自登載之次日起至少二十一日辦理招募本國勞工。但同時於中央主管機關指定之國內新聞紙中選定一家連續刊登三日者，自刊登期滿之次日起至少十四日辦理招募本國勞工。

前項求才廣告內容，應包括求才工作類別、人數、專長或資格、雇主名稱、工資、工時、工作地點、聘僱期間、供膳狀況與受理求才登記之公立就業服務機構名稱、地址及電話。

雇主為第一項之招募時，應通知其事業單位之工會或勞工，並於事業單位員工顯明易見之場所公告之。

雇主申請聘僱外國人從事家庭看護工作者，應依第十八條規定辦理國內招募。

第 18 條

雇主有聘僱外國籍家庭看護工意願者，應向中央主管機關公告之醫療機構申請被看護者之專業評估。

被看護者經專業評估認定具備中央主管機關規定聘僱外國人從事家庭看護工作之條件，由直轄市及縣（市）政府之長期照護管理中心推介本國

籍照顧服務員，有正當理由無法滿足照顧需求而未能推介成功者，雇主得向中央主管機關申請聘僱外國籍家庭看護工。

被看護者具下列資格之一者，雇主得不經前二項評估手續，直接向直轄市及縣（市）政府之長期照護管理中心申請推介本國籍照顧服務員：

一、持特定重度身心障礙手冊或證明。

二、符合中央主管機關規定，免經醫療機構專業評估。

第 19 條

雇主依第十七條規定辦理國內招募所要求之專長或資格，其所聘僱之第二類外國人亦應具備之。中央主管機關必要時，得複驗該第二類外國人之專長或資格。經複驗不合格者，應不予許可。

雇主於國內招募舉辦甄選測驗，應於辦理求才登記時，將甄試項目及錄用條件送受理求才登記之公立就業服務機構備查。公立就業服務機構對該專長測驗，得指定日期辦理測驗，並得邀請具該專長之專業人士到場見證。

前項甄試項目及錄用條件，得由中央主管機關依工作類別公告之。

第 20 條

雇主依第十七條第一項規定辦理招募本國勞工，有招募不足者，得於同條第一項所定招募期滿次日起十五日內，檢附刊登求才廣告資料、聘僱國內勞工名冊及中央主管機關規定之文件，向原受理求才登記之公立就業服務機構申請求才證明書。

原受理求才登記之公立就業服務機構，經審核雇主已依第十七條及第十九條規定辦理者，就招募本國勞工不足額之情形，應開具求才證明書。

第 21 條

雇主依規定辦理國內招募時，對於公立就業服務機構所推介之人員或自行應徵之求職者，不得有下列情事之一：

一、不實陳述工作困難性或危險性等情事。

二、求才登記之職類別屬非技術性工或體力工，以技術不合為理由拒絕
　　僱用求職者。

三、其他無正當理由拒絕僱用本國勞工者。

第 22 條

雇主申請第二類外國人之招募許可，應備下列文件：

一、申請書。

二、申請人或公司負責人之身分證、護照或外僑居留證；其公司登記、
　　商業登記證明、工廠登記證明或特許事業許可證等影本。但有下列
　　情形之一，免附特許事業許可證：

　　（一）聘僱外國人從事營造工作者。

　　（二）其他依相關法令規定，免辦特許事業許可證者。

三、求才證明書。但聘僱外國人從事家庭看護工作者，免附。

四、雇主於國內招募時，其聘僱國內勞工之名冊。但聘僱外國人從事家
　　庭看護工作者，免附。

五、直轄市或縣（市）政府就下列事項開具之證明文件：

　　（一）已依規定提撥勞工退休準備金及提繳勞工退休金。

　　（二）已依規定繳納積欠工資墊償基金。

　　（三）已依規定繳納勞工保險費及勞工職業災害保險費。

　　（四）已依規定繳納違反勞工法令所受之罰鍰。

　　（五）已依規定舉辦勞資會議。

　　（六）第二類外國人預定工作之場所，無具體事實足以認定有本法
　　　　　第十條規定之罷工或勞資爭議情事。

　　（七）無具體事實可推斷有業務緊縮、停業、關廠或歇業之情形。

　　（八）無因聘僱第二類外國人而降低本國勞工勞動條件之情事。

六、審查費收據正本。

七、其他經中央主管機關規定之文件。

前項第五款第六目至第八目規定情事，以申請之日前二年內發生者為
限。

雇主申請聘僱外國人有下列情形之一者，免附第一項第五款規定之證明文件：

一、聘僱外國人從事家庭幫傭及家庭看護工作。

二、未聘僱本國勞工之自然人雇主與合夥人約定採比例分配盈餘，聘僱外國人從事海洋漁撈工作。

三、未聘僱本國勞工之自然人雇主，聘僱外國人從事農、林、牧或養殖漁業工作。

雇主為人民團體者，除檢附第一項第一款、第三款至第七款規定之文件外，另應檢附該團體立案證書及團體負責人之身分證、護照或外僑居留證影本。

第 23 條

雇主聘僱之第二類外國人因不可歸責於雇主之原因出國，而依本法第五十八條第一項規定申請遞補者，應備下列文件：

一、申請書。

二、外國人出國證明文件。

三、直轄市、縣（市）政府驗證雇主與第二類外國人終止聘僱關係證明書。但雇主與外國人聘僱關係終止而無須依第六十八條規定驗證者，免附。

四、其他經中央主管機關規定之文件。

前項雇主因外國人死亡而申請遞補者，應備下列文件：

一、申請書。

二、外國人死亡證明書。

三、其他經中央主管機關規定之文件。

雇主因聘僱之第二類外國人行蹤不明，而依本法第五十八條第一項、第二項第一款或第二款規定申請遞補者，應備下列文件：

一、申請書。

二、其他經中央主管機關規定之文件。

雇主同意聘僱之家庭看護工轉換雇主或工作，而依本法第五十八條第二

項第三款規定申請遞補者，應備下列文件：

一、申請書。

二、外國人由新雇主接續聘僱許可函影本或出國證明文件。

三、其他經中央主管機關規定之文件。

第 24 條

雇主依本法第五十八條第一項規定申請遞補第二類外國人者，應於外國人出國、死亡或行蹤不明依規定通知入出國管理機關及警察機關屆滿六個月之日起，六個月內申請遞補。

雇主依本法第五十八條第二項規定申請遞補家庭看護工者，應依下列規定期間申請：

一、依本法第五十八條第二項第一款規定申請者，於發生行蹤不明情事之日起六個月內。

二、依本法第五十八條第二項第二款規定申請者，於發生行蹤不明情事屆滿三個月之日起六個月內。

三、依本法第五十八條第二項第三款規定申請者，於新雇主接續聘僱或出國之日起六個月內。

雇主逾前二項申請遞補期間，中央主管機關應不予許可。

第 25 條

雇主申請聘僱第二類外國人，不得於辦理國內招募前六個月內撤回求才登記。但有正當理由者，不在此限。

第 26 條

雇主經中央主管機關核准重新申請第二類外國人，於原聘僱第二類外國人出國前，不得引進或聘僱第二類外國人。但有下列情形之一者，不在此限：

一、外國人於聘僱許可有效期間內經雇主同意轉換雇主或工作，並由新雇主接續聘僱。

二、外國人於聘僱許可有效期間屆滿，原雇主經許可繼續聘僱（以下簡

稱期滿續聘）。

三、外國人於聘僱許可有效期間屆滿，由新雇主依外國人受聘僱從事
就業服務法第四十六條第一項第八款至第十一款規定工作之轉換雇
主或工作程序準則（以下簡稱轉換雇主準則）規定，許可接續聘僱
（以下簡稱期滿轉換）。

四、外國人因受羈押、刑之執行、重大傷病或其他不可歸責於雇主之事
由，致須延後出國，並經中央主管機關專案核定。

第 27 條

雇主申請聘僱第二類外國人時，於申請日前二年內，有資遣或解僱本國
勞工達中央主管機關所定比例者，中央主管機關得不予許可。

第 28 條

雇主申請聘僱第二類外國人時，有下列情形之一，中央主管機關應不予
許可：

一、雇主、被看護者或其他共同生活之親屬，對曾聘僱之第二類外國
人，有刑法第二百二十一條至第二百二十九條規定情事之一者。

二、雇主之代表人、負責人或代表雇主處理有關勞工事務之人，對曾聘
僱之第二類外國人，有刑法第二百二十一條至第二百二十九條規定
情事之一者。

第 29 條

雇主申請聘僱第二類外國人時，有違反依本法第四十六條第二項所定之
標準或依本法第五十九條第二項所定之準則者，中央主管機關應不予許
可。

第 30 條

雇主申請招募第二類外國人，中央主管機關得規定各項申請文件之效期
及申請程序。

雇主依前項規定申請招募第二類外國人經許可者，應於許可通知所定之
日起六個月內，自許可引進之國家，完成外國人入國手續。逾期者，招

募許可失其效力。

前項許可逾期有不可抗力或其他不可歸責雇主之事由者，雇主應於許可引進屆滿之日前後三十日內，向中央主管機關申請延長，並以一次為限。

前項許可經核准延長者，應於核准通知所定之日起三個月內引進。

第 31 條

雇主不得聘僱已進入我國境內之第二類外國人。但有下列情形之一者，不在此限：

一、經中央主管機關許可期滿續聘或期滿轉換。

二、其他經中央主管機關專案核准。

第 32 條

第二類外國人依規定申請入國簽證，應備下列文件：

一、招募許可。

二、經我國中央衛生福利主管機關認可醫院或指定醫院核發之三個月內健康檢查合格報告。

三、專長證明。

四、行為良好之證明文件。但外國人出國後三十日內再入國者，免附。

五、經其本國主管部門驗證之外國人入國工作費用及工資切結書。

六、已簽妥之勞動契約。

七、外國人知悉本法相關工作規定之切結書。

八、其他經中央目的事業主管機關規定之簽證申請應備文件。

雇主原聘僱之第二類外國人，由雇主自行辦理重新招募，未委任私立就業服務機構，並經中央主管機關代轉申請文件者，免附前項第三款至第五款及第七款規定之文件。

第 33 條

雇主申請聘僱第二類外國人，應依外國人生活照顧服務計畫書確實執行。

前項外國人生活照顧服務計畫書，應規劃下列事項：

一、飲食及住宿之安全衛生。

二、人身安全及健康之保護。

三、文康設施及宗教活動資訊。

四、生活諮詢服務。

五、住宿地點及生活照顧服務人員。

六、其他經中央主管機關規定之事項。

雇主聘僱外國人從事家庭幫傭或家庭看護工之工作者，免規劃前項第三款及第四款規定事項。

雇主違反第一項規定，經當地主管機關認定情節輕微者，得先以書面通知限期改善。

雇主於第二項第五款規定事項有變更時，應於變更後七日內，通知外國人工作所在地或住宿地點之當地主管機關。

第 34 條

雇主申請聘僱第二類外國人者，應於外國人入國後三日內，檢附下列文件通知當地主管機關實施檢查：

一、外國人入國通報單。

二、外國人生活照顧服務計畫書。

三、外國人名冊。

四、經外國人本國主管部門驗證之外國人入國工作費用及工資切結書。
　　但符合第三十二條第二項規定者，免附。

當地主管機關受理雇主檢附之文件符合前項規定者，應核發受理雇主聘僱外國人入國通報證明書，並辦理前條規定事項之檢查。但核發證明書之日前六個月內已檢查合格者，得免實施前項檢查。

期滿續聘之雇主，免依第一項規定辦理。

期滿轉換之雇主，應依轉換雇主準則之規定，檢附文件通知當地主管機關實施檢查。

外國人之住宿地點非雇主依前條第二項第五款規劃者，當地主管機關於

接獲雇主依第一項或前條第五項之通報後，應訪視外國人探求其眞意。

第 34-1 條

雇主申請聘僱外國人從事家庭幫傭或家庭看護之工作者，應於外國人入國日五日前，向中央主管機關申請並同意辦理下列事項：

一、安排外國人於入國日起接受中央主管機關辦理之入國講習。

二、代轉文件通知當地主管機關實施第三十三條規定事項之檢查。

三、申請聘僱許可。

第 34-2 條

雇主同意代轉前條第二款所定文件如下：

一、外國人生活照顧服務通報單。

二、外國人生活照顧服務計畫書。

三、經外國人本國主管部門驗證之外國人入國工作費用及工資切結書。
　　但符合第三十二條第二項規定者，免附。

中央主管機關應將前項文件轉送當地主管機關；經當地主管機關審查文件符合前項規定者，應辦理第三十三條規定事項之檢查。但外國人入國日前六個月內已檢查合格者，得免實施檢查。

第 34-3 條

前項外國人因故未完成入國講習者，雇主應安排其於入國日起九十日內，至中央主管機關所建立之入國講習網站參加入國講習，以取得五年效期之完訓證明。

第 34-4 條

外國人完成第三十四條之一第一款之入國講習後，由中央主管機關發給五年效期之完訓證明。

第 35 條

當地主管機關實施第二類外國人之入國工作費用或工資檢查時，應以第三十四條第一項第四款或第三十四條之二第一項第三款規定之外國人入國工作費用工資切結書記載內容爲準。

當地主管機關對期滿續聘之雇主實施前項規定檢查時，應以外國人最近一次經其本國主管部門驗證之外國人入國工作費用及工資切結書記載內容為準。

當地主管機關對期滿轉換之雇主實施第一項規定檢查時，應以雇主依轉換雇主準則規定通知時所檢附之外國人入國工作費用及工資切結書記載內容為準。

前三項所定外國人入國工作費用及工資切結書之內容，不得為不利益於外國人之變更。

第 36 條

雇主於所招募之第二類外國人入國後十五日內，應備下列文件申請聘僱許可：

一、申請書。

二、審查費收據正本。

三、依前條規定，經當地主管機關核發受理通報之證明文件。

四、其他經中央主管機關規定之文件。

第 37 條

雇主應自引進第二類外國人入國日或期滿續聘之日起，依本法之規定負雇主責任。

雇主未依第三十四條之一第三款、第三十四條之三、前條或第三十九條規定申請、逾期申請或申請不符規定者，中央主管機關得核發下列期間之聘僱許可：

一、自外國人入國日起至不予核發聘僱許可之日。

二、自期滿續聘日起至不予核發聘僱許可之日。

第 38 條

雇主申請聘僱在我國境內工作期間屆滿十二年或將於一年內屆滿十二年之外國人，從事本法第四十六條第一項第九款規定家庭看護工作，應備下列文件申請外國人之工作期間得累計至十四年之許可：

一、申請書。

二、外國人具專業訓練或自力學習而有特殊表現之評點表及其證明文件。

前項第二款所定之特殊表現證明文件，依審查標準第二十條附表四規定。

第 39 條

第二類外國人之聘僱許可有效期間屆滿日前二個月至四個月內，雇主有繼續聘僱該外國人之必要者，於該期限內應備下列文件，向中央主管機關申請期滿續聘許可：

一、申請書。

二、勞僱雙方已合意期滿續聘之證明。

三、其他經中央主管機關規定之文件。

第 40 條

第二類外國人之聘僱許可有效期間屆滿日前二個月至四個月內，雇主無繼續聘僱該外國人之必要者，於該期限內應備申請書及其他經中央主管機關規定之文件，為該外國人向中央主管機關申請期滿轉換。

原雇主申請期滿轉換時，該外國人已與新雇主合意期滿接續聘僱者，新雇主得依轉換雇主準則規定，直接向中央主管機關申請接續聘僱外國人。

第 41 條

有本法第五十二條第二項重大特殊情形、重大工程之工作，其聘僱許可有效期限屆滿日前六十日期間內，雇主如有繼續聘僱該等外國人之必要者，於該期限內應備展延聘僱許可申請書及其他經中央主管機關規定之文件，向中央主管機關申請展延聘僱許可。

第四章　第三類外國人聘僱許可之申請

第 42 條

雇主申請聘僱第三類外國人，應先以合理勞動條件向工作場所所在地之公立就業服務機構辦理國內招募，有正當理由無法滿足需求者，得向中央主管機關申請聘僱外國人。但申請聘僱外國人從事中階技術家庭看護工作，應由直轄市及縣（市）政府之長期照護管理中心推介本國籍照顧服務員，無須辦理國內招募。

前項辦理國內招募及撤回求才登記，適用第十七條至第二十一條、第二十五條規定。

第 43 條

第二類外國人在我國境內受聘僱從事工作，符合下列情形之一，得受聘僱從事中階技術工作：

一、現受聘僱從事工作，且連續工作期間達六年以上者。

二、曾受聘僱從事工作期間累計達六年以上出國後，再次入國工作，其工作期間累計達十一年六個月以上者。

三、曾受聘僱從事工作，累計工作期間達十一年六個月以上，並已出國者。

雇主應依下列規定期間，申請聘僱前項第一款規定之外國人從事中階技術工作：

一、原雇主：於聘僱許可有效期間屆滿日前二個月申請。

二、新雇主：於前款聘僱許可有效期間屆滿日前二個月至四個月內申請，並自其聘僱許可期間屆滿之翌日起聘僱。

雇主應於聘僱許可有效期間屆滿日前二個月至四個月內，申請聘僱第一項第二款規定之外國人從事中階技術工作，並自其聘僱許可期間屆滿之翌日起聘僱。

第一項第三款規定之外國人，應由曾受聘僱之雇主，申請聘僱從事中階技術工作。

第 44 條

雇主申請聘僱第三類外國人，應備下列文件：

一、申請書。

二、申請人或公司負責人之身分證、護照或外僑居留證；其公司登記、商業登記證明、工廠登記證明或特許事業許可證等影本。但依相關法令規定，免辦工廠登記證明或特許事業許可證者，免附。

三、求才證明書。但聘僱外國人從事中階技術家庭看護工作者，免附。

四、雇主依第四十二條規定辦理國內求才，所聘僱國內勞工之名冊。但聘僱外國人從事中階技術家庭看護工作者，免附。

五、直轄市或縣（市）政府就下列事項開具之證明文件：

　（一）已依規定提撥勞工退休準備金及提繳勞工退休金。

　（二）已依規定繳納積欠工資墊償基金。

　（三）已依規定繳納勞工保險費及勞工職業災害保險費。

　（四）已依規定繳納違反勞工法令所受之罰鍰。

　（五）已依規定舉辦勞資會議。

　（六）第三類外國人預定工作之場所，無具體事實足以認定有本法第十條規定之罷工或勞資爭議情事。

　（七）無具體事實可推斷有業務緊縮、停業、關廠或歇業之情形。

　（八）無因聘僱第三類外國人而降低本國勞工勞動條件之情事。

六、受聘僱外國人之名冊、護照影本或外僑居留證影本。

七、審查費收據正本。

八、其他經中央主管機關規定之文件。

前項第五款第六目至第八目規定情事，以申請之日前二年內發生者為限。

雇主申請聘僱外國人從事中階技術工作，有下列情形之一者，免附第一項第五款規定之證明文件：

一、從事中階技術家庭看護工作。

二、未聘僱本國勞工之自然人雇主與合夥人約定採比例分配盈餘，聘僱外國人從事中階技術海洋漁撈工作。

三、未聘僱本國勞工之自然人雇主，聘僱外國人從事中階技術外展農務工作或中階技術農業工作。

雇主為人民團體者，除檢附第一項第一款、第三款至第八款規定之文件外，另應檢附該團體立案證書及團體負責人之身分證、護照或外僑居留證影本。

雇主申請聘僱第三類外國人，中央主管機關得規定各項申請文件之效期及申請程序。

第 45 條

雇主向中央主管機關申請自國外引進聘僱下列第三類外國人，外國人應依規定申請入國簽證：

一、從事雙語翻譯或廚師相關工作者。

二、曾在我國境內受其聘僱從事第二類外國人工作，且累計工作期間達本法第五十二條規定之上限者。

三、在我國大專校院畢業，取得副學士以上學位之外國留學生、僑生或其他華裔學生。

前項外國人依規定申請入國簽證，應備下列文件：

一、聘僱許可。

二、經我國中央衛生福利主管機關認可醫院或指定醫院核發之三個月內健康檢查合格報告。但外國人居住國家，未有經中央衛生福利主管機關認可醫院或指定醫院者，得以該國合格設立之醫療機構最近三個月內核發健康檢查合格報告代之。

三、經其本國主管部門驗證之外國人入國工作費用及工資切結書。但從事雙語翻譯、廚師相關工作或在我國大專校院畢業，取得副學士以上學位之外國留學生、僑生或其他華裔學生，免附。

四、外國人知悉本法相關工作規定之切結書。

五、其他經中央目的事業主管機關規定之簽證申請應備文件。

第 46 條

雇主應自引進第三類外國人入國日或聘僱許可生效日起，依本法之規定

負雇主責任。

第 47 條

雇主申請聘僱外國人從事中階技術工作，應規劃並執行第三十三條規定
之外國人生活照顧服務計畫書，並依下列規定期間，通知當地主管機關
實施檢查：

一、由國外引進外國人從事中階技術工作，於外國人入國後三日內。

二、於國內聘僱中階技術外國人，自申請聘僱許可日起三日內。

前項通知應檢附之文件、當地主管機關受理、核發證明書及實施檢查，
適用第三十三條、第三十四條、第三十五條規定。

已在我國境內工作之第二類外國人，由同一雇主申請聘僱從事中階技術
工作者，免依第一項規定通知當地主管機關實施檢查。

第 48 條

雇主有繼續聘僱第三類外國人之必要者，應備第四十四條規定之文件，
於聘僱許可有效期限屆滿日前四個月內，向中央主管機關申請展延聘僱
許可。

雇主無申請展延聘僱從事中階技術工作外國人之必要者，應備申請書及
其他經中央主管機關規定之文件，於聘僱許可有效期間屆滿日前二個月
至四個月內，為該外國人依轉換雇主準則規定，向中央主管機關申請期
滿轉換，或得由新雇主依轉換雇主準則規定，申請接續聘僱為第二類或
第三類外國人。

從事中階技術工作之外國人，經雇主依轉換雇主準則規定，接續聘僱為
第二類外國人，除從事中階技術工作期間外，其工作期間合計不得逾本
法第五十二條規定之工作年限。

第 49 條

雇主申請聘僱第三類外國人，申請及入國後管理，除第二十三條、第
二十四條及本章另有規定外，適用第二類外國人之規定。

第五章　第四類外國人聘僱許可之申請

第 50 條

本法第五十條第一款之外國留學生,應符合外國學生來臺就學辦法規定之外國學生身分。

第 51 條

前條外國留學生從事工作,應符合下列規定:

一、正式入學修習科、系、所課程,或學習語言課程一年以上。

二、經就讀學校認定具下列事實之一者:

　　(一)其財力無法繼續維持其學業及生活,並能提出具體證明。

　　(二)就讀學校之教學研究單位須外國留學生協助參與工作。

外國留學生符合下列資格之一者,不受前項規定之限制:

一、具語文專長,且有下列情形之一,並經教育部專案核准:

　　(一)入學後於各大專校院附設語文中心或外國在華文教機構附設之語文中心兼任外國語文教師。

　　(二)入學後協助各級學校語文專長相關教學活動。

二、就讀研究所,並經就讀學校同意從事與修習課業有關之研究工作。

第 52 條

本法第五十條第二款之僑生,應符合僑生回國就學及輔導辦法規定之學生。

本法第五十條第二款之華裔學生,應具下列身分之一:

一、香港澳門居民來臺就學辦法規定之學生。

二、就讀僑務主管機關舉辦之技術訓練班學生。

第 53 條

第四類外國人申請工作許可,應備下列文件:

一、申請書。

二、審查費收據正本。

三、其他經中央主管機關規定之文件。

第 54 條

第四類外國人之工作許可有效期間最長為六個月。

前項許可工作之外國人，其工作時間除寒暑假外，每星期最長為二十小時。

第 55 條

第四類外國人申請工作許可有下列情形之一者，中央主管機關應不予許可：

一、提供不實資料。

二、不符申請規定，經限期補正，屆期未補正。

第六章　第五類外國人聘僱許可之申請

第 56 條

雇主申請聘僱第五類外國人，應備下列文件：

一、申請書。

二、申請人或公司負責人之身分證、護照或外僑居留證；其公司登記、商業登記證明、工廠登記證明或特許事業許可證等影本。但依相關法令規定，免辦工廠登記證明或特許事業許可證者，免附。

三、聘僱契約書或勞動契約書影本。

四、受聘僱外國人之護照影本。

五、受聘僱外國人之外僑居留證或永久居留證影本。

六、審查費收據正本。

七、其他經中央主管機關規定之文件。

雇主為人民團體者，除檢附前項第一款、第三款至第七款規定之文件外，另應檢附該團體立案證書及團體負責人之身分證、護照或外僑居留證影本。

第 57 條

聘僱許可有效期限屆滿日前六十日期間內，雇主如有繼續聘僱該第五類

外國人之必要者，於該期限內應備前條第一項第一款、第三款至第七款規定之文件，向中央主管機關申請展延聘僱許可。

第 58 條

第五類外國人依本法第五十一條第二項規定，逕向中央主管機關申請者，應檢附第五十六條第一項第一款、第四款至第七款規定之文件申請許可。

第 59 條

雇主申請聘僱第五類外國人或外國人依本法第五十一條第二項規定逕向中央主管機關申請許可，其有下列情形之一者，中央主管機關應不予聘僱許可或展延聘僱許可：

一、提供不實資料。

二、不符申請規定，經限期補正，屆期未補正。

第七章　入國後之管理

第 60 條

雇主聘僱外國人，從事本法第四十六條第一項第九款之機構看護工作、第十款所定工作及第十一款所定中階技術工作達十人以上者，應依下列規定設置生活照顧服務人員：

一、聘僱人數達十人以上未滿五十人者，至少設置一人。

二、聘僱人數達五十人以上未滿一百人者，至少設置二人。

三、聘僱人數達一百人以上者，至少設置三人；每增加聘僱一百人者，至少增置一人。

前項生活照顧服務人員應具備下列條件之一：

一、取得就業服務專業人員證書者。

二、從事外國人生活照顧服務工作二年以上經驗者。

三、大專校院畢業，並具一年以上工作經驗者。

雇主違反前二項規定者，當地主管機關得通知限期改善。

第 61 條

私立就業服務機構接受前條雇主委任辦理外國人之生活照顧服務者，應依下列規定設置生活照顧服務人員：

一、外國人人數達十人以上未滿五十人者，至少設置一人。

二、外國人人數達五十人以上未滿一百人者，至少設置二人。

三、外國人人數達一百人以上者，至少設置三人；每增加一百人者，至少增置一人。

前項生活照顧服務人員應具備之條件，適用前條第二項規定。

私立就業服務機構違反前二項規定者，當地主管機關得通知委任之雇主及受任之私立就業服務機構限期改善。

第 62 條

雇主委任私立就業服務機構辦理外國人生活照顧服務計畫書所定事項者，應善盡選任監督之責。

第 63 條

外國人從事本法第四十六條第一項第八款至第十一款規定之工作，經地方主管機關認定有安置必要者，得依中央主管機關所定之安置對象、期間及程序予以安置。

第 64 條

雇主聘僱第六十條之外國人達三十人以上者；其所聘僱外國人中，應依下列規定配置具有雙語能力者：

一、聘僱人數達三十人以上未滿一百人者，至少配置一人。

二、聘僱人數達一百人以上未滿二百人者，至少配置二人。

三、聘僱人數達二百人以上者，至少配置三人；每增加聘僱一百人者，至少增置一人。

雇主違反前項規定者，當地主管機關得通知限期改善。

第 65 條

雇主依本法第四十六條第三項規定與外國人簽訂之定期書面勞動契約，

應以中文為之，並應作成該外國人母國文字之譯本。

第 66 條

雇主依勞動契約給付第二類外國人或第三類外國人之工資，應檢附印有中文及該外國人本國文字之薪資明細表，記載實領工資、工資計算項目、工資總額、工資給付方式、外國人應負擔之全民健康保險費、勞工保險費、所得稅、膳宿費、職工福利金、依法院或行政執行機關之扣押命令所扣押之金額，或依其他法律規定得自工資逐予扣除之項目及金額，交予該外國人收存，並自行保存五年。

前項所定工資，包括雇主法定及約定應給付之工資。

雇主應備置及保存勞動契約書，經驗證之外國人入國工作費用及工資切結書，供主管機關檢查。

雇主依第三十二條第二項規定引進第二類外國人者，免備置及保存前項所定之切結書。

第一項工資，除外國人應負擔之項目及金額外，雇主應全額以現金直接給付第二類外國人或第三類外國人。但以其他方式給付者，應提供相關證明文件，交予外國人收存，並自行保存一份。

第一項工資，雇主未全額給付者，主管機關得限期令其給付。

第 67 條

第二類外國人，不得攜眷居留。但受聘僱期間在我國生產子女並有能力扶養者，不在此限。

第 68 條

雇主對聘僱之外國人有本法第五十六條規定之情事者，除依規定通知當地主管機關、入出國管理機關及警察機關外，並副知中央主管機關。

雇主對聘僱之第二類外國人或第三類外國人，於聘僱許可有效期間因聘僱關係終止出國，應於該外國人出國前通知當地主管機關，由當地主管機關探求外國人之真意，並驗證之；其驗證程序，由中央主管機關公告之。

第一項通知內容，應包括外國人之姓名、性別、年齡、國籍、入國日期、工作期限、招募許可或聘僱許可文號及外僑居留證影本等資料。

外國人未出國者，警察機關應彙報內政部警政署，並加強查緝。

第 69 條

雇主應於所聘僱之外國人聘僱許可期限屆滿前，為其辦理手續並使其出國。

聘僱外國人有下列情事之一經令其出國者，雇主應於限令出國期限前，為該外國人辦理手續並使其出國；其經入出國管理機關依法限令其出國者，不得逾該出國期限：

一、聘僱許可經廢止者。

二、健康檢查結果表有不合格項目者。

三、未依規定辦理聘僱許可或經不予許可者。

雇主應於前二項外國人出國後三十日內，檢具外國人名冊及出國證明文件，通知中央主管機關。但外國人聘僱許可期限屆滿出國，或聘僱關係終止並經當地主管機關驗證出國者，不在此限。

第 70 條

雇主因故不能於本辦法規定期限內通知或申請者，經中央主管機關認可後，得於核准所定期限內，補行通知或申請。

前項補行通知或申請，就同一通知或申請案別，以一次為限。

第 71 條

雇主依本法第五十五條第一項規定繳納就業安定費者，應自聘僱之外國人入國翌日或接續聘僱日起至聘僱許可屆滿日或廢止聘僱許可前一日止，按聘僱外國人從事之行業別、人數及本法第五十五條第二項所定就業安定費之數額，計算當季應繳之就業安定費。

雇主繳納就業安定費，應於次季第二個月二十五日前，向中央主管機關設置之就業安定基金專戶繳納；雇主得不計息提前繳納。

雇主聘僱外國人之當月日數未滿一個月者，其就業安定費依實際聘僱日

數計算。

雇主繳納之就業安定費，超過應繳納之數額者，得檢具申請書及證明文件申請退還。

第八章　附　則

第 72 條

本辦法所規定之書表格式，由中央主管機關定之。

第 73 條

本辦法自中華民國一百十一年四月三十日施行。

本辦法中華民國一百十一年十二月二十六日修正發布之條文，自一百十二年一月一日施行。

雇主聘僱外國人從事家庭看護工作或家庭幫傭聘前講習實施辦法

民國 109 年 6 月 20 日勞動部令修正發布。

第 1 條

本辦法依就業服務法第四十八條之一第二項規定訂定之。

第 2 條

本國雇主於第一次聘僱外國人從事家庭看護工作或家庭幫傭者,應於申請聘僱或接續聘僱許可前參加聘前講習。

前項聘僱家庭看護工之雇主無法參加聘前講習,得由與被看護者具有下列關係之一者,且共同居住或代雇主對家庭看護工行使管理監督地位之人參加:

一、配偶。

二、直系血親。

三、三親等內之旁系血親或繼父母、繼子女、配偶之父母或繼父母、子女或繼子女之配偶。

四、祖父母與孫子女之配偶、繼祖父母與孫子女、繼祖父母與孫子女之配偶。

五、雇主為被看護者時,受其委託處理聘僱管理事務之人。

第一項聘僱家庭幫傭之雇主無法參加聘前講習者,得由與被照顧者具有直系血親或繼父母、繼子女、配偶之父母或繼父母、子女或繼子女之配偶,且共同居住或代雇主對家庭幫傭行使管理監督地位者參加。

依前二項規定代雇主參加講習者,應提供共同居住親屬或代雇主行使外國人管理監督地位之證明文件或切結書。

第 3 條

聘前講習之時數至少為一小時;其內容應包括下列事項:

一、聘僱外國人之相關法令。

二、外國人健康檢查及其罹患法定傳染病之處置。

三、聘僱外國人入國後應辦理事項。

四、外國人權益保障。

五、其他與外國人聘僱管理有關之事項。

第 4 條

聘前講習得以下列方式辦理：

一、臨櫃講習：參加講習者至公立就業服務機構參加講習。

二、團體講習：同時參加講習爲十人以上者，應以預約方式至直轄市或縣（市）政府所指定場所，參加講習。

三、網路講習：參加講習者至中央主管機關所建立之聘前講習網站，參加講習。

講習課程得以播放影片或多媒體簡報等方式進行。

第 5 條

參加講習者，應攜帶國民身分證、駕駛執照或全民健康保險卡等身分證明文件，以供核對。但依第二條第二項及第三項規定參加講習者，除應出具本人身分證明文件外，另應出具符合該規定之證明文件。

參加網路講習者，應使用各目的事業主管機關核發具有身分查驗功能之憑證登入。

第 6 條

辦理聘前講習之單位對於完成聘前講習者，應登錄於雇主聘前講習資訊系統，並發給完訓憑證。

參加聘前講習之完訓憑證，得由中央主管機關自網路查知者，雇主申請聘僱或接續聘僱許可時，得免附。

第 7 條

主管機關得委託依法設立或登記之財團法人、非營利之社團法人或其他以公益爲目的之團體，辦理聘前講習。

前項委託辦理講習之方式，爲臨櫃講習或團體講習。

第 8 條

本辦法自中華民國一百零五年七月一日施行。

本辦法修正條文自發布日施行。

雇主辦理與所聘僱第二類及第三類外國人終止聘僱關係之驗證程序

民國 111 年 4 月 29 日行政院勞工委員會令修正發布。

一、勞動部（以下簡稱本部）為執行雇主聘僱外國人許可及管理辦法（以下簡稱本辦法）第六十八條規定，並保護第二類及第三類外國人（以下併稱外國人）工作權益，避免遭雇主強迫終止聘僱關係致強行遣送出國，特訂定本程序。

二、雇主終止聘僱關係有下列情形之一時，免踐行驗證程序：

（一）預定於聘僱許可期限屆滿前十四日內出國。

（二）外國人於受聘僱期間罹患中央衛生主管機關指定之傳染病或健康檢查不合格，經所在地衛生主管機關不予備查。

（三）因違反就業服務法（以下簡稱本法）相關規定，經廢止聘僱許可或不予核發聘僱許可並限令出國。

（四）經司法機關、中央主管機關、衛生主管機關、警察機關或入出國管理機關依相關法令限期出國。

三、驗證程序如下：

（一）雇主與外國人合意終止聘僱關係時，應通知直轄市或縣（市）政府（以下簡稱當地主管機關）；其內容包括雙方之姓名、性別、年齡、國籍、入國日期、工作期限、招募許可或聘僱許可文號及終止聘僱關係事由，且需以中文及外國人母國文字作成（參考樣例如附件一）。經雇主及外國人簽名或蓋章始生效力。

（二）通知書應於外國人與雇主合意終止聘僱關係日十四日前，連同外僑居留證影本等資料送達外國人工作所在地之當地主管機關辦理驗證手續。

（三）當地主管機關接獲前項通知書後，依下列方式處理：

1. 依通知書查核雙方基本資料，並進行電話或親自訪談以探求其真意，於結束訪談前應提供外國人申訴電話。

2. 經電話或親自訪談仍無法探求外國人真意時，得要求當事人雙方（雇主委任代理人者須有委託書）親至指定地點辦理驗證。當地主管機關應認定雇主（或代理人）及外國人合意終止聘僱關係之事實。任一方如無正當理由拒絕到場，視為放棄陳述意見，逕依權責處理。

3. 當地主管機關依前二目方式認定雙方無異議者，應開具「直轄市、縣（市）政府驗證雇主與外國人終止聘僱關係證明書」（以下簡稱證明書，如附件二）。

4. 當地主管機關於開具證明書後，應留存證明書影本乙份備查，另將證明書影本及雇主所送通知書影本與外僑居留證影本等資料，副知外國人所在地之入出國管理機關。

5. 雇主申請證明書所需文件，得採網路傳輸方式為之。

四、當地主管機關於驗證程序中，如任一方對通知書有異議者，應依勞資爭議程序儘速處理，方式如下：

（一）經處理後雇主同意繼續聘僱者，應返還通知書及相關文件。

（二）經雙方合意終止聘僱關係者，當地主管機關應開具證明書。

五、雙方無法合意者，當地主管機關依下列方式處理：

（一）外國人有收容安置之必要，即依受聘僱從事就業服務法第四十六條第一項第八款至第十一款規定工作之外國人臨時安置作業要點辦理收容事宜，並返還通知書及相關資料。

（二）無收容安置外國人之必要，且有可歸責於外國人之事由，逕開具證明書。

（三）於處理期間外國人之居留期限已屆滿者，且無入出國及移民法規定禁止出國之情事或本部認定有留置之必要者，得逕開具證明書。

六、當地主管機關於開具證明書後，依行政程序法規定送達雇主。

七、雇主已辦理驗證程序，且經當地主管機關開具證明書者，視同已依

　　本法第五十六條通知。

八、雇主於取得證明書後，應依預定安排出國日前辦理外國人出國，並應在外國人出國後三十日內，檢具外國人名冊及出國證明文件，通知中央主管機關。雇主並得檢附有效之證明書及其他規定文件，依規定申請遞補外國人事宜。

外國人於驗證證明書所載協議終止聘僱關係日前十四日至協議終止聘僱關係日以外期間出國者，除有第二點免踐行驗證程序規定之情事外，應重新辦理驗證程序。

受聘僱外國人健康檢查管理辦法

民國 111 年 4 月 29 日衛生福利部令修正發布。

第 1 條

本辦法依就業服務法（以下簡稱本法）第四十八條第三項規定訂定之。

第 2 條

本辦法用詞，定義如下：

一、第一類外國人：指受聘僱從事本法第四十六條第一項第一款至第六款規定工作之外國人。

二、第二類外國人：指受聘僱從事本法第四十六條第一項第八款至第十款規定工作之外國人。

三、第三類外國人：指受聘僱從事本法第四十六條第一項第十一款規定工作之外國人，且從事雇主聘僱外國人許可及管理辦法第二條第三款之工作。

四、認可醫院：指經中央衛生主管機關認可得辦理受聘僱外國人入國前健康檢查之國外醫院。

五、指定醫院：指經中央衛生主管機關指定得辦理受聘僱外國人入國後健康檢查之國內醫院。

六、都治服務：指經衛生主管機關指派之關懷員送藥及親眼目睹病人服藥之服務（Directly Observed Treatment Short-Course, DOTS）。

第 3 條

雇主申請第四條規定以外之第一類外國人之聘僱許可及展延聘僱許可，得免檢具該類人員之健康檢查合格證明。但對於入國工作三個月以上者，中央衛生主管機關得依其曾居住國家疫情或其他特性，公告其應檢具之健康檢查證明。

第 4 條

雇主聘僱第一類外國人從事本法第四十六條第一項第四款規定之工作，申請聘僱許可及展延聘僱許可時，應檢具下列各款文件之一，送交中央

主管機關：

一、該人員由居住國家合格設立之醫療機構最近三個月內核發經醫師簽章之健康檢查合格證明及其中文譯本，並經我國駐外館處驗證；前述證明文件以英文開具者，得予免附中文譯本。

二、該人員由指定醫院最近三個月內核發之健康檢查合格證明。

前項健康檢查證明，應包括下列檢查及證明項目：

一、胸部 X 光肺結核檢查。

二、梅毒血清檢查。

三、身體檢查。

四、麻疹及德國麻疹之抗體陽性檢驗報告或預防接種證明。但申請展延聘僱許可者，得免檢附。

五、其他經中央衛生主管機關依其曾居住國家疫情或其他特性認定之必要檢查。

中央主管機關對於前項健康檢查任一項目不合格者，不予核發聘僱許可或展延聘僱許可。但符合下列情形之一者，不在此限：

一、因國內疫苗短缺致無法檢附前項第四款之預防接種證明，經中央衛生主管機關限期預防接種。

二、第七條第二項或第九條所定情形。

第 5 條

第二類及第三類外國人辦理健康檢查之時程如下：

一、申請入國簽證時，應檢具認可醫院核發之三個月內健康檢查合格證明。但第三類外國人居住國家無認可醫院者，得檢具居住國家合格設立之醫療機構最近三個月內核發經醫師簽章之健康檢查合格證明及其中文譯本，並經我國駐外館處驗證。

二、入國後三個工作日內，雇主應安排其至指定醫院接受健康檢查；因故未能依限安排健康檢查者，得於延長三個工作日內補行辦理。

三、自聘僱許可生效日起，工作滿六個月、十八個月及三十個月之日前後三十日內，雇主應安排其至指定醫院接受定期健康檢查。

前項第一款入國前健康檢查有任一項目不合格者，不予辦理入國簽證。

第二類及第三類外國人依本法第五十二條第五項規定請假返國者，中央衛生主管機關得依工作性質及勞動輸出國疫情或其他特性，公告其再入國後之健康檢查時程及項目，並由雇主安排其至指定醫院辦理。

雇主聘僱在中華民國境內工作之第三類外國人，於申請聘僱許可時，應檢具指定醫院核發之三個月內健康檢查合格證明，並應依第一項第三款規定辦理定期健康檢查。

第 6 條

前條健康檢查，應包括下列項目：

一、胸部 X 光肺結核檢查。

二、漢生病檢查。

三、梅毒血清檢查。

四、腸內寄生蟲糞便檢查。

五、身體檢查。

六、麻疹及德國麻疹之抗體陽性檢驗報告或預防接種證明。但辦理前條第一項第二款、第三款之健康檢查者，得免檢附。

七、其他經中央衛生主管機關依工作性質及勞動輸出國疫情或其他特性認定之必要檢查。

第三類外國人來自中央衛生主管機關公告之特定國家、地區，得免辦理前項第二款及第四款檢查。

指定醫院健康檢查項目不合格之認定及處理原則如附表。

第 7 條

雇主應於收受指定醫院核發第五條第一項第二款、第三款及第四項健康檢查證明後，送交該外國人留存。

前項健康檢查結果有不合格或須進一步檢查者，雇主應安排該人員依下列時程辦理再檢查及治療：

一、胸部 X 光肺結核檢查：疑似肺結核或無法確認診斷者，自收受健康檢查證明之次日起十五日內，至指定機構再檢查。

二、漢生病檢查：疑似漢生病者，自收受健康檢查證明之次日起十五日內，至指定機構再檢查。

三、梅毒血清檢查：於收受健康檢查證明之次日起三十日內，取得完成治療證明。

四、腸內寄生蟲糞便檢查：於收受健康檢查證明之次日起六十五日內，至指定醫院治療後再檢查並取得陰性之證明；經確診為痢疾阿米巴原蟲陽性者，須取得治療後再檢查三次均為陰性之證明。

第 8 條

僱主應於收受第五條第一項第二款及第四項外國人健康檢查再檢查診斷證明書或完成治療證明之次日起十五日內，檢具再檢查診斷證明書或完成治療證明正本文件，送中央主管機關備查。

僱主應於收受第五條第一項第三款外國人定期健康檢查再檢查診斷證明書或完成治療證明之次日起十五日內，檢具下列文件，送直轄市、縣（市）衛生主管機關備查：

一、中央主管機關核發之外國人聘僱許可文件。

二、再檢查診斷證明書或完成治療證明正本文件。

第 9 條

受聘僱外國人經健康檢查確診為肺結核、結核性肋膜炎或漢生病者，除多重抗藥性個案外，僱主應於收受診斷證明書之次日起十五日內，檢具下列文件，送直轄市、縣（市）衛生主管機關申請都治服務：

一、診斷證明書。

二、受聘僱外國人接受衛生單位安排都治服務同意書。

受聘僱外國人於完成前項都治服務藥物治療，且經直轄市、縣（市）衛生主管機關認定完成治療者，視為合格。

第 10 條

本法第七十三條第四款所定檢查不合格，指下列各款情形之一：

一、受聘僱外國人經確認診斷為多重抗藥性結核病。

二、受聘僱外國人未依第四條第三項但書第一款規定完成預防接種。

三、受聘僱外國人未依第七條第二項規定完成再檢查或再檢查不合格。

四、受聘僱外國人未依第九條規定配合結核病或漢生病都治服務累計達
十五日以上。

第 11 條

受聘僱外國人有下列各款情形之一，已逾一年未接受健康檢查者，雇主
應自聘僱許可生效日之次日起七日內，安排其至指定醫院接受健康檢
查：

一、第二類及第三類外國人轉換雇主或工作。

二、第二類及第三類外國人依本法重新核發聘僱許可。

三、第三類外國人依本法重新核發展延聘僱許可。

前項健康檢查結果有不合格或須進一步檢查者，依第七條至第九條規定
辦理。

第 12 條

第二類及第三類外國人因故未能於規定期限內辦理第五條第一項第三款
或前條第一項健康檢查時，雇主得檢具相關證明文件，報直轄市、縣
（市）衛生主管機關備查，並得提前於七日內或事由消失後七日內，辦
理上開健康檢查。

第 13 條

受聘僱從事本法第四十六條第一項第七款規定工作之外國人，其健康檢
查管理，依船員法第八條規定辦理。

第 14 條

中央流行疫情指揮中心成立期間，中央衛生主管機關得依國內疫情防治
或勞動輸出國疫情評估所需，公告調整第二類及第三類外國人依第五條
第一項第二款、第三款及第十一條第一項健康檢查之辦理期限。

配合前項公告致第五條第一項第三款健康檢查之日與最近一次接受健康
檢查日間隔未滿三個月，雇主得於第五條第一項第三款所定健康檢查期
限七日前，檢具最近一次健康檢查報告向直轄市、縣（市）衛生主管機

關申請免辦理該次健康檢查。

第 15 條
本辦法自中華民國一百十一年四月三十日施行。

外國人從事就業服務法第四十六條第一項第一款至第六款工作資格及審查標準

民國 111 年 4 月 29 日勞動部令修正發布。

第一章　總　則

第 1 條

本標準依就業服務法（以下簡稱本法）第四十六條第二項規定訂定之。

第 2 條

外國人受聘僱從事本法第四十六條第一項第一款、第二款、第四款至第六款規定之工作，其工作資格應符合本標準規定。

外國人受聘僱從事本法第四十六條第一項第三款規定之工作，其工作資格應符合教育部訂定之各級學校申請外國教師聘僱許可及管理辦法規定。

第 2-1 條

外國人從事前條所定工作，於申請日前三年內不得有下列情事之一：

一、未經許可從事工作。

二、為申請許可以外之雇主工作。

三、非依雇主指派即自行從事許可以外之工作。

四、連續曠職三日失去聯繫。

五、拒絕接受健康檢查或提供不實檢體。

六、違反本法第四十八條第二項、第三項、第四十九條所發布之命令，情節重大。

七、違反其他中華民國法令，情節重大。

八、依規定應提供資料，拒絕提供或提供不實。

第 3 條

為保障國民工作權，並基於國家之平等互惠原則，中央主管機關得會商相關中央目的事業主管機關，就國內就業市場情勢、雇主之業別、規模、用人計畫、營運績效及對國民經濟、社會發展之貢獻，核定其申請聘僱外國人之名額。

第二章　專門性或技術性工作

第 4 條

本法第四十六條第一項第一款所稱專門性或技術性工作，指外國人受聘僱從事下列具專門知識或特殊專長、技術之工作：

一、營繕工程或建築技術工作。

二、交通事業工作。

三、財稅金融服務工作。

四、不動產經紀工作。

五、移民服務工作。

六、律師、專利師工作。

七、技師工作。

八、醫療保健工作。

九、環境保護工作。

十、文化、運動及休閒服務工作。

十一、學術研究工作。

十二、獸醫師工作。

十三、製造業工作。

十四、批發業工作。

十五、其他經中央主管機關會商中央目的事業主管機關指定之工作。

第 5 條

外國人受聘僱從事前條工作，除符合本標準其他規定外，仍應符合下列資格之一：

一、依專門職業及技術人員考試法規定取得證書或執業資格者。

二、取得國內外大學相關系所之碩士以上學位者，或取得相關系所之學士學位而有二年以上相關工作經驗者。

三、服務跨國企業滿一年以上經指派來我國任職者。

四、經專業訓練，或自力學習，有五年以上相關經驗，而有創見及特殊表現者。

第 5-1 條

外國留學生、僑生或其他華裔學生具下列資格之一，除符合本標準其他規定外，依附表計算之累計點數滿七十點者，得受聘僱從事第四條之工作，不受前條規定之限制：

一、在我國大學畢業，取得學士以上學位。

二、在我國大專校院畢業，取得製造、營造、農業、長期照顧或電子商務等相關科系之副學士學位。

中央主管機關應就前項許可之人數數額、申請期間、申請文件及核發許可程序公告之。

第 6 條

為因應產業環境變動，協助企業延攬專門性、技術性工作人員，經中央主管機關會商中央目的事業主管機關專案同意者，其依第五條第二款聘僱之外國人，得不受二年以上相關工作經驗之限制。

經中央主管機關會商中央目的事業主管機關專案同意屬具創新能力之新創事業者，其依第五條第四款聘僱之外國人，得不受五年以上相關經驗之限制。

第 7 條

外國法人為履行承攬、買賣、技術合作等契約之需要，須指派所聘僱外國人在中華民國境內從事第四條範圍內之工作，其工作期間在九十日以下者，外國人資格不受第五條之限制。但自申請日起前一年內履約工作期間與當次申請工作期間累計已逾九十日者，外國人仍應符合第五條第一款、第二款及第四款之規定。

第 8 條

外國人受聘僱或依國際協定開放之行業項目所定契約，在中華民國境內
從事第四條之工作，其薪資或所得報酬不得低於中央主管機關公告之數
額。

第 8-1 條

外國人受聘僱從事營繕工程或建築技術工作，其內容應為營繕工程施工
技術指導、品質管控或建築工程之規劃、設計、監造、技術諮詢。

第 9 條

聘僱前條外國人之雇主，應具備下列條件之一：

一、取得目的事業主管機關許可、登記之營造業者。

二、取得建築師開業證明及二年以上建築經驗者。

第 10 條

外國人受聘僱於下列交通事業，其工作內容應為：

一、陸運事業：

　　（一）鐵公路或大眾捷運工程規劃、設計、施工監造、諮詢及營
　　　　　運、維修之工作。

　　（二）由國外進口或外商於國內承製之鐵路、公路捷運等陸上客、
　　　　　貨運輸機具之安裝、維修、技術指導、測試、營運之工作。

　　（三）國外採購之機具查驗、驗證及有助提升陸運技術研究發展之
　　　　　工作。

二、航運事業：

　　（一）港埠、船塢、碼頭之規劃、設計、監造、施工評鑑之工作。

　　（二）商港設施及打撈業經營管理、機具之建造與維修、安裝、技
　　　　　術指導、測試、營運、裝卸作業之指揮、調度與機具操作及
　　　　　協助提升港埠作業技術研究發展之工作。

　　（三）船舶、貨櫃、車架之建造維修及協助提昇技術研究發展之工
　　　　　作。

（四）從事海運事業業務人員之訓練、經營管理及其他有助提升海運事業業務發展之工作。

（五）民航場站、助航設施之規劃建設之工作。

（六）有助提升航運技術研究發展之航空器維修採購民航設施查驗及技術指導之工作。

（七）航空事業之人才訓練、經營管理、航空器運渡、試飛、駕駛員、駕駛員訓練、營運飛航及其他有助提升航空事業業務發展之工作。

三、郵政事業：

（一）郵政機械設備系統之規劃、設計審查及施工監造之工作。

（二）有助提升郵政技術研究發展之國外採購郵用物品器材之查驗及生產技術指導之工作。

（三）郵政機械設備之研究、設計、技術支援、維修及郵政人才訓練之工作。

四、電信事業：

（一）電信工程技術之規劃、設計及施工監造之工作。

（二）有助提升電信技術研究發展之國外採購電信器材查驗、生產、技術指導之工作。

（三）電信設備之研究、設計、技術支援、技術指導及維修之工作。

（四）電信人才訓練之工作。

（五）電信加值網路之設計、技術支援之工作。

（六）廣播電視之電波技術及其設備之規劃、設計、監造、指導之工作。

五、觀光事業：

（一）觀光旅館業、旅館業、旅行業之經營管理、導遊、領隊及有助提升觀光技術研究發展之工作。

（二）觀光旅館業、旅館業經營及餐飲烹調技術為國內所缺乏者之工作。

　　（三）風景區或遊樂區之規劃開發、經營管理之工作。
六、氣象事業：
　　（一）國際間氣象、地震、海象資料之蒐集、研判、處理、供應及
　　　　　交換之工作。
　　（二）氣象、地震、海象、技術研究及指導之工作。
　　（三）國外採購之氣象、地震、海象儀器設備校驗、維護技術指導
　　　　　等有助提升氣象、地震、海象、技術研究發展之工作。
　　（四）氣象、地震、海象技術人才之培育與訓練及氣象、地震、海
　　　　　象、火山、海嘯等事實鑑定之工作。
七、從事第一款至第六款事業之相關規劃、管理工作。

第 11 條

聘僱前條外國人之雇主，應取得目的事業主管機關核發經營事業之證
明。
外國人受聘僱從事前條第五款規定之觀光事業導遊人員、領隊人員或旅
行業經理人工作，應分別取得中央目的事業主管機關核發之導遊執業證
照、領隊執業證照或旅行業經理人結業證書。

第 12 條

外國人受聘僱從事航空器運渡或試飛工作，應具備下列資格：
一、具有雇主所需機型之航空器運渡或試飛駕駛員資格。
二、持有雇主所需機型之有效檢定證明。
三、持有有效體格檢查合格證明。

第 13 條

外國人受聘僱從事航空器駕駛員訓練工作，應具備下列資格：
一、具有航空器訓練教師資格。
二、持有雇主所需機型之有效檢定證明。
三、持有有效體格檢查合格證明。

第 14 條

外國人受聘僱從事航空器營運飛航工作，應具備下列資格：

一、具有民航運輸駕駛員資格。

二、持有僱主所需機型之有效檢定證明。

三、持有民用航空醫務中心航空人員體格檢查合格證明。

僱主聘僱國內外缺乏所需航空器機型之駕駛員時，得聘僱未取得該機型有效檢定證明之外國飛航駕駛員，經施予訓練，於取得該機型之有效檢定證明後，始得從事本條之工作。但本國合格飛航駕駛員應予優先訓練。

第 15 條

聘僱前條外國籍駕駛員之僱主，應培訓本國籍駕駛員，其所聘僱外國籍駕駛員人數總和，不得超過自申請日起前七年內所自訓之本國籍駕駛員人數及該年度自訓本國籍駕駛員計畫人數總和之二點五倍。

第 16 條

聘僱第十二條至第十四條外國人之僱主，應取得中央目的事業主管機關核發之民用航空運輸業許可證。

第 17 條

外國人受聘僱從事本國籍普通航空業之駕駛員工作，應具備下列資格：

一、具有正駕駛員資格。

二、持有僱主所需機型之有效檢定證明。

三、持有有效體格檢查合格證明。

第 18 條

聘僱前條外國人之僱主，應具備下列條件：

一、取得中央目的事業主管機關核發之中華民國普通航空業許可證。

二、所聘僱之外國人執行航空器之作業與訓練，限於未曾引進之機型。但曾引進之機型而無該機型之本國籍教師駕駛員或執行已具該機型執業資格之國籍駕駛員複訓者，不在此限。

第 19 條

前條之僱主聘僱外國人，其申請計畫應符合下列規定之一：

一、單、雙座駕駛員機種，僱主指派任一飛航任務，第一年許可全由外
　　籍駕駛員擔任；第二年起雙座駕駛員機種至少一人，應由本國籍駕
　　駛員擔任。

二、單座駕駛員機種，自第二年起該機種飛行總時數二分之一以上，應
　　由本國籍駕駛員擔任飛行操作。但工作性質及技能特殊，經中央主
　　管機關會商中央目的事業主管機關核准者，不在此限。

第 20 條

外國人受聘僱從事航空器發動機、機體或通信電子相關簽證工作，應持
有有效檢定證明及具備航空器維修或相關技術領域五年以上工作經驗。

第 21 條

外國人受聘僱從事財稅金融服務工作，其內容應為：

一、證券、期貨事業：

　　（一）有價證券及證券金融業務之企劃、研究、分析、管理或引進
　　　　　新技術之工作。

　　（二）期貨交易、投資、分析及財務、業務之稽核或引進新技術之
　　　　　工作。

二、金融事業：存款、授信、投資、信託、外匯及其他中央主管機關會
　　商中央目的事業主管機關認定之相關金融業務，以及上開業務之企
　　劃、研究分析、管理諮詢之工作。

三、保險事業：人身、財產保險之理賠、核保、精算、投資、資訊、再
　　保、代理、經紀、訓練、公證、工程、風險管理或引進新技術之工
　　作。

四、協助處理商業會計事務之工作。

五、協助處理會計師法所定業務之工作。

聘僱前項第一款至第四款外國人之僱主，應取得中央目的事業主管機關
核發經營證券、期貨事業、金融事業或保險事業之證明。

聘僱第一項第五款外國人之雇主，應取得會計師執業登記。

第 22 條
外國人受聘僱從事不動產經紀工作，其內容應爲執行不動產仲介或代銷業務。

前項外國人應取得直轄市、縣（市）主管機關核發之不動產經紀人證書或中央目的事業主管機關指定之機構、團體發給之不動產經紀營業員證明。

第 23 條
外國人受聘僱於移民業務機構從事移民服務工作，其內容應爲：
一、與投資移民有關之移民基金諮詢、仲介業務，並以保護移民者權益所必須者爲限。
二、其他與移民有關之諮詢業務。
前項外國人應具備下列資格之一：
一、從事前項之移民業務二年以上。
二、曾任移民官員，負責移民簽證一年以上。
三、具備律師資格，從事移民相關業務一年以上。

第 24 條
外國人受聘僱從事律師工作，應具備下列資格之一：
一、中華民國律師。
二、外國法事務律師。

第 25 條
聘僱前條外國人之雇主，應具備下列條件之一：
一、中華民國律師。
二、外國法事務律師。

第 25-1 條
外國人受聘僱從事專利師工作，應具備中華民國專利師資格。
聘僱前項專利師之雇主應爲經營辦理專利業務之事務所，並具備下列條

件之一：

一、中華民國專利師。

二、中華民國律師。

三、中華民國專利代理人。

第 26 條

外國人受聘僱執行技師業務，應取得技師法所定中央主管機關核發之執業執照。

聘僱前項外國人之雇主，應取得下列證明之一：

一、工程技術顧問公司登記證。

二、目的事業主管機關核發經營該業務之證明。

第 27 條

外國人受聘僱於醫事機構從事醫療保健工作，應具備下列資格之一：

一、取得中央目的事業主管機關核發之醫事專門職業證書之醫師、中醫師、牙醫師、藥師、醫事檢驗師、醫事放射師、物理治療師、職能治療師、護理師、營養師、臨床心理師、諮商心理師、呼吸治療師、語言治療師、聽力師、牙體技術師、助產師或驗光師。

二、其他經中央主管機關會商中央目的事業主管機關認定醫療衛生業務上須聘僱之醫事專門性或技術性人員。

第 28 條

前條所稱醫事機構，以下列各款為限：

一、前條第一款所定人員之法定執業登記機構。

二、藥商。

三、衛生財團法人。

四、其他經中央主管機關會商中央目的事業主管機關認定得聘僱前條外國人之機構。

第 29 條

外國人受聘僱從事環境保護工作，其內容應為：

一、人才訓練。

二、技術研究發展。

三、污染防治機具安裝、操作、維修工作。

第 30 條

聘僱前條外國人之僱主，以下列各款為限：

一、環境檢驗測定機構。

二、廢水代處理業者。

三、建築物污水處理設施清理機構。

四、廢棄物清除處理機構。

五、其他經中央主管機關會商中央目的事業主管機關認定得聘僱前條外
　　國人之事業。

第 31 條

外國人受聘僱從事文化、運動及休閒服務工作，其內容應為：

一、出版事業：新聞紙、雜誌、圖書之經營管理、外文撰稿、編輯、翻
　　譯、編譯；有聲出版之經營管理、製作、編曲及引進新設備技術之
　　工作。

二、電影業：電影片製作、編導、藝術、促銷、經營管理或引進新技術
　　之工作。

三、無線、有線及衛星廣播電視業：節目策劃、製作、外文撰稿、編
　　譯、播音、導播及主持、經營管理或引進新技術之工作。

四、藝文及運動服務業：文學創作、評論、藝文活動經營管理、藝人及
　　模特兒經紀、運動場館經營管理、運動裁判、運動訓練指導或運動
　　活動籌劃之工作。

五、圖書館及檔案保存業：各種資料之收藏及維護，資料製成照片、地
　　圖、錄音帶、錄影帶及其他形式儲存或經營管理之工作。

六、博物館、歷史遺址及其他文化資產保存機構：對各類文化資產或其
　　他具文化資產保存價值之保存、維護、陳列、展示（覽）、教育或
　　經營管理之工作。

七、休閒服務業：遊樂園業經營及管理之工作。

聘僱前項第五款及第六款外國人之雇主，應取得目的事業主管機關核發從事圖書館、檔案保存業、博物館或歷史遺址等機構之證明。

第 32 條

外國人受聘僱從事研究工作，其雇主應為專科以上學校、經中央目的事業主管機關依法核准立案之學術研究機構或教學醫院。

第 33 條

外國人受聘僱於獸醫師之執業機構或其他經中央主管機關會商中央目的事業主管機關認定之機構從事獸醫師工作，應取得中央目的事業主管機關核發之獸醫師證書。

第 34 條

外國人受聘僱於製造業工作，其內容應為經營管理、研究、分析、設計、規劃、維修、諮詢、機具安裝、技術指導等。

第 35 條

外國人受聘僱從事批發業工作，其工作內容應為經營管理、設計、規劃、技術指導等。

第 36 條

聘僱第四條第十五款、第二十二條第一項、第二十三條第一項、第二十九條、第三十一條第一項第一款至第四款及第七款、第三十四條或前條外國人之雇主，應符合下列條件之一：

一、本國公司：

　　（一）設立未滿一年者，實收資本額達新臺幣五百萬元以上、營業額達新臺幣一千萬元以上、進出口實績總額達美金一百萬元以上或代理佣金達美金四十萬元以上。

　　（二）設立一年以上者，最近一年或前三年度平均營業額達新臺幣一千萬元以上、平均進出口實績總額達美金一百萬元以上或平均代理佣金達美金四十萬元以上。

二、外國公司在我國分公司或大陸地區公司在臺分公司：
　　（一）設立未滿一年者，在臺營運資金達新臺幣五百萬元以上、營
　　　　業額達新臺幣一千萬元以上、進出口實績總額達美金一百萬
　　　　元以上或代理佣金達美金四十萬元以上。
　　（二）設立一年以上者，最近一年或前三年度在臺平均營業額達新
　　　　臺幣一千萬元以上、平均進出口實績總額達美金一百萬元以
　　　　上或平均代理佣金達美金四十萬元以上。
三、經中央目的事業主管機關許可之外國公司代表人辦事處或大陸地區
　　公司在臺辦事處，且在臺有工作實績者。
四、經中央目的事業主管機關核准設立之研發中心、企業營運總部。
五、對國內經濟發展有實質貢獻，或因情況特殊，經中央主管機關會商
　　中央目的事業主管機關專案認定者。

第 37 條
聘僱外國人從事第四條工作之雇主為財團法人、社團法人、政府機關
（構）、行政法人或國際非政府組織者，應符合下列條件之一：
一、財團法人：設立未滿一年者，設立基金達新臺幣一千萬元以上；
　　設立一年以上者，最近一年或前三年度平均業務支出費用達新臺幣
　　五百萬元以上。
二、社團法人：社員人數應達五十人以上。
三、政府機關（構）：各級政府機關及其附屬機關（構）。
四、行政法人：依法設置之行政法人。
五、國際非政府組織：經中央目的事業主管機關許可設立之在臺辦事
　　處、秘書處、總會或分會。

第 37-1 條
外國人受聘僱從事本法第四十六條第一項第一款至第六款規定之工作，
其隨同居留之外國籍配偶，受聘僱從事第四條之部分工時工作，其時薪
或所得報酬，不得低於中央主管機關依第八條公告之數額。
雇主申請聘僱前項外國籍配偶從事工作，得不受下列規定之限制：

一、第三十六條第一款、第二款所定實收資本額、營業額、進出口實績
　　總額、代理佣金及在臺營運資金。

二、前條第一款、第二款所定設立基金額度、平均業務支出費用額度及
　　社員人數。

外國人之外國籍配偶，依第一項規定申請之許可工作期間，不得逾外國
人之許可工作期間。

第三章　華僑或外國人投資或設立事業之主管工作

第 38 條

外國人受聘僱從事本法第四十六條第一項第二款規定，於華僑或外國人
經政府核准投資或設立事業擔任主管，應具備下列資格之一：

一、依華僑回國投資條例或外國人投資條例核准投資之公司，其華僑或
　　外國人持有所投資事業之股份或出資額，合計超過該事業之股份總
　　數或資本總額三分之一之公司經理人。

二、外國分公司經理人。

三、經中央目的事業主管機關許可設立代表人辦事處之代表人。

四、符合第六條第二項專案同意之具創新能力之新創事業，其部門副主
　　管以上或相當等級之人員。

雇主依前項第一款至第三款規定所聘僱之人數超過一人者，其外國人、
雇主資格或其他資格，應符合第二章規定。

雇主依第一項第四款規定所聘僱之人數超過一人者，其外國人薪資或所
得報酬不得低於中央主管機關依第八條公告之數額。

外國人受大陸地區公司在臺分公司或辦事處聘僱從事主管工作，準用前
三項規定。

第 39 條

前條外國人之雇主，應具備下列條件之一：

一、公司設立未滿一年者，實收資本額或在臺營運資金達新臺幣五十
　　萬元以上、營業額達新臺幣三百萬元以上、進出口實績總額達美金

　　五十萬元以上或代理佣金達美金二十萬元以上。

二、公司設立一年以上者,最近一年或前三年在臺平均營業額達新臺幣三百萬元以上、平均進出口實績總額達美金五十萬元以上或平均代理佣金達美金二十萬元以上。

三、經中央目的事業主管機關許可設立之外國公司代表人辦事處,且在臺有工作實績者。但設立未滿一年者,免工作實績。

四、對國內經濟發展有實質貢獻,或因情況特殊,經中央主管機關會商中央目的事業主管機關專案認定。

第 39-1 條

外國人受聘僱從事本法第四十六條第一項第一款至第六款規定之工作,其隨同居留之外國籍配偶,受聘僱從事第三十八條之部分工時工作,其時薪或所得報酬,不得低於中央主管機關依第八條公告之數額。

雇主申請聘僱前項外國籍配偶從事工作,得不受前條第一款、第二款所定實收資本額、營業額、進出口實績總額、代理佣金及在臺營運資金之條件限制。

外國人之外國籍配偶,依第一項規定申請之許可工作期間,不得逾外國人之許可工作期間。

第四章　　（刪除）

第 40 條至第 42 條（刪除）

第五章　運動、藝術及演藝工作

第 43 條

外國人受聘僱從事本法第四十六條第一項第五款規定之運動教練工作,應具備下列資格之一:

一、持有國家單項運動協會核發之國家運動教練證。

二、曾任運動教練實際工作經驗二年以上,並經國家（際）單項運動協

（總）會推薦。

三、具有各該國際單項運動總會核發之教練講習會講師資格證書，並經
　　該總會推薦者。

四、具有動作示範能力，並經各該國際（家）單項運動總（協）會推薦
　　者。

五、具有運動專長，爲促進國內體育發展，或因情況特殊，經中央主管
　　機關會商中央目的事業主管機關專案認定者。

第 44 條

外國人受聘僱從事本法第四十六條第一項第五款規定運動員之工作，應
具備下列資格之一：

一、曾代表參加國際或全國性運動競賽之運動員，持有證明文件。

二、曾任運動員實際工作經驗一年以上，並經國家（際）單項運動協
　　（總）會推薦。

三、具有運動專長，爲促進國內體育發展，或因情況特殊，經中央主管
　　機關會商中央目的事業主管機關專案認定者。

第 45 條

聘僱前二條外國人之雇主，應具備下列條件之一：

一、學校。

二、政府機關（構）或行政法人。

三、公益體育團體。

四、營業項目包括體育運動等相關業務之公司。

五、參與國家單項運動總會或協會主辦之體育運動競賽，附有證明文件
　　之機構或公司。

第 46 條

外國人受聘僱從事本法第四十六條第一項第六款規定之藝術及演藝工
作，應出具從事藝術、演藝工作證明文件或其所屬國官方機構出具之推
薦或證明文件。但因情況特殊，經中央主管機關會商中央目的事業主管
機關專案認定者，不在此限。

第 47 條

聘僱前條外國人之雇主，應具備下列條件之一：

一、學校、公立社會教育文化機構。

二、觀光旅館。

三、觀光遊樂業者。

四、演藝活動業者。

五、文教財團法人。

六、演藝團體、學術文化或藝術團體。

七、出版事業者。

八、電影事業者。

九、無線、有線或衛星廣播電視業者。

十、藝文服務業者。

十一、政府機關（構）或行政法人。

十二、各國駐華領使館、駐華外國機構、駐華國際組織。

第六章　附　則

第 48 條

本標準自發布日施行。

本標準中華民國九十九年一月二十九日修正發布之第十五條，自一百零四年一月二十九日施行；一百十年十月二十五日修正發布之條文，自一百十年十月二十五日施行；一百十一年四月二十九日修正發布之條文，自一百十一年四月三十日施行。

外國人從事就業服務法第四十六條第一項第八款至第十一款工作資格及審查標準

民國 111 年 11 月 24 日勞動部令修正發布。

第一章　總　則

第 1 條

本標準依就業服務法（以下簡稱本法）第四十六條第二項及第五十二條第七項規定訂定之。

第 2 條

外國人受聘僱從事本法第四十六條第一項第八款至第十一款規定之工作，其資格應符合本標準規定。

第 3 條

外國人受聘僱從事本法第四十六條第一項第八款規定海洋漁撈工作，其工作內容，應為從事漁船船長、動力小船駕駛人以外之幹部船員及普通船員、箱網養殖或與其有關之體力工作。

第 4 條

外國人受聘僱從事本法第四十六條第一項第九款規定之工作，其工作內容如下：

一、家庭幫傭工作：在家庭，從事房舍清理、食物烹調、家庭成員起居照料或其他與家事服務有關工作。

二、機構看護工作：在第十五條所定之機構或醫院，從事被收容之身心障礙者或病患之日常生活照顧等相關事務工作。

三、家庭看護工作：在家庭，從事身心障礙者或病患之日常生活照顧相關事務工作。

第 5 條

中央主管機關依本法第四十六條第一項第十款規定指定之工作,其工作內容如下:

一、製造工作:直接從事製造業產品製造或與其有關之體力工作。

二、外展製造工作:受雇主指派至外展製造服務契約履行地,直接從事製造業產品製造或與其有關之體力工作。

三、營造工作:在營造工地或相關場所,直接從事營造工作或與其有關之體力工作。

四、屠宰工作:直接從事屠宰工作或與其有關之體力工作。

五、外展農務工作:受雇主指派至外展農務服務契約履行地,直接從事農、林、牧、養殖漁業工作或與其有關之體力工作。

六、農、林、牧或養殖漁業工作:在農、林、牧場域或養殖場,直接從事農、林、牧、養殖漁業工作或與其有關之體力工作。

七、其他經中央主管機關指定之工作。

第 6 條

中央主管機關依本法第四十六條第一項第十一款規定專案核定之工作,其工作內容如下:

一、雙語翻譯工作:從事本標準規定工作之外國人,擔任輔導管理之翻譯工作。

二、廚師及其相關工作:從事本標準規定工作之外國人,擔任食物烹調等相關之工作。

三、中階技術工作:符合第十四章所定工作年資、技術或薪資,從事下列工作:

　　(一)中階技術海洋漁撈工作:在第十條所定漁船或箱網養殖漁業區,從事海洋漁撈工作。

　　(二)中階技術機構看護工作:在第十五條所定機構或醫院,從事被收容之身心障礙者或病患之生活支持、協助及照顧相關工作。

（三）中階技術家庭看護工作：在第十八條所定家庭，從事身心障
　　　礙者或病患之個人健康照顧工作。

（四）中階技術製造工作：在第二十四條所定特定製程工廠，從事
　　　技藝、機械設備操作及組裝工作。

（五）中階技術營造工作：在第四十二條或第四十三條所定工程，
　　　從事技藝、機械設備操作及組裝工作。

（六）中階技術外展農務工作：在第五十三條所定外展農務服務契
　　　約履行地，從事農業生產工作。

（七）中階技術農業工作：在第五十六條第一項第二款所定場所，
　　　從事蘭花、蕈菇、蔬菜農業生產工作。

（八）其他經中央主管機關會商中央目的事業主管機關指定工作場
　　　所之中階技術工作。

四、其他經中央主管機關專案核定之工作。

第 7 條

外國人受聘僱從事本標準規定之工作，不得有下列情事：

一、曾違反本法第四十三條規定者。

二、曾違反本法第七十三條第一款、第二款、第三款之連續曠職三日失
　　去聯繫、第五款至第七款規定之一者。

三、曾拒絕接受健康檢查或提供不實檢體者。

四、健康檢查結果不合格者。

五、在我國境內受聘僱從事第三條至第五條規定工作，累計工作期間逾
　　本法第五十二條第四項或第六項規定期限者。但從事前條規定工作
　　者，不在此限。

六、工作專長與原申請許可之工作不符者。

七、未持有行為良好證明者。

八、未滿十六歲者。

九、曾在我國境內受聘僱從事本標準規定工作，且於下列期間連續三日
　　失去聯繫者：

（一）外國人入國未滿三日尚未取得聘僱許可。

（二）聘僱許可期間贍餘不足三日。

（三）經地方主管機關安置、轉換雇主期間或依法令應出國而尚未出國期間。

十、違反其他經中央主管機關規定之工作資格者。

第 8 條

外國人受聘僱從事第四條之工作，其年齡須二十歲以上，並應具下列資格：

一、入國工作前，應經中央衛生福利主管機關認可之外國健康檢查醫院或其本國勞工部門指定之訓練單位訓練合格，或在我國境內從事相同工作滿六個月以上者。

二、從事家庭幫傭或家庭看護工作之外國人，入國時應於中央主管機關指定地點，接受八小時以上之講習，並取得完訓證明。但曾於五年內完成講習者，免予參加。

前項第二款之講習內容，包括下列事項：

一、外國人聘僱管理相關法令。

二、勞動權益保障相關法令。

三、衛生及防疫相關資訊。

四、外國人工作及生活適應相關資訊。

五、其他經中央主管機關規定事項。

第 9 條

雇主申請聘僱外國人從事下列工作，其所聘僱本法第四十六條第一項第一款或第八款至第十一款規定工作總人數，不得超過雇主申請當月前二個月之前一年僱用員工平均人數之百分之五十：

一、第十條第三款規定海洋漁撈工作，或中階技術海洋漁撈工作。

二、製造工作或中階技術製造工作。

三、外展農務工作或中階技術外展農務工作。

四、第五十六條第一項第二款規定農、林、牧或養殖漁業工作，或中階

　　技術農業工作。

前項僱用員工平均人數，依雇主所屬同一勞工保險證號之參加勞工保險人數計算。

雇主申請聘僱外國人從事營造工作或中階技術營造工作，其所聘僱本法第四十六條第一項第一款或第八款至第十一款規定工作總人數，不得超過以工程經費法人力需求模式計算所得人數百分之五十。但經行政院核定增加外國人核配比率者，不在此限。

第二章　海洋漁撈工作

第 10 條

外國人受聘僱從事第三條之海洋漁撈工作，其雇主應具下列條件之一：

一、總噸位二十以上之漁船漁業人，並領有目的事業主管機關核發之漁
　　業執照。

二、總噸位未滿二十之動力漁船漁業人，並領有目的事業主管機關核發
　　之漁業執照。

三、領有目的事業主管機關核發之箱網養殖漁業區劃漁業權執照，或專
　　用漁業權人出具之箱網養殖入漁證明。

第 11 條

外國人受前條第一款及第二款雇主聘僱從事海洋漁撈工作總人數之認定，應包括下列人數，且不得超過該漁船漁業執照規定之船員人數：

一、申請初次招募外國人人數。

二、幹部船員出海最低員額或動力小船應配置員額人數，至少一人：

三、得申請招募許可人數、取得招募許可人數及已聘僱外國人人數。

四、申請日前二年內，因可歸責於雇主之原因，經廢止外國人招募許可
　　及聘僱許可人數。

前項幹部船員出海最低員額，及動力小船應配置員額，依中央目的事業主管機關公告規定及小船管理規則有關規定認定之。

同一漁船出海本國船員數高於前項出海最低員額者，應列計出海船員數。

外國人受前條第三款僱主聘僱從事海洋漁撈工作者，依漁業權執照或入漁證明所載之養殖面積，每二分之一公頃，得聘僱外國人一人。但不得超過僱主僱用國內勞工人數之三分之二。

前項僱用國內勞工人數，依僱主所屬同一勞工保險證號之申請當月前二個月之前一年參加勞工保險認定之。但僱主依勞工保險條例第六條規定，為非強制參加勞工保險且未成立投保單位者，得以經直轄市或縣（市）政府漁業主管機關驗章之證明文件認定之。

第四項聘僱外國人總人數之認定，應包括下列人數：

一、申請初次招募外國人人數。

二、得申請招募許可人數、取得招募許可人數及已聘僱外國人人數。

三、申請日前二年內，因可歸責於僱主之原因，經廢止外國人招募許可及聘僱許可人數。

前條第三款僱主與他人合夥從事第三條之箱網養殖工作，該合夥關係經公證，且合夥人名冊由直轄市或縣（市）政府漁業主管機關驗章者，其合夥人人數得計入前項僱用國內勞工人數。

第一項第三款及第六項第二款已聘僱外國人人數，應列計從事中階技術海洋漁撈工作之人數。

第三章　家庭幫傭工作

第 12 條

外國人受聘僱從事第四條第一款之家庭幫傭工作，僱主申請招募時，應具下列條件之一：

一、有三名以上之年齡六歲以下子女。

二、有四名以上之年齡十二歲以下子女，且其中二名為年齡六歲以下。

三、累計點數滿十六點者。

前項各款人員，與僱主不同戶籍、已申請家庭看護工、中階技術家庭看

護工或已列計爲申請家庭幫傭者，其人數或點數，不予列計。

第一項第三款累計點數之計算，以雇主未滿六歲之子女、年滿七十五歲
以上之直系血親尊親屬或繼父母、配偶之父母或繼父母之年齡，依附表
一計算。

第 13 條

外國人受聘僱從事第四條第一款之家庭幫傭工作，其雇主應符合下列條
件之一：

一、受聘僱於外資金額在新臺幣一億元以上之公司，並任總經理級以上
　　之外籍人員；或受聘僱於外資金額在新臺幣二億元以上之公司，並
　　任各部門主管級以上之外籍人員。

二、受聘僱於上年度營業額在新臺幣五億元以上之公司，並任總經理級
　　以上之外籍人員；或受聘僱於上年度營業額在新臺幣十億元以上之
　　公司，並任各部門主管級以上之外籍人員。

三、上年度在我國繳納綜合所得稅之薪資所得新臺幣三百萬元以上；或
　　當年度月薪新臺幣二十五萬元以上，並任公司、財團法人、社團法
　　人或國際非政府組織主管級以上之外籍人員。

四、經中央目的事業主管機關認定，曾任國外新創公司之高階主管或研
　　發團隊核心技術人員，且有被其他公司併購交易金額達美金五百萬
　　元以上實績之外籍人員。

五、經中央目的事業主管機關認定，曾任國外新創公司之高階主管或研
　　發團隊核心技術人員，且有成功上市實績之外籍人員。

六、經中央目的事業主管機關認定，曾任創投公司或基金之高階主管，
　　且投資國外新創或事業金額達美金五百萬元以上實績之外籍人員。

七、經中央目的事業主管機關認定，曾任創投公司或基金之高階主管，
　　且投資國內新創或事業金額達美金一百萬元以上實績之外籍人員。

前項第三款之外籍人員，年薪新臺幣二百萬元以上或月薪新臺幣十五萬
元以上，且於入國工作前於國外聘僱同一名外籍幫傭，得聘僱該名外國
人從事家庭幫傭工作。

第一項第四款至第七款之雇主，申請重新招募外國人時，應檢附經中央目的事業主管機關認定之雇主在國內工作實績。

外國分公司之經理人或代表人辦事處之代表人，準用第一項外籍總經理之申請條件。

第 14 條

雇主依前二條聘僱家庭幫傭工作者，一戶以聘僱一人為限。

前項聘僱外國人總人數之認定，應包括下列人數：

一、申請初次招募外國人人數。

二、得申請招募許可人數、取得招募許可人數及已聘僱外國人人數。

三、經同意轉換雇主或工作，尚未由新雇主接續聘僱或出國之外國人人數。

四、申請日前二年內，因可歸責於雇主之原因，經廢止外國人招募許可及聘僱許可人數。

第四章　機構看護工作

第 15 條

外國人受聘僱從事第四條第二款之機構看護工作，其雇主應具下列條件之一：

一、收容養護中度以上身心障礙者、精神病患及失智症患者之長期照顧機構、養護機構、安養機構或財團法人社會福利機構。

二、護理之家機構、慢性醫院或設有慢性病床、呼吸照護病床之綜合醫院、醫院、專科醫院。

三、依長期照顧服務法設立之機構住宿式服務類長期照顧服務機構。

第 16 條

外國人受聘僱於前條雇主，從事機構看護工作總人數如下：

一、前條第一款之機構，以各機構實際收容人數每三人聘僱一人。

二、前條第二款及第三款之機構或醫院，以其依法登記之床位數每五床

　　聘僱一人。

前項外國人人數，合計不得超過本國看護工人數。

前項本國看護工人數之計算，應以申請招募許可當日參加勞工保險人數
爲準。

第 17 條

外國人受前條雇主聘僱從事機構看護工作總人數之認定，應包括下列人
數：

一、申請初次招募外國人人數。

二、得申請招募許可人數、取得招募許可人數及已聘僱外國人人數。但
　　有下列情形之一者，不予列計：

　　（一）外國人聘僱許可期限屆滿日前四個月期間內，雇主有繼續聘
　　　　　僱外國人之需要，向中央主管機關申請重新招募之外國人人
　　　　　數。

　　（二）原招募許可所依據之事實事後發生變更，致無法申請遞補招
　　　　　募、重新招募或聘僱之外國人人數。

三、申請日前二年內，因可歸責於雇主之原因，經廢止外國人招募許可
　　及聘僱許可人數。

第五章　家庭看護工作

第 18 條

外國人受聘僱於家庭從事第四條第三款之家庭看護工作，其照顧之被看
護者，應具下列條件之一：

一、特定身心障礙重度等級項目之一者。

二、年齡未滿八十歲，經醫療機構以團隊方式所作專業評估，認定有全
　　日照護需要者。

三、年齡滿八十歲以上，經醫療機構以團隊方式所作專業評估，認定有
　　嚴重依賴照護需要者。

四、年齡滿八十五歲以上，經醫療機構以團隊方式所作專業評估，認定

有輕度依賴照護需要者。

已依第十二條列計點數申請家庭幫傭之人員者，不得為前項被看護者。

第一項第一款特定身心障礙項目如附表二，或中央主管機關公告之身心障礙類別鑑定向度。

第一項第二款至第四款所定之醫療機構，由中央主管機關會商中央衛生福利主管機關公告。

第一項第二款至第四款所定之專業評估方式，由中央衛生福利主管機關公告。

第 19 條

被看護者符合附表三適用情形之一者，雇主曾經中央主管機關核准聘僱外國人，申請重新招募許可時，被看護者得免經前條所定醫療機構之專業評估。

第 20 條

從事本法第四十六條第一項第八款至第十款規定工作之外國人，除符合本標準其他規定外，其在我國境內工作期間累計屆滿十二年或將於一年內屆滿十二年，且依附表四計算之累計點數滿六十點者，經雇主申請聘僱從事家庭看護工作，該外國人在我國境內之工作期間得累計至十四年。

第 21 條

外國人受聘僱從事第四條第三款之家庭看護工作，雇主與被看護者間應有下列親屬關係之一：

一、配偶。

二、直系血親。

三、三親等內之旁系血親。

四、繼父母、繼子女、配偶之父母或繼父母、子女或繼子女之配偶。

五、祖父母與孫子女之配偶、繼祖父母與孫子女、繼祖父母與孫子女之配偶。

雇主或被看護者爲外國人時，應經主管機關許可在我國居留。

被看護者在我國無親屬，或情況特殊經中央主管機關專案核定者，得由與被看護者無親屬關係之人擔任雇主或以被看護者爲雇主申請聘僱外國人。但以被看護者爲雇主者，應指定具行爲能力人於其無法履行雇主責任時，代爲履行。

第 22 條

外國人受聘僱於前條雇主，從事家庭看護工作或中階技術家庭看護工作者，同一被看護者以一人爲限。但同一被看護者有下列情形之一者，得增加一人：

一、身心障礙手冊或證明記載爲植物人。

二、經醫療專業診斷巴氏量表評爲零分，且於六個月內病情無法改善。

前項聘僱外國人總人數之認定，應包括下列人數：

一、申請初次招募外國人人數。

二、得申請招募許可人數、取得招募許可人數及已聘僱外國人人數。

三、經同意轉換雇主或工作，尚未由新雇主接續聘僱或出國之外國人人數。

四、申請日前二年內，因可歸責於雇主之原因，經廢止外國人招募許可及聘僱許可人數。

第 23 條

外國人受聘僱從事家庭看護工或中階技術家庭看護工作之聘僱許可期間，經主管機關認定雇主有違反本法第五十七條第三款或第四款規定情事，中央主管機關得限期令雇主安排被看護者至指定醫療機構重新依規定辦理專業評估。

雇主未依中央主管機關通知期限辦理，或被看護者經專業評估已不符第十八條第一項或前條資格者，中央主管機關應依本法第七十二條規定，廢止雇主招募許可及聘僱許可之一部或全部。

第六章 製造工作

第 24 條

外國人受聘僱從事第五條第一款之製造工作，其雇主之工廠屬異常溫度作業、粉塵作業、有毒氣體作業、有機溶劑作業、化學處理、非自動化作業及其他特定製程，且最主要產品之行業，經中央目的事業主管機關或自由貿易港區管理機關認定符合附表五規定，得申請聘僱外國人初次招募許可。

符合前項特定製程，而非附表五所定之行業者，得由中央主管機關會商中央目的事業主管機關專案核定之。

中央主管機關、中央目的事業主管機關或自由貿易港區管理機關，得就前二項規定條件實地查核。

第 25 條

外國人受前條所定雇主聘僱從事製造工作，其雇主向中央目的事業主管機關或自由貿易港區管理機關申請特定製程經認定者，申請初次招募人數之核配比率、僱用員工人數及所聘僱外國人總人數，應符合附表六規定。

前項所定僱用員工平均人數，不列計依第二十六條第一項但書及第二十八條第三項但書規定所聘僱之外國人人數。

第 26 條

雇主依前條申請初次招募人數及所聘僱外國人總人數之比率，得依下列情形予以提高。但合計不得超過雇主申請當月前二個月之前一年僱用員工平均人數之百分之四十：

一、提高比率至百分之五者：雇主聘僱外國人每人每月額外繳納就業安定費新臺幣三千元。

二、提高比率超過百分之五至百分之十者：雇主聘僱外國人每人每月額外繳納就業安定費新臺幣五千元。

三、提高比率超過百分之十至百分之十五者：雇主聘僱外國人每人每月

額外繳納就業安定費新臺幣七千元。
四、提高比率超過百分之十五至百分之二十者：雇主聘僱外國人每人每
　　月額外繳納就業安定費新臺幣九千元。
雇主依前項各款提高比率引進外國人後，不得變更應額外繳納就業安定
費之數額。

第 27 條
雇主符合下列資格之一，經向中央目的事業主管機關申請新增投資案之
認定者，得申請聘僱外國人初次招募許可：
一、屬新設立廠場，取得工廠設立登記證明文件。
二、符合前款規定資格及下列條件之一：
　　（一）高科技產業之製造業投資金額達新臺幣五億元以上，或其他
　　　　　產業之製造業投資金額達新臺幣一億元以上。
　　（二）新增投資計畫書預估工廠設立登記證明核發之日起，一年內
　　　　　聘僱國內勞工人數達一百人以上。
前項申請認定之期間，自本標準中華民國一百零二年三月十三日修正生
效日起，至一百零三年十二月三十一日止。
第一項經認定之雇主，應一次向中央主管機關申請，且申請外國人及所
聘僱外國人總人數，合計不得超過中央目的事業主管機關預估建議僱用
員工人數乘以第二十五條附表六之核配比率加前條所定之比率。
前項聘僱外國人之比率，符合下列規定者，得免除前條所定應額外繳納
就業安定費之數額三年：
一、第一項第一款：百分之五以下。
二、第一項第二款：百分之十以下。

第 28 條
雇主符合下列資格，向中央目的事業主管機關申請經認定後，得申請聘
僱外國人初次招募許可：
一、經中央目的事業主管機關核准或認定赴海外地區投資二年以上，並
　　認定符合下列條件之一者：

（一）自有品牌國際行銷最近二年海外出貨占產量百分之五十以上。

（二）國際供應鏈最近一年重要環節前五大供應商或國際市場占有率達百分之十以上。

（三）屬高附加價值產品及關鍵零組件相關產業。

（四）經中央目的事業主管機關核准新設立研發中心或企業營運總部。

二、經中央目的事業主管機關依前款規定核發認定函之日起三年內完成新設立廠場，並取得工廠設立登記證明文件，且符合前條第一項第二款第一目及第二目規定資格者。

前項申請認定之期間如下：

一、前項第一款：自中華民國一百零一年十一月二十二日起，至一百零三年十二月三十一日止。

二、前項第二款：中央目的事業主管機關核發前項第一款之認定函之日起三年內。

第一項經認定之雇主，應一次向中央主管機關申請，且申請外國人及所聘僱外國人人數，應依前條第三項規定計算。但雇主申請外國人之比率未達百分之四十者，得依第二十六條第一項第三款規定額外繳納就業安定費之金額，提高聘僱外國人比率至百分之四十。

前項聘僱外國人之比率，符合下列規定者，得免除第二十六條第一項但書及前項但書所定應額外繳納就業安定費之數額五年：

一、第一項第一款第一目至第三目：百分之二十以下。

二、第一項第一款第四目：百分之十五以下。

第 29 條

雇主依前二條規定申請聘僱外國人，經中央主管機關核發初次招募許可者，應於許可通知所定期間內，申請引進外國人。

前項雇主申請引進外國人，不得逾初次招募許可人數之二分之一。但雇主聘僱國內勞工人數，已達其新增投資案預估聘僱國內勞工人數之二分

之一者，不在此限。

第 30 條

雇主符合行政院中華民國一百零七年十二月七日核定之歡迎臺商回臺投資行動方案，向中央目的事業主管機關申請經認定後，得申請聘僱外國人初次招募許可。

雇主符合行政院中華民國一百十年七月二十六日核定之離岸風電產業人力補充行動方案，向中央目的事業主管機關申請經認定後，得申請聘僱外國人初次招募許可。

雇主符合前二項規定者，應於認定函所定完成投資期限後一年內，一次向中央主管機關申請核發初次招募許可。

第 31 條

前條雇主申請外國人及所聘僱外國人總人數，合計不得超過中央目的事業主管機關預估僱用人數乘以第二十五條附表六之核配比率加第二十六條所定之比率。

前項雇主申請外國人之比率未達百分之四十，經依第二十六條第一項第三款規定額外繳納就業安定費者，得依下列規定提高聘僱外國人之比率，但合計比率最高不得超過百分之四十：

一、前條第一項：百分之十五。

二、前條第二項：百分之十。

雇主依前二項比率計算聘僱外國人總人數，應符合第二十五條附表六規定。

第一項及前項所定僱用人數及所聘僱外國人總人數，依雇主所屬工廠之同一勞工保險證號之參加勞工保險人數計算之。但所屬工廠取得中央目的事業主管機關或自由貿易港區管理機關認定特定製程之行業，達二個級別以上者，應分別設立勞工保險證號。

第 32 條

雇主符合第三十條規定向中央目的事業主管機關申請認定之期間，應符合下列規定期間：

一、符合第三十條第一項規定者，自中華民國一百零八年一月一日至
　　一百十三年十二月三十一日止。

二、符合第三十條第二項規定者，自中華民國一百十年七月一日至
　　一百十三年六月三十日止。

雇主同一廠場申請第三十條第一項或第二項之認定，以一次為限，且中
央主管機關及中央目的事業主管機關，得實地查核雇主相關資格。

第 33 條

雇主依第三十條規定申請聘僱外國人，經中央主管機關核發初次招募許
可者，應於許可通知所定期間內，申請引進外國人。

雇主依前項規定申請引進之外國人人數，不得逾初次招募許可人數之二
分之一。但所聘僱之國內勞工人數，已達預估聘僱國內勞工人數二分之
一者，不在此限。

前項但書之國內勞工人數，於雇主未新設勞工保險證號時，應以雇主至
公立就業服務機構登記辦理國內求才之日當月起，至其申請之日前新增
聘僱國內勞工人數計算之。

第 33-1 條

雇主所聘僱外國人於聘僱許可期間內，至我國大專校院在職進修製造、
營造、農業、長期照顧等副學士以上相關課程，每學期達九學分以上，
且雇主已依第二十六條第一項第三款規定聘僱外國人者，雇主得以外國
人在職進修人數，申請聘僱外國人招募許可。

雇主依前項申請聘僱外國人之招募許可人數，經依第二十六條第一項第
三款規定提高後，得再提高聘僱外國人比率百分之五。但合計比率最高
不得超過百分之四十。

雇主依前二項申請聘僱外國人，應依第二十六條第一項第三款規定額外
繳納就業安定費，並依第三十四條規定辦理查核。

第 34 條

雇主聘僱外國人人數，與其引進第二十四條、第二十五條及第三十七條
所定外國人總人數，應符合下列規定：

一、屬自由貿易港區之製造業者：聘僱外國人人數不得超過僱用員工人數之百分之四十。

二、屬第二十四條附表五 A+ 級行業：聘僱外國人人數不得超過僱用員工人數之百分之三十五。

三、屬第二十四條附表五 A 級行業：聘僱外國人人數不得超過僱用員工人數之百分之二十五。

四、屬第二十四條附表五 B 級行業：聘僱外國人人數不得超過僱用員工人數之百分之二十。

五、屬第二十四條附表五 C 級行業：聘僱外國人人數不得超過僱用員工人數之百分之十五。

六、屬第二十四條附表五 D 級行業：聘僱外國人人數不得超過僱用員工人數之百分之十。

前項聘僱外國人人數為一人者，每月至少聘僱本國勞工一人以上，且三個月聘僱本國勞工之平均數不得低於下列人數：

一、屬自由貿易港區之製造業者：至少一人。

二、屬第二十四條附表五 A+ 或 A 級行業：至少一人。

三、屬第二十四條附表五 B 級行業：至少二人。

四、屬第二十四條附表五 C 級行業：至少三人。

五、屬第二十四條附表五 D 級行業：至少四人。

中央主管機關自雇主聘僱外國人引進入國或接續聘僱滿三個月起，每三個月依前二項規定查核雇主聘僱外國人之比率或人數，及聘僱本國勞工人數。

第一項及第二項聘僱外國人人數、本國勞工人數及僱用員工人數，以中央主管機關查核當月之前二個月為基準月份，自基準月份起採計前三個月參加勞工保險人數之平均數計算。

雇主聘僱外國人人數，與其引進第二十四條至第二十八條所定外國人總人數，及中央主管機關辦理查核雇主聘僱外國人之方式，應符合附表七規定。

雇主聘僱第三十條所定外國人，中央主管機關除依前五項規定辦理查核

外，並應依附表八規定辦理下列查核：
一、雇主聘僱外國人人數及引進第二十四條至第二十八條、第三十一條
　　所定外國人總人數。
二、雇主同一勞工保險證號應新增聘僱國內勞工，其勞工保險投保薪資
　　及勞工退休金提繳工資，應符合下列規定：
　　（一）符合第三十條第一項規定者：均達新臺幣三萬零三百元以
　　　　　上。
　　（二）符合第三十條第二項規定者：均達新臺幣三萬三千三百元以
　　　　　上。
雇主聘僱外國人有下列情形之一者，應依本法第七十二條規定，廢止其
未符合規定人數之招募許可及聘僱許可，並計入第二十五條附表六聘僱
外國人總人數：
一、聘僱外國人超過第一項所定之比率或人數，及聘僱本國勞工人數未
　　符第二項所定人數，經中央主管機關通知限期改善，屆期未改善。
二、違反前項第二款規定。

第 35 條
雇主聘僱外國人超過前條附表七規定之人數，經中央主管機關依本法第
七十二條規定廢止招募許可及聘僱許可，應追繳第二十七條及第二十八
條規定免除額外繳納就業安定費之數額。
前項追繳就業安定費人數、數額及期間之計算方式如下：
一、人數：當次中央主管機關廢止招募許可及聘僱許可人數。但未免除
　　額外繳納之就業安定費者，不予列計。
二、數額：前款廢止許可人數，依第二十六條第一項各款免除應額外繳
　　納就業安定費數額。
三、期間：
　　（一）第一次查核：自外國人入國翌日至廢止聘僱許可前一日止。
　　（二）第二次以後查核：自中央主管機關通知雇主限期改善翌日至
　　　　　廢止聘僱許可前一日止。但外國人入國日在通知雇主限期改

善日後，自入國翌日至廢止聘僱許可前一日止。

第 36 條

雇主聘僱外國人人數，與其引進第二十四條及第三十七條所定外國人總
人數，應符合下列規定：

一、屬自由貿易港區之製造業者：聘僱外國人人數不得超過僱用員工人
　　數之百分之四十。

二、非屬自由貿易港區之製造業者：聘僱外國人人數不得超過僱用員工
　　人數之百分之二十，且每月至少聘僱本國勞工一人以上。

中央主管機關應依第三十四條第三項及第四項規定，查核雇主聘僱外國
人之比率及本國勞工人數。

雇主聘僱外國人超過第一項所定之比率或人數，及聘僱本國勞工人數未
符第一項第二款所定人數，經中央主管機關通知限期改善，屆期未改善
者，應依本法第七十二條規定，廢止雇主超過規定人數之招募許可及聘
僱許可，並計入第二十五條附表六聘僱外國人總人數。

第 37 條

外國人聘僱許可期限屆滿日前四個月期間內，製造業雇主如有繼續聘僱
外國人之需要，得向中央主管機關申請重新招募，並以一次為限。

前項申請重新招募人數，不得超過同一勞工保險證號之前次招募許可引
進或接續聘僱許可人數。

第七章　外展製造工作

第 38 條

外國人受聘僱從事第五條第二款規定之外展製造工作，應由經中央目的
事業主管機關會商中央主管機關指定試辦，依產業創新條例第五十條第
一項成立之工業區管理機構，委由下列之一者擔任雇主：

一、財團法人。

二、非營利社團法人。

三、其他以公益為目的之非營利組織。

前項外國人受聘僱從事外展製造工作，其外展製造服務契約履行地，應經中央目的事業主管機關認定具第二十四條第一項、第二項特定製程之生產事實場域。

第 39 條

雇主經向中央目的事業主管機關提報外展製造服務計畫書且經核定者，得申請聘僱外國人初次招募許可。

前項外展製造服務計畫書，應包括下列事項：

一、雇主資格之證明文件。

二、服務提供、收費項目及金額、契約範本等相關規劃。

三、製造工作之人力配置、督導及教育訓練機制規劃。

四、外展製造服務契約履行地，使用外展製造服務之工作人數定期查核及管制規劃。

五、其他外展製造服務相關資料。

雇主應依據核定之外展製造服務計畫書內容辦理。

外國人受雇主聘僱從事外展製造工作人數，不得超過中央目的事業主管機關核定人數。

前項聘僱外國人總人數之認定，應包括下列人數：

一、申請初次招募外國人人數。

二、得申請招募許可人數、取得招募許可人數及已聘僱外國人人數。

三、申請日前二年內，因可歸責於雇主之原因，經廢止外國人招募許可及聘僱許可人數。

第 40 條

雇主指派外國人從事外展製造工作之服務契約履行地，其自行聘僱從事製造工作之外國人與使用從事外展製造工作之外國人，合計不得超過服務契約履行地參加勞工保險人數之百分之四十。

前項外國人人數，依服務契約履行地受查核當月之前二個月之參加勞工保險人數計算。

第三十八條第一項所定工業區管理機構，應自外國人至服務契約履行地
提供服務之日起，每三個月依第一項規定查核服務契約履行地之外國人
比率，並將查核結果通知中央主管機關。

服務契約履行地自行聘僱從事製造工作之外國人及使用從事外展製造工
作之外國人，合計超過第一項規定之比率者，中央主管機關應通知雇主
不得再指派外國人至服務契約履行地提供服務。

第 41 條

前條雇主有下列情事之一者，中央主管機關應依本法第七十二條規定，
廢止其招募許可及聘僱許可之一部或全部：

一、指派外國人至未具第二十四條第一項或第二項規定之生產事實場域
　　從事外展製造工作，經限期改善，屆期未改善。

二、違反外展製造服務計畫書內容，經中央目的事業主管機關廢止核
　　定。

三、經中央主管機關依前條第四項規定通知應停止外展製造服務，未依
　　通知辦理。

四、經營不善、違反相關法令或對公益有重大危害。

第八章　營造工作

第 42 條

外國人受聘僱從事第五條第三款之營造工作，其雇主應為承建公共工
程，並與發包興建之政府機關（構）、行政法人或公營事業機構訂有工
程契約之得標廠商，且符合下列條件之一，得申請聘僱外國人初次招募
許可：

一、工程契約總金額達新臺幣一億元以上，且工程期限達一年六個月以
　　上。

二、工程契約總金額達新臺幣五千萬元以上，未達新臺幣一億元，且工
　　程期限達一年六個月以上，經累計同一雇主承建其他公共工程契約
　　總金額達新臺幣一億元以上。但申請初次招募許可時，同一雇主承

建其他公共工程已完工、工程契約總金額未達新臺幣五千萬元或工程期限未達一年六個月者，不予累計。

前項各款工程由公營事業機構發包興建者，得由公營事業機構申請聘僱外國人初次招募許可。

第一項得標廠商有下列情形之一，其與分包廠商簽訂之分包契約符合第一項規定者，經工程主辦機關同意後，分包廠商得就其分包部分申請聘僱外國人初次招募許可：

一、選定之分包廠商，屬政府採購法施行細則第三十六條規定者。

二、為非屬營造業之外國公司，並選定分包廠商者。

第一項公共工程，得由得標廠商或其分包廠商擇一申請聘僱外國人初次招募許可，以一家廠商為限；其經中央主管機關核發許可後，不得變更。

第 43 條

外國人受聘僱從事第五條第三款之營造工作，其雇主承建民間機構投資興建之重大經建工程（以下簡稱民間重大經建工程），並與民間機構訂有工程契約，且個別營造工程契約總金額達新臺幣二億元以上、契約工程期限達一年六個月以上，得申請聘僱外國人初次招募許可，並以下列工程為限：

一、經專案核准民間投資興建之公用事業工程。

二、經核准獎勵民間投資興建之工程或核定民間機構參與重大公共建設，或依促進民間參與公共建設法興建之公共工程。

三、私立之學校、社會福利機構、醫療機構或社會住宅興建工程。

四、製造業重大投資案件廠房興建工程。

雇主承建符合前項各款資格之一之民間重大經建工程，其契約總金額達新臺幣一億元以上，未達新臺幣二億元，且工程期限達一年六個月以上，經累計同一雇主承建其他民間重大經建工程契約總金額達新臺幣二億元以上者，亦得申請聘僱外國人初次招募許可。

前項雇主承建其他民間重大經建工程，該工程已完工、工程契約總金額

未達新臺幣一億元或工程期限未達一年六個月者，工程契約總金額不予
累計。

前三項雇主申請許可，應經目的事業主管機關認定符合前三項條件。

第一項各款工程屬民間機構自行統籌規劃營建或安裝設備者，得由該民
間機構申請聘僱外國人初次招募許可。

第 44 條

外國人受第四十二條之雇主聘僱在同一公共工程從事營造工作總人數，
依個別營造工程契約所載工程金額及工期，按附表九計算所得人數百
分之二十為上限。但個別工程有下列情事之一，分別依各該款規定計算
之：

一、經依附表九分級指標及公式計算總分達八十分以上者，核配外國人
　　之比率得依其總分乘以千分之四核配之。

二、中央目的事業主管機關認有增加外國人核配比率必要，報經行政院
　　核定者。

前項所定工程總金額、工期及分級指標，應經公共工程之工程主辦機關
（構）及其上級機關認定。

第 45 條

外國人受第四十三條之雇主聘僱在同一民間重大經建工程從事營造工作
總人數，依個別營造工程契約所載工程總金額及工期，按前條附表九計
算所得人數百分之二十為上限。但由民間機構自行統籌規劃營建或安裝
設備，其個別營造工程契約金額未達新臺幣一億元，契約工程期限未達
一年六個月者，不予列計。

前項所定工程總金額及工期，應經目的事業主管機關認定。但其工程未
簽訂個別營造工程契約者，應由目的事業主管機關依該計畫工程認定營
造工程總金額及工期。

第 46 條

雇主承建之公共工程經工程主辦機關（構）開立延長工期證明，且於延
長工期期間，有聘僱外國人之需要者，應於外國人原聘僱許可期限屆滿

日前十四日至一百二十日期間內，向中央主管機關申請延長聘僱許可。
民間機構自行或投資興建之民間重大經建工程經目的事業主管機關開立
延長工期證明，且於延長工期期間，有聘僱外國人之需要者，應於外國
人原聘僱許可期限屆滿日前十四日至一百二十日期間內，向中央主管機
關申請延長聘僱許可。

前二項所定延長聘僱許可之外國人人數，由中央主管機關以原工期加計
延長工期，依第四十四條附表九重新計算，且不得逾中央主管機關原核
發初次招募許可人數。

第一項及第二項所定外國人之延長聘僱許可期限，以延長工期期間為
限，且其聘僱許可期間加計延長聘僱許可期間，不得逾三年。

第 47 條

雇主承建之公共工程於工程驗收期間仍有聘僱外國人之需要，經工程主
辦機關（構）開立工程預定完成驗收日期證明者，應於外國人原聘僱許
可期限屆滿日前十四日至一百二十日期間內，向中央主管機關申請延長
聘僱許可。

前項所定延長聘僱許可之外國人人數，不得逾該工程曾經聘僱之外國人
人數百分之五十。

經依規定通知主管機關有連續曠職三日失去聯繫之外國人，不列入前項
曾經聘僱外國人人數。

第一項所定外國人之延長聘僱許可期限，以工程預定完成驗收期間為
限，且其聘僱許可期間加計延長聘僱許可期間，不得逾三年。

第九章　屠宰工作

第 48 條

外國人受聘僱從事第五條第四款之屠宰工作，其雇主從事禽畜屠宰、解
體、分裝及相關體力工作，經中央目的事業主管機關認定符合規定者，
得申請聘僱外國人初次招募許可。

中央主管機關及中央目的事業主管機關得就前項規定條件實地查核。

第 49 條

外國人受前條所定雇主聘僱從事屠宰工作，其雇主經中央目的事業主管機關認定符合規定者，申請初次招募人數之核配比率、僱用員工人數及所聘僱外國人總人數，應符合附表十規定。

前項所定僱用員工平均人數，不列計依第五十條第一項但書規定所聘僱之外國人人數。

第 50 條

雇主依前條申請初次招募人數及所聘僱外國人總人數之比率，得依下列情形予以提高。但合計不得超過雇主申請當月前二個月之前一年僱用員工平均人數之百分之四十：

一、提高比率至百分之五者：雇主聘僱外國人每人每月額外繳納就業安定費新臺幣三千元。

二、提高比率超過百分之五至百分之十者：雇主聘僱外國人每人每月額外繳納就業安定費新臺幣五千元。

三、提高比率超過百分之十至百分之十五者：雇主聘僱外國人每人每月額外繳納就業安定費新臺幣七千元。

雇主依前項各款提高比率引進外國人後，不得變更應額外繳納就業安定費之數額。

第 51 條

雇主聘僱外國人人數，與其引進第四十八條及第四十九條所定外國人總人數，不得超過僱用員工人數之百分之二十五，且每月至少聘僱本國勞工一人以上。

雇主聘僱外國人人數與其引進第四十八條至第五十條所定外國人總人數，及中央主管機關辦理查核雇主聘僱外國人之方式，應符合附表十一規定。

中央主管機關自雇主所聘僱之外國人引進入國或接續聘僱滿三個月起，

每三個月應查核僱主依前二項規定聘僱外國人之比率或人數,及本國勞工人數。

第一項及第二項聘僱外國人人數、本國勞工人數及僱用員工人數,以中央主管機關查核當月之前二個月為基準月份,自基準月份起採計前三個月參加勞工保險人數之平均數計算。

僱主聘僱外國人超過第一項所定之比率或人數,及聘僱本國勞工人數未符第一項所定人數,經中央主管機關通知限期改善,屆期未改善者,應依本法第七十二條規定,廢止僱主超過規定人數之招募許可及聘僱許可,並計入第四十九條附表十聘僱外國人總人數。

第 52 條

外國人聘僱許可期限屆滿日前四個月期間內,屠宰業僱主如有繼續聘僱外國人之需要,得向中央主管機關申請重新招募,並以一次為限。

前項申請重新招募人數,不得超過同一勞工保險證號之前次招募許可引進或接續聘僱許可之外國人人數。

第十章　外展農務工作

第 53 條

外國人受聘僱從事第五條第五款規定之外展農務工作,其僱主屬農會、漁會、農林漁牧有關之合作社或非營利組織者,得申請聘僱外國人初次招募許可。

外國人從事外展農務工作,其服務契約履行地應具有從事農、林、牧或養殖漁業工作事實之場域。

依本標準規定已申請聘僱外國人從事下列工作之一者,不得申請使用外展農務服務:

一、海洋漁撈工作或中階技術海洋漁撈工作。

二、製造工作或中階技術製造工作。

三、屠宰工作。

四、農、林、牧或養殖漁業工作,或中階技術農業工作。

第 54 條

前條第一項之雇主，應向中央目的事業主管機關提報外展農務服務計畫
書。

前項外展農務服務計畫書，應包括下列事項：

一、雇主資格之證明文件。

二、服務提供、收費項目及金額、契約範本等相關規劃。

三、農務工作人力配置、督導及教育訓練機制規劃。

四、其他外展農務服務相關資料。

外展農務服務計畫書經中央目的事業主管機關核定者，雇主應依據核定
計畫書內容辦理。

外國人受前條雇主聘僱從事外展農務工作人數，不得超過雇主所屬同一
勞工保險證號申請當月前二個月之前一年參加勞工保險之僱用員工平均
人數。

前項聘僱外國人總人數之認定，應包括下列人數：

一、申請初次招募外國人人數。

二、得申請招募許可人數、取得招募許可人數及已聘僱外國人人數。

三、申請日前二年內，因可歸責於雇主之原因，經廢止外國人招募許可
　　及聘僱許可人數。

第 55 條

中央主管機關及中央目的事業主管機關得就前二條規定條件實地查核。

雇主有下列情事之一者，中央主管機關應依本法第七十二條規定，廢止
其招募許可及聘僱許可之一部或全部：

一、指派外國人至未具有從事農、林、牧或養殖漁業工作事實之場域從
　　事外展農務工作，經限期改善，屆期未改善。

二、違反相關法令或核定之外展農務服務計畫書內容，經中央目的事業
　　主管機關或中央主管機關認定情節重大。

三、經營不善或對公益有重大危害。

第十一章　農林牧或養殖漁業工作

第 56 條

外國人受聘僱從事第五條第六款所定農、林、牧或養殖漁業工作，其雇主應從事下列工作之一：

一、經營畜牧場從事畜禽飼養管理、繁殖、擠乳、集蛋、畜牧場環境整理、廢污處理與再利用、飼料調製、疾病防治及畜牧相關之體力工作。

二、經營蘭花栽培、食用蕈菇栽培、蔬菜栽培及農糧相關之體力工作。

三、經營養殖漁業水產物之飼養管理、繁殖、收成、養殖場環境整理及養殖漁業相關之體力工作。

四、經營其他經中央主管機關會商中央目的事業主管機關指定之農、林產業工作。

前項雇主經中央目的事業主管機關認定符合附表十二規定者，得申請聘僱外國人初次招募許可。

雇主依第一項規定聘僱外國人從事農、林、牧或養殖漁業工作，其核配比率、僱用員工人數及聘僱外國人總人數之認定，應符合附表十二規定。

第十二章　雙語翻譯工作

第 57 條

外國人受聘僱從事第六條第一款之雙語翻譯工作，應具備國內外高級中等以上學校畢業資格，且其雇主應為從事跨國人力仲介業務之私立就業服務機構。

第 58 條

外國人受前條雇主聘僱從事雙語翻譯工作總人數如下：

一、以前條之機構從業人員人數之五分之一為限。

二、以前條之機構受委託管理外國人人數計算，同一國籍每五十人聘僱

一人。

前項各款受聘僱之外國人人數，合計不得超過十六人。

第一項第一款機構從業人員人數之計算，應以申請招募許可當日參加勞工保險人數為準。

第十三章　廚師及其相關工作

第 59 條

外國人受聘僱從事第六條第二款之廚師及其相關工作，其雇主為從事跨國人力仲介業務之私立就業服務機構，且受委託管理從事本標準規定工作之同一國籍外國人達一百人者。

第 60 條

外國人受前條雇主聘僱從事廚師及其相關工作總人數如下：

一、受委託管理外國人一百人以上未滿二百人者，得聘僱廚師二人及其相關工作人員一人。

二、受委託管理外國人二百人以上未滿三百人，得聘僱廚師三人及其相關工作人員二人。

三、受委託管理外國人達三百人以上，每增加管理外國人一百人者，得聘僱廚師及其相關工作人員各一人。

前項受委託管理之外國人不同國籍者，應分別計算。

第十四章　中階技術工作

第 61 條

外國人受聘僱從事第六條第三款之中階技術工作，其雇主申請資格應符合第十條、第十五條、第十八條、第二十一條、第二十四條、第四十二條、第四十三條、第四十六條、第四十七條、第五十三條或第五十六條第一項第二款規定。

同一雇主聘僱中階技術家庭看護工作，被看護者符合第十九條規定者，

並有下列情形之一，得免經第十八條所定醫療機構專業評估：

一、現為從事第四條第三款規定家庭看護工作之外國人，照顧同一被看護者。

二、申請展延聘僱許可。

雇主依第四十六條規定，於延長工期期間，有申請聘僱中階技術營造工作外國人之需要者，延長聘僱許可之中階技術營造工作外國人人數，由中央主管機關以原工期加計延長工期，依第六十四條附表十四重新計算。

第 62 條

外國人受聘僱從事第六條第三款之中階技術工作，應符合附表十三所定專業證照、訓練課程或實作認定資格條件，並具備下列資格之一：

一、現受聘僱從事本法第四十六條第一項第八款至第十款工作，且連續工作期間達六年以上者。

二、曾受聘僱從事前款所定工作期間累計達六年以上出國後，再次入國工作者，其工作期間累計達十一年六個月以上者。

三、曾受聘僱從事第一款所定工作，累計工作期間達十一年六個月以上，並已出國者。

四、在我國大專校院畢業，取得副學士以上學位之外國留學生、僑生或其他華裔學生。

第 63 條

外國人受聘僱從事第六條第三款之中階技術工作，其在我國薪資應符合中央主管機關公告之基本數額。

前項外國人薪資符合中央主管機關公告之一定數額以上者，不受前條附表十三有關專業證照、訓練課程或實作認定資格之限制。

第 64 條

雇主依第六十二條規定聘僱外國人從事中階技術工作，其核配比率、僱用員工人數及聘僱外國人總人數之認定，應符合附表十四規定。

第十五章　附　則

第 65 條

本標準自中華民國一百十一年四月三十日施行。

本標準修正條文，除中華民國一百十一年八月十五日修正發布之第八條
自一百十二年一月一日施行；一百十一年十月十二日修正發布之條文，
自一百十一年四月三十日施行外，自發布日施行。

外國人受聘僱從事就業服務法第四十六條第一項第八款至第十一款規定工作之轉換雇主或工作程序準則

民國 111 年 11 月 25 日勞動部令修正發布。

第 1 條

本準則依就業服務法（以下簡稱本法）第五十九條第二項規定訂定之。

第 2 條

受聘僱之外國人有本法第五十九條第一項各款規定情事之一者，得由該外國人或原雇主檢附下列文件向中央主管機關申請轉換雇主或工作：

一、申請書。

二、下列事由證明文件之一：

　　（一）原雇主或被看護者死亡證明書或移民相關證明文件。

　　（二）漁船被扣押、沉沒或修繕而無法繼續作業之證明文件。

　　（三）原雇主關廠、歇業或不依勞動契約給付工作報酬，經終止勞動契約之證明文件。

　　（四）其他不可歸責受聘僱外國人事由之證明文件。

三、外國人同意轉換雇主或工作之證明文件。

外國人依前項規定申請轉換雇主或工作，未檢齊相關文件者，得由主管機關查證後免附。

第 3 條

雇主或外國人申請外國人轉換雇主或工作，依雇主聘僱外國人許可及管理辦法（以下簡稱聘僱許可辦法）第七條第一項規定所公告之項目，應採網路傳輸方式申請。但有正當理由，經中央主管機關同意者，不在此限。

雇主或外國人申請外國人轉換雇主或工作之應備文件，經中央主管機關由資訊網路查得中央目的事業主管機關、自由貿易港區管理機關、公立就業服務機構、直轄市、縣（市）政府或國營事業已開具證明文件者，得免附。

前項免附之文件，由中央主管機關公告之。

第 4 條

中央主管機關廢止原雇主之聘僱許可或不予核發聘僱許可，其所聘僱之外國人有本法第五十九條第一項各款規定情事之一時，中央主管機關應限期外國人轉換雇主或工作。

原雇主應於中央主管機關所定期限內，檢附第二條第一項第一款、第三款及廢止聘僱許可函或不予核發聘僱許可函影本等，向公立就業服務機構辦理轉換登記。但外國人依本法或人口販運防制法相關規定安置者，不在此限。

第 5 條

第二條第一項申請案件，中央主管機關經審核後，通知原勞動契約當事人。

原勞動契約當事人得於中央主管機關指定之資訊系統登錄必要資料，由公立就業服務機構辦理外國人轉換程序。

第 6 條

雇主申請接續聘僱外國人，應檢附下列文件：

一、申請書。

二、申請人或公司負責人之身分證明文件；其公司登記證明文件、商業登記證明文件、工廠登記證明文件或特許事業許可證影本。但依相關法令規定，免辦工廠登記證明或特許事業許可證者，免附。

三、申請月前二個月往前推算一年之僱用勞工保險投保人數明細表正本。但依外國人從事就業服務法第四十六條第一項第八款至第十一款工作資格及審查標準（以下簡稱審查標準）申請聘僱外國人，有下列情形之一者，免附：

（一）在漁船從事海洋漁撈工作或中階技術海洋漁撈工作。

（二）從事家庭幫傭工作、家庭看護工作或中階技術家庭看護工作。

（三）從事機構看護工作或中階技術機構看護工作。

四、符合第七條接續聘僱外國人資格之證明文件正本。

五、求才證明書正本。但申請接續聘僱外國人從事家庭看護工作或中階技術家庭看護工作者，免附。

六、外國人預定工作內容說明書。

七、直轄市或縣（市）政府依聘僱許可辦法第二十二條第一項第五款或第四十四條第一項第五款規定開具之證明文件。

雇主持招募許可函申請接續聘僱外國人，免附前項第二款、第三款、第五款及第七款文件。

第 7 條

雇主申請接續聘僱外國人，公立就業服務機構應依下列順位辦理：

一、持外國人原從事同一工作類別之招募許可函，在招募許可函有效期間，得引進外國人而尚未足額引進者。

二、符合中央主管機關規定聘僱外國人資格，且與外國人原從事同一工作類別，於聘僱外國人人數未達審查標準規定之比率或數額上限者。

三、在招募許可函有效期間，得引進外國人而尚未足額引進者。

四、符合中央主管機關規定聘僱外國人資格，且聘僱外國人人數未達審查標準規定之比率或數額上限者。

五、屬製造業或營造業之事業單位未聘僱外國人或聘僱外國人人數，未達中央主管機關規定之比率或數額上限，並依本法第四十七條規定辦理國內招募，經招募無法滿足其需要者。

雇主申請接續聘僱外國人從事審查標準第六條第三款所定中階技術工作（以下簡稱中階技術外國人），公立就業服務機構應依前項第二款及第四款規定順位辦理。

公立就業服務機構經審核前二項申請接續聘僱登記符合規定後，應於中央主管機關指定之資訊系統登錄必要資料。

第一項及第二項申請登記，自登記日起六十日內有效。期滿後仍有接續聘僱需要時，應重新辦理登記。

第 8 條

外國人辦理轉換登記，以原從事同一工作類別為限。但有下列情事之一者，不在此限：

一、由具有前條第一項第三款或第四款規定資格之雇主申請接續聘僱。

二、遭受性侵害、性騷擾、暴力毆打或經鑑別為人口販運被害人。

三、經中央主管機關核准。

看護工及家庭幫傭視為同一工作類別。

第 9 條

公立就業服務機構應依第七條第一項規定之順位、外國人期待工作地點、工作類別、賸餘工作期間及其他中央主管機關指定之條件，辦理轉換作業。不能區分優先順位時，由中央主管機關指定之資訊系統隨機決定。

公立就業服務機構辦理轉換作業，應依前項規定選定至少十名接續聘僱申請人，且其得接續聘僱外國人之人數應達辦理外國人轉換人數一點五倍。但得接續聘僱人數未達上開人數或比例時，不在此限。

第 10 條

公立就業服務機構應每週以公開協調會議方式，辦理接續聘僱外國人之作業。

前項協調會議應通知原雇主、接續聘僱申請人及外國人等相關人員參加。

原雇主、接續聘僱申請人未到場者，可出具委託書委託代理人出席。接續聘僱申請人或其代理人未出席者，視同放棄當次接續聘僱。

外國人應攜帶護照、居留證或其他相關證明文件，參加第一項之協調會議。但其護照及居留證遭非法留置者，不在此限。

外國人無正當理由不到場者，視同放棄轉換僱主或工作。

第一項之協調會議，接續聘僱申請人應說明外國人預定工作內容，並與外國人合意決定之。外國人人數超過僱主得接續聘僱外國人人數時，由公立就業服務機構協調之。

中央主管機關規定之期間內，外國人無符合第七條第一項第一款或第二款規定之申請人登記接續聘僱者，始得由符合第七條第一項第三款至第五款規定之申請人，依序合意接續聘僱。

第 11 條

公立就業服務機構應自原僱主依第四條第二項規定辦理轉換登記之翌日起六十日內，依前二條規定辦理外國人轉換作業。但外國人有特殊情形經中央主管機關核准者，得延長轉換作業期間六十日，並以一次為限。

外國人受僱主或其僱用員工、委託管理人、親屬或被看護者人身侵害，經中央主管機關廢止聘僱許可者，其申請延長轉換作業得不受前項次數限制。

經核准轉換僱主或工作之外國人，於轉換作業或延長轉換作業期間，無正當理由未依前條規定出席協調會議，或已逾前二項轉換作業期間仍無法轉換僱主或工作者，公立就業服務機構應通知原僱主於公立就業服務機構協調會議翌日起十四日內，負責為該外國人辦理出國手續並使其出國。但外國人有特殊情形經中央主管機關核准者，不在此限。

前項原僱主行蹤不明時，由直轄市、縣（市）主管機關洽請外國人工作所在地警察機關或移民主管機關，辦理外國人出國事宜。

符合第一項但書規定特殊情形之外國人，應於原轉換作業期間屆滿前十四日內，申請延長轉換作業期間。

第 12 條

公立就業服務機構完成外國人轉換作業後，應發給接續聘僱證明書予接續聘僱之僱主及原僱主。

第 13 條

接續聘僱之雇主應於取得接續聘僱證明書之翌日起十五日內，檢具下列
文件向中央主管機關申請核發聘僱許可或展延聘僱許可：

一、申請書。

二、申請人或公司負責人之身分證明文件、公司登記證明文件、商業登
　　記證明文件、工廠登記證明文件、特許事業許可證等影本。但依規
　　定免附特許事業許可證者，不在此限。

三、依第二十條規定，經當地主管機關核發受理通報之證明文件。

四、其他如附表一之文件。

雇主為人民團體者，除檢附前項第一款、第三款及第四款規定之文件
外，應另檢附該團體負責人之身分證明文件及團體立案證書影本。

第 14 條

接續聘僱之雇主聘僱許可期間最長為三年。但以遞補招募許可申請接續
聘僱者，以補足所聘僱外國人原聘僱許可期間為限。

第 15 條

接續聘僱之雇主依本準則接續聘僱外國人之人數，與下列各款人數之合
計，不得超過中央主管機關規定之比率或數額上限：

一、已聘僱外國人之人數。

二、已取得招募許可之人數。

三、得申請重新招募許可或遞補招募許可之人數。

四、申請接續聘僱日前二年內，因可歸責雇主之原因，經廢止招募許可
　　及聘僱許可之人數。

第 16 條

原雇主行蹤不明，外國人經工作所在地之直轄市或縣（市）主管機關認
定有本法第五十九條第一項各款情事之一，且情況急迫需立即安置者，
主管機關於徵詢外國人同意後，應逕行通知公立就業服務機構為其辦理
登記。

第 17 條

有下列情形之一，申請人得直接向中央主管機關申請接續聘僱外國人，不適用第二條至第十三條規定：

一、原雇主有死亡、移民或其他無法繼續聘僱外國人之事由，申請人與原被看護者有第四項規定親屬關係或申請人為聘僱家庭幫傭之原雇主配偶者。

二、審查標準第三條、第四條第二款、第五條第一款、第四款、第六款及第六條第三款第一目、第二目、第四目、第七目所定工作之自然人雇主，因變更船主或負責人，且於事由發生日當月之前六個月起開始接續聘僱原雇主全部本國勞工者。

三、承購或承租原製造業雇主之機器設備或廠房，或承購或承租原雇主之屠宰場，且於事由發生日當月前六個月起開始接續聘僱原雇主全部本國勞工者。

四、原雇主因關廠、歇業等因素造成重大工程停工，接續承建原工程者。

五、經中央主管機關廢止或不予核發聘僱許可之外國人及符合第七條第一項第一款或第二款申請資格之雇主，於中央主管機關核准外國人轉換雇主作業期間，簽署雙方合意接續聘僱證明文件者（以下簡稱雙方合意接續聘僱）。

六、外國人、原雇主及符合第七條第一項第一款或第二款申請資格之雇主簽署三方合意接續聘僱證明文件者（以下簡稱三方合意接續聘僱）。

事業單位併購後存續、新設或受讓事業單位，於事由發生日當月前六個月內接續聘僱或留用原雇主全部或分割部分之本國勞工者，應直接向中央主管機關申請資料異動，不適用第二條至第十五條規定。

事業單位為法人者，其船主或負責人變更時，應向中央主管機關申請船主或負責人資料異動，不適用第二條至第十五條規定。

第一項第一款之親屬關係如下：

一、配偶。

二、直系血親。

三、三親等內之旁系血親。

四、繼父母、繼子女、配偶之父母或繼父母、子女或繼子女之配偶。

五、祖父母與孫子女之配偶、繼祖父母與孫子女、繼祖父母與孫子女之配偶。

第 18 條

雇主有前條第一項第三款情事，依第十五條規定接續聘僱第二類外國人總人數之比率，得依下列情形予以提高。但合計不得超過雇主申請當月前二個月之前一年僱用員工平均人數之百分之四十：

一、提高比率至百分之五者：雇主聘僱外國人每人每月額外繳納就業安定費新臺幣三千元。

二、提高比率超過百分之五至百分之十者：雇主聘僱外國人每人每月額外繳納就業安定費新臺幣五千元。

三、提高比率超過百分之十至百分之十五者：雇主聘僱外國人每人每月額外繳納就業安定費新臺幣七千元。

四、提高比率超過百分之十五至百分之二十者：雇主聘僱外國人每人每月額外繳納就業安定費新臺幣九千元。

雇主依前項各款提高比率接續聘僱外國人後，不得變更應額外繳納就業安定費之數額。

第 19 條

第十七條第一項各款所定情形，其申請期間如下：

一、第一款至第四款：應於事由發生日起六十日內提出。

二、第五款及第六款：應於雙方或三方合意接續聘僱之翌日起十五日內提出。

前項第一款事由發生日如下：

一、第十七條第一項第一款：原雇主死亡、移民或其他事由事實發生日。

二、第十七條第一項第二款及第三款：漁船、箱網養殖漁業、養護機

　　構、工廠、屠宰場、農、林、牧場域或養殖場變更或註銷登記日。
三、第十七條第一項第四款：接續承建原工程日。
第十七條第二項所定情形，應於併購基準日起六十日內提出申請。
原雇主於取得招募許可後至外國人未入國前有第十七條第一項第一款規
定之情事者，符合同條第四項親屬關係之申請人，得於外國人入國後
十五日內，向中央主管機關申請接續聘僱許可。
第十七條第一項第二款、第三款及第二項之原雇主已取得招募許可，且
於許可有效期間尚未足額申請或引進外國人之人數者，申請人應於第一
項及第二項規定期間內一併提出申請。

第 20 條

雇主接續聘僱第二類外國人及中階技術外國人者，應檢附下列文件，通
知當地主管機關實施檢查：
一、雇主接續聘僱外國人通報單。
二、外國人生活照顧服務計畫書。
三、外國人名冊。
四、外國人入國工作費用及工資切結書。但接續聘僱中階技術外國人
　　者，免附。
五、中央主管機關規定之其他文件。
前項雇主應於下列所定之期間，通知當地主管機關：
一、依第七條規定申請者：於公立就業服務機構發給接續聘僱證明書之
　　日起三日內。
二、依第十七條第一項第一款至第四款及第二項規定申請者：於前條第
　　二項及第三項所定之事由發生日起六十日內。但原雇主於取得招募
　　許可後至外國人未入國前有第十七條第一項第一款規定之情事者，
　　符合同條第四項親屬關係之申請人，於外國人入國後三日內。
三、依第十七條第一項第五款及第六款規定申請者：於雙方或三方合意
　　接續聘僱日起三日內。
雇主依前二項規定通知當地主管機關後，撤回者不生效力。

雇主檢附之文件符合第一項規定者，當地主管機關應核發受理雇主接續聘僱外國人通報證明書，並依聘僱許可辦法第三十三條及第三十四條規定辦理。但核發證明書之日前六個月內已檢查合格者，得免實施第一項檢查。

第 21 條
接續聘僱之雇主或原雇主依本準則接續聘僱或轉出外國人時，不得以同一外國人名額，同時或先後簽署雙方或三方合意接續聘僱證明文件，或至公立就業服務機構接續聘僱或轉出外國人。

第 22 條
雇主依第十七條第一項規定申請接續聘僱外國人，應檢附下列文件：
一、申請書。
二、事由證明文件。
三、依前條規定，經當地主管機關核發受理通報之證明文件。
四、其他如附表二之文件。
前項第二款事由證明如下：
一、依第十七條第一項第一款規定資格申請者：
　　（一）原雇主死亡、移民或其他無法繼續聘僱外國人相關證明文件。
　　（二）申請人及被看護者或受照顧人之戶口名簿影本。
二、依第十七條第一項第二款規定資格申請者：
　　（一）審查標準第三條、第四條第二款、第五條第一款、第四款、第六款及第六條第三款第一目、第二目、第四目、第七目所定工作之自然人雇主變更船主或負責人證明文件影本。
　　（二）原雇主聘僱本國勞工及申請人所接續聘僱本國勞工之勞保資料及名冊正本。
三、依第十七條第一項第三款規定資格申請者：
　　（一）工廠或屠宰場買賣發票或依公證法公證之租賃契約書影本。
　　（二）工廠、屠宰場或公司變更登記及註銷等證明文件影本。

（三）原雇主聘僱本國勞工及申請人所接續聘僱本國勞工之勞保資料及名冊影本。

四、依第十七條第一項第四款規定資格申請者：

（一）原雇主關廠歇業證明文件影本。

（二）申請人公司登記證明文件影本。

（三）申請人承接原工程之工程契約書影本。

五、依第十七條第一項第五款規定資格申請者：雙方合意接續聘僱之證明文件。

六、依第十七條第一項第六款規定資格申請者：

（一）第二條第一項第二款證明文件之一。

（二）三方合意接續聘僱之證明文件。

依第十七條第二項資格申請資料異動，應檢附下列文件：

一、申請書。

二、事由證明文件。

三、負責人之身分證明文件、申請人與原雇主公司登記證明或商業登記證明文件。

依第十七條第三項資格申請資料異動，應檢附下列文件：

一、申請書。

二、事業單位依法變更登記相關證明文件。

三、負責人身分證明文件。

第 23 條

受聘僱為第二類外國人或中階技術外國人，於聘僱許可期間屆滿前二個月至四個月內，經與原雇主協議不續聘，且願意轉由新雇主接續聘僱者（以下簡稱期滿轉換之外國人），原雇主應檢附下列文件向中央主管機關申請轉換雇主或工作。但外國人已於前開期間由新雇主申請期滿轉換並經許可者，原雇主得免向中央主管機關申請外國人轉換雇主或工作：

一、申請書。

二、外國人同意轉換雇主或工作之證明文件。

中央主管機關應依前項外國人之意願，於指定之資訊系統登錄必要資料。

公立就業服務機構於前項資料登錄後，應依外國人期待工作地點、工作類別及其他中央主管機關指定之條件，辦理外國人期滿轉換作業；其程序依第九條第二項、第十條及第十二條規定。

第 24 條

雇主申請接續聘僱期滿轉換之第二類外國人，應以招募許可函有效期間，尚未足額引進者為限。

雇主申請接續聘僱期滿轉換之中階技術外國人，應符合審查標準規定，其聘僱外國人人數，以尚未足額聘僱者為限。

第 25 條

期滿轉換之外國人辦理轉換雇主或工作，不以原從事之同一工作類別為限。

轉換工作類別之外國人，其資格應符合審查標準規定。

第 26 條

期滿轉換之外國人，應於中央主管機關核准轉換雇主或工作之日起至聘僱許可期間屆滿前十四日內，辦理轉換作業。

前項所定轉換作業期間，不得申請延長。

經中央主管機關核准轉換雇主或工作之期滿轉換外國人，逾第一項轉換作業期間仍無法轉換雇主或工作者，應由原雇主於聘僱許可期間屆滿前，負責為該外國人辦理出國手續並使其出國。

第 27 條

符合第二十四條申請資格之雇主，於外國人聘僱許可有效期間屆滿前，與期滿轉換之外國人簽署雙方合意接續聘僱證明文件者，應直接向中央主管機關申請接續聘僱外國人，不適用第二條至第十三條及第二十三條規定。

第 28 條

雇主接續聘僱期滿轉換之外國人，應於下列所定之日起三日內，檢附第二十條第一項所定文件通知當地主管機關實施檢查：

一、公立就業服務機構發給期滿轉換接續聘僱證明書之日。

二、與外國人簽署雙方合意接續聘僱證明文件之日。

雇主依前項規定通知當地主管機關後，不得撤回。但有不可歸責於雇主之事由者，不在此限。

雇主檢附之文件符合第一項規定者，當地主管機關應核發受理雇主接續聘僱期滿轉換之外國人通報證明書，並依聘僱許可辦法第三十三條及第三十四條規定辦理。但核發證明書之日前一年內已檢查合格者，得免實施第一項檢查。

第 29 條

雇主接續聘僱期滿轉換之外國人，應於簽署雙方合意接續聘僱證明文件之翌日起十五日內，檢具下列文件向中央主管機關申請核發接續聘僱許可：

一、申請書。

二、申請人或公司負責人之身分證明文件；其公司登記證明文件、商業登記證明文件、工廠登記證明文件或特許事業許可證等影本。但依相關法令規定，免辦工廠登記證明或特許事業許可證者，免附。

三、依前條規定，經當地主管機關核發受理通報之證明文件。

四、招募許可函正本。但接續聘僱中階技術外國人者，免附。

五、審查費收據正本。

前項第四款招募許可函未具引進效力者，應另檢附入國引進許可函及名冊正本。

雇主接續聘僱期滿轉換之中階技術外國人，除檢具第一項第一款至第三款、第五款規定文件外，應另檢附下列文件：

一、求才證明書。但聘僱從事中階技術家庭看護工作者，免附。

二、雇主辦理國內招募時，其聘僱國內勞工之名冊。但聘僱從事中階技

術家庭看護工作者，免附。

三、直轄市或縣（市）政府依聘僱許可辦法第四十四條第一項第五款開
　　具之證明文件。

四、受聘僱外國人之護照影本或外僑居留證影本。

五、其他應檢附文件如附表三。

雇主為人民團體者，除檢附第一項第一款、第三款至第五款及前項規定
之文件外，應另檢附該團體負責人之身分證明文件及團體立案證書影
本。

中央主管機關應自期滿轉換外國人之原聘僱許可期間屆滿之翌日起核發
接續聘僱許可，許可期間最長為三年。但以遞補招募許可申請接續聘僱
者，以補足所聘僱外國人原聘僱許可期間為限。

第 30 條

接續聘僱外國人之雇主，應於下列所定之日起依本法之規定負雇主責
任，並繳交就業安定費：

一、依第七條規定申請者，自公立就業服務機構核發接續聘僱證明書之
　　日。

二、依第十七條第一項第一款至第四款規定申請者，自第十九條第二項
　　規定之事由發生日。

三、依第十七條第一項第五款及第六款規定申請者，自雙方合意接續聘
　　僱或三方合意接續聘僱日。

四、依第十七條第二項規定申請者，自第十九條第三項規定之事由發生
　　日。

五、依第二十七條及第二十九條規定申請者，自原聘僱許可期間屆滿翌
　　日。

前項之雇主經中央主管機關不予核發聘僱許可者，中央主管機關得核發
外國人自前項所定之日起至不予核發聘僱許可日之期間之接續聘僱許
可。

第一項之雇主，自第一項所定之日起對所接續聘僱外國人有本法第

五十六條規定之情形者，應依規定通知當地主管機關、入出國管理機關及警察機關，並副知中央主管機關。但因聘僱關係終止而通知者，當地主管機關應依聘僱許可辦法第六十八條規定辦理。

第 31 條

接續聘僱之雇主得於聘僱許可期間屆滿前，依審查標準及相關規定辦理重新招募。但接續聘僱原經中央主管機關核准從事營造工作之外國人，接續聘僱之期間，以補足該外國人原聘僱許可期間為限。

前項辦理重新招募外國人時，其重新招募外國人人數、已聘僱外國人人數及已取得招募許可人數，合計不得超過中央主管機關規定之比率或數額上限。

審查標準第五條第一款所定製造工作之雇主，申請前項重新招募許可人數，以同一勞工保險證號之前次招募許可引進或接續聘僱許可人數為限。

雇主依第十三條或第十七條規定辦妥聘僱許可或展延聘僱許可後，已逾重新招募辦理期間者，得於取得聘僱許可或展延聘僱許可四個月內辦理重新招募。

雇主接續聘僱中階技術外國人，免辦理重新招募許可。

第 32 條

製造業雇主聘僱外國人人數與其依第七條第一項第一款至第五款及第十七條第一項第三款規定接續聘僱外國人人數、引進前條第一項外國人總人數，及中央主管機關辦理查核雇主聘僱外國人之比率及方式，應符合附表四規定。

前項雇主，未依審查標準第二十五條規定聘僱外國人者，每月至少應聘僱本國勞工一人，始得聘僱外國人一人。

中央主管機關自雇主接續聘僱第一項首名外國人滿三個月起，每三個月依前二項規定查核雇主聘僱外國人之比率或人數及本國勞工人數。

第一項及第二項聘僱外國人人數、本國勞工人數及僱用員工人數，以中央主管機關查核當月之前二個月為基準月份，自基準月份起採計前三個

月參加勞工保險人數之平均數計算。

取得審查標準第三十條資格，依第七條第一項第一款至第四款及第十七條第一項第三款規定接續聘僱外國人之製造業雇主，中央主管機關除依前四項規定辦理查核外，並應依審查標準第三十四條附表八規定辦理下列查核：

一、雇主聘僱外國人人數及引進審查標準第二十四條至第二十八條、第三十一條所定外國人總人數。

二、雇主同一勞工保險證號應新增聘僱國內勞工，其勞工保險投保薪資及勞工退休金提繳工資，應符合下列規定：

（一）符合審查標準第三十條第一項規定者：均達新臺幣三萬零三百元以上。

（二）符合審查標準第三十條第二項規定者：均達新臺幣三萬三千三百元以上。

雇主聘僱外國人超過第一項及前項第一款所定之比率或人數，及聘僱本國勞工人數未符第二項所定人數，經中央主管機關通知限期改善，屆期未改善者，或違反前項第二款規定，應依本法第七十二條規定，廢止雇主超過規定人數之招募許可及聘僱許可，並計入第十五條與審查標準第二十五條附表六之聘僱外國人總人數。

第一項至第五項雇主聘僱外國人總人數，不計入中階技術外國人人數。

第 33 條

屠宰業雇主聘僱外國人人數與其依第七條第一項第一款至第四款及第十七條第一項第三款規定接續聘僱外國人人數、引進第三十一條第一項外國人總人數，及中央主管機關辦理查核雇主聘僱外國人之比率及方式，應符合附表五規定。

中央主管機關自雇主接續聘僱前項首名外國人滿三個月起，每三個月依前項規定查核雇主聘僱外國人之比率或人數。

第一項聘僱外國人人數及僱用員工人數，以中央主管機關查核當月之前二個月為基準月份，自基準月份起採計前三個月參加勞工保險人數之平

均數計算。

雇主聘僱外國人超過第一項所定之比率或人數，經中央主管機關通知限期改善，屆期未改善者，應依本法第七十二條規定，廢止雇主超過規定人數之招募許可及聘僱許可，並分別計入第十五條與審查標準第四十九條附表十之聘僱外國人總人數。

第 34 條

雇主或外國人未依本準則所定期限通知或申請者，經中央主管機關認可後，得於所定期限屆滿後十五日內，補行通知或申請。

前項雇主補行通知或申請，就同一通知或申請案別，以一次為限。

第 35 條

本準則所規定之書表格式，由中央主管機關公告之。

第 36 條

本準則自發布日施行。

本準則中華民國一百零六年七月六日修正發布之條文，自一百零七年一月一日施行；一百十一年四月二十九日修正發布之條文，自一百十一年四月三十日施行；一百十一年十月十二日修正發布之第十三條附表一、第二十九條附表三，自一百十一年八月十七日施行。

PART 3

就業保險

就業保險法

民國 111 年 1 月 12 日總統令修正公布。

第一章　總　則

第 1 條

為提昇勞工就業技能，促進就業，保障勞工職業訓練及失業一定期間之基本生活，特制定本法；本法未規定者，適用其他法律之規定。

第 2 條

就業保險（以下簡稱本保險）之主管機關：在中央為勞動部；在直轄市為直轄市政府；在縣（市）為縣（市）政府。

第 3 條

本保險業務，由勞工保險監理委員會監理。

被保險人及投保單位對保險人核定之案件發生爭議時，應先向勞工保險監理委員會申請審議；對於爭議審議結果不服時，得依法提起訴願及行政訴訟。

第二章　保險人、投保對象及投保單位

第 4 條

本保險由中央主管機關委任勞工保險局辦理，並為保險人。

第 5 條

年滿十五歲以上，六十五歲以下之下列受僱勞工，應以其雇主或所屬機構為投保單位，參加本保險為被保險人：

一、具中華民國國籍者。

二、與在中華民國境內設有戶籍之國民結婚，且獲准居留依法在臺灣地
　　區工作之外國人、大陸地區人民、香港居民或澳門居民。

前項所列人員有下列情形之一者，不得參加本保險：

一、依法應參加公教人員保險或軍人保險。

二、已領取勞工保險老年給付或公教人員保險養老給付。

三、受僱於依法免辦登記且無核定課稅或依法免辦登記且無統一發票購
　　票證之雇主或機構。

受僱於二個以上雇主者，得擇一參加本保險。

第 6 條

本法施行後，依前條規定應參加本保險為被保險人之勞工，自投保單位
申報參加勞工保險生效之日起，取得本保險被保險人身分；自投保單位
申報勞工保險退保效力停止之日起，其保險效力即行終止。

本法施行前，已參加勞工保險之勞工，自本法施行之日起，取得被保險
人身分；其依勞工保險條例及勞工保險失業給付實施辦法之規定，繳納
失業給付保險費之有效年資，應合併計算本保險之保險年資。

依前條規定應參加本保險為被保險人之勞工，其雇主或所屬團體或所屬
機構未為其申報參加勞工保險者，各投保單位應於本法施行之當日或勞
工到職之當日，為所屬勞工申報參加本保險；於所屬勞工離職之當日，
列表通知保險人。其保險效力之開始或停止，均自應為申報或通知之當
日起算。但投保單位非於本法施行之當日或勞工到職之當日為其申報參
加本保險者，除依本法第三十八條規定處罰外，其保險效力之開始，均
自申報或通知之翌日起算。

第 7 條

主管機關、保險人及公立就業服務機構為查核投保單位勞工工作情況、
薪資或離職原因，必要時，得查對其員工名冊、出勤工作紀錄及薪資帳
冊等相關資料，投保單位不得規避、妨礙或拒絕。

第三章　保險財務

第 8 條

本保險之保險費率，由中央主管機關按被保險人當月之月投保薪資百分之一至百分之二擬訂，報請行政院核定之。

第 9 條

本保險之保險費率，保險人每三年應至少精算一次，並由中央主管機關聘請精算師、保險財務專家、相關學者及社會公正人士九人至十五人組成精算小組審查之。

有下列情形之一者，中央主管機關應於前條規定之保險費率範圍內調整保險費率：

一、精算之保險費率，其前三年度之平均值與當年度保險費率相差幅度超過正負百分之五。

二、本保險累存之基金餘額低於前一年度保險給付平均月給付金額之六倍或高於前一年度保險給付平均月給付金額之九倍。

三、本保險增減給付項目、給付內容、給付標準或給付期限，致影響保險財務。

第四章　保險給付

第 10 條

本保險之給付，分下列五種：

一、失業給付。

二、提早就業獎助津貼。

三、職業訓練生活津貼。

四、育嬰留職停薪津貼。

五、失業之被保險人及隨同被保險人辦理加保之眷屬全民健康保險保險費補助。

前項第五款之補助對象、補助條件、補助標準、補助期間之辦法，由中

央主管機關定之。

第 11 條

本保險各種保險給付之請領條件如下：

一、失業給付：被保險人於非自願離職辦理退保當日前三年內，保險年
　　資合計滿一年以上，具有工作能力及繼續工作意願，向公立就業服
　　務機構辦理求職登記，自求職登記之日起十四日內仍無法推介就業
　　或安排職業訓練。

二、提早就業獎助津貼：符合失業給付請領條件，於失業給付請領期間
　　屆滿前受僱工作，並參加本保險三個月以上。

三、職業訓練生活津貼：被保險人非自願離職，向公立就業服務機構辦
　　理求職登記，經公立就業服務機構安排參加全日制職業訓練。

四、育嬰留職停薪津貼：被保險人之保險年資合計滿一年以上，子女滿
　　三歲前，依性別工作平等法之規定，辦理育嬰留職停薪。

被保險人因定期契約屆滿離職，逾一個月未能就業，且離職前一年內，
契約期間合計滿六個月以上者，視為非自願離職，並準用前項之規定。

本法所稱非自願離職，指被保險人因投保單位關廠、遷廠、休業、解
散、破產宣告離職；或因勞動基準法第十一條、第十三條但書、第十四
條及第二十條規定各款情事之一離職。

第 12 條

公立就業服務機構為促進失業之被保險人再就業，得提供就業諮詢、推
介就業或參加職業訓練。

前項業務得由主管機關或公立就業服務機構委任或委託其他機關（構）、
學校、團體或法人辦理。

中央主管機關得於就業保險年度應收保險費百分之十及歷年經費執行膳
餘額度之範圍內提撥經費，辦理下列事項：

一、被保險人之在職訓練。

二、被保險人失業後之職業訓練、創業協助及其他促進就業措施。

三、被保險人之僱用安定措施。

四、雇主僱用失業勞工之獎助。

辦理前項各款所定事項之對象、職類、資格條件、項目、方式、期間、給付標準、給付限制、經費管理、運用及其他應遵行事項之辦法，由中央主管機關定之。

第一項所稱就業諮詢，指提供選擇職業、轉業或職業訓練之資訊與服務、就業促進研習活動或協助工作適應之專業服務。

第 13 條

申請人對公立就業服務機構推介之工作，有下列各款情事之一而不接受者，仍得請領失業給付：

一、工資低於其每月得請領之失業給付數額。

二、工作地點距離申請人日常居住處所三十公里以上。

第 14 條

申請人對公立就業服務機構安排之就業諮詢或職業訓練，有下列情事之一而不接受者，仍得請領失業給付：

一、因傷病診療，持有證明而無法參加者。

二、為參加職業訓練，需要變更現在住所，經公立就業服務機構認定顯有困難者。

申請人因前項各款規定情事之一，未參加公立就業服務機構安排之就業諮詢或職業訓練，公立就業服務機構在其請領失業給付期間仍得擇期安排。

第 15 條

被保險人有下列情形之一者，公立就業服務機構應拒絕受理失業給付之申請：

一、無第十三條規定情事之一不接受公立就業服務機構推介之工作。

二、無前條規定情事之一不接受公立就業服務機構之安排，參加就業諮詢或職業訓練。

第 16 條

失業給付按申請人離職辦理本保險退保之當月起前六個月平均月投保薪資百分之六十按月發給，最長發給六個月。但申請人離職辦理本保險退保時已年滿四十五歲或領有社政主管機關核發之身心障礙證明者，最長發給九個月。

中央主管機關於經濟不景氣致大量失業或其他緊急情事時，於審酌失業率及其他情形後，得延長前項之給付期間最長至九個月，必要時得再延長之，但最長不得超過十二個月。但延長給付期間不適用第十三條及第十八條之規定。

前項延長失業給付期間之認定標準、請領對象、請領條件、實施期間、延長時間及其他相關事項之辦法，由中央主管機關擬訂，報請行政院核定之。

受領失業給付未滿前三項給付期間再參加本保險後非自願離職者，得依規定申領失業給付。但合併原已領取之失業給付月數及依第十八條規定領取之提早就業獎助津貼，以發給前三項所定給付期間為限。

依前四項規定領滿給付期間者，自領滿之日起二年內再次請領失業給付，其失業給付以發給原給付期間之二分之一為限。

依前五項規定領滿失業給付之給付期間者，本保險年資應重行起算。

第 17 條

被保險人於失業期間另有工作，其每月工作收入超過基本工資者，不得請領失業給付；其每月工作收入未超過基本工資者，其該月工作收入加上失業給付之總額，超過其平均月投保薪資百分之八十部分，應自失業給付中扣除。但總額低於基本工資者，不予扣除。

領取勞工保險傷病給付、職業訓練生活津貼、臨時工作津貼、創業貸款利息補貼或其他促進就業相關津貼者，領取相關津貼期間，不得同時請領失業給付。

第 18 條

符合失業給付請領條件，於失業給付請領期限屆滿前受僱工作，並依規

定參加本保險為被保險人滿三個月以上者，得向保險人申請，按其尚未請領之失業給付金額之百分之五十，一次發給提早就業獎助津貼。

第 19 條

被保險人非自願離職，向公立就業服務機構辦理求職登記，經公立就業服務機構安排參加全日制職業訓練，於受訓期間，每月按申請人離職辦理本保險退保之當月起前六個月平均月投保薪資百分之六十發給職業訓練生活津貼，最長發給六個月。

職業訓練單位應於申請人受訓之日，通知保險人發放職業訓練生活津貼。

中途離訓或經訓練單位退訓者，訓練單位應即通知保險人停止發放職業訓練生活津貼。

第 19-1 條

被保險人非自願離職退保後，於請領失業給付或職業訓練生活津貼期間，有受其扶養之眷屬者，每一人按申請人離職辦理本保險退保之當月起前六個月平均月投保薪資百分之十加給給付或津貼，最多計至百分之二十。

前項所稱受扶養眷屬，指受被保險人扶養之無工作收入之父母、配偶、未成年子女或身心障礙子女。

第 19-2 條

育嬰留職停薪津貼，以被保險人育嬰留職停薪之當月起前六個月平均月投保薪資百分之六十計算，於被保險人育嬰留職停薪期間，按月發給津貼，每一子女合計最長發給六個月。

前項津貼，於同時撫育子女二人以上之情形，以發給一人為限。

依家事事件法、兒童及少年福利與權益保障法相關規定與收養兒童先行共同生活之被保險人，其共同生活期間得依第十一條第一項第四款及前二項規定請領育嬰留職停薪津貼。但因可歸責於被保險人之事由，致未經法院裁定認可收養者，保險人應通知限期返還其所受領之津貼，屆期未返還者，依法移送強制執行。

第 20 條

失業給付自向公立就業服務機構辦理求職登記之第十五日起算。
職業訓練生活津貼自受訓之日起算。

第 21 條

投保單位故意為不合本法規定之人員辦理參加保險手續，領取保險給付者，保險人應通知限期返還，屆期未返還者，依法移送強制執行。

第 22 條

被保險人領取各種保險給付之權利，不得讓與、抵銷、扣押或供擔保。
被保險人依本法規定請領保險給付者，得檢具保險人出具之證明文件，於金融機構開立專戶，專供存入保險給付之用。
前項專戶內之存款，不得作為抵押、扣押、供擔保或強制執行之標的。

第 22-1 條

依本法發給之保險給付，經保險人核定後，應在十五日內給付之。如逾期給付可歸責於保險人者，其逾期部分應加給利息。

第 23 條

申請人與原雇主間因離職事由發生勞資爭議者，仍得請領失業給付。
前項爭議結果，確定申請人不符失業給付請領規定時，應於確定之日起十五日內，將已領之失業給付返還。屆期未返還者，依法移送強制執行。

第 24 條

領取保險給付之請求權，自得請領之日起，因二年間不行使而消滅。

第五章　申請及審核

第 25 條

被保險人於離職退保後二年內，應檢附離職或定期契約證明文件及國民身分證或其他足資證明身分之證件，親自向公立就業服務機構辦理求職

登記、申請失業認定及接受就業諮詢，並填寫失業認定、失業給付申請書及給付收據。

公立就業服務機構受理求職登記後，應辦理就業諮詢，並自求職登記之日起十四日內推介就業或安排職業訓練。未能於該十四日內推介就業或安排職業訓練時，公立就業服務機構應於翌日完成失業認定，並轉請保險人核發失業給付。

第一項離職證明文件，指由投保單位或直轄市、縣（市）主管機關發給之證明；其取得有困難者，得經公立就業服務機構之同意，以書面釋明理由代替之。

前項文件或書面，應載明申請人姓名、投保單位名稱及離職原因。

申請人未檢齊第一項規定文件者，應於七日內補正；屆期未補正者，視為未申請。

第 26 條

公立就業服務機構為辦理推介就業及安排職業訓練所需，得要求申請人提供下列文件：

一、最高學歷及經歷證書影本。

二、專門職業及技術人員證照或執業執照影本。

三、曾接受職業訓練之結訓證書影本。

第 27 條

申請人應於公立就業服務機構推介就業之日起七日內，將就業與否回覆卡檢送公立就業服務機構。

申請人未依前項規定辦理者，公立就業服務機構應停止辦理當次失業認定或再認定。已辦理認定者，應撤銷其認定。

第 28 條

職業訓練期滿未能推介就業者，職業訓練單位應轉請公立就業服務機構完成失業認定；其未領取或尚未領滿失業給付者，並應轉請保險人核發失業給付，合併原已領取之失業給付，仍以第十六條規定之給付期間為

限。

第 29 條

繼續請領失業給付者，應於前次領取失業給付期間末日之翌日起二年內，每個月親自前往公立就業服務機構申請失業再認定。但因傷病診療期間無法親自辦理者，得提出醫療機構出具之相關證明文件，以書面陳述理由委託他人辦理之。

未經公立就業服務機構為失業再認定者，應停止發給失業給付。

第 30 條

領取失業給付者，應於辦理失業再認定時，至少提供二次以上之求職紀錄，始得繼續請領。未檢附求職紀錄者，應於七日內補正；屆期未補正者，停止發給失業給付。

第 31 條

失業期間或受領失業給付期間另有其他工作收入者，應於申請失業認定或辦理失業再認定時，告知公立就業服務機構。

第 32 條

領取失業給付者，應自再就業之日起三日內，通知公立就業服務機構。

第六章　基金及行政經費

第 33 條

就業保險基金之來源如下：

一、本保險開辦時，中央主管機關自勞工保險基金提撥之專款。

二、保險費與其孳息收入及保險給付支出之結餘。

三、保險費滯納金。

四、基金運用之收益。

五、其他有關收入。

前項第一款所提撥之專款，應一次全數撥還勞工保險基金。

第 34 條

就業保險基金，經勞工保險監理委員會之通過，得為下列之運用：

一、對於公債、庫券及公司債之投資。

二、存放於公營銀行或中央主管機關指定之金融機構及買賣短期票券。

三、其他經中央主管機關核准有利於本基金收益之投資。

前項第三款所稱其他有利於本基金收益之投資，不得為權益證券及衍生性金融商品之投資。

就業保險基金除作為第一項運用、保險給付支出、第十二條第三項規定之提撥外，不得移作他用或轉移處分。基金之收支、運用情形及其積存數額，應由保險人報請中央主管機關按年公告之。

第 35 條

辦理本保險所需之經費，由保險人以當年度保險費收入預算總額百分之三點五為上限編列，由中央主管機關編列預算撥付之。

第七章　罰　則

第 36 條

以詐欺或其他不正當行為領取保險給付或為虛偽之證明、報告、陳述者，除按其領取之保險給付處以二倍罰鍰外，並應依民法請求損害賠償；其涉及刑責者，移送司法機關辦理。

第 37 條

勞工違反本法規定不參加就業保險及辦理就業保險手續者，處新臺幣一千五百元以上七千五百元以下罰鍰。

第 38 條

投保單位違反本法規定，未為其所屬勞工辦理投保手續者，按自僱用之日起，至參加保險之前一日或勞工離職日止應負擔之保險費金額，處十倍罰鍰。勞工因此所受之損失，並應由投保單位依本法規定之給付標準賠償之。

投保單位未依本法之規定負擔被保險人之保險費，而由被保險人負擔者，按應負擔之保險費金額，處二倍罰鍰。投保單位並應退還該保險費與被保險人。

投保單位違反本法規定，將投保薪資金額以多報少或以少報多者，自事實發生之日起，按其短報或多報之保險費金額，處四倍罰鍰，其溢領之給付金額，經保險人通知限期返還，屆期未返還者，依法移送強制執行，並追繳其溢領之給付金額。勞工因此所受損失，應由投保單位賠償之。

投保單位違反第七條規定者，處新臺幣一萬元以上五萬元以下罰鍰。

本法中華民國九十八年三月三十一日修正之條文施行前，投保單位經依規定加徵滯納金至應納費額上限，其應繳之保險費仍未向保險人繳納，且未經保險人處以罰鍰或處以罰鍰而未執行者，不再裁處或執行。

第 39 條

依本法所處之罰鍰，經保險人通知限期繳納，屆期未繳納者，依法移送強制執行。

第八章　附　則

第 40 條

本保險保險效力之開始及停止、月投保薪資、投保薪資調整、保險費負擔、保險費繳納、保險費寬限期與滯納金之徵收及處理、基金之運用與管理，除本法另有規定外，準用勞工保險條例及其相關規定辦理。

第 41 條

勞工保險條例第二條第一款有關普通事故保險失業給付部分及第七十四條規定，自本法施行之日起，不再適用。

自本法施行之日起，本法被保險人之勞工保險普通事故保險費率應按被保險人當月之月投保薪資百分之一調降之，不受勞工保險條例第十三條第二項規定之限制。

第 42 條

本保險之一切帳冊、單據及業務收支，均免課稅捐。

第 43 條

本法施行細則，由中央主管機關定之。

第 44 條

本法之施行日期，由行政院定之。

本法中華民國九十八年四月二十一日修正之第三十五條條文，自中華民國九十九年一月一日施行。

本法中華民國一百零一年十二月四日修正之條文，自公布日施行。

就業保險法施行細則

民國 111 年 4 月 19 日勞動部令修正發布。

第 1 條

本細則依就業保險法（以下簡稱本法）第四十三條規定訂定之。

第 2 條

就業保險（以下簡稱本保險）業務，依本法第三條第一項規定，由中央主管機關監理，其監理事項如下：

一、本保險年度工作計畫及成果報告之審議事項。

二、本保險年度預算及決算之審議事項。

三、本保險基金管理及運用之審議事項。

四、其他有關本保險監理事項。

中央主管機關為前項監理事項之審議時，得視需要邀請學者專家及相關機關代表列席。

第 3 條

保險人及勞動部勞動基金運用局（以下簡稱基金運用局）應依其業務職掌，按月將下列書表報請中央主管機關備查：

一、投保單位、投保人數及投保薪資統計表。

二、保險給付統計表。

三、保險收支會計報表。

四、保險基金運用概況表。

第 4 條（刪除）

第 5 條

被保險人及投保單位對保險人就下列事項所為之核定案件發生爭議時，依本法第三條第二項規定，應先向中央主管機關申請審議：

一、被保險人資格或投保事項。

二、被保險人投保薪資或年資事項。

三、保險費或滯納金事項。

四、保險給付事項。

五、其他有關保險權益事項。

依前項規定申請審議者，應於接到保險人核定通知文件之翌日起六十日內，填具就業保險爭議事項審議申請書，並檢附有關證件經由保險人向中央主管機關申請審議。

依第一項規定申請審議者，準用勞工保險爭議事項審議辦法之規定。

第 6 條

符合本法第五條第一項規定之被保險人，未參加勞工保險者，其保險費應由投保單位以保險人指定金融機構自動轉帳方式繳納之，自動轉帳之扣繳日期為次月底。

第 7 條

本法第六條第二項所稱本法施行前已參加勞工保險之勞工，指依本法第五條第一項規定應參加本保險並於本法施行前已參加勞工保險之勞工。

第 8 條

投保單位依本法第六條第三項規定為所屬勞工申報參加本保險時，除政府機關（構）、公立學校及使用政府機關（構）提供之線上申請系統辦理投保手續者外，應填具投保申請書及加保申報表各一份送交保險人，並檢附負責人國民身分證正背面影本及各目的事業主管機關核發之下列相關證件影本：

一、工廠：工廠有關登記證明文件。

二、礦場：礦場登記證、採礦、探礦執照或有關認定證明文件。

三、鹽場、農場、畜牧場、林場、茶場：登記證書或有關認定證明文件。

四、交通事業：運輸業許可證或有關認定證明文件。

五、公用事業：事業執照或有關認定證明文件。

六、公司、行號：公司登記證明文件或商業登記證明文件。

七、私立學校、新聞事業、文化事業、公益事業、合作事業、職業訓練

機構及各業人民團體：立案或登記證明書。

八、中央或地方公職人員選舉之擬參選人及候選人：監察院政治獻金開戶許可函、選舉委員會受理登記為候選人之公文或相當證明文件。

九、中央或地方公職人員選舉之當選人：當選證書。

十、其他各業：執業證照或有關登記、核定或備查證明文件。

投保單位依規定無法取得前項各款證件者，應檢附稅捐稽徵機關核發之扣繳單位設立（變更）登記申請書或使用統一發票購票證，辦理投保手續。

第 8-1 條

投保單位為所屬本法第五條第一項第二款所定勞工申報加保時，除依前條規定辦理外，並應檢附該勞工在我國居留證明文件影本；其為依法應經中央主管機關或相關目的事業主管機關核准始得從事工作者，另應檢附核准從事工作之證明文件影本。

本細則關於國民身分證之規定，於前項被保險人，以在我國居留證明文件替代之。

第 8-2 條

本法第五條第一項第二款所定與在中華民國境內設有戶籍之國民結婚，且獲准居留依法在臺灣地區工作之外國人、大陸地區人民、香港居民或澳門居民，包括因離婚或其配偶死亡致婚姻關係消滅後，依法准予繼續居留者。

第 9 條

本法第六條第三項所定之投保單位有下列各款情事之一者，應於事實發生之日起三十日內，填具投保單位變更事項申請書，並檢附有關證件影本，送交保險人辦理變更：

一、投保單位之名稱、地址或通訊地址變更。

二、投保單位之負責人變更。

投保單位未依前項規定辦理變更手續者，保險人得依相關機關登記之資

料逕予變更。

第 10 條

被保險人姓名、出生年月日、國民身分證統一編號等有變更或錯誤時，被保險人應即通知其所屬投保單位。

前項被保險人之相關個人資料有變更或錯誤之情形，投保單位應即填具被保險人變更事項申請書，檢附國民身分證正背面影本或有關證明文件送交保險人憑辦。

被保險人未依第一項規定通知其所屬投保單位，或投保單位未依前項規定檢附相關文件送交保險人者，保險人得依相關機關登記之資料逕予變更。

第 11 條

投保單位應置備員工名冊、出勤工作紀錄及薪資帳冊，供主管機關、保險人及公立就業服務機構依本法第七條規定為查對，並自被保險人離職之日起保存五年。

前項員工名冊，應分別記載下列事項：

一、姓名、出生年月日、住址及國民身分證統一編號。

二、到職之年月日。

三、工作類別。

四、工作時間及薪資。

五、留職停薪事由及期間。

第 12 條

被保險人請領本法第十條第一項第一款至第四款所定之失業給付、提早就業獎助津貼、職業訓練生活津貼或育嬰留職停薪津貼，經保險人審查應予發給者，由保險人匯入被保險人所指定國內金融機構之本人名義帳戶。

第 12-1 條

本法第二十二條之一所定逾期部分應加給之利息，以各該年一月一日之

郵政儲金一年期定期存款固定利率為準,按日計算,並以新臺幣元為單位,角以下四捨五入。

前項所需費用,由保險人編列公務預算支應。

第 13 條

被保險人依本法第十一條第一項第一款規定請領失業給付者,應備具下列書件:

一、失業(再)認定、失業給付申請書及給付收據。

二、離職證明書或定期契約證明文件。

三、國民身分證或其他身分證明文件影本。

四、被保險人本人名義之國內金融機構存摺影本。但匯款帳戶與其請領職業訓練生活津貼之帳戶相同者,免附。

五、身心障礙者,另檢附社政主管機關核發之身心障礙證明。

六、有扶養眷屬者,另檢附下列證明文件:

　　(一)受扶養眷屬之戶口名簿影本或其他身分證明文件影本。

　　(二)受扶養之子女為身心障礙者,另檢附社政主管機關核發之身心障礙證明。

第 14 條

被保險人依本法第十一條第一項第二款規定請領提早就業獎助津貼者,應備具下列書件:

一、提早就業獎助津貼申請書及給付收據。

二、被保險人本人名義之國內金融機構存摺影本。但匯款帳戶與其請領失業給付之帳戶相同者,免附。

第 14-1 條

依本法第十一條第二項規定,準用本法第十一條第一項第二款得請領提早就業獎助津貼之被保險人,不包括於失業給付請領期間屆滿前,再受僱於原投保單位參加本保險者。

第 14-2 條
本法第十一條第一項第二款所定參加本保險三個月以上，不計入領取失業給付期間參加本保險之年資。

第 15 條
被保險人依本法第十一條第一項第三款規定請領職業訓練生活津貼者，應備具下列書件：
一、職業訓練生活津貼申請書及給付收據。
二、離職證明書。
三、國民身分證或其他身分證明文件影本。
四、被保險人本人名義之國內金融機構存摺影本。但匯款帳戶與其請領失業給付之帳戶相同者，免附。
五、有扶養眷屬者，應檢附下列證明文件：
　　（一）受扶養眷屬之戶口名簿影本或其他身分證明文件影本。
　　（二）受扶養之子女為身心障礙者，應檢附社政主管機關核發之身心障礙證明。

第 16 條
本法第十一條第一項第三款所定全日制職業訓練，應符合下列條件：
一、訓練期間一個月以上。
二、每星期訓練四日以上。
三、每日訓練日間四小時以上。
四、每月總訓練時數達一百小時以上。

第 16-1 條
被保險人依本法第十一條第一項第四款規定請領育嬰留職停薪津貼者，應備具下列書件：
一、育嬰留職停薪津貼申請書及給付收據。
二、被保險人及子女之戶口名簿影本。
三、育嬰留職停薪證明。

四、被保險人本人名義之國內金融機構存摺影本。

第 16-2 條

依本法規定請領各項保險給付，其所檢附之身分證明文件為我國政府機關（構）以外製作者，以六個月內為限，並應經下列單位驗證：

一、於國外製作：經我國駐外館處驗證；其在國內由外國駐臺使領館或授權機構製作者，應經外交部複驗。

二、於大陸地區製作：經行政院設立或指定機構或委託之民間團體驗證。

三、於香港或澳門製作：經行政院於香港或澳門設立或指定機構或委託之民間團體驗證。

前項文件為外文者，應檢附經前項各款所列單位驗證或國內公證人認證之中文譯本。但為英文者，除保險人認有需要外，得予免附。

第 17 條

中央主管機關辦理本法第十二條第三項規定事項之經費，指當年度應收保險費百分之十範圍及歷年應收保險費百分之十之執行賸餘額度；其額度以審定決算數為計算基礎。

前項經費由保險人按提撥經費預算數每六個月撥付之，執行結果若有賸餘，應於年度結算後辦理繳還。

第 18 條（刪除）

第 18-1 條

本法第十七條第二項所定勞工保險傷病給付，為勞工保險條例及勞工職業災害保險及保護法之傷病給付。

第 19 條

本法第十九條第一項規定之職業訓練生活津貼，應按申請人實際參訓起迄時間，以三十日為一個月核算發放；其訓練期間未滿三十日者，依下列方式核算發放：

一、十日以上且訓練時數達三十小時者，發放半個月。

二、二十日以上且訓練時數達六十小時者，發放一個月。

前項津貼，按月於期末發給。

第 19-1 條

本法第十九條之一規定之受扶養眷屬於同一期間已請領本法給付或津貼，或已由其他被保險人申請加給給付或津貼者，不予加計。

第 19-2 條

本法第十九條之二第一項規定之育嬰留職停薪津貼，給付期間自育嬰留職停薪之日起至期滿之日止。但被保險人提前復職者，計至復職之前一日止。

前項津貼，按月於期初發給；未滿一個月者，以一個月計。

第 19-3 條

被保險人因離職事由發生勞資爭議，依本法第二十三條第一項規定請領失業給付者，應檢附下列文件之一：

一、勞資爭議調解經受理之證明文件影本。

二、勞資爭議仲裁經受理之證明文件影本。

三、因勞資爭議提起訴訟之相關資料影本。

被保險人應於收到前項勞資爭議之調解紀錄、仲裁判斷書或確定判決之日起十五日內，檢送該資料影本予公立就業服務機構或保險人審查。

第 20 條

被保險人依本法第二十五條第一項規定向公立就業服務機構辦理求職登記時，應申報其日常居住處所。

第 21 條

申請人依本法第二十七條第一項規定檢送就業與否回覆卡或領取失業給付之被保險人依本法第三十二條規定通知公立就業服務機構再就業時，得以自行送達或掛號郵寄方式辦理；其以掛號郵寄方式辦理者，以交郵當日之郵戳為準。

第 22 條

被保險人依本法規定申請失業給付或職業訓練生活津貼，其所屬投保單位未依規定為其辦理退保手續者，由保險人自被保險人離職之日逕予退保，並核發給付。

第 23 條

本法第三十條所定之求職紀錄內容如下：

一、單位名稱、地址、電話及聯絡人。

二、工作內容。

三、日期。

四、應徵情形。

前項求職紀錄應為被保險人辦理失業再認定申請日前三十日內之求職資料。

第 24 條

本保險依本法第四十二條規定免課之稅捐如下：

一、保險人、基金運用局及投保單位辦理本保險所用之契據，免徵印花稅。

二、保險人及基金運用局辦理本保險所收保險費、保險費滯納金與因此所承受強制執行標的物之收入、基金運用之收支及雜項收入，免納營業稅及所得稅。

三、保險人及基金運用局辦理業務使用之房地、器材及被保險人領取之保險給付，依稅法有關規定免徵稅捐。

第 24-1 條

勞工因雇主違反本法所定應辦理加保及投保薪資以多報少等規定，致影響其保險給付所提起之訴訟，得向中央主管機關申請扶助。

前項扶助業務，中央主管機關得委託民間團體辦理。

第 25 條

本法及本細則所定之書表格式，由保險人定之。

第 26 條

本細則自中華民國九十二年一月一日施行。

本細則修正條文，除中華民國一百十一年四月十九日修正發布之條文，自一百十一年五月一日施行外，自發布日施行。

就業保險促進就業實施辦法

民國 111 年 11 月 9 日勞動部令修正發布。

第一章　總　則

第 1 條

本辦法依就業保險法（以下簡稱本法）第十二條第四項規定訂定之。

第 2 條

本辦法所定雇主，為就業保險投保單位之民營事業單位、團體或私立學校。

前項所稱團體，指依人民團體法或其他法令設立者。但不包括政治團體及政黨。

第 3 條

本辦法促進就業措施之範圍如下：

一、僱用安定措施。

二、僱用獎助措施。

三、其他促進就業措施：

　　（一）補助求職交通、異地就業之交通、搬遷及租屋費用。

　　（二）推介從事臨時工作。

　　（三）辦理適性就業輔導。

　　（四）協助雇主改善工作環境及勞動條件。

　　（五）促進職場勞工身心健康、工作與生活平衡。

　　（六）促進職業災害勞工穩定就業。

　　（七）提升工會保障勞工就業權益之能力。

第 4 條

中央主管機關得將本辦法所定之促進就業事項，委任所屬機關（構）、委辦直轄市、縣（市）主管機關或委託相關機關（構）、團體辦理之。

第二章　僱用安定措施

第 5 條
中央主管機關於每月領取失業給付人數占該人數加上每月底被保險人人數之比率，連續三個月達百分之一以上，經邀集勞工、雇主、政府機關之代表及學者專家，召開僱用安定措施啓動諮詢會議後，得辦理僱用安定措施。
前項規定之比率，以保險人公布之資料爲準。

第 6 條
中央主管機關公告辦理前條僱用安定措施之期間，最長爲六個月。
前項期間屆滿當月，仍有前條第一項規定之失業狀況時，中央主管機關得公告延長之。但合計最長一年。
中央主管機關於每月領取失業給付人數占該人數加上每月底被保險人人數之比率，連續三個月未達百分之一，得於前二項期間屆滿前，公告終止。

第 7 條
中央主管機關公告辦理僱用安定措施期間，雇主因經濟不景氣致虧損或業務緊縮，爲避免裁減員工，得擬定僱用安定計畫，並報請公立就業服務機構核定。
前項僱用安定計畫經公立就業服務機構核定後，雇主得代被保險人向公立就業服務機構申請核發薪資補貼。
中央主管機關公告辦理僱用安定措施前，雇主已實施僱用安定計畫者，得於報請公立就業服務機構核定後，適用前項規定。

第 8 條
前條規定之僱用安定計畫，涉及雇主與被保險人約定縮減工時及依其比例減少薪資者，應經勞資會議同意，且約定每月縮減之平均每週正常工時及月投保薪資，不得低於約定前三個月之平均每週正常工時及月投保薪資之百分之二十，且未逾其百分之八十；約定後月投保薪資不得低於

中央主管機關公告之每月基本工資。

被保險人於現職單位受僱未滿三個月者,依其於現職單位實際參加就業保險期間之平均每週正常工時及月投保薪資計算之。

第 9 條

僱用安定計畫之被保險人領取薪資補貼,應符合下列資格:

一、於僱用安定計畫實施前,就業保險投保年資累計達一年以上。

二、於約定縮減工時前三個月,係依按月計酬者,且平均每週正常工時達三十五小時以上。

第 10 條

雇主依第七條規定擬定之僱用安定計畫,應包括下列事項:

一、實施理由及目的。

二、實施部門及人數。

三、實施日期及期間。

四、勞資會議同意勞工縮減工時依比例減少薪資所為決議之文件。

五、被保險人名冊與其同意縮減工時及依比例減少薪資之同意書。

六、約定縮減工時日期及其內容。

七、營運改善策略、期程及預定目標。

第 11 條

雇主依第七條第一項規定擬定僱用安定計畫者,應於計畫實施日期之十五日前,檢附下列文件,報請當地公立就業服務機構核定:

一、僱用安定計畫。

二、設立登記證明文件影本。

三、勞工保險、就業保險、勞工職業災害保險之被保險人投保資料表或其他足資證明投保之文件。

四、其他中央主管機關規定之文件。

依第七條第三項規定擬定僱用安定計畫者,應檢附前項文件,於中央主管機關公告辦理僱用安定措施之日起十五日內,報請當地公立就業服務

機構核定。

前二項僱用安定計畫，以送達應受理之當地公立就業服務機構收受日期為準。雇主以掛號郵寄方式提出者，以交郵當日之郵戳為準。

第 12 條

公立就業服務機構核發被保險人薪資補貼，應按其約定縮減工時前三個月平均月投保薪資及約定縮減工時後月投保薪資差額之百分之五十發給。

雇主於被保險人符合下列規定情形時，應檢附由訓練單位開立之參訓期間及時數證明文件，向公立就業服務機構申請核發最末次之薪資補貼：

一、參加政府機關自辦、委辦或補助辦理之訓練課程。

二、每次申請期間之參訓時數達十六小時以上。

公立就業服務機構得就符合前項規定之期間，合併計算發給第一項規定薪資差額之百分之二十。

被保險人於領取第一項及前項薪資補貼期間，不得重複領取政府機關其他相同性質之就業促進相關補助或津貼。

第 13 條

薪資補貼於僱用安定計畫實施日起算，公立就業服務機構依下列規定計算發給被保險人薪資補貼：

一、一個月以三十日計算，發給一個月。

二、最末次申請之日數為二十日以上，未滿三十日者，發給一個月；十日以上，未滿二十日者，發給半個月。

雇主依第七條第三項規定實施僱用安定計畫，並依第十一條規定期限報請公立就業服務機構核定者，其薪資補貼自報請核定之日起算。

中央主管機關公告辦理實施僱用安定措施期間，同一被保險人受僱於同一雇主領取薪資補貼，最長以三個月為限。但中央主管機關依第六條第二項規定公告延長辦理僱用安定措施期間，被保險人得再領取三個月。

第 14 條

雇主應於實施僱用安定計畫每滿三十日之日起十五日內，檢附下列文件，代被保險人向原報請核定之公立就業服務機構申請核發薪資補貼：

一、薪資補貼申請書。

二、被保險人名冊。

三、被保險人約定縮減工時前三個月及當次申請補貼期間之工時清冊、薪資清冊及出勤表。

四、勞工保險、就業保險、勞工職業災害保險之被保險人投保資料表或其他足資證明投保之文件，及其轉帳金融機構帳戶影本。

五、其他中央主管機關規定之文件。

雇主依第七條第三項規定實施僱用安定計畫，並依第十一條規定期限報請公立就業服務機構核定者，自報請核定日起算，每滿三十日之日起十五日內，檢附前項文件提出申請。

雇主於申請最末次薪資補貼時，除檢附第一項規定文件外，應另檢附報請核定僱用安定計畫之日當月及最末次申請時所取得最近一期之勞工保險局繳款單及明細表影本。

雇主未依第一項或第二項規定期間提出申請者，當次薪資補貼不予發給。

未依第十一條規定期限報請公立就業服務機構核定者，公立就業服務機構應不予受理其申請。

第 15 條

雇主與被保險人另為約定，致變更僱用安定計畫，於申請當次之薪資補貼時，應檢附變更後之第十條及前條規定文件。

第 16 條

雇主或被保險人有下列情形之一者，公立就業服務機構應不予發給薪資補貼；已發給者，經撤銷或廢止原核定之補貼者，應追還之：

一、未依約定之內容實施。但其情節非屬重大，且有正當理由者，不在此限。

二、被保險人投保薪資金額以多報少或以少報多，經公立就業服務機構
　　通知限期改善，屆期未改善。

第 17 條

雇主有下列情形之一者，公立就業服務機構應不予發給當次薪資補貼，
並停止受理其後續之申請：

一、於報請核定後實施僱用安定計畫期間，雇主未維持僱用規模達百分
　　之九十以上。

二、於報請核定後實施僱用安定計畫期間，雇主於實施部門新增聘僱勞
　　工。

前項第一款所定僱用規模，以雇主依第十四條規定檢附資料所列之投保
人數為計算基準。但勞工為自行離職或因勞動基準法第十二條規定離職
者，得不扣除該人數。

第三章　僱用獎助措施

第 18 條

公立就業服務機構或第四條受託單位受理下列各款失業勞工之求職登
記，經就業諮詢無法推介就業者，得發給僱用獎助推介卡：

一、失業期間連續達三十日以上之特定對象。

二、失業期間連續達三個月以上。

前項失業期間之計算，以勞工未有參加就業保險、勞工保險或勞工職業
災害保險紀錄之日起算。

第一項第一款之特定對象如下：

一、年滿四十五歲至六十五歲失業者。

二、身心障礙者。

三、長期失業者。

四、獨力負擔家計者。

五、原住民。

六、低收入戶或中低收入戶中有工作能力者。

七、更生受保護人。

八、家庭暴力及性侵害被害人。

九、二度就業婦女。

十、其他中央主管機關認為有必要者。

第 19 條

雇主以不定期契約或一年以上之定期契約，僱用前條由公立就業服務機構或受託單位發給僱用獎助推介卡之失業勞工，連續滿三十日，由公立就業服務機構發給僱用獎助。

雇主有下列情形之一者，公立就業服務機構應不予發給僱用獎助；已發給者，經撤銷原核定之獎助後，應追還之：

一、申請僱用獎助前，未依身心障礙者權益保障法及原住民族工作權保障法比例進用規定，足額進用身心障礙者及原住民或繳納差額補助費、代金；或申請僱用獎助期間，所僱用之身心障礙者或原住民經列計為雇主應依法定比率進用之對象。

二、未為應參加就業保險、勞工職業災害保險之受僱勞工，申報參加就業保險或勞工職業災害保險。

三、僱用雇主或事業單位負責人之配偶、直系血親或三親等內之旁系血親。

四、同一雇主再僱用離職未滿一年之勞工。

五、僱用同一勞工，於同一時期已領取政府機關其他就業促進相關補助或津貼。

六、同一勞工之其他雇主於相同期間已領取政府機關其他就業促進相關補助或津貼。

七、第四條受委託之單位僱用自行推介之勞工。

八、庇護工場僱用庇護性就業之身心障礙者。

第 20 條

雇主於連續僱用同一受領僱用獎助推介卡之勞工滿三十日之日起九十日內，得向原推介轄區之公立就業服務機構申請僱用獎助，並應檢附下列

證明文件：

一、僱用獎助申請書。

二、僱用名冊、載明受僱者工作時數之薪資清冊、出勤紀錄。

三、受僱勞工之身分證影本或有效期間居留證明文件。

四、請領僱用獎助之勞工保險、就業保險、勞工職業災害保險投保資料表或其他足資證明投保之文件。

五、其他中央主管機關規定之必要文件。

前項僱主，得於每滿三個月之日起九十日內，向原推介轄區之公立就業服務機構提出僱用獎助之申請。

第一項僱用期間之認定，自勞工到職投保就業保險生效之日起算。但依法不得辦理參加就業保險者，自其勞工職業災害保險生效之日起算。

前項僱用期間，一個月以三十日計算，其末月僱用時間逾二十日而未滿三十日者，以一個月計算。

第 21 條

僱主依前二條規定申請僱用獎助，依下列規定核發：

一、勞僱雙方約定按月計酬方式給付工資者，依下列標準核發：

　　（一）僱用第十八條第三項第一款至第三款人員，依受僱人數每人每月發給新臺幣一萬三千元。

　　（二）僱用第十八條第三項第四款至第十款人員，依受僱人數每人每月發給新臺幣一萬一千元。

　　（三）僱用第十八條第一項第二款人員，依受僱人數每人每月發給新臺幣九千元。

二、勞僱雙方約定按前款以外方式給付工資者，依下列標準核發：

　　（一）僱用第十八條第三項第一款至第三款人員，依受僱人數每人每小時發給新臺幣七十元，每月最高發給新臺幣一萬三千元。

　　（二）僱用第十八條第三項第四款至第十款人員，依受僱人數每人每小時發給新臺幣六十元，每月最高發給新臺幣一萬一千

元。

（三）僱用第十八條第一項第二款人員，依受僱人數每人每小時發
　　　給新臺幣五十元，每月最高發給新臺幣九千元。

同一僱主僱用同一勞工，合併領取本僱用獎助及政府機關其他之就業促
進相關補助或津貼，最長以十二個月爲限。

同一勞工於同一時期受僱於二以上僱主，並符合第一項第二款規定者，
各僱主均得依規定申請獎助；公立就業服務機構應按僱主申請送達受理
之時間，依序核發。但獎助金額每月合計不得超過第一項第二款各目規
定之最高金額。

第四章　其他促進就業措施

第一節　補助交通與搬遷及租屋費用

第 22 條

失業被保險人親自向公立就業服務機構辦理求職登記，經公立就業服務
機構諮詢及開立介紹卡推介就業，有下列情形之一者，得發給求職交通
補助金：

一、其推介地點與日常居住處所距離三十公里以上。

二、爲低收入戶或中低收入戶。

第 23 條

前條之勞工申請求職交通補助金，應檢附下列文件：

一、補助金領取收據。

二、其他中央主管機關規定之文件。

以低收入戶或中低收入戶身分申請者，除檢附前項規定文件外，並應檢
附低收入戶或中低收入戶證明文件影本。

第 24 條

第二十二條補助金，每人每次得發給新臺幣五百元。但情形特殊者，得
於新臺幣一千二百五十元內核實發給。

每人每年度合併領取前項補助金及依就業促進津貼實施辦法領取之求職交通補助金，以四次為限。

第 25 條

領取第二十二條補助金者，應於推介就業之次日起七日內，填具推介就業情形回覆卡通知公立就業服務機構，逾期未通知者，當年度不再發給。

第 26 條

失業被保險人親自向公立就業服務機構辦理求職登記，經諮詢及開立介紹卡推介就業，並符合下列情形者，得向就業當地轄區之公立就業服務機構申請核發異地就業交通補助金：

一、失業期間連續達三個月以上或非自願性離職。

二、就業地點與原日常居住處所距離三十公里以上。

三、因就業有交通往返之事實。

四、連續三十日受僱於同一雇主。

第 27 條

前條之勞工於連續受僱滿三十日之日起九十日內，得向就業當地轄區公立就業服務機構申請異地就業交通補助金，並應檢附下列證明文件：

一、異地就業交通補助金申請書。

二、補助金領取收據。

三、本人名義之國內金融機構存摺封面影本。

四、本人之身分證影本或有效期間居留證明文件。

五、同意代為查詢勞工保險資料委託書。

六、居住處所查詢同意書。

七、其他中央主管機關規定之文件。

前項之勞工，得於每滿三個月之日起九十日內，向當地轄區之公立就業服務機構申請補助金。

第一項受僱期間之認定，自勞工到職投保就業保險生效之日起算。但依法不得辦理參加就業保險者，自其勞工職業災害保險生效之日起算。

第 28 條

異地就業交通補助金，依下列規定核發：

一、勞工就業地點與原日常居住處所距離三十公里以上未滿五十公里者，每月發給新臺幣一千元。

二、勞工就業地點與原日常居住處所距離五十公里以上未滿七十公里者，每月發給新臺幣二千元。

三、勞工就業地點與原日常居住處所距離七十公里以上者，每月發給新臺幣三千元。

前項補助金最長發給十二個月。

補助期間一個月以三十日計算，其末月期間逾二十日而未滿三十日者，以一個月計算。

第 29 條

失業被保險人親自向公立就業服務機構辦理求職登記，經諮詢及開立介紹卡推介就業，並符合下列情形者，得向就業當地轄區之公立就業服務機構申請核發搬遷補助金：

一、失業期間連續達三個月以上或非自願性離職。

二、就業地點與原日常居住處所距離三十公里以上。

三、因就業而需搬離原日常居住處所，搬遷後有居住事實。

四、就業地點與搬遷後居住處所距離三十公里以內。

五、連續三十日受僱於同一雇主。

第 30 條

前條之勞工向就業當地轄區公立就業服務機構申請搬遷補助金者，應檢附下列證明文件於搬遷之日起九十日內為之：

一、搬遷補助金申請書。

二、補助金領取收據。

三、本人名義之國內金融機構存摺封面影本。

四、搬遷費用收據。

五、搬遷後居住處所之居住證明文件。

六、本人之身分證影本或有效期間居留證明文件。

七、同意代為查詢勞工保險資料委託書。

八、居住處所查詢同意書。

九、其他中央主管機關規定之必要文件。

前項第四款所稱搬遷費用，指搬運、寄送傢俱或生活所需用品之合理必要費用。但不含包裝人工費及包裝材料費用。

第 31 條

搬遷補助金，以搬遷費用收據所列總額核實發給，最高發給新臺幣三萬元。

第 32 條

失業被保險人親自向公立就業服務機構辦理求職登記，經諮詢及開立介紹卡推介就業，並符合下列情形者，得向就業當地轄區之公立就業服務機構申請核發租屋補助金：

一、失業期間連續達三個月以上或非自願性離職。

二、就業地點與原日常居住處所距離三十公里以上。

三、因就業而需租屋，並有居住事實。

四、就業地點與租屋處所距離三十公里以內。

五、連續三十日受僱於同一雇主。

第 33 條

前條之勞工於受僱且租屋之日起九十日內，得向就業當地轄區公立就業服務機構申請租屋補助金，並應檢附下列證明文件：

一、租屋補助金申請書。

二、補助金領取收據。

三、本人名義之國內金融機構存摺封面影本。

四、房租繳納證明文件。

五、房屋租賃契約影本。

六、租賃房屋之建物登記第二類謄本。

七、本人之身分證影本或有效期間居留證明文件。

八、同意代爲查詢勞工保險資料委託書。

九、居住處所及租賃事實查詢同意書。

十、其他中央主管機關規定之必要文件。

前項之勞工，得於受僱且租屋每滿三個月之日起九十日內，向當地轄區之公立就業服務機構申請補助金。

第一項受僱之認定，自勞工到職投保就業保險生效之日起算。但依法不得辦理參加就業保險者，自其勞工職業災害保險生效之日起算。

第 34 條

租屋補助金，自就業且租賃契約所記載之租賃日起，以房屋租賃契約所列租金總額之百分之六十核實發給，每月最高發給新臺幣五千元，最長十二個月。

前項補助期間一個月以三十日計算，其末月期間逾二十日而未滿三十日者，以一個月計算。

第 35 條

勞工申領租屋補助金或異地就業交通補助金，於補助期間得互相變更申領，其合併領取期間以十二個月爲限。

第 36 條

申領搬遷補助金、租屋補助金或異地就業交通補助金者，有下列情形之一，公立就業服務機構應不予發給；已發給者，經撤銷後，應追還之：

一、未於公立就業服務機構推介就業之次日起七日內，填具推介就業情形回覆卡通知公立就業服務機構。

二、爲僱主、事業單位負責人或房屋出租人之配偶、直系血親或三親等內之旁系血親。

三、於同一事業單位或同一負責人之事業單位離職未滿一年再受僱者。

四、不符申請規定，經勞工就業當地轄區公立就業服務機構撤銷資格認定。

第二節　推介從事臨時工作

第 37 條

公立就業服務機構受理失業被保險人之求職登記，經就業諮詢及推介就
業，有下列情形之一，公立就業服務機構得指派其至政府機關（構）或
合法立案之非營利團體（以下合稱用人單位）從事臨時工作：

一、於求職登記日起十四日內未能推介就業。

二、有正當理由無法接受推介工作。

前項所稱正當理由，指工作報酬未達原投保薪資百分之六十，或工作地
點距離日常居住處所三十公里以上者。

第 38 條

公立就業服務機構受理用人單位所提之臨時工作計畫申請，經審查核定
後，用人單位始得接受推介執行計畫。

第 39 條

失業被保險人依第三十七條規定從事臨時工作期間，用人單位應為失業
被保險人向公立就業服務機構申請臨時工作津貼。

用人單位申請前項津貼，應備下列文件：

一、執行臨時工作計畫之派工紀錄及領取津貼者之出勤紀錄表。

二、經費印領清冊。

三、臨時工作計畫執行報告。

四、領據。

五、其他中央主管機關規定之文件。

用人單位應代公立就業服務機構轉發臨時工作津貼，並為扣繳義務人，
於發給失業被保險人津貼時扣繳稅款。

第 40 條

前條津貼發給標準，按中央主管機關公告之每小時基本工資核給，且一
個月合計不超過月基本工資，最長六個月。

失業被保險人二年內合併領取前項津貼、依就業促進津貼實施辦法領取

之臨時工作津貼或政府機關其他同性質津貼，最長六個月。

第 41 條

領取臨時工作津貼者，經公立就業服務機構推介就業時，應於推介就業之次日起七日內，填具推介就業情形回覆卡通知公立就業服務機構。期限內通知者，應徵當日給予四小時或八小時之求職假。

前項求職假，每星期以八小時為限，請假期間，津貼照給。

第一項人員之請假事宜，依用人單位規定辦理；用人單位未規定者，參照勞動基準法及勞工請假規則辦理。請假日數及第一項求職假，應計入臨時工作期間。

第 42 條

公立就業服務機構應定期或不定期派員，實地查核臨時工作計畫執行情形。

用人單位有下列情形之一，公立就業服務機構得終止其計畫：

一、規避、妨礙或拒絕查核者。

二、未依第三十八條臨時工作計畫書及相關規定執行，經書面限期改善，屆期未改善者。

第 43 條

臨時工作計畫終止後，公立就業服務機構得指派該人員至其他用人單位從事臨時工作，並發給臨時工作津貼。

前項工作期間，應與原從事之臨時工作期間合併計算。

第 44 條

領取臨時工作津貼者，有下列情形之一，公立就業服務機構應不予發給臨時工作津貼；已發給者，經撤銷或廢止後，應追還之：

一、同時領取本法之失業給付。

二、於領取津貼期間已就業。

三、違反用人單位之指揮及規定，經用人單位通知公立就業服務機構停止其臨時工作。

四、原從事之臨時工作終止後，拒絕公立就業服務機構指派之其他臨時
　　工作。
五、拒絕公立就業服務機構推介就業。

第 45 條
用人單位應為從事臨時工作之人員辦理參加勞工保險、勞工職業災害保
險及全民健康保險。但臨時工作之人員依法不能參加勞工保險者，應為
其辦理參加勞工職業災害保險。

第三節　辦理適性就業輔導

第 46 條
公立就業服務機構受理失業被保險人之求職登記，辦理下列適性就業輔
導事項：
一、職涯規劃。
二、職業心理測驗。
三、團體諮商。
四、就業觀摩。

第四節　協助雇主改善工作環境及勞動條件

第 47 條
中央主管機關為協助雇主改善工作環境，促進勞工就業，得辦理下列事
項：
一、工作環境、製程及設施之改善。
二、人因工程之改善及工作適性安排。
三、工作環境改善之專業人才培訓。
四、強化勞動關係與提升勞動品質之研究及發展。
五、其他工作環境改善事項。

第 48 條
中央主管機關為協助雇主改善工作環境及勞動條件，促進勞工就業，得
訂定計畫，補助直轄市、縣（市）主管機關或有關機關辦理之。

第 49 條

中央主管機關爲協助雇主辦理工作環境改善，得訂定補助計畫。

前項補助之申請，雇主得擬定工作環境改善計畫書，於公告受理申請期間內，送中央主管機關審核。

第五節　職場勞工身心健康及生活平衡

第 50 條

中央主管機關爲促進職場勞工身心健康，得協助並促進雇主辦理下列事項：

一、工作相關疾病預防。

二、健康管理及促進。

三、勞工健康服務專業人才培訓。

四、其他促進職場勞工身心健康事項。

第 51 條

中央主管機關爲協助雇主促進職場勞工身心健康，得訂定補助計畫。

前項補助之申請，雇主得擬定促進職場勞工身心健康計畫書，於公告受理申請期間內，送中央主管機關審核。

第 52 條

中央主管機關爲推動勞工之工作與生活平衡，得辦理下列事項：

一、推動合理工作時間規範及促進縮減工作時間。

二、促進職場工作平等及育嬰留職停薪權益之保護。

三、補助與辦理教育訓練、活動、措施、設施及宣導。

中央主管機關爲辦理前項事項，得訂定實施或補助計畫。

前項補助之申請，直轄市、縣（市）主管機關、有關機關或雇主得擬定計畫書，於公告受理申請期間內，送中央主管機關審核。

第六節　促進職業災害勞工穩定就業

第 52-1 條
中央主管機關為促進職業災害勞工穩定就業，得辦理下列事項：
一、職業災害勞工重返職場之補助。
二、雇主僱用或協助職業災害勞工復工之獎助。
三、其他促進職業災害勞工穩定就業措施。
中央主管機關為辦理前項事項，得訂定實施或補助計畫。

第七節　提升工會保障勞工就業權益能力

第 52-2 條
中央主管機關為提升工會保障勞工就業權益之能力，得辦理下列事項：
一、工會簽訂團體協約及進行勞雇對話之獎補助。
二、工會參與事業單位經營管理之補助。
三、工會協助勞工組織結社之補助。
四、其他提升工會保障勞工就業權益能力之措施。
中央主管機關為辦理前項事項，得訂定實施或補助計畫。

第五章　附　則

第 53 條
雇主或勞工申請本辦法之津貼或補助不符申請規定之文件，經中央主管機關或公立就業服務機構通知限期補正，屆期未補正者，不予受理。

第 54 條
中央主管機關及公立就業服務機構為查核本辦法執行情形，得查對相關資料，雇主、用人單位、領取津貼或接受補助者，不得規避、妨礙或拒絕。

第 55 條
中央主管機關或公立就業服務機構發現雇主、用人單位、領取津貼或接

受補助者，有下列情形之一，應不予核發津貼或補助；已發給者，經撤
銷或廢止後，應追還之：

一、不實申領。

二、規避、妨礙或拒絕中央主管機關或公立就業服務機構查核。

三、其他違反本辦法之規定。

四、違反保護勞工法令，情節重大。

前項領取津貼或接受補助者，經中央主管機關或公立就業服務機構書面
通知限期繳回，屆期未繳回者，依法移送強制執行。

第 56 條

本辦法所規定之書表及文件，由中央主管機關定之。

第 57 條

本辦法所需經費，依本法第十二條第三項提撥之經費額度中支應。

中央主管機關得視預算額度之調整，發給或停止本辦法之津貼或補助，
並公告之。

第 58 條

本辦法自發布日施行。

就業保險延長失業給付實施辦法

民國 99 年 9 月 10 日行政院勞工委員會令訂定發布。

第 1 條

本辦法依就業保險法（以下簡稱本法）第十六條第三項規定訂定之。

第 2 條

中央主管機關於失業狀況符合下列情形時，得公告延長失業給付，最長發給九個月：

一、每月領取失業給付人數占每月領取失業給付人數加計每月底被保險人人數之比率，連續四個月達百分之三點三以上。

二、中央主計機關發布之失業率連續四個月未降低。

前項所定失業狀況加重達下列情形時，得再公告延長失業給付，合計最長發給十二個月：

一、每月領取失業給付人數占每月領取失業給付人數加計每月底被保險人人數之比率，連續八個月達百分之三點三以上。

二、中央主計機關發布之失業率連續八個月未降低。

第 3 條

中央主管機關依前條規定公告延長失業給付時，其實施期間為六個月。

前項實施期間屆滿當月，失業狀況仍達前條各該項規定情形時，中央主管機關得再公告延長實施期間，合計最長不得超過十二個月。

中央主管機關於符合下列情形時，得於前二項實施期間屆滿前，公告終止延長失業給付：

一、每月領取失業給付人數占每月領取失業給付人數加計每月底被保險人人數之比率，連續四個月未達百分之三點三。

二、中央主計機關發布之失業率連續四個月未提高。

第 4 條

延長失業給付實施期間屆滿後，申請人不得繼續請領延長失業給付。

符合請領延長失業給付者，於延長失業給付實施期間屆滿前，經公立就業服務機構完成失業再認定，保險人應發給當月之失業給付。

第 5 條

申請人有下列情形之一者，不得申領延長失業給付：

一、於第二條第一項之公告實施前，已依本法第十六條第一項規定領滿失業給付。

二、於第二條第二項之公告實施前，已依第二條第一項規定領滿失業給付。

申請人離職辦理就業保險退保時，已年滿四十五歲或領有社政主管機關核發之身心障礙證明者，保險人應先依本法第十六條第一項規定發給失業給付最長九個月，不適用第二條第一項及第三條規定。但於公告實施第二條第二項延長失業給付時，合計最長發給十二個月。

第 6 條

申請人請領延長失業給付期間，不適用本法第十三條及第十八條之規定。

第 7 條

本辦法自發布日施行。

育嬰留職停薪薪資補助要點

民國 110 年 6 月 4 日勞動部令訂定發布。

一、勞動部（以下簡稱本部）為落實「國家跟你一起養」政策，提升就業保險法之被保險人於育嬰留職停薪期間之生活，加強經濟安全，以發給育嬰留職停薪薪資補助（以下簡稱本補助）予以協助，特訂定本要點。

二、本要點主辦機關為本部，其任務如下：

（一）本要點之訂定、修正及解釋。

（二）本要點之協調、督導及經費預算調控。

（三）其他依本要點應辦理事項。

三、本要點執行機關為本部勞工保險局（以下簡稱勞保局），其任務如下：

（一）本補助之宣導、審查、核發及申訴處理等事項。

（二）資訊作業系統之規劃、建置。

（三）本補助相關統計及分析。

（四）其他依本要點應辦理事項。

四、本要點之補助對象，為依就業保險法第十一條第一項第四款及第十九條之二等規定請領育嬰留職停薪津貼（以下簡稱育嬰津貼）之被保險人。

五、本補助由勞保局按育嬰津貼所依據之平均月投保薪資百分之二十計算後，與育嬰津貼合併發給。

六、被保險人請領育嬰津貼期間跨越本要點生效日者，其生效日以後之日數依前點規定，按比例計給。

七、勞保局為辦理本補助需要，得派員查對相關資料，被保險人、投保單位及其他有關人員不得規避、妨礙或拒絕。

八、被保險人有下列情形之一者，勞保局不予發給本補助；已發給者，經撤銷或廢止後，應以書面行政處分令其限期返還：

（一）依就業保險法請領之育嬰津貼被撤銷或廢止。

（二）規避、妨礙或拒絕查對。

（三）其他違反本要點之規定。

九、本要點所需經費由公務預算支應。

安心就業計畫

民國 110 年 7 月 2 日勞動部令修正發布。

一、勞動部（以下簡稱本部）於嚴重特殊傳染性肺炎防治及紓困振興特別條例施行期間，為因應國內就業市場之影響，於勞雇雙方協商同意暫時縮減工作時間及減少工資時（以下簡稱減班休息），運用薪資差額補貼措施，以穩定就業，特訂定本計畫。

二、本計畫主辦機關為本部勞動力發展署（以下簡稱本署），其任務如下：
  （一）計畫之擬訂、修正及解釋。
  （二）計畫之協調、督導及經費預算調控。
  （三）資訊管理系統規劃、建置及管理。
  （四）執行績效之統計分析及成效檢討。
  （五）其他依本計畫應辦理事項。

三、本計畫執行機關為本署所屬各分署（以下簡稱分署），其任務如下：
  （一）計畫之宣導、執行、管控、查核及申訴處理。
  （二）薪資差額補貼之受理申請、審查及核發等事項。
  （三）函請勞雇雙方所在地之地方勞工行政主管機關提供列冊通報減班休息之協議資料。
  （四）資訊系統之資料登錄。
  （五）轄區內執行績效統計及分析。
  （六）其他依本計畫應辦理事項。
  分署得協調公立就業服務機構協助辦理本計畫收件及彙轉。

四、本計畫之適用對象為參加就業保險之勞工，並符合下列各款情形者（以下簡稱減班休息勞工）：
  （一）本計畫實施期間，始經勞雇雙方協商同意減班休息。
  （二）勞雇雙方協商減班休息實施期間為三十日以上，並經地方勞

工行政主管機關列冊通報。
（三）屬按月計酬全時勞工或與雇主約定正常工作日數及時間之部分工時勞工。

逾六十五歲或屬就業保險法第五條第二項第二款不得參加就業保險人員，經其雇主投保職業災害保險，並符合前項各款規定者，亦適用之。

五、分署核發減班休息勞工薪資差額補貼，應按其平均月投保薪資，與勞雇雙方協商同意減少工時之協議資料所載減班休息期間之每月薪資（以下簡稱協議薪資）之差額（以下簡稱薪資差額），依下列基準按月發給：

（一）薪資差額為新臺幣（以下同）七千元以下者，補貼三千五百元。

（二）薪資差額為七千零一元以上至一萬四千元以下者，補貼七千元。

（三）薪資差額為一萬四千零一元以上者，補貼一萬一千元。

前項平均月投保薪資，以現職雇主實施減班休息前六個月之投保就業保險或職業災害保險之月投保薪資予以平均計算。但投保期間未達六個月者，以現職雇主實際投保期間之月投保薪資平均計算。

第一項協議薪資，最低以本部公告之每月基本工資數額核算。但庇護性就業之身心障礙者及與雇主約定正常工作日數及時間之部分工時勞工，不在此限。

六、薪資差額補貼於減班休息實施日起算，分署依下列規定計算發給：

（一）一個月以三十日計算，發給一個月。

（二）最末次申請之日數為二十日以上，未滿三十日者，發給一個月；十日以上，未滿二十日者，發給半個月。

勞工依本計畫領取薪資差額補貼，每月最高一萬一千元，最長以二十四個月為限。

同一勞工於同一時期受僱於二個以上現職雇主者，得依規定分別申請薪資差額補貼。但每月合計不得超過前項數額。

七、減班休息勞工申請薪資差額補貼，應檢附下列文件，於實施減班休息每滿三十日之次日起九十日內，向工作所在地轄區分署或第三點第二項之公立就業服務機構提出申請。但本計畫訂定發布前，勞雇雙方協商減班休息實施期間已達三十日者，應於一百零九年六月三十日前提出：
　（一）申請書（如附件）。
　（二）身分證明或居留證明文件之影本。
　（三）同意代為查詢就業保險、勞工保險或職業災害保險資料委託書。
　（四）勞工本人名義之國內金融機構存摺封面影本。
　（五）其他經本署規定之文件。
　雇主得於前項所定申請期間內，檢附前項文件，代減班休息勞工提出申請。
　勞工於第二次起之申請案，得免附第一項第二款及第三款規定文件；其匯款帳戶未有變更者，亦得免附第一項第四款規定文件。
　勞工應檢附之文件不齊，經分署通知限期補正，屆期未補正者，不予受理。
八、領取失業給付期間另有工作之勞工，不得同時申請薪資差額補貼。減班休息勞工依本計畫領取薪資差額補貼期間，不得同時領取充電再出發訓練計畫之訓練津貼或其他政府機關相同性質之補助或津貼。
九、勞工申請薪資差額補貼期間，不得逾經地方勞工行政主管機關列冊通報之勞雇雙方協商同意減少工時之協議資料所載減班休息期間。減班休息期間如有變更，勞工應於變更之次日起七日內，以書面通知工作所在地轄區分署。
　勞工與雇主協議縮短減班休息期間，未依前項規定通知，變更當月之薪資差額補貼應不予核發；已核發者，撤銷或廢止原核定之補貼者，應追還之。
十、分署為查核本計畫實際執行情形，得會同相關單位派員實地查核

或電話抽查，必要時得查對相關資料，雇主或減班休息勞工不得規避、妨礙或拒絕。

十一、減班休息勞工有下列情形之一者，分署應不予核發薪資差額補貼；已核發者，經撤銷或廢止後，應追還之：

（一）不實申領。

（二）規避、妨礙或拒絕分署查核。

（三）於本計畫實施期間已領取本署、分署或其他政府機關相同性質之補助或津貼。

（四）其他違反本計畫之規定。

勞工領取薪資差額補貼，經分署書面通知限期繳回，屆期未繳回者，依法移送行政執行。

十二、減班休息勞工與雇主對勞動條件或投保薪資發生爭議時，依勞動基準法或勞工保險條例等相關法規辦理。

十三、本計畫所需經費由就業安定基金支應，薪資差額補貼之發給或停止，得視預算額度進行調整，並公告之。

十四、本計畫實施期間至嚴重特殊傳染性肺炎防治及紓困振興特別條例施行期間屆滿時止。

PART 4
勞動基準

勞動基準法

民國 109 年 6 月 10 日總統令修正公布。

第一章　總　則

第 1 條

為規定勞動條件最低標準，保障勞工權益，加強勞雇關係，促進社會與經濟發展，特制定本法；本法未規定者，適用其他法律之規定。

雇主與勞工所訂勞動條件，不得低於本法所定之最低標準。

第 2 條

本法用詞，定義如下：

一、勞工：指受雇主僱用從事工作獲致工資者。

二、雇主：指僱用勞工之事業主、事業經營之負責人或代表事業主處理有關勞工事務之人。

三、工資：指勞工因工作而獲得之報酬；包括工資、薪金及按計時、計日、計月、計件以現金或實物等方式給付之獎金、津貼及其他任何名義之經常性給與均屬之。

四、平均工資：指計算事由發生之當日前六個月內所得工資總額除以該期間之總日數所得之金額。工作未滿六個月者，指工作期間所得工資總額除以工作期間之總日數所得之金額。工資按工作日數、時數或論件計算者，其依上述方式計算之平均工資，如少於該期內工資總額除以實際工作日數所得金額百分之六十者，以百分之六十計。

五、事業單位：指適用本法各業僱用勞工從事工作之機構。

六、勞動契約：指約定勞雇關係而具有從屬性之契約。

七、派遣事業單位：指從事勞動派遣業務之事業單位。

八、要派單位：指依據要派契約，實際指揮監督管理派遣勞工從事工作者。

九、派遣勞工：指受派遣事業單位僱用，並向要派單位提供勞務者。

十、要派契約：指要派單位與派遣事業單位就勞動派遣事項所訂立之契約。

第 3 條

本法於左列各業適用之：

一、農、林、漁、牧業。

二、礦業及土石採取業。

三、製造業。

四、營造業。

五、水電、煤氣業。

六、運輸、倉儲及通信業。

七、大眾傳播業。

八、其他經中央主管機關指定之事業。

依前項第八款指定時，得就事業之部分工作場所或工作者指定適用。

本法適用於一切勞雇關係。但因經營型態、管理制度及工作特性等因素適用本法確有窒礙難行者，並經中央主管機關指定公告之行業或工作者，不適用之。

前項因窒礙難行而不適用本法者，不得逾第一項第一款至第七款以外勞工總數五分之一。

第 4 條

本法所稱主管機關：在中央為勞動部；在直轄市為直轄市政府；在縣（市）為縣（市）政府。

第 5 條

雇主不得以強暴、脅迫、拘禁或其他非法之方法，強制勞工從事勞動。

第 6 條

任何人不得介入他人之勞動契約，抽取不法利益。

第 7 條

雇主應置備勞工名卡，登記勞工之姓名、性別、出生年月日、本籍、教

育程度、住址、身分證統一號碼、到職年月日、工資、勞工保險投保日期、獎懲、傷病及其他必要事項。

前項勞工名卡,應保管至勞工離職後五年。

第 8 條

雇主對於僱用之勞工,應預防職業上災害,建立適當之工作環境及福利設施。其有關安全衛生及福利事項,依有關法律之規定。

第二章　勞動契約

第 9 條

勞動契約,分為定期契約及不定期契約。臨時性、短期性、季節性及特定性工作得為定期契約;有繼續性工作應為不定期契約。派遣事業單位與派遣勞工訂之勞動契約,應為不定期契約。

定期契約屆滿後,有下列情形之一,視為不定期契約:

一、勞工繼續工作而雇主不即表示反對意思者。

二、雖經另訂新約,惟其前後勞動契約之工作期間超過九十日,前後契約間斷期間未超過三十日者。

前項規定於特定性或季節性之定期工作不適用之。

第 9-1 條

未符合下列規定者,雇主不得與勞工為離職後競業禁止之約定:

一、雇主有應受保護之正當營業利益。

二、勞工擔任之職位或職務,能接觸或使用雇主之營業秘密。

三、競業禁止之期間、區域、職業活動之範圍及就業對象,未逾合理範疇。

四、雇主對勞工因不從事競業行為所受損失有合理補償。

前項第四款所定合理補償,不包括勞工於工作期間所受領之給付。

違反第一項各款規定之一者,其約定無效。

離職後競業禁止之期間,最長不得逾二年。逾二年者,縮短為二年。

第 10 條
定期契約屆滿後或不定期契約因故停止履行後，未滿三個月而訂定新約或繼續履行原約時，勞工前後工作年資，應合併計算。

第 10-1 條
雇主調動勞工工作，不得違反勞動契約之約定，並應符合下列原則：
一、基於企業經營上所必須，且不得有不當動機及目的。但法律另有規定者，從其規定。
二、對勞工之工資及其他勞動條件，未作不利之變更。
三、調動後工作為勞工體能及技術可勝任。
四、調動工作地點過遠，雇主應予以必要之協助。
五、考量勞工及其家庭之生活利益。

第 11 條
非有左列情事之一者，雇主不得預告勞工終止勞動契約：
一、歇業或轉讓時。
二、虧損或業務緊縮時。
三、不可抗力暫停工作在一個月以上時。
四、業務性質變更，有減少勞工之必要，又無適當工作可供安置時。
五、勞工對於所擔任之工作確不能勝任時。

第 12 條
勞工有左列情形之一者，雇主得不經預告終止契約：
一、於訂立勞動契約時為虛偽意思表示，使雇主誤信而有受損害之虞者。
二、對於雇主、雇主家屬、雇主代理人或其他共同工作之勞工，實施暴行或有重大侮辱之行為者。
三、受有期徒刑以上刑之宣告確定，而未諭知緩刑或未准易科罰金者。
四、違反勞動契約或工作規則，情節重大者。
五、故意損耗機器、工具、原料、產品，或其他雇主所有物品，或故意

　　洩漏雇主技術上、營業上之秘密，致雇主受有損害者。

六、無正當理由繼續曠工三日，或一個月內曠工達六日者。

雇主依前項第一款、第二款及第四款至第六款規定終止契約者，應自知悉其情形之日起，三十日內為之。

第 13 條

勞工在第五十條規定之停止工作期間或第五十九條規定之醫療期間，雇主不得終止契約。但雇主因天災、事變或其他不可抗力致事業不能繼續，經報主管機關核定者，不在此限。

第 14 條

有下列情形之一者，勞工得不經預告終止契約：

一、雇主於訂立勞動契約時為虛偽之意思表示，使勞工誤信而有受損害之虞者。

二、雇主、雇主家屬、雇主代理人對於勞工，實施暴行或有重大侮辱之行為者。

三、契約所訂之工作，對於勞工健康有危害之虞，經通知雇主改善而無效果者。

四、雇主、雇主代理人或其他勞工患有法定傳染病，對共同工作之勞工有傳染之虞，且重大危害其健康者。

五、雇主不依勞動契約給付工作報酬，或對於按件計酬之勞工不供給充分之工作者。

六、雇主違反勞動契約或勞工法令，致有損害勞工權益之虞者。

勞工依前項第一款、第六款規定終止契約者，應自知悉其情形之日起，三十日內為之。但雇主有前項第六款所定情形者，勞工得於知悉損害結果之日起，三十日內為之。

有第一項第二款或第四款情形，雇主已將該代理人間之契約終止，或患有法定傳染病者依衛生法規已接受治療時，勞工不得終止契約。

第十七條規定於本條終止契約準用之。

第 15 條

特定性定期契約期限逾三年者，於屆滿三年後，勞工得終止契約。但應於三十日前預告雇主。

不定期契約，勞工終止契約時，應準用第十六條第一項規定期間預告雇主。

第 15-1 條

未符合下列規定之一，雇主不得與勞工爲最低服務年限之約定：

一、雇主爲勞工進行專業技術培訓，並提供該項培訓費用者。

二、雇主爲使勞工遵守最低服務年限之約定，提供其合理補償者。

前項最低服務年限之約定，應就下列事項綜合考量，不得逾合理範圍：

一、雇主爲勞工進行專業技術培訓之期間及成本。

二、從事相同或類似職務之勞工，其人力替補可能性。

三、雇主提供勞工補償之額度及範圍。

四、其他影響最低服務年限合理性之事項。

違反前二項規定者，其約定無效。

勞動契約因不可歸責於勞工之事由而於最低服務年限屆滿前終止者，勞工不負違反最低服務年限約定或返還訓練費用之責任。

第 16 條

雇主依第十一條或第十三條但書規定終止勞動契約者，其預告期間依左列各款之規定：

一、繼續工作三個月以上一年未滿者，於十日前預告之。

二、繼續工作一年以上三年未滿者，於二十日前預告之。

三、繼續工作三年以上者，於三十日前預告之。

勞工於接到前項預告後，爲另謀工作得於工作時間請假外出。其請假時數，每星期不得超過二日之工作時間，請假期間之工資照給。

雇主未依第一項規定期間預告而終止契約者，應給付預告期間之工資。

第 17 條

雇主依前條終止勞動契約者，應依下列規定發給勞工資遣費：

一、在同一雇主之事業單位繼續工作，每滿一年發給相當於一個月平均
　　工資之資遣費。

二、依前款計算之剩餘月數，或工作未滿一年者，以比例計給之。未滿
　　一個月者以一個月計。

前項所定資遣費，雇主應於終止勞動契約三十日內發給。

第 17-1 條

要派單位不得於派遣事業單位與派遣勞工簽訂勞動契約前，有面試該派
遣勞工或其他指定特定派遣勞工之行為。

要派單位違反前項規定，且已受領派遣勞工勞務者，派遣勞工得於要派
單位提供勞務之日起九十日內，以書面向要派單位提出訂定勞動契約之
意思表示。

要派單位應自前項派遣勞工意思表示到達之日起十日內，與其協商訂定
勞動契約。逾期未協商或協商不成立者，視為雙方自期滿翌日成立勞動
契約，並以派遣勞工於要派單位工作期間之勞動條件為勞動契約內容。

派遣事業單位及要派單位不得因派遣勞工提出第二項意思表示，而予以
解僱、降調、減薪、損害其依法令、契約或習慣上所應享有之權益，或
其他不利之處分。

派遣事業單位及要派單位為前項行為之一者，無效。

派遣勞工因第二項及第三項規定與要派單位成立勞動契約者，其與派遣
事業單位之勞動契約視為終止，且不負違反最低服務年限約定或返還訓
練費用之責任。

前項派遣事業單位應依本法或勞工退休金條例規定之給付標準及期限，
發給派遣勞工退休金或資遣費。

第 18 條

有左列情形之一者，勞工不得向雇主請求加發預告期間工資及資遣費：

一、依第十二條或第十五條規定終止勞動契約者。

二、定期勞動契約期滿離職者。

第 19 條

勞動契約終止時，勞工如請求發給服務證明書，雇主或其代理人不得拒絕。

第 20 條

事業單位改組或轉讓時，除新舊雇主商定留用之勞工外，其餘勞工應依第十六條規定期間預告終止契約，並應依第十七條規定發給勞工資遣費。其留用勞工之工作年資，應由新雇主繼續予以承認。

第三章　工　資

第 21 條

工資由勞雇雙方議定之。但不得低於基本工資。

前項基本工資，由中央主管機關設基本工資審議委員會擬訂後，報請行政院核定之。

前項基本工資審議委員會之組織及其審議程序等事項，由中央主管機關另以辦法定之。

第 22 條

工資之給付，應以法定通用貨幣為之。但基於習慣或業務性質，得於勞動契約內訂明一部以實物給付之。工資之一部以實物給付時，其實物之作價應公平合理，並適合勞工及其家屬之需要。

工資應全額直接給付勞工。但法令另有規定或勞雇雙方另有約定者，不在此限。

第 22-1 條

派遣事業單位積欠派遣勞工工資，經主管機關處罰或依第二十七條規定限期令其給付而屆期未給付者，派遣勞工得請求要派單位給付。要派單位應自派遣勞工請求之日起三十日內給付之。

要派單位依前項規定給付者，得向派遣事業單位求償或扣抵要派契約之應付費用。

第 23 條

工資之給付，除當事人有特別約定或按月預付者外，每月至少定期發給二次，並應提供工資各項目計算方式明細；按件計酬者亦同。

雇主應置備勞工工資清冊，將發放工資、工資各項目計算方式明細、工資總額等事項記入。工資清冊應保存五年。

第 24 條

雇主延長勞工工作時間者，其延長工作時間之工資，依下列標準加給：

一、延長工作時間在二小時以內者，按平日每小時工資額加給三分之一以上。

二、再延長工作時間在二小時以內者，按平日每小時工資額加給三分之二以上。

三、依第三十二條第四項規定，延長工作時間者，按平日每小時工資額加倍發給。

雇主使勞工於第三十六條所定休息日工作，工作時間在二小時以內者，其工資按平日每小時工資額另再加給一又三分之一以上；工作二小時後再繼續工作者，按平日每小時工資額另再加給一又三分之二以上。

第 25 條

雇主對勞工不得因性別而有差別之待遇。工作相同、效率相同者，給付同等之工資。

第 26 條

雇主不得預扣勞工工資作為違約金或賠償費用。

第 27 條

雇主不按期給付工資者，主管機關得限期令其給付。

第 28 條

雇主有歇業、清算或宣告破產之情事時，勞工之下列債權受償順序與第一順位抵押權、質權或留置權所擔保之債權相同，按其債權比例受清償；未獲清償部分，有最優先受清償之權：

一、本於勞動契約所積欠之工資未滿六個月部分。

二、雇主未依本法給付之退休金。

三、雇主未依本法或勞工退休金條例給付之資遣費。

雇主應按其當月僱用勞工投保薪資總額及規定之費率，繳納一定數額之積欠工資墊償基金，作為墊償下列各款之用：

一、前項第一款積欠之工資數額。

二、前項第二款與第三款積欠之退休金及資遣費，其合計數額以六個月平均工資為限。

積欠工資墊償基金，累積至一定金額後，應降低費率或暫停收繳。

第二項費率，由中央主管機關於萬分之十五範圍內擬訂，報請行政院核定之。

雇主積欠之工資、退休金及資遣費，經勞工請求未獲清償者，由積欠工資墊償基金依第二項規定墊償之；雇主應於規定期限內，將墊款償還積欠工資墊償基金。

積欠工資墊償基金，由中央主管機關設管理委員會管理之。基金之收繳有關業務，得由中央主管機關，委託勞工保險機構辦理之。基金墊償程序、收繳與管理辦法、第三項之一定金額及管理委員會組織規程，由中央主管機關定之。

第 29 條

事業單位於營業年度終了結算，如有盈餘，除繳納稅捐、彌補虧損及提列股息、公積金外，對於全年工作並無過失之勞工，應給與獎金或分配紅利。

第四章　工作時間、休息、休假

第 30 條

勞工正常工作時間，每日不得超過八小時，每週不得超過四十小時。

前項正常工作時間，雇主經工會同意，如事業單位無工會者，經勞資會議同意後，得將其二週內二日之正常工作時數，分配於其他工作日。其分配於其他工作日之時數，每日不得超過二小時。但每週工作總時數不得超過四十八小時。

第一項正常工作時間，雇主經工會同意，如事業單位無工會者，經勞資會議同意後，得將八週內之正常工作時數加以分配。但每日正常工作時間不得超過八小時，每週工作總時數不得超過四十八小時。

前二項規定，僅適用於經中央主管機關指定之行業。

雇主應置備勞工出勤紀錄，並保存五年。

前項出勤紀錄，應逐日記載勞工出勤情形至分鐘為止。勞工向雇主申請其出勤紀錄副本或影本時，雇主不得拒絕。

雇主不得以第一項正常工作時間之修正，作為減少勞工工資之事由。

第一項至第三項及第三十條之一之正常工作時間，雇主得視勞工照顧家庭成員需要，允許勞工於不變更每日正常工作時數下，在一小時範圍內，彈性調整工作開始及終止之時間。

第 30-1 條

中央主管機關指定之行業，雇主經工會同意，如事業單位無工會者，經勞資會議同意後，其工作時間得依下列原則變更：

一、四週內正常工作時數分配於其他工作日之時數，每日不得超過二小時，不受前條第二項至第四項規定之限制。

二、當日正常工作時間達十小時者，其延長之工作時間不得超過二小時。

三、女性勞工，除妊娠或哺乳期間者外，於夜間工作，不受第四十九條第一項之限制。但雇主應提供必要之安全衛生設施。

依中華民國八十五年十二月二十七日修正施行前第三條規定適用本法之行業，除第一項第一款之農、林、漁、牧業外，均不適用前項規定。

第 31 條

在坑道或隧道內工作之勞工，以入坑口時起至出坑口時止爲工作時間。

第 32 條

雇主有使勞工在正常工作時間以外工作之必要者，雇主經工會同意，如事業單位無工會者，經勞資會議同意後，得將工作時間延長之。

前項雇主延長勞工之工作時間連同正常工作時間，一日不得超過十二小時；延長之工作時間，一個月不得超過四十六小時，但雇主經工會同意，如事業單位無工會者，經勞資會議同意後，延長之工作時間，一個月不得超過五十四小時，每三個月不得超過一百三十八小時。

雇主僱用勞工人數在三十人以上，依前項但書規定延長勞工工作時間者，應報當地主管機關備查。

因天災、事變或突發事件，雇主有使勞工在正常工作時間以外工作之必要者，得將工作時間延長之。但應於延長開始後二十四小時內通知工會；無工會組織者，應報當地主管機關備查。延長之工作時間，雇主應於事後補給勞工以適當之休息。

在坑內工作之勞工，其工作時間不得延長。但以監視爲主之工作，或有前項所定之情形者，不在此限。

第 32-1 條

雇主依第三十二條第一項及第二項規定使勞工延長工作時間，或使勞工於第三十六條所定休息日工作後，依勞工意願選擇補休並經雇主同意者，應依勞工工作之時數計算補休時數。

前項之補休，其補休期限由勞雇雙方協商；補休期限屆期或契約終止未補休之時數，應依延長工作時間或休息日工作當日之工資計算標準發給工資；未發給工資者，依違反第二十四條規定論處。

第 33 條

第三條所列事業，除製造業及礦業外，因公眾之生活便利或其他特殊原因，有調整第三十條、第三十二條所定之正常工作時間及延長工作時間之必要者，得由當地主管機關會商目的事業主管機關及工會，就必要之限度內以命令調整之。

第 34 條

勞工工作採輪班制者，其工作班次，每週更換一次。但經勞工同意者不在此限。

依前項更換班次時，至少應有連續十一小時之休息時間。但因工作特性或特殊原因，經中央目的事業主管機關商請中央主管機關公告者，得變更休息時間不少於連續八小時。

雇主依前項但書規定變更休息時間者，應經工會同意，如事業單位無工會者，經勞資會議同意後，始得為之。雇主僱用勞工人數在三十人以上者，應報當地主管機關備查。

第 35 條

勞工繼續工作四小時，至少應有三十分鐘之休息。但實行輪班制或其工作有連續性或緊急性者，雇主得在工作時間內，另行調配其休息時間。

第 36 條

勞工每七日中應有二日之休息，其中一日為例假，一日為休息日。

雇主有下列情形之一，不受前項規定之限制：

一、依第三十條第二項規定變更正常工作時間者，勞工每七日中至少應有一日之例假，每二週內之例假及休息日至少應有四日。

二、依第三十條第三項規定變更正常工作時間者，勞工每七日中至少應有一日之例假，每八週內之例假及休息日至少應有十六日。

三、依第三十條之一規定變更正常工作時間者，勞工每二週內至少應有二日之例假，每四週內之例假及休息日至少應有八日。

雇主使勞工於休息日工作之時間，計入第三十二條第二項所定延長工作

時間總數。但因天災、事變或突發事件，雇主有使勞工於休息日工作之必要者，其工作時數不受第三十二條第二項規定之限制。

經中央目的事業主管機關同意，且經中央主管機關指定之行業，雇主得將第一項、第二項第一款及第二款所定之例假，於每七日之週期內調整之。

前項所定例假之調整，應經工會同意，如事業單位無工會者，經勞資會議同意後，始得為之。雇主僱用勞工人數在三十人以上者，應報當地主管機關備查。

第 37 條

內政部所定應放假之紀念日、節日、勞動節及其他中央主管機關指定應放假日，均應休假。

中華民國一百零五年十二月六日修正之前項規定，自一百零六年一月一日施行。

第 38 條

勞工在同一雇主或事業單位，繼續工作滿一定期間者，應依下列規定給予特別休假：

一、六個月以上一年未滿者，三日。

二、一年以上二年未滿者，七日。

三、二年以上三年未滿者，十日。

四、三年以上五年未滿者，每年十四日。

五、五年以上十年未滿者，每年十五日。

六、十年以上者，每一年加給一日，加至三十日為止。

前項之特別休假期日，由勞工排定之。但雇主基於企業經營上之急迫需求或勞工因個人因素，得與他方協商調整。

雇主應於勞工符合第一項所定之特別休假條件時，告知勞工依前二項規定排定特別休假。

勞工之特別休假，因年度終結或契約終止而未休之日數，雇主應發給工資。但年度終結未休之日數，經勞雇雙方協商遞延至次一年度實施者，

於次一年度終結或契約終止仍未休之日數，雇主應發給工資。

雇主應將勞工每年特別休假之期日及未休之日數所發給之工資數額，記載於第二十三條所定之勞工工資清冊，並每年定期將其內容以書面通知勞工。

勞工依本條主張權利時，雇主如認為其權利不存在，應負舉證責任。

第 39 條

第三十六條所定之例假、休息日、第三十七條所定之休假及第三十八條所定之特別休假，工資應由雇主照給。雇主經徵得勞工同意於休假日工作者，工資應加倍發給。因季節性關係有趕工必要，經勞工或工會同意照常工作者，亦同。

第 40 條

因天災、事變或突發事件，雇主認有繼續工作之必要時，得停止第三十六條至第三十八條所定勞工之假期。但停止假期之工資，應加倍發給，並應於事後補假休息。

前項停止勞工假期，應於事後二十四小時內，詳述理由，報請當地主管機關核備。

第 41 條

公用事業之勞工，當地主管機關認有必要時，得停止第三十八條所定之特別休假。假期內之工資應由雇主加倍發給。

第 42 條

勞工因健康或其他正當理由，不能接受正常工作時間以外之工作者，雇主不得強制其工作。

第 43 條

勞工因婚、喪、疾病或其他正當事由得請假；請假應給之假期及事假以外期間內工資給付之最低標準，由中央主管機關定之。

第五章　童工、女工

第 44 條
十五歲以上未滿十六歲之受僱從事工作者，為童工。

童工及十六歲以上未滿十八歲之人，不得從事危險性或有害性之工作。

第 45 條
雇主不得僱用未滿十五歲之人從事工作。但國民中學畢業或經主管機關認定其工作性質及環境無礙其身心健康而許可者，不在此限。

前項受僱之人，準用童工保護之規定。

第一項工作性質及環境無礙其身心健康之認定基準、審查程序及其他應遵行事項之辦法，由中央主管機關依勞工年齡、工作性質及受國民義務教育之時間等因素定之。

未滿十五歲之人透過他人取得工作為第三人提供勞務，或直接為他人提供勞務取得報酬未具勞僱關係者，準用前項及童工保護之規定。

第 46 條
未滿十八歲之人受僱從事工作者，雇主應置備其法定代理人同意書及其年齡證明文件。

第 47 條
童工每日之工作時間不得超過八小時，每週之工作時間不得超過四十小時，例假日不得工作。

第 48 條
童工不得於午後八時至翌晨六時之時間內工作。

第 49 條
雇主不得使女工於午後十時至翌晨六時之時間內工作。但雇主經工會同意，如事業單位無工會者，經勞資會議同意後，且符合下列各款規定者，不在此限：

一、提供必要之安全衛生設施。

二、無大眾運輸工具可資運用時，提供交通工具或安排女工宿舍。

前項第一款所稱必要之安全衛生設施，其標準由中央主管機關定之。但雇主與勞工約定之安全衛生設施優於本法者，從其約定。

女工因健康或其他正當理由，不能於午後十時至翌晨六時之時間內工作者，雇主不得強制其工作。

第一項規定，於因天災、事變或突發事件，雇主必須使女工於午後十時至翌晨六時之時間內工作時，不適用之。

第一項但書及前項規定，於妊娠或哺乳期間之女工，不適用之。

第 50 條

女工分娩前後，應停止工作，給予產假八星期；妊娠三個月以上流產者，應停止工作，給予產假四星期。

前項女工受僱工作在六個月以上者，停止工作期間工資照給；未滿六個月者減半發給。

第 51 條

女工在妊娠期間，如有較為輕易之工作，得申請改調，雇主不得拒絕，並不得減少其工資。

第 52 條

子女未滿一歲須女工親自哺乳者，於第三十五條規定之休息時間外，雇主應每日另給哺乳時間二次，每次以三十分鐘為度。

前項哺乳時間，視為工作時間。

第六章　退　休

第 53 條

勞工有下列情形之一，得自請退休：

一、工作十五年以上年滿五十五歲者。

二、工作二十五年以上者。

三、工作十年以上年滿六十歲者。

第 54 條

勞工非有下列情形之一，雇主不得強制其退休：

一、年滿六十五歲者。

二、身心障礙不堪勝任工作者。

前項第一款所規定之年齡，對於擔任具有危險、堅強體力等特殊性質之工作者，得由事業單位報請中央主管機關予以調整。但不得少於五十五歲。

第 55 條

勞工退休金之給與標準如下：

一、按其工作年資，每滿一年給與兩個基數。但超過十五年之工作年資，每滿一年給與一個基數，最高總數以四十五個基數為限。未滿半年者以半年計；滿半年者以一年計。

二、依第五十四條第一項第二款規定，強制退休之勞工，其身心障礙係因執行職務所致者，依前款規定加給百分之二十。

前項第一款退休金基數之標準，係指核准退休時一個月平均工資。

第一項所定退休金，雇主應於勞工退休之日起三十日內給付，如無法一次發給時，得報經主管機關核定後，分期給付。本法施行前，事業單位原定退休標準優於本法者，從其規定。

第 56 條

雇主應依勞工每月薪資總額百分之二至百分之十五範圍內，按月提撥勞工退休準備金，專戶存儲，並不得作為讓與、扣押、抵銷或擔保之標的；其提撥之比率、程序及管理等事項之辦法，由中央主管機關擬訂，報請行政院核定之。

雇主應於每年年度終了前，估算前項勞工退休準備金專戶餘額，該餘額不足給付次一年度內預估成就第五十三條或第五十四條第一項第一款退休條件之勞工，依前條計算之退休金數額者，雇主應於次年度三月底前一次提撥其差額，並送事業單位勞工退休準備金監督委員會審議。

第一項雇主按月提撥之勞工退休準備金匯集為勞工退休基金，由中央主

管機關設勞工退休基金監理委員會管理之；其組織、會議及其他相關事項，由中央主管機關定之。

前項基金之收支、保管及運用，由中央主管機關會同財政部委託金融機構辦理。最低收益不得低於當地銀行二年定期存款利率之收益；如有虧損，由國庫補足之。基金之收支、保管及運用辦法，由中央主管機關擬訂，報請行政院核定之。

雇主所提撥勞工退休準備金，應由勞工與雇主共同組織勞工退休準備金監督委員會監督之。委員會中勞工代表人數不得少於三分之二；其組織準則，由中央主管機關定之。

雇主按月提撥之勞工退休準備金比率之擬訂或調整，應經事業單位勞工退休準備金監督委員會審議通過，並報請當地主管機關核定。

金融機構辦理核貸業務，需查核該事業單位勞工退休準備金提撥狀況之必要資料時，得請當地主管機關提供。

金融機構依前項取得之資料，應負保密義務，並確實辦理資料安全稽核作業。

前二項有關勞工退休準備金必要資料之內容、範圍、申請程序及其他應遵行事項之辦法，由中央主管機關會商金融監督管理委員會定之。

第 57 條
勞工工作年資以服務同一事業者爲限。但受同一雇主調動之工作年資，及依第二十條規定應由新雇主繼續予以承認之年資，應予併計。

第 58 條
勞工請領退休金之權利，自退休之次月起，因五年間不行使而消滅。

勞工請領退休金之權利，不得讓與、抵銷、扣押或供擔保。

勞工依本法規定請領勞工退休金者，得檢具證明文件，於金融機構開立專戶，專供存入勞工退休金之用。

前項專戶內之存款，不得作爲抵銷、扣押、供擔保或強制執行之標的。

第七章　職業災害補償

第 59 條

勞工因遭遇職業災害而致死亡、失能、傷害或疾病時，雇主應依下列規定予以補償。但如同一事故，依勞工保險條例或其他法令規定，已由雇主支付費用補償者，雇主得予以抵充之：

一、勞工受傷或罹患職業病時，雇主應補償其必需之醫療費用。職業病之種類及其醫療範圍，依勞工保險條例有關之規定。

二、勞工在醫療中不能工作時，雇主應按其原領工資數額予以補償。但醫療期間屆滿二年仍未能痊癒，經指定之醫院診斷，審定爲喪失原有工作能力，且不合第三款之失能給付標準者，雇主得一次給付四十個月之平均工資後，免除此項工資補償責任。

三、勞工經治療終止後，經指定之醫院診斷，審定其遺存障害者，雇主應按其平均工資及其失能程度，一次給予失能補償。失能補償標準，依勞工保險條例有關之規定。

四、勞工遭遇職業傷害或罹患職業病而死亡時，雇主除給與五個月平均工資之喪葬費外，並應一次給與其遺屬四十個月平均工資之死亡補償。其遺屬受領死亡補償之順位如下：

　　（一）配偶及子女。

　　（二）父母。

　　（三）祖父母。

　　（四）孫子女。

　　（五）兄弟姐妹。

第 60 條

雇主依前條規定給付之補償金額，得抵充就同一事故所生損害之賠償金額。

第 61 條

第五十九條之受領補償權，自得受領之日起，因二年間不行使而消滅。

受領補償之權利，不因勞工之離職而受影響，且不得讓與、抵銷、扣押或供擔保。

勞工或其遺屬依本法規定受領職業災害補償金者，得檢具證明文件，於金融機構開立專戶，專供存入職業災害補償金之用。

前項專戶內之存款，不得作為抵銷、扣押、供擔保或強制執行之標的。

第 62 條

事業單位以其事業招人承攬，如有再承攬時，承攬人或中間承攬人，就各該承攬部分所使用之勞工，均應與最後承攬人，連帶負本章所定僱主應負職業災害補償之責任。

事業單位或承攬人或中間承攬人，為前項之災害補償時，就其所補償之部分，得向最後承攬人求償。

第 63 條

承攬人或再承攬人工作場所，在原事業單位工作場所範圍內，或為原事業單位提供者，原事業單位應督促承攬人或再承攬人，對其所僱用勞工之勞動條件應符合有關法令之規定。

事業單位違背職業安全衛生法有關對於承攬人、再承攬人應負責任之規定，致承攬人或再承攬人所僱用之勞工發生職業災害時，應與該承攬人、再承攬人負連帶補償責任。

第 63-1 條

要派單位使用派遣勞工發生職業災害時，要派單位應與派遣事業單位連帶負本章所定僱主應負職業災害補償之責任。

前項之職業災害依勞工保險條例或其他法令規定，已由要派單位或派遣事業單位支付費用補償者，得主張抵充。

要派單位及派遣事業單位因違反本法或有關安全衛生規定，致派遣勞工發生職業災害時，應連帶負損害賠償之責任。

要派單位或派遣事業單位依本法規定給付之補償金額，得抵充就同一事故所生損害之賠償金額。

第八章　技術生

第 64 條

雇主不得招收未滿十五歲之人為技術生。但國民中學畢業者，不在此限。

稱技術生者，指依中央主管機關規定之技術生訓練職類中以學習技能為目的，依本章之規定而接受雇主訓練之人。

本章規定，於事業單位之養成工、見習生、建教合作班之學生及其他與技術生性質相類之人，準用之。

第 65 條

雇主招收技術生時，須與技術生簽訂書面訓練契約一式三份，訂明訓練項目、訓練期限、膳宿負擔、生活津貼、相關教學、勞工保險、結業證明、契約生效與解除之條件及其他有關雙方權利、義務事項，由當事人分執，並送主管機關備案。

前項技術生如為未成年人，其訓練契約，應得法定代理人之允許。

第 66 條

雇主不得向技術生收取有關訓練費用。

第 67 條

技術生訓練期滿，雇主得留用之，並應與同等工作之勞工享受同等之待遇。雇主如於技術生訓練契約內訂明留用期間，應不得超過其訓練期間。

第 68 條

技術生人數，不得超過勞工人數四分之一。勞工人數不滿四人者，以四人計。

第 69 條

本法第四章工作時間、休息、休假，第五章童工、女工，第七章災害補償及其他勞工保險等有關規定，於技術生準用之。

技術生災害補償所採薪資計算之標準，不得低於基本工資。

第九章　工作規則

第 70 條

雇主僱用勞工人數在三十人以上者，應依其事業性質，就左列事項訂立工作規則，報請主管機關核備後並公開揭示之：

一、工作時間、休息、休假、國定紀念日、特別休假及繼續性工作之輪班方法。

二、工資之標準、計算方法及發放日期。

三、延長工作時間。

四、津貼及獎金。

五、應遵守之紀律。

六、考勤、請假、獎懲及升遷。

七、受僱、解僱、資遣、離職及退休。

八、災害傷病補償及撫卹。

九、福利措施。

十、勞雇雙方應遵守勞工安全衛生規定。

十一、勞雇雙方溝通意見加強合作之方法。

十二、其他。

第 71 條

工作規則，違反法令之強制或禁止規定或其他有關該事業適用之團體協約規定者，無效。

第十章　監督與檢查

第 72 條

中央主管機關，為貫徹本法及其他勞工法令之執行，設勞工檢查機構或授權直轄市主管機關專設檢查機構辦理之；直轄市、縣（市）主管機關

於必要時，亦得派員實施檢查。

前項勞工檢查機構之組織，由中央主管機關定之。

第 73 條

檢查員執行職務，應出示檢查證，各事業單位不得拒絕。事業單位拒絕檢查時，檢查員得會同當地主管機關或警察機關強制檢查之。

檢查員執行職務，得就本法規定事項，要求事業單位提出必要之報告、紀錄、帳冊及有關文件或書面說明。如需抽取物料、樣品或資料時，應事先通知雇主或其代理人並掣給收據。

第 74 條

勞工發現事業單位違反本法及其他勞工法令規定時，得向雇主、主管機關或檢查機構申訴。

雇主不得因勞工為前項申訴，而予以解僱、降調、減薪、損害其依法令、契約或習慣上所應享有之權益，或其他不利之處分。

雇主為前項行為之一者，無效。

主管機關或檢查機構於接獲第一項申訴後，應為必要之調查，並於六十日內將處理情形，以書面通知勞工。

主管機關或檢查機構應對申訴人身分資料嚴守秘密，不得洩漏足以識別其身分之資訊。

違反前項規定者，除公務員應依法追究刑事與行政責任外，對因此受有損害之勞工，應負損害賠償責任。

主管機關受理檢舉案件之保密及其他應遵行事項之辦法，由中央主管機關定之。

第十一章　罰　則

第 75 條

違反第五條規定者，處五年以下有期徒刑、拘役或科或併科新臺幣七十五萬元以下罰金。

第 76 條

違反第六條規定者，處三年以下有期徒刑、拘役或科或併科新臺幣四十五萬元以下罰金。

第 77 條

違反第四十二條、第四十四條第二項、第四十五條第一項、第四十七條、第四十八條、第四十九條第三項或第六十四條第一項規定者，處六個月以下有期徒刑、拘役或科或併科新臺幣三十萬元以下罰金。

第 78 條

未依第十七條、第十七條之一第七項、第五十五條規定之標準或期限給付者，處新臺幣三十萬元以上一百五十萬元以下罰鍰，並限期令其給付，屆期未給付者，應按次處罰。

違反第十三條、第十七條之一第一項、第四項、第二十六條、第五十條、第五十一條或第五十六條第二項規定者，處新臺幣九萬元以上四十五萬元以下罰鍰。

第 79 條

有下列各款規定行為之一者，處新臺幣二萬元以上一百萬元以下罰鍰：

一、違反第二十一條第一項、第二十二條至第二十五條、第三十條第一項至第三項、第六項、第七項、第三十二條、第三十四條至第四十一條、第四十九條第一項或第五十九條規定。

二、違反主管機關依第二十七條限期給付工資或第三十三條調整工作時間之命令。

三、違反中央主管機關依第四十三條所定假期或事假以外期間內工資給付之最低標準。

違反第三十條第五項或第四十九條第五項規定者，處新臺幣九萬元以上四十五萬元以下罰鍰。

違反第七條、第九條第一項、第十六條、第十九條、第二十八條第二項、第四十六條、第五十六條第一項、第六十五條第一項、第六十六條

至第六十八條、第七十條或第七十四條第二項規定者，處新臺幣二萬元以上三十萬元以下罰鍰。

有前三項規定行為之一者，主管機關得依事業規模、違反人數或違反情節，加重其罰鍰至法定罰鍰最高額二分之一。

第 79-1 條

違反第四十五條第二項、第四項、第六十四條第三項及第六十九條第一項準用規定之處罰，適用本法罰則章規定。

第 80 條

拒絕、規避或阻撓勞工檢查員依法執行職務者，處新臺幣三萬元以上十五萬元以下罰鍰。

第 80-1 條

違反本法經主管機關處以罰鍰者，主管機關應公布其事業單位或事業主之名稱、負責人姓名、處分期日、違反條文及罰鍰金額，並限期令其改善；屆期未改善者，應按次處罰。

主管機關裁處罰鍰，得審酌與違反行為有關之勞工人數、累計違法次數或未依法給付之金額，為量罰輕重之標準。

第 81 條

法人之代表人、法人或自然人之代理人、受僱人或其他從業人員，因執行業務違反本法規定，除依本章規定處罰行為人外，對該法人或自然人並應處以各該條所定之罰金或罰鍰。但法人之代表人或自然人對於違反之發生，已盡力為防止行為者，不在此限。

法人之代表人或自然人教唆或縱容為違反之行為者，以行為人論。

第 82 條

本法所定之罰鍰，經主管機關催繳，仍不繳納時，得移送法院強制執行。

第十二章　附　則

第 83 條

為協調勞資關係，促進勞資合作，提高工作效率，事業單位應舉辦勞資會議。其辦法由中央主管機關會同經濟部訂定，並報行政院核定。

第 84 條

公務員兼具勞工身分者，其有關任（派）免、薪資、獎懲、退休、撫卹及保險（含職業災害）等事項，應適用公務員法令之規定。但其他所定勞動條件優於本法規定者，從其規定。

第 84-1 條

經中央主管機關核定公告之下列工作者，得由勞雇雙方另行約定，工作時間、例假、休假、女性夜間工作，並報請當地主管機關核備，不受第三十條、第三十二條、第三十六條、第三十七條、第四十九條規定之限制。

一、監督、管理人員或責任制專業人員。
二、監視性或間歇性之工作。
三、其他性質特殊之工作。

前項約定應以書面為之，並應參考本法所定之基準且不得損及勞工之健康及福祉。

第 84-2 條

勞工工作年資自受僱之日起算，適用本法前之工作年資，其資遣費及退休金給與標準，依其當時應適用之法令規定計算；當時無法令可資適用者，依各該事業單位自訂之規定或勞雇雙方之協商計算之。適用本法後之工作年資，其資遣費及退休金給與標準，依第十七條及第五十五條規定計算。

第 85 條

本法施行細則，由中央主管機關擬定，報請行政院核定。

第 86 條

本法自公布日施行。

本法中華民國八十九年六月二十八日修正公布之第三十條第一項及第二項，自九十年一月一日施行；一百零四年二月四日修正公布之第二十八條第一項，自公布後八個月施行；一百零四年六月三日修正公布之條文，自一百零五年一月一日施行；一百零五年十二月二十一日修正公布之第三十四條第二項施行日期，由行政院定之、第三十七條及第三十八條，自一百零六年一月一日施行。

本法中華民國一百零七年一月十日修正之條文，自一百零七年三月一日施行。

勞動基準法施行細則

民國 108 年 2 月 14 日勞動部令修正發布。

第一章　總　則

第 1 條

本細則依勞動基準法（以下簡稱本法）第八十五條規定訂定之。

第 2 條

依本法第二條第四款計算平均工資時，下列各款期日或期間均不計入：

一、發生計算事由之當日。

二、因職業災害尚在醫療中者。

三、依本法第五十條第二項減半發給工資者。

四、雇主因天災、事變或其他不可抗力而不能繼續其事業，致勞工未能
　　工作者。

五、依勞工請假規則請普通傷病假者。

六、依性別工作平等法請生理假、產假、家庭照顧假或安胎休養，致減
　　少工資者。

七、留職停薪者。

第 3 條

本法第三條第一項第一款至第七款所列各業，適用中華民國行業標準分
類之規定。

第 4 條

本法第三條第一項第八款所稱中央主管機關指定之事業及第三項所稱適
用本法確有窒礙難行者，係指中央主管機關依中華民國行業標準分類之
規定指定者，並得僅指定各行業中之一部分。

第 4-1 條（刪除）

第 5 條

勞工工作年資以服務同一事業單位為限，並自受僱當日起算。

適用本法前已在同一事業單位工作之年資合併計算。

第二章　勞動契約

第 6 條

本法第九條第一項所稱臨時性、短期性、季節性及特定性工作，依左列
規定認定之：

一、臨時性工作：係指無法預期之非繼續性工作，其工作期間在六個月
　　以內者。

二、短期性工作：係指可預期於六個月內完成之非繼續性工作。

三、季節性工作：係指受季節性原料、材料來源或市場銷售影響之非繼
　　續性工作，其工作期間在九個月以內者。

四、特定性工作：係指可在特定期間完成之非繼續性工作。其工作期間
　　超過一年者，應報請主管機關核備。

第 7 條

勞動契約應依本法有關規定約定下列事項：

一、工作場所及應從事之工作。

二、工作開始與終止之時間、休息時間、休假、例假、休息日、請假及
　　輪班制之換班。

三、工資之議定、調整、計算、結算與給付之日期及方法。

四、勞動契約之訂定、終止及退休。

五、資遣費、退休金、其他津貼及獎金。

六、勞工應負擔之膳宿費及工作用具費。

七、安全衛生。

八、勞工教育及訓練。

九、福利。

十、災害補償及一般傷病補助。

十一、應遵守之紀律。

十二、獎懲。

十三、其他勞資權利義務有關事項。

第 7-1 條

離職後競業禁止之約定，應以書面為之，且應詳細記載本法第九條之一第一項第三款及第四款規定之內容，並由僱主與勞工簽章，各執一份。

第 7-2 條

本法第九條之一第一項第三款所為之約定未逾合理範疇，應符合下列規定：

一、競業禁止之期間，不得逾越僱主欲保護之營業秘密或技術資訊之生命週期，且最長不得逾二年。

二、競業禁止之區域，應以原僱主實際營業活動之範圍為限。

三、競業禁止之職業活動範圍，應具體明確，且與勞工原職業活動範圍相同或類似。

四、競業禁止之就業對象，應具體明確，並以與原僱主之營業活動相同或類似，且有競爭關係者為限。

第 7-3 條

本法第九條之一第一項第四款所定之合理補償，應就下列事項綜合考量：

一、每月補償金額不低於勞工離職時一個月平均工資百分之五十。

二、補償金額足以維持勞工離職後競業禁止期間之生活所需。

三、補償金額與勞工遵守競業禁止之期間、區域、職業活動範圍及就業對象之範疇所受損失相當。

四、其他與判斷補償基準合理性有關之事項。

前項合理補償，應約定離職後一次預為給付或按月給付。

第 8 條（刪除）

第 9 條

依本法終止勞動契約時，雇主應即結清工資給付勞工。

第三章　工　資

第 10 條

本法第二條第三款所稱之其他任何名義之經常性給與係指左列各款以外之給與。

一、紅利。

二、獎金：指年終獎金、競賽獎金、研究發明獎金、特殊功績獎金、久任獎金、節約燃料物料獎金及其他非經常性獎金。

三、春節、端午節、中秋節給與之節金。

四、醫療補助費、勞工及其子女教育補助費。

五、勞工直接受自顧客之服務費。

六、婚喪喜慶由雇主致送之賀禮、慰問金或奠儀等。

七、職業災害補償費。

八、勞工保險及雇主以勞工為被保險人加入商業保險支付之保險費。

九、差旅費、差旅津貼及交際費。

十、工作服、作業用品及其代金。

十一、其他經中央主管機關會同中央目的事業主管機關指定者。

第 11 條

本法第二十一條所稱基本工資，指勞工在正常工作時間內所得之報酬。不包括延長工作時間之工資與休息日、休假日及例假工作加給之工資。

第 12 條

採計件工資之勞工所得基本工資，以每日工作八小時之生產額或工作量換算之。

第 13 條

勞工工作時間每日少於八小時者,除工作規則、勞動契約另有約定或另有法令規定者外,其基本工資得按工作時間比例計算之。

第 14 條(刪除)

第 14-1 條

本法第二十三條所定工資各項目計算方式明細,應包括下列事項:

一、勞雇雙方議定之工資總額。

二、工資各項目之給付金額。

三、依法令規定或勞雇雙方約定,得扣除項目之金額。

四、實際發給之金額。

雇主提供之前項明細,得以紙本、電子資料傳輸方式或其他勞工可隨時取得及得列印之資料為之。

第 15 條

本法第二十八條第一項第一款所定積欠之工資,以雇主於歇業、清算或宣告破產前六個月內所積欠者為限。

第 16 條

勞工死亡時,雇主應即結清其工資給付其遺屬。

前項受領工資之順位準用本法第五十九條第四款之規定。

第四章 工作時間、休息、休假

第 17 條

本法第三十條所稱正常工作時間跨越二曆日者,其工作時間應合併計算。

第 18 條

勞工因出差或其他原因於事業場所外從事工作致不易計算工作時間者,以平時之工作時間為其工作時間。但其實際工作時間經證明者,不在此

限。

第 19 條
勞工於同一事業單位或同一雇主所屬不同事業場所工作時，應將在各該場所之工作時間合併計算，並加計往來於事業場所間所必要之交通時間。

第 20 條
雇主有下列情形之一者，應即公告周知：
一、依本法第三十條第二項、第三項或第三十條之一第一項第一款規定變更勞工正常工作時間。
二、依本法第三十條之一第一項第二款或第三十二條第一項、第二項、第四項規定延長勞工工作時間。
三、依本法第三十四條第二項但書規定變更勞工更換班次時之休息時間。
四、依本法第三十六條第二項或第四項規定調整勞工例假或休息日。

第 20-1 條
本法所定雇主延長勞工工作之時間如下：
一、每日工作時間超過八小時或每週工作總時數超過四十小時之部分。但依本法第三十條第二項、第三項或第三十條之一第一項第一款變更工作時間者，為超過變更後工作時間之部分。
二、勞工於本法第三十六條所定休息日工作之時間。

第 21 條
本法第三十條第五項所定出勤紀錄，包括以簽到簿、出勤卡、刷卡機、門禁卡、生物特徵辨識系統、電腦出勤紀錄系統或其他可資覈實記載出勤時間工具所為之紀錄。
前項出勤紀錄，雇主因勞動檢查之需要或勞工向其申請時，應以書面方式提出。

第 22 條

本法第三十二條第二項但書所定每三個月，以每連續三個月為一週期，依曆計算，以勞雇雙方約定之起迄日期認定之。

本法第三十二條第五項但書所定坑內監視為主之工作範圍如下：

一、從事排水機之監視工作。

二、從事壓風機或冷卻設備之監視工作。

三、從事安全警報裝置之監視工作。

四、從事生產或營建施工之紀錄及監視工作。

第 22-1 條

本法第三十二條第三項、第三十四條第三項及第三十六條第五項所定雇主僱用勞工人數，以同一雇主僱用適用本法之勞工人數計算，包括分支機構之僱用人數。

本法第三十二條第三項、第三十四條第三項及第三十六條第五項所定當地主管機關，為雇主之主事務所、主營業所或公務所所在地之直轄市政府或縣（市）政府。

本法第三十二條第三項、第三十四條第三項及第三十六條第五項所定應報備查，雇主至遲應於開始實施延長工作時間、變更休息時間或調整例假之前一日為之。但因天災、事變或突發事件不及報備查者，應於原因消滅後二十四小時內敘明理由為之。

第 22-2 條

本法第三十二條之一所定補休，應依勞工延長工作時間或休息日工作事實發生時間先後順序補休。補休之期限逾依第二十四條第二項所約定年度之末日者，以該日為期限之末日。

前項補休期限屆期或契約終止時，發給工資之期限如下：

一、補休期限屆期：於契約約定之工資給付日發給或於補休期限屆期後三十日內發給。

二、契約終止：依第九條規定發給。

勞工依本法第三十二條之一主張權利時，雇主如認為其權利不存在，應

負舉證責任。

第 22-3 條

本法第三十六條第一項、第二項第一款及第二款所定之例假，以每七日為一週期，依曆計算。雇主除依同條第四項及第五項規定調整者外，不得使勞工連續工作逾六日。

第 23 條（刪除）

第 23-1 條

本法第三十七條所定休假遇本法第三十六條所定例假及休息日者，應予補假。但不包括本法第三十七條指定應放假之日。

前項補假期日，由勞雇雙方協商排定之。

第 24 條

勞工於符合本法第三十八條第一項所定之特別休假條件時，取得特別休假之權利；其計算特別休假之工作年資，應依第五條之規定。

依本法第三十八條第一項規定給予之特別休假日數，勞工得於勞雇雙方協商之下列期間內，行使特別休假權利：

一、以勞工受僱當日起算，每一週年之期間。但其工作六個月以上一年未滿者，為取得特別休假權利後六個月之期間。

二、每年一月一日至十二月三十一日之期間。

三、教育單位之學年度、事業單位之會計年度或勞雇雙方約定年度之期間。

雇主依本法第三十八條第三項規定告知勞工排定特別休假，應於勞工符合特別休假條件之日起三十日內為之。

第 24-1 條

本法第三十八條第四項所定年度終結，為前條第二項期間屆滿之日。

本法第三十八條第四項所定雇主應發給工資，依下列規定辦理：

一、發給工資之基準：

（一）按勞工未休畢之特別休假日數，乘以其一日工資計發。

（二）前目所定一日工資，為勞工之特別休假於年度終結或契約終
　　　止前一日之正常工作時間所得之工資。其為計月者，為年度
　　　終結或契約終止前最近一個月正常工作時間所得之工資除以
　　　三十所得之金額。
（三）勞雇雙方依本法第三十八條第四項但書規定協商遞延至次一
　　　年度實施者，按原特別休假年度終結時應發給工資之基準計
　　　發。
二、發給工資之期限：
（一）年度終結：於契約約定之工資給付日發給或於年度終結後
　　　三十日內發給。
（二）契約終止：依第九條規定發給。
勞雇雙方依本法第三十八條第四項但書規定協商遞延至次一年度實施
者，其遞延之日數，於次一年度請休特別休假時，優先扣除。

第 24-2 條
本法第三十八條第五項所定每年定期發給之書面通知，依下列規定辦
理：
一、雇主應於前條第二項第二款所定發給工資之期限前發給。
二、書面通知，得以紙本、電子資料傳輸方式或其他勞工可隨時取得及
　　得列印之資料為之。

第 24-3 條
本法第三十九條所定休假日，為本法第三十七條所定休假及第三十八條
所定特別休假。

第五章　童工、女工

第 25 條
本法第四十四條第二項所定危險性或有害性之工作，依職業安全衛生有
關法令之規定。

第 26 條

雇主對依本法第五十條第一項請產假之女工，得要求其提出證明文件。

第六章　退　休

第 27 條

本法第五十三條第一款、第五十四條第一項第一款及同條第二項但書規定之年齡，應以戶籍記載為準。

第 28 條（刪除）

第 29 條

本法第五十五條第三項所定雇主得報經主管機關核定分期給付勞工退休金之情形如下：

一、依法提撥之退休準備金不敷支付。

二、事業之經營或財務確有困難。

第 29-1 條

本法第五十六條第二項規定之退休金數額，按本法第五十五條第一項之給與標準，依下列規定估算：

一、勞工人數：為估算當年度終了時適用本法或勞工退休金條例第十一條第一項保留本法工作年資之在職勞工，且預估於次一年度內成就本法第五十三條或第五十四條第一項第一款退休條件者。

二、工作年資：自適用本法之日起算至估算當年度之次一年度終了或選擇適用勞工退休金條例前一日止。

三、平均工資：為估算當年度終了之一個月平均工資。

前項數額以元為單位，角以下四捨五入。

第七章　職業災害補償

第 30 條

雇主依本法第五十九條第二款補償勞工之工資，應於發給工資之日給與。

第 31 條

本法第五十九條第二款所稱原領工資，係指該勞工遭遇職業災害前一日正常工作時間所得之工資。其為計月者，以遭遇職業災害前最近一個月正常工作時間所得之工資除以三十所得之金額，為其一日之工資。

罹患職業病者依前項規定計算所得金額低於平均工資者，以平均工資為準。

第 32 條

依本法第五十九條第二款但書規定給付之補償，雇主應於決定後十五日內給與。在未給與前雇主仍應繼續為同款前段規定之補償。

第 33 條

雇主依本法第五十九條第四款給與勞工之喪葬費應於死亡後三日內，死亡補償應於死亡後十五日內給付。

第 34 條

本法第五十九條所定同一事故，依勞工保險條例或其他法令規定，已由雇主支付費用補償者，雇主得予以抵充之。但支付之費用如由勞工與雇主共同負擔者，其補償之抵充按雇主負擔之比例計算。

第 34-1 條

勞工因遭遇職業災害而致死亡或失能時，雇主已依勞工保險條例規定為其投保，並經保險人核定為職業災害保險事故者，雇主依本法第五十九條規定給予之補償，以勞工之平均工資與平均投保薪資之差額，依本法第五十九條第三款及第四款規定標準計算之。

第八章　技術生

第 35 條
雇主不得使技術生從事家事、雜役及其他非學習技能爲目的之工作。但從事事業場所內之清潔整頓，器具工具及機械之清理者不在此限。

第 36 條
技術生之工作時間應包括學科時間。

第九章　工作規則

第 37 條
雇主於僱用勞工人數滿三十人時應即訂立工作規則，並於三十日內報請當地主管機關核備。

本法第七十條所定雇主僱用勞工人數，依第二十二條之一第一項規定計算。

工作規則應依據法令、勞資協議或管理制度變更情形適時修正，修正後並依第一項程序報請核備。

主管機關認爲有必要時，得通知雇主修訂前項工作規則。

第 38 條
工作規則經主管機關核備後，雇主應即於事業場所內公告並印發各勞工。

第 39 條
雇主認有必要時，得分別就本法第七十條各款另訂單項工作規則。

第 40 條
事業單位之事業場所分散各地者，雇主得訂立適用於其事業單位全部勞工之工作規則或適用於該事業場所之工作規則。

第十章　監督及檢查

第 41 條
中央主管機關應每年定期發布次年度勞工檢查方針。

檢查機構應依前項檢查方針分別擬定各該機構之勞工檢查計畫,並於檢查方針發布之日起五十日內報請中央主管機關核定後,依該檢查計畫實施檢查。

第 42 條
勞工檢查機構檢查員之任用、訓練、服務,除適用公務員法令之規定外,由中央主管機關定之。

第 43 條
檢查員對事業單位實施檢查時,得通知事業單位之雇主、雇主代理人、勞工或有關人員提供必要文件或作必要之說明。

第 44 條
檢查員檢查後,應將檢查結果向事業單位作必要之說明,並報告檢查機構。

檢查機構認為事業單位有違反法令規定時,應依法處理。

第 45 條
事業單位對檢查結果有異議時,應於通知送達後十日內向檢查機構以書面提出。

第 46 條
本法第七十四條第一項規定之申訴得以口頭或書面為之。

第 47 條
雇主對前條之申訴事項,應即查明,如有違反法令規定情事應即改正,並將結果通知申訴人。

第 48 條（刪除）

第 49 條（刪除）

第十一章　附　則

第 50 條

本法第八十四條所稱公務員兼具勞工身分者，係指依各項公務員人事法令任用、派用、聘用、遴用而於本法第三條所定各業從事工作獲致薪資之人員。所稱其他所定勞動條件，係指工作時間、休息、休假、安全衛生、福利、加班費等而言。

第 50-1 條

本法第八十四條之一第一項第一款、第二款所稱監督、管理人員、責任制專業人員、監視性或間歇性工作，依左列規定：

一、監督、管理人員：係指受雇主僱用，負責事業之經營及管理工作，並對一般勞工之受僱、解僱或勞動條件具有決定權力之主管級人員。

二、責任制專業人員：係指以專門知識或技術完成一定任務並負責其成敗之工作者。

三、監視性工作：係指於一定場所以監視為主之工作。

四、間歇性工作：係指工作本身以間歇性之方式進行者。

第 50-2 條

雇主依本法第八十四條之一規定將其與勞工之書面約定報請當地主管機關核備時，其內容應包括職稱、工作項目、工作權責或工作性質、工作時間、例假、休假、女性夜間工作等有關事項。

第 50-3 條

勞工因終止勞動契約或發生職業災害所生爭議，提起給付工資、資遣費、退休金、職業災害補償或確認僱傭關係存在之訴訟，得向中央主管

機關申請扶助。

前項扶助業務，中央主管機關得委託民間團體辦理。

第 50-4 條

本法第二十八條第二項中華民國一百零四年二月六日修正生效前，雇主有清算或宣告破產之情事，於修正生效後，尚未清算完結或破產終結者，勞工對於該雇主所積欠之退休金及資遣費，得於同條第二項第二款規定之數額內，依同條第五項規定申請墊償。

第 51 條

本細則自發布日施行。

勞工請假規則

民國 108 年 1 月 15 日勞動部令修正發布。

第 1 條

本規則依勞動基準法（以下簡稱本法）第四十三條規定訂定之。

第 2 條

勞工結婚者給予婚假八日，工資照給。

第 3 條

勞工喪假依左列規定：

一、父母、養父母、繼父母、配偶喪亡者，給予喪假八日，工資照給。

二、祖父母、子女、配偶之父母、配偶之養父母或繼父母喪亡者，給予
　　喪假六日，工資照給。

三、曾祖父母、兄弟姊妹、配偶之祖父母喪亡者，給予喪假三日，工資
　　照給。

第 4 條

勞工因普通傷害、疾病或生理原因必須治療或休養者，得在左列規定範
圍內請普通傷病假：

一、未住院者，一年內合計不得超過三十日。

二、住院者，二年內合計不得超過一年。

三、未住院傷病假與住院傷病假二年內合計不得超過一年。

經醫師診斷，罹患癌症（含原位癌）採門診方式治療或懷孕期間需安胎
休養者，其治療或休養期間，併入住院傷病假計算。

普通傷病假一年內未超過三十日部分，工資折半發給，其領有勞工保險
普通傷病給付未達工資半數者，由雇主補足之。

第 5 條

勞工普通傷病假超過前條第一項規定之期限，經以事假或特別休假抵充
後仍未痊癒者，得予留職停薪。但留職停薪期間以一年為限。

第 6 條

勞工因職業災害而致失能、傷害或疾病者,其治療、休養期間,給予公傷病假。

第 7 條

勞工因有事故必須親自處理者,得請事假,一年內合計不得超過十四日。事假期間不給工資。

第 8 條

勞工依法令規定應給予公假者,工資照給,其假期視實際需要定之。

第 9 條

雇主不得因勞工請婚假、喪假、公傷病假及公假,扣發全勤獎金。

第 10 條

勞工請假時,應於事前親自以口頭或書面敘明請假理由及日數。但遇有急病或緊急事故,得委託他人代辦請假手續。辦理請假手續時,雇主得要求勞工提出有關證明文件。

第 11 條

雇主或勞工違反本規則之規定時,主管機關得依本法有關規定辦理。

第 12 條

本規則自發布日施行。

勞資會議實施辦法

民國 103 年 4 月 14 日勞動部、經濟部令會銜修正發布。

第 1 條

本辦法依勞動基準法第八十三條規定訂定之。

第 2 條

事業單位應依本辦法規定舉辦勞資會議；其事業場所勞工人數在三十人以上者，亦應分別舉辦之，其運作及勞資會議代表之選舉，準用本辦法所定事業單位之相關規定。

事業單位勞工人數在三人以下者，勞雇雙方為勞資會議當然代表，不受第三條、第五條至第十一條及第十九條規定之限制。

第 3 條

勞資會議由勞資雙方同數代表組成，其代表人數視事業單位人數多寡各為二人至十五人。但事業單位人數在一百人以上者，各不得少於五人。

勞資會議勞方代表得按事業場所、部門或勞工工作性質之人數多寡分配，並分別選舉之。

第 4 條

勞資會議之資方代表，由事業單位於資方代表任期屆滿前三十日就熟悉業務、勞工情形之人指派之。

第 5 條

勞資會議之勞方代表，事業單位有結合同一事業單位勞工組織之企業工會者，於該工會會員或會員代表大會選舉之；事業場所有結合同一廠場勞工組織之企業工會者，由該工會會員或會員代表大會選舉之。

事業單位無前項工會者，得依下列方式之一辦理勞方代表選舉：

一、事業單位自行辦理者，由全體勞工直接選舉之。

二、事業單位自行辦理，其事業場所有勞資會議者，由事業場所勞工依
　　分配名額就其勞方代表選舉之；其事業場所無勞資會議者，由該事

業場所全體勞工依分配名額分別選舉之。

三、勞工有組織、加入事業單位或事業場所範圍外之企業工會者，由該企業工會辦理，並由全體勞工直接選舉之。

第一項勞方代表選舉，事業單位或其事業場所應於勞方代表任期屆滿前九十日通知工會辦理選舉，工會受其通知辦理選舉之日起逾三十日內未完成選舉者，事業單位應自行辦理及完成勞方代表之選舉。

依前二項規定，由事業單位辦理勞工代表選舉者，應於勞方代表任期屆滿前三十日完成新任代表之選舉。

第 6 條

事業單位單一性別勞工人數逾勞工人數二分之一者，其當選勞方代表名額不得少於勞方應選出代表總額三分之一。

勞資會議勞方代表之候補代表名額不得超過應選出代表總額。

勞資會議勞方代表出缺時，由候補代表遞補之；其遞補順序不受第一項規定之限制。

第 7 條

勞工年滿十五歲，有選舉及被選舉為勞資會議勞方代表之權。

第 8 條

代表雇主行使管理權之一級業務行政主管人員，不得為勞方代表。

第 9 條

依第五條辦理選舉者，應於選舉前十日公告投票日期、時間、地點及方式等選舉相關事項。

第 10 條

勞資會議代表之任期為四年，勞方代表連選得連任，資方代表連派得連任。

勞資會議代表之任期，自上屆代表任期屆滿之翌日起算。但首屆代表或未於上屆代表任期屆滿前選出之次屆代表，自選出之翌日起算。

資方代表得因職務變動或出缺隨時改派之。勞方代表出缺或因故無法行

使職權時，由勞方候補代表依序遞補之。

前項勞方候補代表不足遞補時，應補選之。但資方代表人數調減至與勞方代表人數同額者，不在此限。

勞方候補代表之遞補順序，應依下列規定辦理：

一、事業單位依第三條第二項辦理勞資會議勞方代表分別選舉者，以該分別選舉所產生遞補名單之遞補代表遞補之。

二、未辦理分別選舉者，遞補名單應依選舉所得票數排定之遞補順序遞補之。

第 11 條

勞資會議代表選派完成後，事業單位應將勞資會議代表及勞方代表候補名單於十五日內報請當地主管機關備查；遞補、補選、改派或調減時，亦同。

第 12 條

勞資會議代表在會議中應克盡協調合作之精神，以加強勞雇關係，並保障勞工權益。

勞資會議代表應本誠實信用原則，共同促進勞資會議之順利進行，對於會議所必要之資料，應予提供。

勞資會議代表依本辦法出席勞資會議，雇主應給予公假。

雇主或代表雇主行使管理權之人，不得對於勞資會議代表因行使職權而有解僱、調職、減薪或其他不利之待遇。

第 13 條

勞資會議之議事範圍如下：

一、報告事項

（一）關於上次會議決議事項辦理情形。

（二）關於勞工人數、勞工異動情形、離職率等勞工動態。

（三）關於事業之生產計畫、業務概況及市場狀況等生產資訊。

（四）關於勞工活動、福利項目及工作環境改善等事項。

（五）其他報告事項。

二、討論事項

（一）關於協調勞資關係、促進勞資合作事項。

（二）關於勞動條件事項。

（三）關於勞工福利籌劃事項。

（四）關於提高工作效率事項。

（五）勞資會議代表選派及解任方式等相關事項。

（六）勞資會議運作事項。

（七）其他討論事項。

三、建議事項

工作規則之訂定及修正等事項，得列爲前項議事範圍。

第 14 條

勞資會議得議決邀請與議案有關人員列席說明或解答有關問題。

第 15 條

勞資會議得設專案小組處理有關議案、重要問題及辦理選舉工作。

第 16 條

勞資會議之主席，由勞資雙方代表各推派一人輪流擔任之。但必要時，得共同擔任之。

第 17 條

勞資會議議事事務，由事業單位指定人員辦理之。

第 18 條

勞資會議至少每三個月舉辦一次，必要時得召開臨時會議。

第 19 條

勞資會議應有勞資雙方代表各過半數之出席，協商達成共識後應做成決議；無法達成共識者，其決議應有出席代表四分之三以上之同意。

勞資會議代表因故無法出席時，得提出書面意見。

前項勞資會議未出席代表，不列入第一項出席及決議代表人數之計算。

第 20 條
勞資會議開會通知，事業單位應於會議七日前發出，會議之提案應於會議三日前分送各代表。

第 21 條
勞資會議紀錄應記載下列事項，並由主席及記錄人員分別簽署：
一、會議屆、次數。
二、會議時間。
三、會議地點。
四、出席、列席人員姓名。
五、報告事項。
六、討論事項及決議。
七、臨時動議及決議。
前項會議紀錄，應發給出席及列席人員。

第 22 條
勞資會議之決議，應由事業單位分送工會及有關部門辦理。
勞資雙方應本於誠實信用原則履行前項決議，有情事變更或窒礙難行時，得提交下次會議復議。

第 23 條
勞資會議之運作及代表選舉費用，應由事業單位負擔。

第 24 條
本辦法未規定者，依會議規範之規定。

第 25 條
本辦法自發布日施行。

PART 5

勞工保險與勞工職業災害
保險及保護

勞工保險條例

民國 110 年 4 月 28 日總統令修正公布。

第一章　總　則

第 1 條

爲保障勞工生活，促進社會安全，制定本條例；本條例未規定者，適用其他有關法律。

第 2 條

勞工保險之分類及其給付種類如下：

一、普通事故保險：分生育、傷病、失能、老年及死亡五種給付。

二、職業災害保險：分傷病、醫療、失能及死亡四種給付。

第 3 條

勞工保險之一切帳冊、單據及業務收支，均免課稅捐。

第 4 條

勞工保險之主管機關：在中央爲勞動部；在直轄市爲直轄市政府。

第二章　保險人、投保單位及被保險人

第 5 條

中央主管機關統籌全國勞工保險業務，設勞工保險局爲保險人，辦理勞工保險業務。爲監督勞工保險業務及審議保險爭議事項，由有關政府代表、勞工代表、資方代表及專家各佔四分之一爲原則，組織勞工保險監理委員會行之。

勞工保險局之組織及勞工保險監理委員會之組織，另以法律定之。

勞工保險爭議事項審議辦法，由中央主管機關擬訂，報請行政院核定之。

第 6 條

年滿十五歲以上，六十五歲以下之左列勞工，應以其雇主或所屬團體或所屬機構為投保單位，全部參加勞工保險為被保險人：

一、受僱於僱用勞工五人以上之公、民營工廠、礦場、鹽場、農場、牧場、林場、茶場之產業勞工及交通、公用事業之員工。
二、受僱於僱用五人以上公司、行號之員工。
三、受僱於僱用五人以上之新聞、文化、公益及合作事業之員工。
四、依法不得參加公務人員保險或私立學校教職員保險之政府機關及公、私立學校之員工。
五、受僱從事漁業生產之勞動者。
六、在政府登記有案之職業訓練機構接受訓練者。
七、無一定雇主或自營作業而參加職業工會者。
八、無一定雇主或自營作業而參加漁會之甲類會員。

前項規定，於經主管機關認定其工作性質及環境無礙身心健康之未滿十五歲勞工亦適用之。
前二項所稱勞工，包括在職外國籍員工。

第 7 條

前條第一項第一款至第三款規定之勞工參加勞工保險後，其投保單位僱用勞工減至四人以下時，仍應繼續參加勞工保險。

第 8 條

左列人員得準用本條例之規定，參加勞工保險：

一、受僱於第六條第一項各款規定各業以外之員工。
二、受僱於僱用未滿五人之第六條第一項第一款至第三款規定各業之員工。
三、實際從事勞動之雇主。
四、參加海員總工會或船長公會為會員之外僱船員。

前項人員參加保險後，非依本條例規定，不得中途退保。
第一項第三款規定之雇主，應與其受僱員工，以同一投保單位參加勞工

保險。

第 9 條

被保險人有左列情形之一者，得繼續參加勞工保險：

一、應徵召服兵役者。

二、派遣出國考察、研習或提供服務者。

三、因傷病請假致留職停薪，普通傷病未超過一年，職業災害未超過二年者。

四、在職勞工，年逾六十五歲繼續工作者。

五、因案停職或被羈押，未經法院判決確定者。

第 9-1 條

被保險人參加保險，年資合計滿十五年，被裁減資遣而自願繼續參加勞工保險者，由原投保單位為其辦理參加普通事故保險，至符合請領老年給付之日止。

前項被保險人繼續參加勞工保險及保險給付辦法，由中央主管機關定之。

第 10 條

各投保單位應為其所屬勞工，辦理投保手續及其他有關保險事務，並備僱用員工或會員名冊。

前項投保手續及其他有關保險事務，投保單位得委託其所隸屬團體或勞工團體辦理之。

保險人為查核投保單位勞工人數、工作情況及薪資，必要時，得查對其員工或會員名冊、出勤工作紀錄及薪資帳冊。

前項規定之表冊，投保單位應自被保險人離職、退會或結（退）訓之日起保存五年。

第 11 條

符合第六條規定之勞工，各投保單位應於其所屬勞工到職、入會、到訓、離職、退會、結訓之當日，列表通知保險人；其保險效力之開始或

停止，均自應為通知之當日起算。但投保單位非於勞工到職、入會、到訓之當日列表通知保險人者，除依本條例第七十二條規定處罰外，其保險效力之開始，均自通知之翌日起算。

第 12 條

被保險人退保後再參加保險時，其原有保險年資應予併計。

被保險人於八十八年十二月九日以後退職者，且於本條例六十八年二月二十一日修正前停保滿二年或七十七年二月五日修正前停保滿六年者，其停保前之保險年資應予併計。

前項被保險人已領取老年給付者，得於本條施行後二年內申請補發併計年資後老年給付之差額。

第三章　保險費

第 13 條

本保險之保險費，依被保險人當月投保薪資及保險費率計算。

普通事故保險費率，為被保險人當月投保薪資百分之七點五至百分之十三；本條例中華民國九十七年七月十七日修正之條文施行時，保險費率定為百分之七點五，施行後第三年調高百分之零點五，其後每年調高百分之零點五至百分之十，並自百分之十當年起，每兩年調高百分之零點五至上限百分之十三。但保險基金餘額足以支付未來二十年保險給付時，不予調高。

職業災害保險費率，分為行業別災害費率及上、下班災害費率二種，每三年調整一次，由中央主管機關擬訂，報請行政院核定，送請立法院查照。

僱用員工達一定人數以上之投保單位，前項行業別災害費率採實績費率，按其前三年職業災害保險給付總額占應繳職業災害保險費總額之比率，由保險人依下列規定，每年計算調整之：

一、超過百分之八十者，每增加百分之十，加收其適用行業之職業災害

　　保險費率之百分之五，並以加收至百分之四十爲限。
二、低於百分之七十者，每減少百分之十，減收其適用行業之職業災害
　　保險費率之百分之五。
前項實績費率實施之辦法，由中央主管機關定之。
職業災害保險之會計，保險人應單獨辦理。

第 14 條

前條所稱月投保薪資，係指由投保單位按被保險人之月薪資總額，依投
保薪資分級表之規定，向保險人申報之薪資；被保險人薪資以件計算
者，其月投保薪資，以由投保單位比照同一工作等級勞工之月薪資總
額，按分級表之規定申報者爲準。被保險人爲第六條第一項第七款、第
八款及第八條第一項第四款規定之勞工，其月投保薪資由保險人就投保
薪資分級表範圍內擬訂，報請中央主管機關核定適用之。
被保險人之薪資，如在當年二月至七月調整時，投保單位應於當年八月
底前將調整後之月投保薪資通知保險人；如在當年八月至次年一月調整
時，應於次年二月底前通知保險人。其調整均自通知之次月一日生效。
第一項投保薪資分級表，由中央主管機關擬訂，報請行政院核定之。

第 14-1 條

投保單位申報被保險人投保薪資不實者，由保險人按照同一行業相當等
級之投保薪資額逕行調整通知投保單位，調整後之投保薪資與實際薪資
不符時，應以實際薪資爲準。
依前項規定逕行調整之投保薪資，自調整之次月一日生效。

第 14-2 條

依第八條第一項第三款規定加保，其所得未達投保薪資分級表最高一級
者，得自行舉證申報其投保薪資。但最低不得低於所屬員工申報之最高
投保薪資適用之等級。

第 15 條

勞工保險保險費之負擔，依下列規定計算之：

一、第六條第一項第一款至第六款及第八條第一項第一款至第三款規定之被保險人，其普通事故保險費由被保險人負擔百分之二十，投保單位負擔百分之七十，其餘百分之十，由中央政府補助；職業災害保險費全部由投保單位負擔。

二、第六條第一項第七款規定之被保險人，其普通事故保險費及職業災害保險費，由被保險人負擔百分之六十，其餘百分之四十，由中央政府補助。

三、第六條第一項第八款規定之被保險人，其普通事故保險費及職業災害保險費，由被保險人負擔百分之二十，其餘百分之八十，由中央政府補助。

四、第八條第一項第四款規定之被保險人，其普通事故保險費及職業災害保險費，由被保險人負擔百分之八十，其餘百分之二十，由中央政府補助。

五、第九條之一規定之被保險人，其保險費由被保險人負擔百分之八十，其餘百分之二十，由中央政府補助。

第 16 條

勞工保險保險費依左列規定，按月繳納：

一、第六條第一項第一款至第六款及第八條第一項第一款至第三款規定之被保險人，其應自行負擔之保險費，由投保單位負責扣、收繳，並須於次月底前，連同投保單位負擔部分，一併向保險人繳納。

二、第六條第一項第七款、第八款及第八條第一項第四款規定之被保險人，其自行負擔之保險費，應按月向其所屬投保單位繳納，於次月底前繳清，所屬投保單位應於再次月底前，負責彙繳保險人。

三、第九條之一規定之被保險人，其應繳之保險費，應按月向其原投保單位或勞工團體繳納，由原投保單位或勞工團體於次月底前負責彙繳保險人。

勞工保險之保險費一經繳納，概不退還。但非歸責於投保單位或被保險人之事由所致者，不在此限。

第 17 條

投保單位對應繳納之保險費，未依前條第一項規定限期繳納者，得寬限十五日；如在寬限期間仍未向保險人繳納者，自寬限期滿之翌日起至完納前一日止，每逾一日加徵其應納費額百分之零點一滯納金；加徵之滯納金額，以至應納費額之百分之二十為限。

加徵前項滯納金十五日後仍未繳納者，保險人應就其應繳之保險費及滯納金，依法訴追。投保單位如無財產可供執行或其財產不足清償時，其主持人或負責人對逾期繳納有過失者，應負損害賠償責任。

保險人於訴追之日起，在保險費及滯納金未繳清前，暫行拒絕給付。但被保險人應繳部分之保險費已扣繳或繳納於投保單位者，不在此限。

第六條第一項第七款、第八款及第八條第一項第四款規定之被保險人，依第十五條規定負擔之保險費，應按期送交所屬投保單位彙繳。如逾寬限期間十五日而仍未送交者，其投保單位得適用第一項規定，代為加收滯納金彙繳保險人；加徵滯納金十五日後仍未繳納者，暫行拒絕給付。

第九條之一規定之被保險人逾二個月未繳保險費者，以退保論。其於欠繳保險費期間發生事故所領取之保險給付，應依法追還。

第 17-1 條

勞工保險之保險費及滯納金，優先於普通債權受清償。

第 18 條

被保險人發生保險事故，於其請領傷病給付或住院醫療給付未能領取薪資或喪失收入期間，得免繳被保險人負擔部分之保險費。

前項免繳保險費期間之年資，應予承認。

第四章　保險給付

第一節　通　則

第 19 條

被保險人於保險效力開始後停止前，發生保險事故者，被保險人或其受

益人得依本條例規定，請領保險給付。

以現金發給之保險給付，其金額按被保險人平均月投保薪資及給付標準計算。被保險人同時受僱於二個以上投保單位者，其普通事故保險給付之月投保薪資得合併計算，不得超過勞工保險投保薪資分級表最高一級。但連續加保未滿三十日者，不予合併計算。

前項平均月投保薪資之計算方式如下：

一、年金給付及老年一次金給付之平均月投保薪資：按被保險人加保期間最高六十個月之月投保薪資予以平均計算；參加保險未滿五年者，按其實際投保年資之平均月投保薪資計算。但依第五十八條第二項規定選擇一次請領老年給付者，按其退保之當月起前三年之實際月投保薪資平均計算；參加保險未滿三年者，按其實際投保年資之平均月投保薪資計算。

二、其他現金給付之平均月投保薪資：按被保險人發生保險事故之當月起前六個月之實際月投保薪資平均計算；其以日為給付單位者，以平均月投保薪資除以三十計算。

第二項保險給付標準之計算，於保險年資未滿一年者，依其實際加保月數按比例計算；未滿三十日者，以一個月計算。

被保險人如為漁業生產勞動者或航空、航海員工或坑內工，除依本條例規定請領保險給付外，於漁業、航空、航海或坑內作業中，遭遇意外事故致失蹤時，自失蹤之日起，按其平均月投保薪資百分之七十，給付失蹤津貼；於每滿三個月之期末給付一次，至生還之前一日或失蹤滿一年之前一日或受死亡宣告判決確定死亡時之前一日止。

被保險人失蹤滿一年或受死亡宣告判決確定死亡時，得依第六十四條規定，請領死亡給付。

第 20 條

被保險人在保險有效期間發生傷病事故，於保險效力停止後一年內，得請領同一傷病及其引起之疾病之傷病給付、失能給付、死亡給付或職業災害醫療給付。

被保險人在保險有效期間懷孕，且符合本條例第三十一條第一項第一款或第二款規定之參加保險日數，於保險效力停止後一年內，因同一懷孕事故而分娩或早產者，得請領生育給付。

第 20-1 條
被保險人退保後，經診斷確定於保險有效期間罹患職業病者，得請領職業災害保險失能給付。
前項得請領失能給付之對象、職業病種類、認定程序及給付金額計算等事項之辦法，由中央主管機關定之。

第 21 條（刪除）

第 21-1 條（刪除）

第 22 條
同一種保險給付，不得因同一事故而重複請領。

第 23 條
被保險人或其受益人或其他利害關係人，為領取保險給付，故意造成保險事故者，保險人除給與喪葬津貼外，不負發給其他保險給付之責任。

第 24 條
投保單位故意為不合本條例規定之人員辦理參加保險手續，領取保險給付者，保險人應依法追還；並取消該被保險人之資格。

第 25 條
被保險人無正當理由，不接受保險人特約醫療院、所之檢查或補具應繳之證件，或受益人不補具應繳之證件者，保險人不負發給保險給付之責任。

第 26 條
因戰爭變亂或因被保險人或其父母、子女、配偶故意犯罪行為，以致發生保險事故者，概不給與保險給付。

第 27 條

被保險人之養子女，其收養登記在保險事故發生時未滿六個月者，不得
享有領取保險給付之權利。

第 28 條

保險人為審核保險給付或勞工保險監理委員會為審議爭議案件認有必要
者，得向被保險人、受益人、投保單位、各該醫院、診所或領有執業執
照之醫師、助產士等要求提出報告，或調閱各該醫院、診所及投保單位
之病歷、薪資帳冊、檢查化驗紀錄或放射線診斷攝影片（X光照片）及
其他有關文件，被保險人、受益人、投保單位、各該醫院、診所及領有
執業執照之醫師或助產士等均不得拒絕。

第 29 條

被保險人、受益人或支出殯葬費之人領取各種保險給付之權利，不得讓
與、抵銷、扣押或供擔保。

依本條例規定請領保險給付者，得檢具保險人出具之證明文件，於金融
機構開立專戶，專供存入保險給付之用。

前項專戶內之存款，不得作為抵銷、扣押、供擔保或強制執行之標的。

被保險人已領取之保險給付，經保險人撤銷或廢止，應繳還而未繳還
者，保險人得以其本人或其受益人請領之保險給付扣減之。

被保險人有未償還第六十七條第一項第四款之貸款本息者，於被保險人
或其受益人請領保險給付時逕予扣減之。

前項未償還之貸款本息，不適用下列規定，並溯自中華民國九十二年一
月二十二日施行：

一、消費者債務清理條例有關債務免責之規定。

二、破產法有關債務免責之規定。

三、其他法律有關請求權消滅時效規定。

第四項及第五項有關扣減保險給付之種類、方式及金額等事項之辦法，
由中央主管機關定之。

保險人應每年書面通知有未償還第六十七條第一項第四款貸款本息之被

保險人或其受益人之積欠金額,並請其依規定償還。

第 29-1 條
依本條例以現金發給之保險給付,經保險人核定後,應在十五日內給付之;年金給付應於次月底前給付。如逾期給付可歸責於保險人者,其逾期部分應加給利息。

第 30 條
領取保險給付之請求權,自得請領之日起,因五年間不行使而消滅。

第二節　生育給付

第 31 條
被保險人合於左列情形之一者,得請領生育給付:
一、參加保險滿二百八十日後分娩者。
二、參加保險滿一百八十一日後早產者。
三、參加保險滿八十四日後流產者。
被保險人之配偶分娩、早產或流產者,比照前項規定辦理。

第 32 條
生育給付標準,依下列各款辦理:
一、被保險人或其配偶分娩或早產者,按被保險人平均月投保薪資一次給與分娩費三十日,流產者減半給付。
二、被保險人分娩或早產者,除給與分娩費外,並按其平均月投保薪資一次給與生育補助費六十日。
三、分娩或早產為雙生以上者,分娩費及生育補助費比例增給。
被保險人難產已申領住院診療給付者,不再給與分娩費。
被保險人同時符合相關社會保險生育給付或因軍公教身分請領國家給與之生育補助請領條件者,僅得擇一請領。但農民健康保險者,不在此限。

第三節　傷病給付

第 33 條

被保險人遭遇普通傷害或普通疾病住院診療，不能工作，以致未能取得原有薪資，正在治療中者，自不能工作之第四日起，發給普通傷害補助費或普通疾病補助費。

第 34 條

被保險人因執行職務而致傷害或職業病不能工作，以致未能取得原有薪資，正在治療中者，自不能工作之第四日起，發給職業傷害補償費或職業病補償費。職業病種類表如附表一。

前項因執行職務而致傷病之審查準則，由中央主管機關定之。

第 35 條

普通傷害補助費及普通疾病補助費，均按被保險人平均月投保薪資半數發給，每半個月給付一次，以六個月爲限。但傷病事故前參加保險之年資合計已滿一年者，增加給付六個月。

第 36 條

職業傷害補償費及職業病補償費，均按被保險人平均月投保薪資百分之七十發給，每半個月給付一次；如經過一年尚未痊癒者，其職業傷害或職業病補償費減爲平均月投保薪資之半數，但以一年爲限。

第 37 條

被保險人在傷病期間，已領足前二條規定之保險給付者，於痊癒後繼續參加保險時，仍得依規定請領傷病給付。

第 38 條（刪除）

第四節　醫療給付

第 39 條

醫療給付分門診及住院診療。

第 39-1 條
為維護被保險人健康，保險人應訂定辦法，辦理職業病預防。
前項辦法，應報請中央主管機關核定之。

第 40 條
被保險人罹患傷病時，應向保險人自設或特約醫療院、所申請診療。

第 41 條
門診給付範圍如左：
一、診察（包括檢驗及會診）。
二、藥劑或治療材料。
三、處置、手術或治療。
前項費用，由被保險人自行負擔百分之十。但以不超過中央主管機關規定之最高負擔金額為限。

第 42 條
被保險人合於左列規定之一，經保險人自設或特約醫療院、所診斷必須住院治療者，由其投保單位申請住院診療。但緊急傷病，須直接住院診療者，不在此限。
一、因職業傷害者。
二、因罹患職業病者。
三、因普通傷害者。
四、因罹患普通疾病，於申請住院診療前參加保險之年資合計滿四十五日者。

第 42-1 條
被保險人罹患職業傷病時，應由投保單位填發職業傷病門診單或住院申請書（以下簡稱職業傷病醫療書單）申請診療；投保單位未依規定填發者，被保險人得向保險人請領，經查明屬實後發給。
被保險人未檢具前項職業傷病醫療書單，經醫師診斷罹患職業病者，得由醫師開具職業病門診單；醫師開具資格之取得、喪失及門診單之申

領、使用辦法，由保險人擬訂，報請中央主管機關核定發布。

第 43 條

住院診療給付範圍如左：

一、診察（包括檢驗及會診）。

二、藥劑或治療材料。

三、處置、手術或治療。

四、膳食費用三十日內之半數。

五、勞保病房之供應，以公保病房為準。

前項第一款至第三款及第五款費用，由被保險人自行負擔百分之五。但以不超過中央主管機關規定之最高負擔金額為限。

被保險人自願住較高等病房者，除依前項規定負擔外，其超過之勞保病房費用，由被保險人負擔。

第二項及第四十一條第二項之實施日期及辦法，應經立法院審議通過後實施之。

第 44 條

醫療給付不包括法定傳染病、麻醉藥品嗜好症、接生、流產、美容外科、義齒、義眼、眼鏡或其他附屬品之裝置、病人運輸、特別護士看護、輸血、掛號費、證件費、醫療院、所無設備之診療及第四十一條、第四十三條未包括之項目。但被保險人因緊急傷病，經保險人自設或特約醫療院、所診斷必須輸血者，不在此限。

第 45 條

被保險人因傷病住院診療，住院日數超過一個月者，每一個月應由醫院辦理繼續住院手續一次。

住院診療之被保險人，經保險人自設或特約醫院診斷認為可出院療養時，應即出院；如拒不出院時，其繼續住院所需費用，由被保險人負擔。

第 46 條

被保險人有自由選擇保險人自設或特約醫療院、所診療之權利，但有特殊規定者，從其規定。

第 47 條（**刪除**）

第 48 條

被保險人在保險有效期間領取醫療給付者，仍得享有其他保險給付之權利。

第 49 條

被保險人診療所需之費用，由保險人逕付其自設或特約醫療院、所，被保險人不得請領現金。

第 50 條

在本條例施行區域內之各級公立醫療院、所符合規定者，均應為勞工保險之特約醫療院、所。各投保單位附設之醫療院、所及私立醫療院、所符合規定者，均得申請為勞工保險之特約醫療院、所。

前項勞工保險特約醫療院、所特約及管理辦法，由中央主管機關會同中央衛生主管機關定之。

第 51 條

各特約醫療院、所辦理門診或住院診療業務，其診療費用，應依照勞工保險診療費用支付標準表及用藥種類與價格表支付之。

前項勞工保險診療費用支付標準表及用藥種類與價格表，由中央主管機關會同中央衛生主管機關定之。

保險人為審核第一項診療費用，應聘請各科醫藥專家組織診療費用審查委員會審核之；其辦法由中央主管機關定之。

第 52 條

投保單位填具之門診就診單或住院申請書，不合保險給付、醫療給付、住院診療之規定，或虛偽不實或交非被保險人使用者，其全部診療費用

應由投保單位負責償付。

特約醫療院、所對被保險人之診療不屬於醫療給付範圍者，其診療費用應由醫療院、所或被保險人自行負責。

第五節　失能給付

第 53 條

被保險人遭遇普通傷害或罹患普通疾病，經治療後，症狀固定，再行治療仍不能期待其治療效果，經保險人自設或特約醫院診斷為永久失能，並符合失能給付標準規定者，得按其平均月投保薪資，依規定之給付標準，請領失能補助費。

前項被保險人或被保險人為身心障礙者權益保障法所定之身心障礙者，經評估為終身無工作能力者，得請領失能年金給付。其給付標準，依被保險人之保險年資計算，每滿一年，發給其平均月投保薪資之百分之一點五五；金額不足新臺幣四千元者，按新臺幣四千元發給。

前項被保險人具有國民年金保險年資者，得依各保險規定分別核計相關之年金給付，並由保險人合併發給，其所需經費由各保險分別支應。

本條例中華民國九十七年七月十七日修正之條文施行前有保險年資者，於符合第二項規定條件時，除依前二項規定請領年金給付外，亦得選擇一次請領失能給付，經保險人核付後，不得變更。

第 54 條

被保險人遭遇職業傷害或罹患職業病，經治療後，症狀固定，再行治療仍不能期待其治療效果，經保險人自設或特約醫院診斷為永久失能，並符合失能給付標準規定發給一次金者，得按其平均月投保薪資，依規定之給付標準，增給百分之五十，請領失能補償費。

前項被保險人經評估為終身無工作能力，並請領失能年金給付者，除依第五十三條規定發給年金外，另按其平均月投保薪資，一次發給二十個月職業傷病失能補償一次金。

第 54-1 條

前二條失能種類、狀態、等級、給付額度、開具診斷書醫療機構層級及審核基準等事項之標準，由中央主管機關定之。

前項標準，應由中央主管機關建立個別化之專業評估機制，作為失能年金給付之依據。

前項個別化之專業評估機制，應於本條例中華民國九十七年七月十七日修正之條文公布後五年施行。

第 54-2 條

請領失能年金給付者，同時有符合下列條件之眷屬時，每一人加發依第五十三條規定計算後金額百分之二十五之眷屬補助，最多加計百分之五十：

一、配偶應年滿五十五歲且婚姻關係存續一年以上。但有下列情形之一者，不在此限：

（一）無謀生能力。

（二）扶養第三款規定之子女。

二、配偶應年滿四十五歲且婚姻關係存續一年以上，且每月工作收入未超過投保薪資分級表第一級。

三、子女應符合下列條件之一。但養子女須有收養關係六個月以上：

（一）未成年。

（二）無謀生能力。

（三）二十五歲以下，在學，且每月工作收入未超過投保薪資分級表第一級。

前項所稱無謀生能力之範圍，由中央主管機關定之。

第一項各款眷屬有下列情形之一時，其加給眷屬補助應停止發給：

一、配偶：

（一）再婚。

（二）未滿五十五歲，且其扶養之子女不符合第一項第三款所定請領條件。

（三）不符合第一項第二款所定請領條件。

二、子女不符合第一項第三款所定之請領條件。

三、入獄服刑、因案羈押或拘禁。

四、失蹤。

前項第三款所稱拘禁，指受拘留、留置、觀察勒戒、強制戒治、保安處分或感訓處分裁判之宣告，在特定處所執行中，其人身自由受剝奪或限制者。但執行保護管束、僅受通緝尚未到案、保外就醫及假釋中者，不包括在內。

第 55 條

被保險人之身體原已局部失能，再因傷病致身體之同一部位失能程度加重或不同部位發生失能者，保險人應按其加重部分之失能程度，依失能給付標準計算發給失能給付。但合計不得超過第一等級之給付標準。

前項被保險人符合失能年金給付條件，並請領失能年金給付者，保險人應按月發給失能年金給付金額之百分之八十，至原已局部失能程度依失能給付標準所計算之失能一次金給付金額之半數扣減完畢為止。

前二項被保險人在保險有效期間原已局部失能，而未請領失能給付者，保險人應按其加重後之失能程度，依失能給付標準計算發給失能給付。但合計不得超過第一等級之給付標準。

第 56 條

保險人於審核失能給付，認為有複檢必要時，得另行指定醫院或醫師複檢，其費用由保險基金負擔。

被保險人領取失能年金給付後，保險人應至少每五年審核其失能程度。但經保險人認為無須審核者，不在此限。

保險人依前項規定審核領取失能年金給付者之失能程度，認為已減輕至不符合失能年金請領條件時，應停止發給其失能年金給付，另發給失能一次金。

第 57 條

被保險人經評估為終身無工作能力，領取失能給付者，應由保險人逕予退保。

第六節　老年給付

第 58 條

年滿六十歲有保險年資者，得依下列規定請領老年給付：

一、保險年資合計滿十五年者，請領老年年金給付。

二、保險年資合計未滿十五年者，請領老年一次金給付。

本條例中華民國九十七年七月十七日修正之條文施行前有保險年資者，於符合下列規定之一時，除依前項規定請領老年給付外，亦得選擇一次請領老年給付，經保險人核付後，不得變更：

一、參加保險之年資合計滿一年，年滿六十歲或女性被保險人年滿五十五歲退職者。

二、參加保險之年資合計滿十五年，年滿五十五歲退職者。

三、在同一投保單位參加保險之年資合計滿二十五年退職者。

四、參加保險之年資合計滿二十五年，年滿五十歲退職者。

五、擔任具有危險、堅強體力等特殊性質之工作合計滿五年，年滿五十五歲退職者。

依前二項規定請領老年給付者，應辦理離職退保。

被保險人請領老年給付者，不受第三十條規定之限制。

第一項老年給付之請領年齡，於本條例中華民國九十七年七月十七日修正之條文施行之日起，第十年提高一歲，其後每二年提高一歲，以提高至六十五歲為限。

被保險人已領取老年給付者，不得再行參加勞工保險。

被保險人擔任具有危險、堅強體力等特殊性質之工作合計滿十五年，年滿五十五歲，並辦理離職退保者，得請領老年年金給付，且不適用第五項及第五十八條之二規定。

第二項第五款及前項具有危險、堅強體力等特殊性質之工作，由中央主

管機關定之。

第 58-1 條

老年年金給付，依下列方式擇優發給：

一、保險年資合計每滿一年，按其平均月投保薪資之百分之零點七七五
　　計算，並加計新臺幣三千元。

二、保險年資合計每滿一年，按其平均月投保薪資之百分之一點五五計
　　算。

第 58-2 條

符合第五十八條第一項第一款及第五項所定請領老年年金給付條件而延
後請領者，於請領時應發給展延老年年金給付。每延後一年，依前條規
定計算之給付金額增給百分之四，最多增給百分之二十。

被保險人保險年資滿十五年，未符合第五十八條第一項及第五項所定請
領年齡者，得提前五年請領老年年金給付，每提前一年，依前條規定計
算之給付金額減給百分之四，最多減給百分之二十。

第 59 條

依第五十八條第一項第二款請領老年一次金給付或同條第二項規定一次
請領老年給付者，其保險年資合計每滿一年，按其平均月投保薪資發給
一個月；其保險年資合計超過十五年者，超過部分，每滿一年發給二個
月，最高以四十五個月為限。

被保險人逾六十歲繼續工作者，其逾六十歲以後之保險年資，最多以五
年計，合併六十歲以前之一次請領老年給付，最高以五十個月為限。

第 60 條（刪除）

第 61 條（刪除）

第七節　死亡給付

第 62 條

被保險人之父母、配偶或子女死亡時，依左列規定，請領喪葬津貼：

一、被保險人之父母、配偶死亡時，按其平均月投保薪資，發給三個月。

二、被保險人之子女年滿十二歲死亡時，按其平均月投保薪資，發給二個半月。

三、被保險人之子女未滿十二歲死亡時，按其平均月投保薪資，發給一個半月。

第 63 條

被保險人在保險有效期間死亡時，除由支出殯葬費之人請領喪葬津貼外，遺有配偶、子女、父母、祖父母、受其扶養之孫子女或受其扶養之兄弟、姊妹者，得請領遺屬年金給付。

前項遺屬請領遺屬年金給付之條件如下：

一、配偶符合第五十四條之二第一項第一款或第二款規定者。

二、子女符合第五十四條之二第一項第三款規定者。

三、父母、祖父母年滿五十五歲，且每月工作收入未超過投保薪資分級表第一級者。

四、孫子女符合第五十四條之二第一項第三款第一目至第三目規定情形之一者。

五、兄弟、姊妹符合下列條件之一：

　　（一）有第五十四條之二第一項第三款第一目或第二目規定情形。

　　（二）年滿五十五歲，且每月工作收入未超過投保薪資分級表第一級。

第一項被保險人於本條例中華民國九十七年七月十七日修正之條文施行前有保險年資者，其遺屬除得依前項規定請領年金給付外，亦得選擇一次請領遺屬津貼，不受前項條件之限制，經保險人核付後，不得變更。

第 63-1 條

被保險人退保，於領取失能年金給付或老年年金給付期間死亡者，其符合前條第二項規定之遺屬，得請領遺屬年金給付。

前項被保險人於本條例中華民國九十七年七月十七日修正之條文施行前

有保險年資者，其遺屬除得依前項規定請領年金給付外，亦得選擇一次請領失能給付或老年給付，扣除已領年金給付總額之差額，不受前條第二項條件之限制，經保險人核付後，不得變更。

被保險人保險年資滿十五年，並符合第五十八條第二項各款所定之條件，於未領取老年給付前死亡者，其符合前條第二項規定之遺屬，得請領遺屬年金給付。

前項被保險人於本條例中華民國九十七年七月十七日修正之條文施行前有保險年資者，其遺屬除得依前項規定請領年金給付外，亦得選擇一次請領老年給付，不受前條第二項條件之限制，經保險人核付後，不得變更。

第 63-2 條

前二條所定喪葬津貼、遺屬年金及遺屬津貼給付標準如下：

一、喪葬津貼：按被保險人平均月投保薪資一次發給五個月。但其遺屬不符合請領遺屬年金給付或遺屬津貼條件，或無遺屬者，按其平均月投保薪資一次發給十個月。

二、遺屬年金：

（一）依第六十三條規定請領遺屬年金者：依被保險人之保險年資合計每滿一年，按其平均月投保薪資之百分之一點五五計算。

（二）依前條規定請領遺屬年金者：依失能年金或老年年金給付標準計算後金額之半數發給。

三、遺屬津貼：

（一）參加保險年資合計未滿一年者，按被保險人平均月投保薪資發給十個月。

（二）參加保險年資合計已滿一年而未滿二年者，按被保險人平均月投保薪資發給二十個月。

（三）參加保險年資合計已滿二年者，按被保險人平均月投保薪資發給三十個月。

前項第二款之遺屬年金給付金額不足新臺幣三千元者，按新臺幣三千元發給。

遺屬年金給付於同一順序之遺屬有二人以上時，每多一人加發依第一項第二款及前項規定計算後金額之百分之二十五，最多加計百分之五十。

第 63-3 條

遺屬具有受領二個以上遺屬年金給付之資格時，應擇一請領。

本條例之喪葬津貼、遺屬年金給付及遺屬津貼，以一人請領為限。符合請領條件者有二人以上時，應共同具領，未共同具領或保險人核定前如另有他人提出請領，保險人應通知各申請人協議其中一人代表請領，未能協議者，喪葬津貼應以其中核計之最高給付金額，遺屬津貼及遺屬年金給付按總給付金額平均發給各申請人。

同一順序遺屬有二人以上，有其中一人請領遺屬年金時，應發給遺屬年金給付。但經共同協議依第六十三條第三項、第六十三條之一第二項及第四項規定一次請領給付者，依其協議辦理。

保險人依前二項規定發給遺屬給付後，尚有未具名之其他當序遺屬時，應由具領之遺屬負責分與之。

第 63-4 條

領取遺屬年金給付者，有下列情形之一時，其年金給付應停止發給：

一、配偶：

　　（一）再婚。

　　（二）未滿五十五歲，且其扶養之子女不符合第六十三條第二項第二款所定請領條件。

　　（三）不符合第六十三條第二項第一款所定請領條件。

二、子女、父母、祖父母、孫子女、兄弟、姊妹，於不符合第六十三條第二項第二款至第五款所定請領條件。

三、有第五十四條之二第三項第三款、第四款規定之情形。

第 64 條

被保險人因職業災害致死亡者，除由支出殯葬費之人依第六十三條之二第一項第一款規定請領喪葬津貼外，有符合第六十三條第二項規定之遺屬者，得請領遺屬年金給付及按被保險人平均月投保薪資，一次發給十個月職業災害死亡補償一次金。

前項被保險人之遺屬依第六十三條第三項規定一次請領遺屬津貼者，按被保險人平均月投保薪資發給四十個月。

第 65 條

受領遺屬年金給付及遺屬津貼之順序如下：

一、配偶及子女。

二、父母。

三、祖父母。

四、孫子女。

五、兄弟、姊妹。

前項當序受領遺屬年金給付或遺屬津貼者存在時，後順序之遺屬不得請領。

前項第一順序之遺屬全部不符合請領條件，或有下列情形之一且無同順序遺屬符合請領條件時，第二順序之遺屬得請領遺屬年金給付：

一、在請領遺屬年金給付期間死亡。

二、行蹤不明或於國外。

三、提出放棄請領書。

四、於符合請領條件起一年內未提出請領者。

前項遺屬年金嗣第一順序之遺屬主張請領或再符合請領條件時，即停止發給，並由第一順序之遺屬請領；但已發放予第二順位遺屬之年金不得請求返還，第一順序之遺屬亦不予補發。

第八節　年金給付之申請及核發

第 65-1 條

被保險人或其受益人符合請領年金給付條件者，應填具申請書及檢附相關文件向保險人提出申請。

前項被保險人或其受益人，經保險人審核符合請領規定者，其年金給付自申請之當月起，按月發給，至應停止發給之當月止。

遺屬年金之受益人未於符合請領條件之當月提出申請者，其提出請領之日起前五年得領取之給付，由保險人依法追溯補給之。但已經其他受益人請領之部分，不適用之。

第 65-2 條

被保險人或其遺屬請領年金給付時，保險人得予以查證，並得於查證期間停止發給，經查證符合給付條件者，應補發查證期間之給付，並依規定繼續發給。

領取年金給付者不符合給付條件或死亡時，本人或其法定繼承人應自事實發生之日起三十日內，檢具相關文件資料，通知保險人，自事實發生之次月起停止發給年金給付。

領取年金給付者死亡，應發給之年金給付未及撥入其帳戶時，得由其法定繼承人檢附申請人死亡戶籍謄本及法定繼承人戶籍謄本請領之；法定繼承人有二人以上時，得檢附共同委任書及切結書，由其中一人請領。

領取年金給付者或其法定繼承人未依第二項規定通知保險人致溢領年金給付者，保險人應以書面命溢領人於三十日內繳還；保險人並得自匯發年金給付帳戶餘額中追回溢領之年金給付。

第 65-3 條

被保險人或其受益人符合請領失能年金、老年年金或遺屬年金給付條件時，應擇一請領失能、老年給付或遺屬津貼。

第 65-4 條

本保險之年金給付金額，於中央主計機關發布之消費者物價指數累計成

長率達正負百分之五時，即依該成長率調整之。

第 65-5 條

保險人或勞工保險監理委員會為處理本保險業務所需之必要資料，得洽請相關機關提供之，各該機關不得拒絕。

保險人或勞工保險監理委員會依規定所取得之資料，應盡善良管理人之注意義務，確實辦理資訊安全稽核作業，其保有、處理及利用，並應遵循電腦處理個人資料保護法之規定。

第五章　保險基金及經費

第 66 條

勞工保險基金之來源如左：

一、創立時政府一次撥付之金額。

二、當年度保險費及其孳息之收入與保險給付支出之結餘。

三、保險費滯納金。

四、基金運用之收益。

第 67 條

勞工保險基金，經勞工保險監理委員會之通過，得為左列之運用：

一、對於公債、庫券及公司債之投資。

二、存放於公營銀行或中央主管機關指定之金融機構。

三、自設勞保醫院之投資及特約公立醫院勞保病房整修之貸款；其辦法，由中央主管機關定之。

四、對於被保險人之貸款。

五、政府核准有利於本基金收入之投資。

勞工保險基金除作為前項運用及保險給付支出外，不得移作他用或轉移處分；其管理辦法，由中央主管機關定之。基金之收支、運用情形及其積存數額，應由保險人報請中央主管機關按年公告之。

第一項第四款對於被保險人之貸款資格、用途、額度、利率、期限及還

款方式等事項,應由保險人報請中央主管機關公告之。

第 68 條

勞工保險機構辦理本保險所需之經費,由保險人按編製預算之當年六月份應收保險費百分之五點五全年伸算數編列預算,經勞工保險監理委員會審議通過後,由中央主管機關撥付之。

第 69 條

勞工保險如有虧損,在中央勞工保險局未成立前,應由中央主管機關審核撥補。

第六章　罰　則

第 70 條

以詐欺或其他不正當行為領取保險給付或為虛偽之證明、報告、陳述及申報診療費用者,除按其領取之保險給付或診療費用處以二倍罰鍰外,並應依民法請求損害賠償;其涉及刑責者,移送司法機關辦理。特約醫療院、所因此領取之診療費用,得在其已報應領費用內扣除。

第 71 條

勞工違背本條例規定,不參加勞工保險及辦理勞工保險手續者,處一百元以上、五百元以下罰鍰。

第 72 條

投保單位違反本條例規定,未為其所屬勞工辦理投保手續者,按自僱用之日起,至參加保險之前一日或勞工離職日止應負擔之保險費金額,處四倍罰鍰。勞工因此所受之損失,並應由投保單位依本條例規定之給付標準賠償之。

投保單位未依本條例之規定負擔被保險人之保險費,而由被保險人負擔者,按應負擔之保險費金額,處二倍罰鍰。投保單位並應退還該保險費與被保險人。

投保單位違反本條例規定，將投保薪資金額以多報少或以少報多者，自事實發生之日起，按其短報或多報之保險費金額，處四倍罰鍰，並追繳其溢領給付金額。勞工因此所受損失，應由投保單位賠償之。

投保單位於保險人依第十條第三項規定為查對時，拒不出示者，或違反同條第四項規定者，處新臺幣六千元以上一萬八千元以下罰鍰。

投保單位於本條例中華民國九十七年五月十六日修正生效前，依第十七條第一項規定加徵滯納金至應納費額一倍者，其應繳之保險費仍未向保險人繳納，且未經保險人處以罰鍰或處以罰鍰未執行者，不再裁處或執行。

第 73 條

本條例所規定之罰鍰，經催告送達後，無故逾三十日，仍不繳納者，移送法院強制執行。

第七章　附　則

第 74 條

失業保險之保險費率、實施地區、時間及辦法，由行政院以命令定之。

第 74-1 條

被保險人於本條例中華民國九十七年七月十七日修正之條文施行前發生失能、老年或死亡保險事故，其本人或其受益人領取保險給付之請求權未超過第三十條所定之時效者，得選擇適用保險事故發生時或請領保險給付時之規定辦理。

第 74-2 條

本條例中華民國九十七年七月十七日修正之條文施行後，被保險人符合本保險及國民年金保險老年給付請領資格者，得向任一保險人同時請領，並由受請求之保險人按其各該保險之年資，依規定分別計算後合併發給；屬他保險應負擔之部分，由其保險人撥還。

前項被保險人於各該保險之年資，未達請領老年年金給付之年限條件，

而併計他保險之年資後已符合者,亦得請領老年年金給付。

被保險人發生失能或死亡保險事故,被保險人或其遺屬同時符合國民年金保險給付條件時,僅得擇一請領。

第 75 條(刪除)

第 76 條

被保險人於轉投軍人保險、公務人員保險或私立學校教職員保險時,不合請領老年給付條件者,其依本條例規定參加勞工保險之年資應予保留,於其年老依法退職時,得依本條例第五十九條規定標準請領老年給付。

前項年資之保留辦法,由中央主管機關擬訂,報請行政院核定之。

第 76-1 條

本條例第二條、第三十一條、第三十二條及第三十九條至第五十二條有關生育給付分娩費及普通事故保險醫療給付部分,於全民健康保險施行後,停止適用。

第 77 條

本條例施行細則,由中央主管機關擬訂,報請行政院核定之。

第 78 條

本條例施行區域,由行政院以命令定之。

第 79 條

本條例自公布日施行。

本條例中華民國九十七年七月十七日修正條文施行日期,除另定施行日期者外,由行政院定之。

本條例中華民國一百年四月八日修正之第十五條之施行日期,由行政院定之。

勞工職業災害保險職業傷病審查準則

民國 111 年 3 月 9 日勞動部令修正發布。

第一章　總　　則

第 1 條
本準則依勞工職業災害保險及保護法（以下簡稱本法）第二十七條第三項規定訂定之。

第 2 條
被保險人遭遇職業傷害或罹患職業病（以下簡稱職業傷病）之審查，依本準則辦理；本準則未規定者，依其他相關法令辦理。

第二章　職業傷害類型

第 3 條
被保險人因執行職務而致傷害者，爲職業傷害。

被保險人執行職務而受動物或植物傷害者，爲職業傷害。

第 4 條
被保險人上、下班，於適當時間，從日常居、住處所往返勞動場所，或因從事二份以上工作而往返於勞動場所間之應經途中發生事故而致之傷害，視爲職業傷害。

前項被保險人爲在學學生或建教合作班學生，於上、下班直接往返學校與勞動場所之應經途中發生事故而致之傷害，視爲職業傷害。

第 5 條
被保險人於作業前後，發生下列事故而致之傷害，視爲職業傷害：

一、因作業之準備行爲及收拾行爲所發生之事故。

二、在雇主之指揮監督或勞務管理上之必要下，有下列情形之一發生事故：

（一）從工作場所往返飯廳或集合地之途中。

（二）爲接受及返還作業器具，或受領工資及其他相關例行事務時，從工作場所往返事務所之途中。

第6條

被保險人有下列情形之一，因工作場所設施、設備或管理之缺陷發生事故而致之傷害，視爲職業傷害：

一、於作業開始前，在等候中。

二、於作業時間中斷或休息中。

三、於作業終了後，經雇主核准利用工作場所設施或設備。

第7條

被保險人於工作時間中基於生理需要於如廁或飲水時發生事故而致之傷害，視爲職業傷害。

第8條

被保險人於緊急情況下，臨時從事其他工作，該項工作如爲雇主期待其僱用勞工所應爲之行爲而致之傷害，視爲職業傷害。

第9條

被保險人因公出差或其他職務上原因於工作場所外從事作業，由日常居、住處所或工作場所出發，至公畢返回日常居、住處所或工作場所期間之職務活動及合理途徑發生事故而致之傷害，視爲職業傷害。

被保險人於非工作時間因雇主臨時指派出勤，於直接前往勞動場所之合理途徑發生事故而致之傷害，視爲職業傷害。

第10條

被保險人經雇主指派參加進修訓練、技能檢定、技能競賽、慶典活動、體育活動或其他活動，由日常居、住處所或勞動場所出發，至活動完畢返回日常居、住處所或勞動場所期間，因雇主指派之活動及合理途徑發

生事故而致之傷害，視爲職業傷害。

本法第七條及第九條第一項第三款規定之被保險人，經所屬團體指派參加前項各類活動，由日常居、住處所或勞動場所出發，至活動完畢返回日常居、住處所或勞動場所期間，因所屬團體指派之活動及合理途徑發生事故而致之傷害，視爲職業傷害。

第 11 條

被保險人由於執行職務關係，因他人之行爲發生事故而致之傷害，視爲職業傷害。

第 12 條

被保險人於執行職務時，因天然災害直接發生事故導致之傷害，不得視爲職業傷害。但因天然災害間接導致之意外傷害或從事之業務遭受天然災害之危險性較高者，不在此限。

第 13 條

被保險人利用雇主爲勞務管理所提供之附設設施或設備，因設施或設備之缺陷發生事故而致之傷害，視爲職業傷害。

第 14 條

被保險人參加雇主舉辦之康樂活動或其他活動，因雇主管理或提供設施、設備之缺陷發生事故而致之傷害，視爲職業傷害。

第 15 條

被保險人因職業傷病，於下列情形再發生事故而致傷害，視爲職業傷害：

一、經雇主同意自勞動場所直接往返醫療院所診療，或下班後自勞動場所直接前往醫療院所診療，及診療後返回日常居住處所之應經途中。

二、職業傷病醫療期間，自日常居住處所直接往返醫療院所診療之應經途中。

第 16 條

被保險人於工作日之用餐時間中或為加班、值班,如雇主未規定必須於工作場所用餐,而為必要之外出用餐,於用餐往返應經途中發生事故而致之傷害視為職業傷害。

第 17 條

被保險人於第四條、第九條、第十條、第十五條及第十六條之規定而有下列情事之一者,不得視為職業傷害:
一、非日常生活所必需之私人行為。
二、未領有駕駛車種之駕駛執照駕車。
三、受吊扣期間、吊銷或註銷駕駛執照處分駕車。
四、行經有燈光號誌管制之交岔路口違規闖紅燈。
五、闖越鐵路平交道。
六、酒精濃度超過規定標準、吸食毒品、迷幻藥、麻醉藥品及其他相關類似之管制藥品駕駛車輛。
七、未依規定使用高速公路、快速公路或設站管制道路之路肩。
八、駕駛車輛在道路上競駛、競技、蛇行或以其他危險方式駕駛車輛。
九、駕駛車輛不按遵行之方向行駛或不依規定駛入來車道。

第三章　職業病種類

第 18 條

被保險人因執行職務所患之疾病,符合下列情形之一者,為職業病:
一、為勞工職業災害保險職業病種類表所列之疾病,如附表。
二、經勞動部職業病鑑定會鑑定為職業病或工作相關疾病。

第 19 條

被保險人疾病之促發或惡化與作業有相當因果關係者,視為職業病。

第 20 條

被保險人罹患精神疾病,而該疾病與執行職務有相當因果關係者,視為

職業病。

第四章　認定基準及審查程序

第 21 條

本法第二十七條所定職業傷病之認定，保險人應於審查程序中，就下列事項判斷：

一、職業傷害：事故發生時間、地點、經過、事故與執行職務之關連、傷害與事故之因果關係及其他相關事項。

二、職業病：罹患疾病前之職業危害暴露、罹患疾病之證據、疾病與職業暴露之因果關係及其他相關事項。

第 22 條

被保險人、受益人、支出殯葬費之人或投保單位，應於申請保險給付時，就前條各款事項，陳述意見或提供證據。

未依前項規定陳述意見或提供證據者，保險人得通知限期補正；屆期不補正，且就相關事實及證據無法認定為職業傷病者，保險人不發給保險給付。

被保險人、受益人、支出殯葬費之人就第一項，所陳述之意見或提供之證據與投保單位不一致時，保險人應請投保單位提出反證；投保單位未提出反證者，保險人應以被保險人之意見或證據，綜合其他相關事實及證據審查。

第 23 條

保險人為審核職業傷病認有必要時，得依下列方式，進行調查：

一、實地訪查。

二、向醫事服務機構調閱被保險人病歷。

三、洽詢被保險人主治醫師或保險人特約專科醫師提供之醫理意見。

四、洽請本法第七十三條第一項認可之醫療機構職業醫學科專科醫師提供職業病評估之專業意見。

五、向機關、團體、法人或個人洽調必要之資料。

第五章　附　則

第 24 條
本準則於本法第八條之被保險人，亦適用之。

第 25 條
本準則自中華民國一百十一年五月一日施行。

勞工職業災害保險及保護法

民國 110 年 4 月 30 日總統令制定公布。

第一章　總　則

第 1 條

爲保障遭遇職業災害勞工及其家屬之生活，加強職業災害預防及職業災害勞工重建，以促進社會安全，特制定本法。

第 2 條

本法所稱主管機關：在中央爲勞動部；在直轄市爲直轄市政府；在縣（市）爲縣（市）政府。

第二章　職業災害保險

第一節　保險人、基金管理、保險監理及爭議處理

第 3 條

勞工職業災害保險（以下簡稱本保險）以勞動部勞工保險局爲保險人，辦理保險業務。

勞工職業災害保險基金（以下簡稱本保險基金）之投資運用管理業務，由勞動部勞動基金運用局辦理。

第 4 條

本保險之保險業務及基金投資運用管理業務，由中央主管機關監理，並適用勞工保險條例之監理規定。

第 5 條

投保單位、被保險人、受益人、支出殯葬費之人及全民健康保險特約醫院或診所，對保險人依本章核定之案件有爭議時，應自行政處分達到之翌日起六十日內，向中央主管機關申請審議，對於爭議審議結果不服

時，得提起訴願及行政訴訟。

前項爭議之審議，適用勞工保險爭議事項審議辦法；其勞工保險爭議審議會委員，應有職業醫學科專科醫師及勞工團體代表，且比例合計不得低於五分之一。

第二節　投保單位、被保險人及保險效力

第 6 條

年滿十五歲以上之下列勞工，應以其雇主為投保單位，參加本保險為被保險人：

一、受僱於領有執業證照、依法已辦理登記、設有稅籍或經中央主管機關依法核發聘僱許可之雇主。

二、依法不得參加公教人員保險之政府機關（構）、行政法人及公、私立學校之受僱員工。

前項規定，於依勞動基準法規定未滿十五歲之受僱從事工作者，亦適用之。

下列人員準用第一項規定參加本保險：

一、勞動基準法規定之技術生、事業單位之養成工、見習生及其他與技術生性質相類之人。

二、高級中等學校建教合作實施及建教生權益保障法規定之建教生。

三、其他有提供勞務事實並受有報酬，經中央主管機關公告者。

第 7 條

年滿十五歲以上之下列勞工，應以其所屬團體為投保單位，參加本保險為被保險人：

一、無一定雇主或自營作業而參加職業工會之會員。

二、無一定雇主或自營作業而參加漁會之甲類會員。

第 8 條

年滿十五歲以上，於政府登記有案之職業訓練機構或受政府委託辦理職業訓練之單位接受訓練者，應以其所屬機構或單位為投保單位，參加本

保險為被保險人。

第 9 條

下列人員得準用本法規定參加本保險：

一、受僱於經中央主管機關公告之第六條第一項規定以外雇主之員工。

二、實際從事勞動之雇主。

三、參加海員總工會或船長公會為會員之外僱船員。

前項人員參加本保險後，非依本法規定，不得中途退保。

第一項第二款規定之雇主，應與其受僱員工，以同一投保單位參加本保險。

僱用勞工合力從事海洋漁撈工作之漁會甲類會員，其僱用人數十人以下，且仍實際從事海洋漁撈工作者，得依第七條第二款規定參加本保險，不受前項規定之限制。

第 10 條

第六條至第九條規定以外之受僱員工或實際從事勞動之人員，得由雇主或本人辦理參加本保險。

勞動基準法第四十五條第四項所定之人，得由受領勞務者辦理參加本保險。

依前二項規定參加本保險之加保資格、手續、月投保薪資等級、保險費率、保險費繳納方式及其他應遵行事項之辦法，由中央主管機關定之。

第 11 條

第六條至第十條所定參加本保險之人員，包括外國籍人員。

第 12 條

符合第六條至第八條規定之勞工，投保單位應於本法施行之當日或勞工到職、入會、到訓之當日，列表通知保險人辦理投保手續。但依第六條第三項第三款公告之人員，投保單位應於該公告指定日期為其辦理投保手續。

勞工於其雇主領有執業證照、依法辦理登記或設有稅籍前到職者，雇主

應於領有執業證照、依法辦理登記或設有稅籍之當日，辦理前項投保手續。

前二項勞工離職、退會、結（退）訓者，投保單位應於離職、退會、結（退）訓之當日，列表通知保險人辦理退保手續。

第 13 條

符合第六條規定之勞工，其保險效力之開始自到職當日起算，至離職當日停止。但有下列情形者，其保險效力之開始，自各款所定期日起算：

一、勞工於其雇主符合第六條第一項第一款規定前到職者，自雇主領有執業證照、依法已辦理登記或設有稅籍之當日起算。

二、第六條第三項第三款公告之人員，自該公告指定日期起算。

符合第七條及第八條規定之勞工，其保險效力之開始，依下列規定辦理：

一、投保單位於其所屬勞工入會、到訓之當日通知保險人者，自通知當日起算。

二、投保單位非於其所屬勞工入會、到訓之當日通知保險人者，自通知翌日起算。

下列勞工，其保險效力之開始，自本法施行之日起算：

一、本法施行前，仍參加勞工保險職業災害保險或就業保險之被保險人。

二、受僱於符合第六條規定投保單位之勞工，於本法施行前到職，未參加勞工保險職業災害保險者。但依第六條第三項第三款公告之人員，不適用之。

第二項勞工之保險效力之停止，依下列規定辦理：

一、投保單位於其所屬勞工退會、結（退）訓之當日通知保險人者，於通知當日停止。

二、投保單位非於其所屬勞工退會、結（退）訓之當日通知保險人者，於退會、結（退）訓當日停止。

三、勞工未退會、結（退）訓，投保單位辦理退保者，於通知當日停止。

依第九條規定參加本保險者，其保險效力之開始或停止，準用第二項、第三項第一款及前項規定。

第 14 條

依第十條規定參加本保險者，其保險效力之開始，依下列規定辦理：

一、自雇主、受領勞務者或實際從事勞動之人員保險費繳納完成之實際時間起算。

二、前款保險費繳納完成時，另有向後指定日期者，自該日起算。

前項人員保險效力之停止，至雇主、受領勞務者或實際從事勞動之人員指定之保險迄日停止。

前二項保險效力之起迄時點，於保險費繳納完成後，不得更改。

第 15 條

投保單位應為其所屬勞工，辦理投保、退保手續及其他有關保險事務。

前項投保、退保手續及其他有關保險事務，第六條、第八條及第九條第一項第一款之投保單位得委託勞工團體辦理，其保險費之負擔及繳納方式，分別依第十九條第一款及第二十條第一項第一款規定辦理。

投保單位應備置所屬勞工名冊、出勤工作紀錄及薪資帳冊，並自被保險人離職、退會或結（退）訓之日起保存五年。

保險人為查核投保單位勞工人數、工作情況及薪資，必要時，得查對前項相關表冊，投保單位不得規避、妨礙或拒絕。

第三節　保險費

第 16 條

本保險之保險費，依被保險人當月月投保薪資及保險費率計算。

本保險費率，分為行業別災害費率及上、下班災害單一費率二種。

前項保險費率，於本法施行時，依中央主管機關公告之最近一次勞工保險職業災害保險適用行業別及費率表辦理；其後自施行之日起，每三年調整一次，由中央主管機關視保險實際收支情形及精算結果擬訂，報請行政院核定後公告。

僱用員工達一定人數以上之投保單位，第二項行業別災害費率採實績費率，按其最近三年保險給付總額占應繳保險費總額及職業安全衛生之辦理情形，由保險人每年計算調整之。

前項實績費率計算、調整及相關事項之辦法，由中央主管機關定之。

第 17 條

前條第一項月投保薪資，投保單位應按被保險人之月薪資總額，依投保薪資分級表之規定，向保險人申報。

被保險人之薪資，在當年二月至七月調整時，投保單位應於當年八月底前將調整後之月投保薪資通知保險人；在當年八月至次年一月調整時，應於次年二月底前通知保險人。前開調整，均自通知之次月一日生效。

依第九條第一項第二款規定加保，其所得未達投保薪資分級表最高一級者，得自行舉證申報其投保薪資。

第一項投保薪資分級表，由中央主管機關擬訂，報請行政院核定後發布。

前項投保薪資分級表之下限與中央主管機關公告之基本工資相同；基本工資調整時，該下限亦調整之。

第 18 條

被保險人投保薪資申報不實者，保險人得按查核資料逕行調整投保薪資至適當等級，並通知投保單位；調整後之投保薪資與實際薪資不符時，應以實際薪資為準。

依前項規定逕行調整之投保薪資，自調整之次月一日生效。

第 19 條

本保險之保險費負擔，依下列規定辦理之：

一、第六條、第八條、第九條第一項第一款、第二款及第十條規定之被
　　保險人，除第十條第一項所定實際從事勞動之人員，保險費應自行
　　負擔外，全部由投保單位負擔。

二、第七條第一款規定之被保險人，由被保險人負擔百分之六十，其餘

百分之四十，由中央政府補助。

三、第七條第二款規定之被保險人，由被保險人負擔百分之二十，其餘百分之八十，由中央政府補助。

四、第九條第一項第三款規定之被保險人，由被保險人負擔百分之八十，其餘百分之二十，由中央政府補助。

第 20 條

本保險之保險費，依下列規定按月繳納：

一、第六條、第八條、第九條第一項第一款及第二款規定之被保險人，投保單位應於次月底前向保險人繳納。

二、第七條及第九條第一項第三款規定之被保險人，其自行負擔之保險費，應按月向其所屬投保單位繳納，於次月底前繳清，所屬投保單位應於再次月底前，負責彙繳保險人。

本保險之保險費一經繳納，概不退還。但因不可歸責於投保單位或被保險人之事由致溢繳或誤繳者，不在此限。

第 21 條

投保單位對應繳納之保險費，未依前條第一項規定限期繳納者，得寬限十五日；在寬限期間仍未向保險人繳納者，保險人自寬限期滿之翌日起至完納前一日止，每逾一日加徵其應納費額百分之零點二滯納金；加徵之滯納金額，以至應納費額百分之二十為限。

加徵前項滯納金十五日後仍未繳納者，保險人就其應繳之保險費及滯納金，得依法移送行政執行。投保單位無財產可供執行或其財產不足清償時，由其代表人或負責人負連帶清償責任。

投保單位代表人或負責人有變更者，原代表人或負責人未繳清保險費或滯納金時，新代表人或負責人應負連帶清償責任。

第 22 條

第七條及第九條第一項第三款規定之被保險人，其所負擔之保險費未依第二十條第一項第二款規定期限繳納者，得寬限十五日；在寬限期間仍

未向其所屬投保單位繳納者，其所屬投保單位應準用前條第一項規定，代為加收滯納金彙繳保險人。

第七條規定之被保險人欠繳保險費者，所屬投保單位應於彙繳當月份保險費時，列報被保險人欠費名冊。

投保單位依第一項規定代為加收滯納金十五日後，被保險人仍未繳納者，保險人就其應繳之保險費及滯納金，得依法移送行政執行。

第 23 條

有下列情形之一者，保險人應暫行拒絕給付：

一、第七條及第九條第一項第三款規定之被保險人，經投保單位依前條規定代為加收滯納金十五日後，仍未繳納保險費或滯納金。

二、前款被保險人，其所屬投保單位經保險人依第二十一條第一項規定加徵滯納金十五日後，仍未繳清保險費或滯納金。但被保險人應繳部分之保險費已繳納於投保單位者，不在此限。

三、被保險人，其因投保單位欠費，本身負有繳納義務而未繳清保險費或滯納金。

四、被保險人，其擔任代表人或負責人之任一投保單位，未繳清保險費或滯納金。

前項被保險人或投保單位未繳清保險費或滯納金期間，已領取之保險給付，保險人應以書面行政處分令其限期返還。

被保險人在本法施行前，有未繳清勞工保險職業災害保險之保險費或滯納金者，準用前二項規定。

第 24 條

本保險之保險費及滯納金，優先於普通債權受清償。

第 25 條

本保險之保險費及滯納金不適用下列規定：

一、公司法有關公司重整之債務免責規定。

二、消費者債務清理條例有關清算之債務免責規定。

三、破產法有關破產之債務免責規定。

四、其他法律有關消滅時效規定。

第四節　保險給付

第一款　總則

第 26 條

本保險之給付種類如下：

一、醫療給付。

二、傷病給付。

三、失能給付。

四、死亡給付。

五、失蹤給付。

第 27 條

被保險人於保險效力開始後停止前，遭遇職業傷害或罹患職業病（以下簡稱職業傷病），而發生醫療、傷病、失能、死亡或失蹤保險事故者，被保險人、受益人或支出殯葬費之人得依本法規定，請領保險給付。

被保險人在保險有效期間遭遇職業傷病，於保險效力停止之翌日起算一年內，得請領同一傷病及其引起疾病之醫療給付、傷病給付、失能給付或死亡給付。

第一項職業傷病之職業傷害類型、職業病種類、審查認定基準、類型化調查審查程序及其他相關事項之準則，由中央主管機關定之。

第 28 條

以現金發給之保險給付，其金額按被保險人平均月投保薪資及給付基準計算。

前項平均月投保薪資，應按被保險人發生保險事故之當月起前六個月之實際月投保薪資，平均計算；未滿六個月者，按其實際投保期間之平均月投保薪資計算。

保險給付以日為給付單位者，按前項平均月投保薪資除以三十計算。

第六條規定之勞工，其投保單位未依第十二條規定辦理投保、退保手續，且發生保險事故者，該未依規定辦理期間之月投保薪資，由保險人按其月薪資總額對應之投保薪資分級表等級予以認定。但以不高於事故發生時保險人公告之最近年度全體被保險人平均月投保薪資對應之等級為限。

前項未依規定辦理期間之月投保薪資，投保單位或被保險人未提具相關薪資資料供保險人審核時，按投保薪資分級表第一等級計算。

第 29 條

同一種保險給付，不得因同一事故而重複請領。

被保險人發生同一保險事故，被保險人、受益人或支出殯葬費之人同時符合請領本保險、勞工保險、農民健康保險、農民職業災害保險、公教人員保險、軍人保險或國民年金保險（以下簡稱其他社會保險）之給付條件時，僅得擇一請領。

第 30 條

不符合本法所定加保資格而參加本保險者，保險人應撤銷該被保險人之資格；其有領取保險給付者，保險人應以書面行政處分令其限期返還。

不符合本法所定請領條件而溢領或誤領保險給付者，其溢領或誤領之保險給付，保險人應以書面行政處分令其限期返還。

前二項給付返還規定，於受益人、請領人及法定繼承人準用之。

第 31 條

無正當理由不補具應繳之證明文件，或未依第四十七條規定接受保險人指定之醫院或醫師複檢者，保險人不發給保險給付。

第 32 條

保險人為辦理本保險業務或中央主管機關為審議保險爭議事項所需之必要資料，得洽請被保險人、受益人、投保單位、醫事服務機構、醫師或其他相關機關（構）、團體、法人或個人提供之；各該受洽請者不得規避、妨礙、拒絕或為虛偽之證明、報告及陳述。

前項所定資料如下：

一、被保險人之出勤工作紀錄、病歷、處方箋、檢查化驗紀錄、放射線診斷攝影片報告及醫療利用情形之相關資料。

二、被保險人作業情形及健康危害職業暴露相關資料。

三、投保單位辦理本保險事務之相關帳冊、簿據、名冊及書表。

四、其他與本保險業務或保險爭議事項相關之文件及電子檔案。

第一項所定提供機關（構）已建置前項資料電腦化作業者，保險人得逕洽連結提供，各該機關（構）不得拒絕。

保險人及中央主管機關依前三項規定所取得之資料，應盡善良管理人之注意義務；相關資料之保有、處理及利用等事項，應依個人資料保護法之規定為之。

第 33 條

被保險人、受益人或支出殯葬費之人領取各種保險給付之權利，不得讓與、抵銷、扣押或供擔保。

被保險人或受益人依本法規定請領現金給付者，得檢附保險人出具之證明文件，於金融機構開立專戶，專供存入現金給付之用。

前項專戶內之存款，不得作為抵銷、扣押、供擔保或強制執行之標的。

第 34 條

已領取之保險給付，經保險人撤銷或廢止，應繳還而未繳還者，保險人得自其本人或受益人所領取之本保險給付扣減之。

前項有關扣減保險給付之種類、方式、金額及其他相關事項之辦法，由中央主管機關定之。

第一項應繳還而未繳還之保險給付，優先於普通債權受清償，且不適用下列規定：

一、公司法有關公司重整之債務免責規定。

二、消費者債務清理條例有關清算之債務免責規定。

三、破產法有關破產之債務免責規定。

第 35 條

依本法以現金發給之保險給付，經保險人核定後，應在十五日內給付之；年金給付應於次月底前給付。逾期給付可歸責於保險人者，其逾期部分應加給利息。

前項利息，以各該年一月一日之郵政儲金一年期定期存款固定利率為準，按日計算，並以新臺幣元為單位，角以下四捨五入。

第 36 條

投保單位未依第十二條規定，為符合第六條規定之勞工辦理投保、退保手續，且勞工遭遇職業傷病請領保險給付者，保險人發給保險給付後，應於該保險給付之範圍內，確認投保單位應繳納金額，並以書面行政處分令其限期繳納。

投保單位已依前項規定繳納者，其所屬勞工請領之保險給付得抵充其依勞動基準法第五十九條規定應負擔之職業災害補償。

第一項繳納金額之範圍、計算方式、繳納方式、繳納期限及其他應遵行事項之辦法，由中央主管機關定之。

第 37 條

領取保險給付之請求權，自得請領之日起，因五年間不行使而消滅。

第二款　醫療給付

第 38 條

醫療給付分門診及住院診療。

前項醫療給付，得由保險人委託全民健康保險保險人辦理。

被保險人遭遇職業傷病時，應至全民健康保險特約醫院或診所診療；其所發生之醫療費用，由保險人支付予全民健康保險保險人，被保險人不得請領現金。

前項診療範圍、醫療費用之給付項目及支付標準，除準用全民健康保險法及其相關規定辦理外，由保險人擬訂，並會商全民健康保險保險人後，報請中央主管機關核定發布。

第 39 條

被保險人遭遇職業傷病時，應由投保單位填發職業傷病門診單或住院申請書（以下簡稱醫療書單）申請診療；投保單位未依規定填發或被保險人依第十條規定自行投保者，被保險人得向保險人請領，經查明屬實後發給。

被保險人未檢具前項醫療書單，經醫師診斷罹患職業病者，得由醫師開具職業病門診單。

前項醫師開具資格、門診單之申領、使用及其他應遵行事項之辦法，由保險人擬訂，報請中央主管機關核定發布。

第 40 條

被保險人有下列情形之一者，得向保險人申請核退醫療費用：

一、遭遇職業傷病，未持醫療書單至全民健康保險特約醫院或診所診療，於事後補具。

二、於我國境內遭遇職業傷病，因緊急傷病至非全民健康保險特約醫院或診所診療。

三、於我國境外遭遇職業傷病，須於當地醫院或診所診療。

前項申請核退醫療費用，應檢附之證明文件、核退期限、核退基準、程序及緊急傷病範圍，準用全民健康保險法及其相關規定辦理。

第 41 條

投保單位填具醫療書單，不符合保險給付規定、虛偽不實或交非被保險人使用者，其全部醫療費用除依全民健康保險相關法令屬全民健康保險保險人負擔者外，應由投保單位負責償付。

全民健康保險特約醫院或診所提供被保險人之醫療不屬於本保險給付範圍時，其醫療費用應由醫院、診所或被保險人自行負責。

第一項情形，保險人應以書面行政處分命投保單位限期返還保險人支付全民健康保險保險人醫療費用之相同金額。

第三款　傷病給付

第 42 條

被保險人遭遇職業傷病不能工作，致未能取得原有薪資，正在治療中者，自不能工作之日起算第四日起，得請領傷病給付。

前項傷病給付，前二個月按被保險人平均月投保薪資發給，第三個月起按被保險人平均月投保薪資百分之七十發給，每半個月給付一次，最長以二年為限。

第四款　失能給付

第 43 條

被保險人遭遇職業傷病，經治療後，症狀固定，再行治療仍不能改善其治療效果，經全民健康保險特約醫院或診所診斷為永久失能，符合本保險失能給付標準規定者，得按其平均月投保薪資，依規定之給付基準，請領失能一次金給付。

前項被保險人之失能程度，經評估符合下列情形之一者，得請領失能年金：

一、完全失能：按平均月投保薪資百分之七十發給。

二、嚴重失能：按平均月投保薪資百分之五十發給。

三、部分失能：按平均月投保薪資百分之二十發給。

被保險人於中華民國九十八年一月一日勞工保險年金制度施行前有勞工保險年資，經評估符合失能年金給付條件，除已領取失能年金者外，亦得選擇請領失能一次金，經保險人核付後，不得變更。

被保險人請領部分失能年金期間，不得同時領取同一傷病之傷病給付。

第一項及第二項所定失能種類、狀態、等級、給付額度、開具診斷書醫療機構層級、審核基準、失能程度之評估基準及其他應遵行事項之標準，由中央主管機關定之。

第 44 條

請領失能年金者，同時有符合下列各款條件之一所定眷屬，每一人加發

依前條第二項規定計算後金額百分之十之眷屬補助，最多加發百分之二十：

一、配偶應年滿五十五歲且婚姻關係存續一年以上。但有下列情形之一者，不在此限：

（一）無謀生能力。

（二）扶養第三款規定之子女。

二、配偶應年滿四十五歲且婚姻關係存續一年以上，且每月工作收入未超過投保薪資分級表第一級。

三、子女應符合下列條件之一，其為養子女者，並須有收養關係六個月以上：

（一）未成年。

（二）無謀生能力。

（三）二十五歲以下，在學，且每月工作收入未超過投保薪資分級表第一級。

前項各款眷屬有下列情形之一者，其加發眷屬補助應停止發給：

一、配偶離婚或不符合前項第一款及第二款所定請領條件。

二、子女不符合前項第三款所定請領條件。

三、入獄服刑、因案羈押或拘禁。

四、失蹤。

前項第三款所稱拘禁，指受拘留、留置、觀察勒戒、強制戒治或保安處分裁判之宣告，在特定處所執行中，其人身自由受剝奪或限制者。但執行保護管束、保外就醫或假釋中者，不包括在內。

第 45 條

被保險人領取失能年金後，保險人應至少每五年審核其失能程度。但經保險人認為無須審核者，不在此限。

保險人依前項規定審核領取失能年金者，認為其失能程度減輕，仍符合失能年金給付條件時，應改按減輕後之失能程度發給失能年金；其失能程度減輕至不符合失能年金給付條件時，應停止發給失能年金，另發給

失能一次金。

第一項之審核，保險人應結合職能復健措施辦理。

第 46 條

被保險人之身體原已局部失能，再因職業傷病致身體之同一部位失能程度加重或不同部位發生失能者，保險人應按其加重部分之失能程度，依失能給付標準計算發給失能給付。但失能一次金合計不得超過第一等級之給付基準。

前項被保險人符合失能年金給付條件，並請領失能年金給付者，保險人應按月發給失能年金給付金額之百分之八十，至原已局部失能程度依失能給付標準所計算之失能一次金給付金額之半數扣減完畢為止。

前二項被保險人在保險有效期間遭遇職業傷病，原已局部失能，而未請領失能給付者，保險人應按其加重後之失能程度，依第四十三條規定發給失能給付。但失能一次金合計不得超過第一等級之給付基準。

請領失能年金之被保險人，因同一職業傷病或再遭遇職業傷病，致同一部位失能程度加重或不同部位發生失能者，保險人應按其評估後之失能程度，依第四十三條第二項規定發給失能年金。但失能程度仍符合原領年金給付條件者，應繼續發給原領年金給付。

前四項給付發給之方法及其他應遵行事項之標準，由中央主管機關定之。

第 47 條

保險人於審核失能給付，認為被保險人有複檢必要時，得另行指定醫院或醫師複檢。

第 48 條

被保險人經評估為終身無工作能力，領取本保險或勞工保險失能給付者，由保險人逕予退保。

第五款　死亡給付

第 49 條

被保險人於保險有效期間,遭遇職業傷病致死亡時,支出殯葬費之人,得請領喪葬津貼。

前項被保險人,遺有配偶、子女、父母、祖父母、受其扶養之孫子女或受其扶養之兄弟姊妹者,得依第五十二條所定順序,請領遺屬年金,其條件如下:

一、配偶符合第四十四條第一項第一款或第二款規定者。

二、子女符合第四十四條第一項第三款規定者。

三、父母、祖父母年滿五十五歲,且每月工作收入未超過投保薪資分級表第一級者。

四、孫子女符合第四十四條第一項第三款第一目至第三目規定情形之一者。

五、兄弟姊妹符合下列條件之一:

　　(一)有第四十四條第一項第三款第一目或第二目規定情形。

　　(二)年滿五十五歲,且每月工作收入未超過投保薪資分級表第一級。

前項當序遺屬於被保險人死亡時,全部不符合遺屬年金給付條件者,得請領遺屬一次金,經保險人核付後,不得再請領遺屬年金。

保險人依前項規定核付遺屬一次金後,尚有未具名之其他當序遺屬時,不得再請領遺屬年金,應由具領之遺屬負責分與之。

被保險人於中華民國九十八年一月一日勞工保險年金制度實施前有保險年資者,其遺屬除得依第二項規定請領遺屬年金外,亦得選擇請領遺屬津貼,不受第二項各款所定條件之限制,經保險人核付後,不得變更。

第 50 條

依第四十三條第二項第一款或第二款規定請領失能年金者,於領取期間死亡時,其遺屬符合前條第二項規定者,得請領遺屬年金。

被保險人於中華民國九十八年一月一日勞工保險年金制度施行前有保險

年資者，其遺屬除得依前項規定請領年金給付外，亦得選擇一次請領失能給付扣除已領年金給付總額之差額，不受前條第二項各款所定條件之限制，經保險人核付後，不得變更。

前項差額之請領順序及發給方法，準用第五十二條及第五十三條規定。

第 51 條

前二條所定喪葬津貼、遺屬年金、遺屬一次金及遺屬津貼給付之基準如下：

一、喪葬津貼：按被保險人平均月投保薪資一次發給五個月。但被保險人無遺屬者，按其平均月投保薪資一次發給十個月。

二、遺屬年金：

　　（一）依第四十九條第二項規定請領遺屬年金者，按被保險人之平均月投保薪資百分之五十發給。

　　（二）依前條第一項規定請領遺屬年金者，依失能年金給付基準計算後金額之半數發給。

三、遺屬一次金及遺屬津貼：按被保險人平均月投保薪資發給四十個月。

遺屬年金於同一順序之遺屬有二人以上時，每多一人加發依前項第二款計算後金額之百分之十，最多加計百分之二十。

第 52 條

請領遺屬年金、遺屬一次金及遺屬津貼之順序如下：

一、配偶及子女。

二、父母。

三、祖父母。

四、受扶養之孫子女。

五、受扶養之兄弟姊妹。

前項當序受領遺屬年金、遺屬一次金或遺屬津貼者存在時，後順序之遺屬不得請領。

第一項第一順序之遺屬全部不符合請領條件，或有下列情形之一且無同

順序遺屬符合請領條件時，第二順序之遺屬得請領遺屬年金：

一、死亡。

二、提出放棄請領書。

三、於符合請領條件之日起算一年內未提出請領。

前項遺屬年金於第一順序之遺屬主張請領或再符合請領條件時，即停止發給，並由第一順序之遺屬請領。但已發放予第二順序遺屬之年金，不予補發。

第 53 條

本保險之喪葬津貼、遺屬年金、遺屬一次金及遺屬津貼，以一人請領為限。符合請領條件者有二人以上時，應共同具領，未共同具領或保險人核定前另有他人提出請領，保險人應通知各申請人協議其中一人代表請領，未能協議者，按總給付金額平均發給各申請人。

同一順序遺屬有二人以上，有其中一人請領遺屬年金時，應發給遺屬年金。但經共同協議依第四十九條第五項或第五十條第二項規定請領遺屬津貼或失能給付扣除已領年金給付總額之差額者，依其協議辦理。

保險人依前二項規定發給遺屬給付後，尚有未具名之其他當序遺屬時，應由具領之遺屬負責分與之。

第 54 條

領取遺屬年金者，有下列情形之一時，其年金給付應停止發給：

一、配偶再婚或不符合第四十九條第二項第一款所定請領條件。

二、子女、父母、祖父母、孫子女、兄弟姊妹，不符合第四十九條第二項第二款至第五款所定請領條件。

三、有第四十四條第二項第三款或第四款規定之情形。

第六款　失蹤給付

第 55 條

被保險人於作業中遭遇意外事故致失蹤時，自失蹤之日起，發給失蹤給付。

前項失蹤給付，按被保險人平均月投保薪資百分之七十，於每滿三個月之期末給付一次，至生還之前一日、失蹤滿一年之前一日或受死亡宣告裁判確定死亡時之前一日止。

第一項被保險人失蹤滿一年或受死亡宣告裁判確定死亡時，其遺屬得依第四十九條規定，請領死亡給付。

第七款 年金給付之申請及核發

第 56 條

被保險人或其受益人符合請領年金給付條件者，應填具申請書及檢附相關文件向保險人提出申請。

前項被保險人或其受益人，經保險人審核符合請領規定者，其年金給付自申請之當月起，按月發給，至應停止發給之當月止。

遺屬年金之受益人未於符合請領條件之當月提出申請者，其提出請領之日起前五年得領取之給付，由保險人追溯補給之。但已經其他受益人請領之部分，不適用之。

第 57 條

被保險人或其受益人請領年金給付時，保險人得予以查證，並得於查證期間停止發給，經查證符合給付條件者，應補發查證期間之給付，並依規定繼續發給。

領取年金給付者不符合給付條件或死亡時，本人或其繼承人應自事實發生之日起三十日內，檢附相關文件資料通知保險人，保險人應自事實發生之次月起停止發給年金給付。

領取年金給付者死亡，應發給之年金給付未及撥入其帳戶時，得由繼承人檢附載有申請人死亡日期及繼承人之證明文件請領之；繼承人有二人以上時，得檢附共同委任書及切結書，由其中一人請領。

領取年金給付者或其繼承人未依第二項規定通知保險人，致溢領年金給付者，保險人應以書面通知溢領人，自得發給之年金給付扣減之，無給付金額或給付金額不足扣減時，保險人應以書面通知其於三十日內繳還。

第 58 條

被保險人或其受益人因不同保險事故，同時請領本保險或其他社會保險
年金給付時，本保險年金給付金額應考量被保險人或其受益人得請領之
年金給付數目、金額、種類及其他生活保障因素，予以減額調整。

前項本保險年金給付減額調整之比率，以百分之五十為上限。

第一項有關本保險年金給付應受減額調整情形、比率、方式及其他應遵
行事項之辦法，由中央主管機關定之。

第五節　保險基金及經費

第 59 條

本保險基金之來源如下：

一、設立時由勞工保險職業災害保險基金一次撥入之款項。

二、設立時由職業災害勞工保護專款一次撥入之款項。

三、保險費與其孳息之收入及保險給付支出之結餘。

四、保險費滯納金、依第三十六條第一項規定繳納之金額。

五、基金運用之收益。

六、第一百零一條之罰鍰收入。

第 60 條

本保險基金得為下列之運用：

一、投資國內債務證券。

二、存放國內之金融機構及投資短期票券。

三、其他經中央主管機關核准有利於本保險基金收益之投資。

勞動部勞動基金運用局應每年將本保險基金之運用情形及其積存數額，
按年送保險人彙報中央主管機關公告之。

第 61 條

本保險基金除作為第二章保險給付支出、第六十二條編列之經費、第四
章與第六章保險給付及津貼、補助支出、審核保險給付必要費用及前條
之運用外，不得移作他用或轉移處分。

第三章　職業災害預防及重建

第一節　經費及相關協助措施

第 62 條

中央主管機關得於職業災害保險年度應收保險費百分之二十及歷年經費執行賸餘額度之範圍內編列經費，辦理下列事項：

一、職業災害預防。

二、預防職業病健康檢查。

三、職業傷病通報、職業災害勞工轉介及個案服務。

四、職業災害勞工重建。

五、捐（補）助依第七十條規定成立之財團法人。

六、其他有關職業災害預防、職業病防治、職業災害勞工重建與協助職業災害勞工及其家屬之相關事項。

前項第一款至第四款及第六款業務，中央主管機關得委任所屬機關（構）、委託、委辦或補助其他相關機關（構）、法人或團體辦理之。

第一項第五款與前項之補助條件、基準、程序及其他應遵行事項之辦法，由中央主管機關定之。

第 63 條

被保險人從事中央主管機關指定有害作業者，投保單位得向保險人申請預防職業病健康檢查。

勞工曾從事經中央主管機關另行指定有害作業者，得向保險人申請健康追蹤檢查。

前二項預防職業病健康檢查費用及健康追蹤檢查費用之支付，由保險人委託全民健康保險保險人辦理。

第一項及第二項有害作業之指定、檢查之申請方式、對象、項目、頻率、費用、程序、認可之醫療機構、檢查結果之通報內容、方式、期限及其他應遵行事項之辦法，由中央主管機關定之。

第 64 條

主管機關應規劃整合相關資源，並得運用保險人核定本保險相關資料，依職業災害勞工之需求，提供下列適切之重建服務事項：

一、醫療復健：協助職業災害勞工恢復其生理心理功能所提供之診治及療養，回復正常生活。

二、社會復健：促進職業災害勞工與其家屬心理支持、社會適應、福利諮詢、權益維護及保障。

三、職能復健：透過職能評估、強化訓練及復工協助等，協助職業災害勞工提升工作能力恢復原工作。

四、職業重建：提供職業輔導評量、職業訓練、就業服務、職務再設計、創業輔導、促進就業措施及其他職業重建服務，協助職業災害勞工重返職場。

職業災害勞工之重建涉及社會福利或醫療保健者，主管機關應協調衛生福利主管機關，以提供整體性及持續性服務。

第 65 條

中央主管機關應規劃職業災害勞工個案管理服務機制，整合全國性相關職業傷病通報資訊，建立職業災害勞工個案服務資料庫。

直轄市、縣（市）主管機關應建立轄區內通報及轉介機制，以掌握職業災害勞工相關資訊，並應置專業服務人員，依職業災害勞工之需求，適時提供下列服務：

一、職業災害勞工個案管理服務。

二、職業災害勞工家庭支持。

三、勞動權益維護。

四、復工協助。

五、轉介就業服務、職業輔導評量等職業重建資源。

六、連結相關社福資源。

七、其他有關職業災害勞工及其家庭之協助。

主管機關依前二項規定所取得之資料，應盡善良管理人之注意義務；相

關資料之保有、處理及利用等事項，應依個人資料保護法之規定為之。

第 66 條

為使職業災害勞工恢復並強化其工作能力，雇主或職業災害勞工得向中央主管機關認可之職能復健專業機構提出申請，協助其擬訂復工計畫，進行職業災害勞工工作分析、功能性能力評估及增進其生理心理功能之強化訓練等職能復健服務。

經認可之職能復健專業機構辦理前項所定職能復健服務事項，得向中央主管機關申請補助。

前二項專業機構之認可條件、管理、人員資格、服務方式、申請補助程序、補助基準、廢止及其他應遵行事項之辦法，由中央主管機關會商中央衛生福利主管機關定之。

第 67 條

職業災害勞工經醫療終止後，雇主應依前條第一項所定復工計畫，並協助其恢復原工作；無法恢復原工作者，經勞雇雙方協議，應按其健康狀況及能力安置適當之工作。

為使職業災害勞工恢復原工作或安置於適當之工作，雇主應提供其從事工作必要之輔助設施，包括恢復、維持或強化就業能力之器具、工作環境、設備及機具之改善等。

前項輔助設施，雇主得向直轄市、縣（市）主管機關申請補助。

第 68 條

被保險人因職業傷病，於下列機構進行職能復健期間，得向直轄市、縣（市）主管機關請領職能復健津貼：

一、依第七十三條認可開設職業傷病門診之醫療機構。

二、依第六十六條認可之職能復健專業機構。

前項津貼之請領日數，合計最長發給一百八十日。

第 69 條

僱用職業災害勞工之事業單位，於符合下列情形之一者，得向直轄市、

縣（市）主管機關申請補助：

一、協助職業災害勞工恢復原工作、調整職務或安排其他工作。

二、僱用其他事業單位之職業災害勞工。

前二條及前項補助或津貼之條件、基準、申請與核發程序及其他應遵行事項之辦法，由中央主管機關定之。

第二節　職業災害預防及重建財團法人

第 70 條

為統籌辦理本法職業災害預防及職業災害勞工重建業務，中央主管機關應捐助成立財團法人職業災害預防及重建中心（以下簡稱職災預防及重建中心）；其捐助章程，由中央主管機關定之。

第 71 條

職災預防及重建中心經費來源如下：

一、依第六十二條規定編列經費之捐（補）助。

二、政府機關（構）之捐（補）助。

三、受託業務及提供服務之收入。

四、設立基金之孳息。

五、捐贈收入。

六、其他與執行業務有關之收入。

第 72 條

職災預防及重建中心應建立人事、會計、內部控制及稽核制度，報中央主管機關核定。

為監督並確保職災預防及重建中心之正常運作及健全發展，中央主管機關應就其董事或監察人之遴聘及比例、資格、基金與經費之運用、財產管理、年度重大措施等事項，訂定監督及管理辦法。

中央主管機關對於職災預防及重建中心之業務與財務運作狀況，應定期實施查核，查核結果應於網站公開之。

中央主管機關得邀集勞工團體代表、雇主團體代表、有關機關代表及學

者專家，辦理職災預防及重建中心之績效評鑑，評鑑結果應送立法院備查。

第三節　職業傷病通報及職業病鑑定

第 73 條

為提供職業災害勞工職業傷病診治整合性服務及辦理職業傷病通報，中央主管機關得補助經其認可之醫療機構辦理下列事項：

一、開設職業傷病門診，設置服務窗口。

二、整合醫療機構內資源，跨專科、部門通報職業傷病，提供診斷、治療、醫療復健、職能復健等整合性服務。

三、建立區域職業傷病診治及職能復健服務網絡，適時轉介。

四、提供個案管理服務，進行必要之追蹤及轉介。

五、區域服務網絡之職業傷病通報。

六、疑似職業病之實地訪視。

七、其他職業災害勞工之醫療保健相關事項。

前項認可之醫療機構得整合第六十六條之職能復健專業機構，辦理整合性服務措施。

勞工疑有職業病就診，醫師對職業病因果關係診斷有困難時，得轉介勞工至第一項經認可之醫療機構。

雇主、醫療機構或其他人員知悉勞工遭遇職業傷病者，及遭遇職業傷病勞工本人，得向主管機關通報；主管機關於接獲通報後，應依第六十五條規定，整合職業傷病通報資訊，並適時提供該勞工必要之服務及協助措施。

第一項醫療機構之認可條件、管理、人員資格、服務方式、職業傷病通報、疑似職業病實地訪視之辦理方式、補助基準、廢止與前項通報之人員、方式、內容及其他應遵行事項之辦法，由中央主管機關會商中央衛生福利主管機關定之。

第 74 條

中央主管機關爲辦理職業病防治及職業災害勞工重建服務工作，得洽請下列對象提供各款所定資料，不得拒絕：

一、中央衛生福利主管機關及所屬機關（構）依法所蒐集、處理罹患特定疾病者之必要資料。

二、醫療機構所保有之病歷、醫療及健康檢查等資料。

中央主管機關依前項規定取得之資料，應盡善良管理人之注意義務；相關資料之保有、處理及利用等事項，應依個人資料保護法之規定爲之。

第 75 條

保險人於審核職業病給付案件認有必要時，得向中央主管機關申請職業病鑑定。

被保險人對職業病給付案件有爭議，且曾經第七十三條第一項認可醫療機構之職業醫學科專科醫師診斷罹患職業病者，於依第五條規定申請審議時，得請保險人逕向中央主管機關申請職業病鑑定。

爲辦理前二項職業病鑑定，中央主管機關應建置職業病鑑定專家名冊（以下簡稱專家名冊），並依疾病類型由專家名冊中遴聘委員組成職業病鑑定會。

前三項職業病鑑定之案件受理範圍、職業病鑑定會之組成、專家之資格、推薦、遴聘、選定、職業病鑑定程序、鑑定結果分析與揭露及其他相關事項之辦法，由中央主管機關定之。

第 76 條

職業病鑑定會認有必要時，得由中央主管機關會同職業病鑑定委員實施調查。

對前項之調查，雇主、雇主代理人、勞工及其他有關人員不得規避、妨礙或拒絕。

第一項之調查，必要時得通知當事人或相關人員參與。

第四章　其他勞動保障

第 77 條

參加勞工保險之職業災害勞工，於職業災害醫療期間終止勞動契約並退保者，得以勞工團體或保險人委託之有關團體為投保單位，繼續參加勞工保險，至符合請領老年給付之日止，不受勞工保險條例第六條規定之限制。

前項勞工自願繼續參加勞工保險，其加保資格、投保手續、保險效力、投保薪資、保險費負擔及其補助、保險給付及其他應遵行事項之辦法，由中央主管機關定之。

第 78 條

被保險人從事第六十三條第二項所定有害作業，於退保後，經第七十三條第一項認可醫療機構之職業醫學科專科醫師診斷係因保險有效期間執行職務致罹患職業病者，得向保險人申請醫療補助、失能或死亡津貼。

前項補助與津貼發給之對象、認定程序、發給基準及其他應遵行事項之辦法，由中央主管機關定之。

第一項所定罹患職業病者，得依第七十九條及第八十條規定申請補助。

第 79 條

被保險人遭遇職業傷病，經醫師診斷或其他專業人員評估必須使用輔助器具，且未依其他法令規定領取相同輔助器具項目之補助者，得向勞動部職業安全衛生署（以下簡稱職安署）申請器具補助。

第 80 條

被保險人因職業傷病，有下列情形之一者，得向保險人申請照護補助：

一、符合第四十二條第一項規定，且住院治療中。

二、經評估為終身無工作能力，喪失全部或部分生活自理能力，經常需醫療護理及專人周密照護，或為維持生命必要之日常生活活動需他人扶助。

第 81 條

未加入本保險之勞工，於本法施行後，遭遇職業傷病致失能或死亡，得向保險人申請照護補助、失能補助或死亡補助。

前二條及前項補助之條件、基準、申請與核發程序及其他應遵行事項之辦法，由中央主管機關定之。

第 82 條

職業災害勞工請領第七十八條至第八十一條所定津貼或補助之請求權，自得請領之日起，因五年間不行使而消滅。

第 83 條

職業災害勞工經醫療終止後，主管機關發現其疑似有身心障礙情形者，應通知當地社政主管機關主動協助。

第 84 條

非有下列情形之一者，雇主不得預告終止與職業災害勞工之勞動契約：

一、歇業或重大虧損，報經主管機關核定。

二、職業災害勞工經醫療終止後，經中央衛生福利主管機關醫院評鑑合格醫院認定身心障礙不堪勝任工作。

三、因天災、事變或其他不可抗力因素，致事業不能繼續經營，報經主管機關核定。

雇主依前項規定預告終止勞動契約時，準用勞動基準法規定預告勞工。

第 85 條

有下列情形之一者，職業災害勞工得終止勞動契約：

一、經中央衛生福利主管機關醫院評鑑合格醫院認定身心障礙不堪勝任工作。

二、事業單位改組或轉讓，致事業單位消滅。

三、雇主未依第六十七條第一項規定協助勞工恢復原工作或安置適當之工作。

四、對雇主依第六十七條第一項規定安置之工作未能達成協議。

職業災害勞工依前項第一款規定終止勞動契約時，準用勞動基準法規定預告雇主。

第 86 條

雇主依第八十四條第一項第一款、第三款，或勞工依前條第一項第二款至第四款規定終止勞動契約者，雇主應按勞工工作年資，適用勞動基準法或勞工退休金條例規定，發給勞工資遣費。但勞工同時符合勞動基準法第五十三條規定時，雇主應依勞動基準法第五十五條及第八十四條之二規定發給勞工退休金。

雇主依第八十四條第一項第二款，或勞工依前條第一項第一款規定終止勞動契約者，雇主應按勞工工作年資，適用勞動基準法規定發給勞工退休金及適用勞工退休金條例規定發給勞工資遣費。

不適用勞動基準法之勞工依前條，或其雇主依第八十四條規定終止勞動契約者，雇主應以不低於勞工退休金條例規定之資遣費計算標準發給離職金，並應於終止勞動契約後三十日內發給。但已依其他法令發給資遣費、退休金或其他類似性質之給與者，不在此限。

第 87 條

事業單位改組或轉讓後所留用之勞工，因職業災害致身心障礙、喪失部分或全部工作能力者，其依法令或勞動契約原有之權益，對新雇主繼續存在。

第 88 條

職業災害未認定前，勞工得先請普通傷病假；普通傷病假期滿，申請留職停薪者，雇主應予留職停薪。經認定結果為職業災害者，再以公傷病假處理。

第 89 條

事業單位以其事業招人承攬，就承攬人於承攬部分所使用之勞工，應與承攬人連帶負職業災害補償之責任。再承攬者，亦同。

前項事業單位或承攬人，就其所補償之部分，對於職業災害勞工之雇

主，有求償權。

前二項職業災害補償之標準，依勞動基準法之規定。同一事故，依本法或其他法令規定，已由僱用勞工之雇主支付費用者，得予抵充。

第 90 條

遭遇職業傷病之被保險人於請領本法保險給付前，雇主已依勞動基準法第五十九條規定給與職業災害補償者，於被保險人請領保險給付後，得就同條規定之抵充金額請求其返還。

遭遇職業傷病而不適用勞動基準法之被保險人於請領給付前，雇主已給與賠償或補償金額者，於被保險人請領保險給付後，得主張抵充之，並請求其返還。

被保險人遭遇職業傷病致死亡或失能時，雇主已依本法規定投保及繳納保險費，並經保險人核定為本保險事故者，雇主依勞動基準法第五十九條規定應給予之補償，以勞工之平均工資與平均投保薪資之差額，依勞動基準法第五十九條第三款及第四款規定標準計算之。

第 91 條

勞工因職業災害所致之損害，雇主應負賠償責任。但雇主能證明無過失者，不在此限。

第五章　罰　則

第 92 條

以詐欺或其他不正當行為領取保險給付、津貼、補助或為虛偽之證明、報告、陳述及申報醫療費用者，按其領取之保險給付、津貼、補助或醫療費用處以二倍罰鍰。

前項行為人，及共同實施前項行為者，保險人或職安署得依民法規定向其請求損害賠償；其涉及刑責者，移送司法機關辦理。

第一項情形，全民健康保險特約醫院、診所因此領取之醫療費用，保險人應委由全民健康保險保險人在其申報之應領費用內扣除。

第 93 條

雇主有下列情形之一者，處新臺幣三十萬元以上一百五十萬元以下罰鍰，並令其限期給付；屆期未給付者，應按次處罰：

一、違反第八十六條第一項或第二項規定，未依勞動基準法或勞工退休金條例所定退休金、資遣費之標準或期限給付。

二、違反第八十六條第三項規定離職金低於勞工退休金條例規定之資遣費計算標準，或未於期限內給付離職金。

第 94 條

投保單位規避、妨礙或拒絕保險人依第十五條第四項規定之查對者，處新臺幣五萬元以上三十萬元以下罰鍰。

第 95 條

有下列情形之一者，處新臺幣五萬元以上三十萬元以下罰鍰，並令其限期改善；屆期未改善者，應按次處罰：

一、違反第六十七條第一項規定，未協助職業災害勞工恢復原工作或安置適當之工作。

二、違反第七十六條第二項規定，規避、妨礙或拒絕調查。

三、違反第八十四條第二項規定，未準用勞動基準法規定預告勞工終止勞動契約。

四、違反第八十八條規定，未予勞工普通傷病假、留職停薪或公傷病假。

第 96 條

投保單位或雇主未依第十二條規定，為所屬勞工辦理投保、退保手續者，處新臺幣二萬元以上十萬元以下罰鍰，並令其限期改善；屆期未改善者，應按次處罰。

第 97 條

投保單位有下列情形之一者，處新臺幣二萬元以上十萬元以下罰鍰，並令其限期改善；屆期未改善者，應按次處罰：

一、違反第十五條第三項規定，未備置相關文件或保存未達規定期限。

二、違反第十九條第一款規定，未依規定負擔保險費，而由被保險人負擔。

第 98 條

投保單位有下列情形之一者，處新臺幣二萬元以上十萬元以下罰鍰：

一、違反第十七條第一項至第三項規定，將投保薪資金額以多報少或以少報多，或未於期限內通知月投保薪資之調整。

二、經保險人依第二十一條第一項規定加徵滯納金至應納費額百分之二十，其應繳之保險費仍未向保險人繳納，且情節重大。

第 99 條

依第六條第三項規定準用參加本保險之人員，其所屬投保單位或雇主有下列情形之一者，分別依各該款規定處罰：

一、違反第十二條規定，依第九十六條規定處罰。

二、違反第十五條第三項或第十九條第一款規定，依第九十七條規定處罰。

三、違反第十五條第四項規定，依第九十四條規定處罰。

四、違反第十七條第一項至第三項規定，或有前條第二款行為，依前條規定處罰。

第 100 條

投保單位、雇主或全民健康保險特約醫院、診所違反本法經處以罰鍰者，主管機關應公布其名稱、負責人姓名、公告期日、處分期日、處分字號、違反條文、違反事實及處分金額。

主管機關裁處罰鍰，應審酌與違反行為有關之勞工人數、違反情節、累計違法次數或未依法給付之金額，為量罰輕重之標準。

第 101 條

本法施行前依法應為所屬勞工辦理參加勞工保險而未辦理之雇主，其勞工發生職業災害事故致死亡或失能，經依本法施行前職業災害勞工保護

法第六條規定發給補助者,處以補助金額相同額度之罰鍰。

第六章　附　則

第 102 條

本法之免課稅捐、保險費免繳、故意造成事故不給付、故意犯罪行為不給付、養子女請領保險給付之條件、無謀生能力之範圍、年金給付金額隨消費者物價指數調整事項、基金之管理及運用等規定,除本法另有規定外,準用勞工保險條例及其相關規定辦理。

第 103 條

勞工保險被保險人於本法施行前發生職業災害傷病、失能或死亡保險事故,其本人或受益人已依勞工保險條例規定申請保險給付者,同一保險事故之保險給付仍適用勞工保險條例規定;尚未提出申請,且該給付請求權時效依勞工保險條例規定尚未完成者,得選擇適用本法或勞工保險條例規定請領保險給付。

依前項後段規定選擇適用本法請領保險給付情形,勞工保險條例已進行之消滅時效期間尚未完成者,其已經過之期間與本法施行後之消滅時效期間,合併計算。

被保險人或其受益人依第一項規定選擇後,經保險人核付,不得變更。

第 104 條

勞工保險被保險人於本法施行前發生職業災害傷病、失能或死亡保險事故,符合下列情形之一申請補助者,應依本法施行前職業災害勞工保護法規定辦理:

一、本法施行前,已依勞工保險條例規定請領職業災害給付。

二、依前條第一項規定選擇依勞工保險條例規定請領職業災害給付。

勞工保險被保險人或受益人依前條第一項規定選擇依本法請領保險給付者,不得依本法施行前職業災害勞工保護法申請補助。

第 105 條

未加入勞工保險之勞工於本法施行前遭遇職業傷病，應依本法施行前職業災害勞工保護法規定申請補助。

第 106 條

本法施行前，有下列情形之一者，主管機關於本法施行後，仍依職業災害勞工保護法及其相關規定辦理：

一、已依職業災害勞工保護法第十一條或第十三條等規定受理職業疾病認定或鑑定，其處理程序未終結。

二、已依職業災害勞工保護法第十條或第二十條受理事業單位、職業訓練機構或相關團體之補助申請，其處理程序未終結。

除本法另有規定外，自本法施行之日起，職業災害勞工保護法不再適用。

第 107 條

勞工保險條例第二條第二款、第十三條第三項至第六項、第十五條第一款至第四款、第十九條第五項、第六項、第二十條第一項、第二十條之一、第三十四條、第三十六條、第三十九條至第五十二條、第五十四條及第六十四條有關職業災害保險規定，除本法另有規定外，自本法施行之日起，不再適用。

第 108 條

本法施行細則，由中央主管機關定之。

第 109 條

本法施行日期，由行政院定之。

勞工保險投保薪資分級表

民國 112 年 1 月 1 日勞動部令修正施行。

投保薪資 等級	月薪資總額 （實物給付應折現金計算）	月投保薪資
第 1 級	26,400 元以下	26,400 元
第 2 級	26,401 元至 27,600 元	27,600 元
第 3 級	27,601 元至 28,800 元	28,800 元
第 4 級	28,801 元至 30,300 元	30,300 元
第 5 級	30,301 元至 31,800 元	31,800 元
第 6 級	31,801 元至 33,300 元	33,300 元
第 7 級	33,301 元至 34,800 元	34,800 元
第 8 級	34,801 元至 36,300 元	36,300 元
第 9 級	36,301 元至 38,200 元	38,200 元
第 10 級	38,201 元至 40,100 元	40,100 元
第 11 級	40,101 元至 42,000 元	42,000 元
第 12 級	42,001 元至 43,900 元	43,900 元
第 13 級	43,901 元以上	45,800 元

備註	一、本表依勞工保險條例第十四條第三項規定訂定之。 二、職業訓練機構受訓者之薪資報酬未達基本工資者，其月投保薪資分 13,500 元（13,500 元以下者）、15,840 元（13,501 元至 15,840 元）、16,500 元（15,841 元至 16,500 元）、17,280 元（16,501 元至 17,280 元）、17,880 元（17,281 元至 17,880 元）、19,047 元（17,881 元至 19,047 元）、20,008 元（19,048 元至 20,008 元）、21,009 元（20,009 元至 21,009 元）、22,000 元（21,010 元至 22,000 元）、23,100 元（22,001 元至 23,100 元）、24,000 元（23,101 元至 24,000 元）及 25,250 元（24,001 元至 25,250 元）十二級，其薪資總額超過 25,250 元而未達基本工資者，應依本表第一級申報。 三、部分工時勞工保險被保險人之薪資報酬未達基本工資者，其月投保薪資分 11,100 元（11,100 元以下者）及 12,540 元（11,101 元至 12,540 元）二級，其薪資總額超過 12,540 元者，應依前項規定覈實申報。 四、依身心障礙者權益保障法規定之庇護性就業身心障礙者被保險人之薪資報酬未達基本工資者，其月投保薪資分 6,000 元（6,000 元以下）、7,500 元（6,001 元至 7,500 元）、8,700 元（7,501 元至 8,700 元）、9,900 元（8,701 元至 9,900 元）、11,100 元（9,901 元至 11,100 元）、12,540 元（11,101 元至 12,540 元），其薪資總額超過 12,540 元者，應依第二項規定覈實申報。 五、本表投保薪資金額以新臺幣元為單位。

勞工職業災害保險投保薪資分級表

民國 112 年 1 月 1 日勞動部令修正施行。

投保薪資等級	月薪資總額（實物給付應折現金計算）	月投保薪資
第 1 級	26,400 元以下	26,400 元
第 2 級	26,401 元至 27,600 元	27,600 元
第 3 級	27,601 元至 28,800 元	28,800 元
第 4 級	28,801 元至 30,300 元	30,300 元
第 5 級	30,301 元至 31,800 元	31,800 元
第 6 級	31,801 元至 33,300 元	33,300 元
第 7 級	33,301 元至 34,800 元	34,800 元
第 8 級	34,801 元至 36,300 元	36,300 元
第 9 級	36,301 元至 38,200 元	38,200 元
第 10 級	38,201 元至 40,100 元	40,100 元
第 11 級	40,101 元至 42,000 元	42,000 元
第 12 級	42,001 元至 43,900 元	43,900 元
第 13 級	43,901 元至 45,800 元	45,800 元
第 14 級	45,801 元至 48,200 元	48,200 元
第 15 級	48,201 元至 50,600 元	50,600 元
第 16 級	50,601 元至 53,000 元	53,000 元
第 17 級	53,001 元至 55,400 元	55,400 元
第 18 級	55,401 元至 57,800 元	57,800 元
第 19 級	57,801 元至 60,800 元	60,800 元

第 20 級	60,801 元至 63,800 元	63,800 元
第 21 級	63,801 元至 66,800 元	66,800 元
第 22 級	66,801 元至 69,800 元	69,800 元
第 23 級	69,801 元以上	72,800 元
備註	一、本表依勞工職業災害保險及保護法第十七條第四項 　　規定訂定之。 二、本表投保薪資金額以新臺幣元爲單位。	

PART 6

勞工退休

勞工退休金條例

民國 108 年 5 月 15 日總統令修正公布。

第一章　總　則

第 1 條

為增進勞工退休生活保障，加強勞雇關係，促進社會及經濟發展，特制定本條例。

勞工退休金事項，優先適用本條例。本條例未規定者，適用其他法律之規定。

第 2 條

本條例所稱主管機關：在中央為勞動部；在直轄市為直轄市政府；在縣（市）為縣（市）政府。

第 3 條

本條例所稱勞工、雇主、事業單位、勞動契約、工資及平均工資之定義，依勞動基準法第二條規定。

第 4 條

中央主管機關為監理本條例與勞動基準法第五十六條第三項規定勞工退休基金之管理及運用業務，應聘請政府機關代表、勞工代表、雇主代表及專家學者，以勞動基金監理會（以下簡稱監理會）行之。

前項監理會之監理事項、程序、人員組成、任期與遴聘及其他相關事項之辦法，由中央主管機關定之。

第 5 條

勞工退休金之收支、保管、滯納金之加徵及罰鍰處分等業務，由中央主管機關委任勞動部勞工保險局（以下簡稱勞保局）辦理之。

第 6 條

雇主應爲適用本條例之勞工，按月提繳退休金，儲存於勞保局設立之勞工退休金個人專戶。

除本條例另有規定者外，雇主不得以其他自訂之勞工退休金辦法，取代前項規定之勞工退休金制度。

第二章　制度之適用與銜接

第 7 條

本條例之適用對象爲適用勞動基準法之下列人員，但依私立學校法之規定提撥退休準備金者，不適用之：

一、本國籍勞工。

二、與在中華民國境內設有戶籍之國民結婚，且獲准居留而在臺灣地區工作之外國人、大陸地區人民、香港或澳門居民。

三、前款之外國人、大陸地區人民、香港或澳門居民，與其配偶離婚或其配偶死亡，而依法規規定得在臺灣地區繼續居留工作者。

四、前二款以外之外國人，經依入出國及移民法相關規定許可永久居留，且在臺灣地區工作者。

本國籍人員、前項第二款至第四款規定之人員具下列身分之一，得自願依本條例規定提繳及請領退休金：

一、實際從事勞動之雇主。

二、自營作業者。

三、受委任工作者。

四、不適用勞動基準法之勞工。

第 8 條

本條例施行前已適用勞動基準法之勞工，於本條例施行後仍服務於同一事業單位者，得選擇繼續適用勞動基準法之退休金規定。但於離職後再受僱時，應適用本條例之退休金制度。

公營事業於本條例施行後移轉民營，公務員兼具勞工身分者繼續留用，得選擇適用勞動基準法之退休金規定或本條例之退休金制度。

第 8-1 條

下列人員自下列各款所定期日起，應適用本條例之退休金制度：

一、第七條第一項第二款、第三款人員及於中華民國九十九年七月一日後始取得本國籍之勞工，於本條例一百零二年十二月三十一日修正之條文施行日。

二、第七條第一項第四款人員，於本條例一百零八年四月二十六日修正之條文施行日。

三、前二款人員於各該修正條文施行後始取得各該身分者，為取得身分之日。

前項所定人員於各該修正條文施行前已受僱且仍服務於同一事業單位者，於適用本條例之日起六個月內，得以書面向雇主表明選擇繼續適用勞動基準法之退休金規定。

依前項規定向雇主表明選擇繼續適用勞動基準法之退休金規定者，不得再變更選擇適用本條例之退休金制度。

勞工依第一項規定適用本條例退休金制度者，其適用本條例前之工作年資依第十一條規定辦理。

雇主應為依第一項及第二項規定適用本條例退休金制度之勞工，向勞保局辦理提繳手續，並至遲於第一項及第二項規定期限屆滿之日起十五日內申報。

第 9 條

雇主應自本條例公布後至施行前一日之期間內，就本條例之勞工退休金制度及勞動基準法之退休金規定，以書面徵詢勞工之選擇；勞工屆期未選擇者，自本條例施行之日起繼續適用勞動基準法之退休金規定。

勞工選擇繼續自本條例施行之日起適用勞動基準法之退休金規定者，於五年內仍得選擇適用本條例之退休金制度。

雇主應為適用本條例之退休金制度之勞工，依下列規定向勞保局辦理提

繳手續：

一、依第一項規定選擇適用者，應於本條例施行後十五日內申報。

二、依第二項規定選擇適用者，應於選擇適用之日起十五日內申報。

三、本條例施行後新成立之事業單位，應於成立之日起十五日內申報。

第 10 條

勞工適用本條例之退休金制度後，不得再變更選擇適用勞動基準法之退休金規定。

第 11 條

本條例施行前已適用勞動基準法之勞工，於本條例施行後，仍服務於同一事業單位而選擇適用本條例之退休金制度者，其適用本條例前之工作年資，應予保留。

前項保留之工作年資，於勞動契約依勞動基準法第十一條、第十三條但書、第十四條、第二十條、第五十三條、第五十四條或職業災害勞工保護法第二十三條、第二十四條規定終止時，雇主應依各法規定，以契約終止時之平均工資，計給該保留年資之資遣費或退休金，並於終止勞動契約後三十日內發給。

第一項保留之工作年資，於勞動契約存續期間，勞雇雙方約定以不低於勞動基準法第五十五條及第八十四條之二規定之給與標準結清者，從其約定。

公營事業之公務員兼具勞工身分者，於民營化之日，其移轉民營前年資，依民營化前原適用之退休相關法令領取退休金。但留用人員應停止其領受月退休金及相關權利，至離職時恢復。

第 12 條

勞工適用本條例之退休金制度者，適用本條例後之工作年資，於勞動契約依勞動基準法第十一條、第十三條但書、第十四條及第二十條或職業災害勞工保護法第二十三條、第二十四條規定終止時，其資遣費由雇主按其工作年資，每滿一年發給二分之一個月之平均工資，未滿一年者，

以比例計給；最高以發給六個月平均工資爲限，不適用勞動基準法第
十七條之規定。

依前項規定計算之資遣費，應於終止勞動契約後三十日內發給。

選擇繼續適用勞動基準法退休金規定之勞工，其資遣費與退休金依同法
第十七條、第五十五條及第八十四條之二規定發給。

第 13 條

爲保障勞工之退休金，雇主應依選擇適用勞動基準法退休制度與保留適
用本條例前工作年資之勞工人數、工資、工作年資、流動率等因素精
算其勞工退休準備金之提撥率，繼續依勞動基準法第五十六條第一項規
定，按月於五年內足額提撥勞工退休準備金，以作爲支付退休金之用。

勞雇雙方依第十一條第三項規定，約定結清之退休金，得自勞動基準法
第五十六條第一項規定之勞工退休準備金專戶支應。

依第十一條第四項規定應發給勞工之退休金，應依公營事業移轉民營條
例第九條規定辦理。

第三章　退休金專戶之提繳與請領

第 14 條

雇主應爲第七條第一項規定之勞工負擔提繳之退休金，不得低於勞工每
月工資百分之六。

雇主得爲第七條第二項第三款或第四款規定之人員，於每月工資百分之
六範圍內提繳退休金。

第七條規定之人員，得在其每月工資百分之六範圍內，自願提繳退休
金；其自願提繳之退休金，不計入提繳年度薪資所得課稅。

第七條第二項第一款至第三款規定之人員，得在其每月執行業務所得百
分之六範圍內，自願提繳退休金；其自願提繳之退休金，不計入提繳年
度執行業務收入課稅。

第一項至第三項所定每月工資及前項所定每月執行業務所得，由中央主

管機關擬訂月提繳分級表，報請行政院核定之。

第 15 條

於同一雇主或依第七條第二項、前條第三項自願提繳者，一年內調整勞工退休金之提繳率，以二次為限。調整時，雇主應於調整當月底前，填具提繳率調整表通知勞保局，並自通知之次月一日起生效；其提繳率計算至百分率小數點第一位為限。

勞工之工資如在當年二月至七月調整時，其雇主應於當年八月底前，將調整後之月提繳工資通知勞保局；如在當年八月至次年一月調整時，應於次年二月底前通知勞保局，其調整均自通知之次月一日起生效。

雇主為第七條第一項所定勞工申報月提繳工資不實或未依前項規定調整月提繳工資者，勞保局查證後得逕行更正或調整之，並通知雇主，且溯自提繳日或應調整之次月一日起生效。

第 16 條

勞工退休金自勞工到職之日起提繳至離職當日止。但選擇自本條例施行之日起適用本條例之退休金制度者，其提繳自選擇適用本條例之退休金制度之日起至離職當日止。

第 17 條

依第七條第二項自願提繳退休金者，由雇主或自營作業者向勞保局辦理開始或停止提繳手續，並按月扣、收繳提繳數額。

前項自願提繳退休金者，自申報自願提繳之日起至申報停止提繳之當日止提繳退休金。

第 18 條

雇主應於勞工到職、離職、復職或死亡之日起七日內，列表通知勞保局，辦理開始或停止提繳手續。

第 19 條

雇主應提繳及收取之退休金數額，由勞保局繕具繳款單於次月二十五日前寄送事業單位，雇主應於再次月底前繳納。

勞工自願提繳退休金者，由雇主向其收取後，連同雇主負擔部分，向勞保局繳納。其退休金之提繳，自申報自願提繳之日起至離職或申報停繳之日止。

雇主未依限存入或存入金額不足時，勞保局應限期通知其繳納。

自營作業者之退休金提繳，應以勞保局指定金融機構辦理自動轉帳方式繳納之，勞保局不另寄發繳款單。

第 20 條

勞工留職停薪、入伍服役、因案停職或被羈押未經法院判決確定前，雇主應於發生事由之日起七日內以書面向勞保局申報停止提繳其退休金。

勞工復職時，雇主應以書面向勞保局申報開始提繳退休金。

因案停職或被羈押勞工復職後，應由雇主補發停職期間之工資者，雇主應於復職當月之再次月底前補提繳退休金。

第 21 條

雇主提繳之金額，應每月以書面通知勞工。

雇主應置備僱用勞工名冊，其內容包括勞工到職、離職、出勤工作紀錄、工資、每月提繳紀錄及相關資料，並保存至勞工離職之日起五年止。

勞工依本條例規定選擇適用退休金制度相關文件之保存期限，依前項規定辦理。

第 22 條（刪除）

第 23 條

退休金之領取及計算方式如下：

一、月退休金：勞工個人之退休金專戶本金及累積收益，依據年金生命表，以平均餘命及利率等基礎計算所得之金額，作為定期發給之退休金。

二、一次退休金：一次領取勞工個人退休金專戶之本金及累積收益。

前項提繳之勞工退休金運用收益，不得低於以當地銀行二年定期存款利

率計算之收益；有不足者，由國庫補足之。

第一項第一款所定年金生命表、平均餘命、利率及金額之計算，由勞保局擬訂，報請中央主管機關核定。

第 24 條

勞工年滿六十歲，得依下列規定之方式請領退休金：

一、工作年資滿十五年以上者，選擇請領月退休金或一次退休金。

二、工作年資未滿十五年者，請領一次退休金。

依前項第一款規定選擇請領退休金方式，經勞保局核付後，不得變更。

第一項工作年資採計，以實際提繳退休金之年資為準。年資中斷者，其前後提繳年資合併計算。

勞工不適用勞動基準法時，於有第一項規定情形者，始得請領。

第 24-1 條

勞工領取退休金後繼續工作者，其提繳年資重新計算，雇主仍應依本條例規定提繳勞工退休金；勞工領取年資重新計算之退休金及其收益次數，一年以一次為限。

第 24-2 條

勞工未滿六十歲，有下列情形之一，其工作年資滿十五年以上者，得請領月退休金或一次退休金。但工作年資未滿十五年者，應請領一次退休金：

一、領取勞工保險條例所定之失能年金給付或失能等級三等以上之一次失能給付。

二、領取國民年金法所定之身心障礙年金給付或身心障礙基本保證年金給付。

三、非屬前二款之被保險人，符合得請領第一款失能年金給付或一次失能給付之失能種類、狀態及等級，或前款身心障礙年金給付或身心障礙基本保證年金給付之障礙種類、項目及狀態。

依前項請領月退休金者，由勞工決定請領之年限。

第 25 條

勞工開始請領月退休金時，應一次提繳一定金額，投保年金保險，作為超過第二十三條第三項所定平均餘命後之年金給付之用。

前項規定提繳金額、提繳程序及承保之保險人資格，由中央主管機關定之。

第 26 條

勞工於請領退休金前死亡者，應由其遺屬或指定請領人請領一次退休金。

已領取月退休金勞工，於未屆第二十三條第三項所定平均餘命或第二十四條之二第二項所定請領年限前死亡者，停止給付月退休金。其個人退休金專戶結算賸餘金額，由其遺屬或指定請領人領回。

第 27 條

依前條規定請領退休金遺屬之順位如下：

一、配偶及子女。

二、父母。

三、祖父母。

四、孫子女。

五、兄弟、姊妹。

前項遺屬同一順位有數人時，應共同具領，有未具名之遺屬者，由具領之遺屬負責分配之；有死亡、拋棄或因法定事由喪失繼承權時，由其餘遺屬請領之。但生前預立遺囑指定請領人者，從其遺囑。

勞工死亡後，有下列情形之一者，其退休金專戶之本金及累積收益應歸入勞工退休基金：

一、無第一項之遺屬或指定請領人。

二、第一項之遺屬或指定請領人之退休金請求權，因時效消滅。

第 28 條

勞工或其遺屬或指定請領人請領退休金時，應填具申請書，並檢附相關

文件向勞保局請領；相關文件之內容及請領程序，由勞保局定之。

請領手續完備，經審查應予發給月退休金者，應自收到申請書次月起按季發給；其為請領一次退休金者，應自收到申請書之日起三十日內發給。

勞工或其遺屬或指定請領人請領之退休金結算基準，由中央主管機關定之。

第一項勞工之遺屬或指定請領人退休金請求權，自得請領之日起，因十年間不行使而消滅。

第 29 條

勞工之退休金及請領勞工退休金之權利，不得讓與、扣押、抵銷或供擔保。

勞工依本條例規定請領退休金者，得檢具勞保局出具之證明文件，於金融機構開立專戶，專供存入退休金之用。

前項專戶內之存款，不得作為抵銷、扣押、供擔保或強制執行之標的。

第 30 條

雇主應為勞工提繳之金額，不得因勞工離職，扣留勞工工資作為賠償或要求勞工繳回。約定離職時應賠償或繳回者，其約定無效。

第 31 條

雇主未依本條例之規定按月提繳或足額提繳勞工退休金，致勞工受有損害者，勞工得向雇主請求損害賠償。

前項請求權，自勞工離職時起，因五年間不行使而消滅。

第 32 條

勞工退休基金之來源如下：

一、勞工個人專戶之退休金。

二、基金運用之收益。

三、收繳之滯納金。

四、其他收入。

第 33 條

勞工退休基金除作為給付勞工退休金及投資運用之用外，不得扣押、供擔保或移作他用；其管理、運用及盈虧分配之辦法，由中央主管機關擬訂，報請行政院核定之。

勞工退休基金之管理、經營及運用業務，由勞動部勞動基金運用局（以下簡稱基金運用局）辦理；該基金之經營及運用，基金運用局得委託金融機構辦理，委託經營規定、範圍及經費，由基金運用局擬訂，報請中央主管機關核定之。

第 34 條

勞保局與基金運用局對於勞工退休金及勞工退休基金之財務收支，應分戶立帳，並與其辦理之其他業務分開處理；其相關之會計報告及年度決算，應依有關法令規定辦理，並由基金運用局彙整，報請中央主管機關備查。

勞工退休基金之收支、運用與其積存金額及財務報表，基金運用局應按月報請中央主管機關備查，中央主管機關應按年公告之。

第四章　年金保險

第 35 條

事業單位僱用勞工人數二百人以上，經工會同意，或無工會者，經勞資會議同意後，得為以書面選擇投保年金保險之勞工，投保符合保險法規定之年金保險。

前項選擇投保年金保險之勞工，雇主得不依第六條第一項規定為其提繳勞工退休金。

第一項所定年金保險之收支、核准及其他應遵行事項之辦法，由中央主管機關定之；事業單位採行前項規定之年金保險者，應報請中央主管機關核准。

第一項年金保險之平均收益率不得低於第二十三條之標準。

第 35-1 條

保險人應依保險法規定專設帳簿，記載其投資資產之價值。

勞工死亡後無遺屬或指定請領人者，其年金保險退休金之本金及累積收益，應歸入年金保險專設帳簿之資產。

第 35-2 條

實施年金保險之事業單位內適用本條例之勞工，得以一年一次爲限，變更原適用之退休金制度，改爲參加個人退休金專戶或年金保險，原已提存之退休金或年金保險費，繼續留存。雇主應於勞工書面選擇變更之日起十五日內，檢附申請書向勞保局及保險人申報。

第 36 條

雇主每月負擔之年金保險費，不得低於勞工每月工資百分之六。

前項雇主應負擔之年金保險費，及勞工自願提繳之年金保險費數額，由保險人繕具繳款單於次月二十五日前寄送事業單位，雇主應於再次月月底前繳納。雇主應提繳保險費之收繳情形，保險人應於繳納期限之次月七日前通知勞保局。

勞工自願提繳年金保險費者，由雇主向其收取後，連同雇主負擔部分，向保險人繳納。其保險費之提繳，自申報自願提繳之日起至離職或申報停繳之日止。

雇主逾期未繳納年金保險費者，保險人應即進行催收，並限期雇主於應繳納期限之次月月底前繳納，催收結果應於再次月之七日前通知勞保局。

第 37 條

年金保險之契約應由雇主擔任要保人，勞工爲被保險人及受益人。事業單位以向一保險人投保爲限。保險人之資格，由中央主管機關會同該保險業務之主管機關定之。

第 38 條

勞工離職後再就業，所屬年金保險契約應由新雇主擔任要保人，繼續提

繳保險費。新舊雇主開辦或參加之年金保險提繳率不同時,其差額由勞工自行負擔。但新雇主自願負擔者,不在此限。

前項勞工之新雇主未辦理年金保險者,應依第六條第一項規定提繳退休金。除勞雇雙方另有約定外,所屬年金保險契約之保險費由勞工全額自行負擔;勞工無法提繳時,年金保險契約之存續,依保險法及各該保險契約辦理。

第一項勞工離職再就業時,得選擇由雇主依第六條第一項規定提繳退休金。

勞工離職再就業,前後適用不同退休金制度時,選擇移轉年金保險之保單價值準備金至個人退休金專戶,或個人退休金專戶之本金及收益至年金保險者,應全額移轉,且其已提繳退休金之存儲期間,不得低於四年。

第 39 條

第七條至第十三條、第十四條第二項至第五項、第十五條、第十六條、第二十條、第二十一條、第二十四條、第二十四條之一、第二十四條之二、第二十七條第一項、第二項、第二十九條至第三十一條規定,於本章所定年金保險準用之。

第五章　監督及經費

第 40 條

為確保勞工權益,主管機關、勞動檢查機構或勞保局必要時得查對事業單位勞工名冊及相關資料。

勞工發現雇主違反本條例規定時,得向雇主、勞保局、勞動檢查機構或主管機關提出申訴,雇主不得因勞工提出申訴,對其做出任何不利之處分。

第 41 條

受委託運用勞工退休基金之金融機構,發現有意圖干涉、操縱、指示其

運用或其他有損勞工利益之情事時，應通知基金運用局。基金運用局認有處置必要者，應即通知中央主管機關採取必要措施。

第 42 條
主管機關、勞保局、基金運用局、受委託之金融機構及其相關機關、團體所屬人員，不得對外公布業務處理上之秘密或謀取非法利益，並應善盡管理人忠誠義務，爲基金謀取最大之效益。

第 43 條
勞保局及基金運用局辦理本條例規定行政所須之費用，應編列預算支應。

第 44 條
勞保局及基金運用局辦理本條例規定業務之一切帳冊、單據及業務收支，均免課稅捐。

第六章　罰　則

第 45 條
受委託運用勞工退休基金之機構違反第三十三條第二項規定，將勞工退休基金用於非指定之投資運用項目者，處新臺幣二百萬元以上一千萬元以下罰鍰，中央主管機關並應限期令其附加利息歸還。

第 45-1 條
雇主有下列各款情事之一者，處新臺幣三十萬元以上一百五十萬元以下罰鍰，並限期令其給付；屆期未給付者，應按次處罰：
一、違反第十一條第二項或第十二條第一項、第二項規定之給與標準或期限。
二、違反第三十九條準用第十一條第二項或第十二條第一項、第二項規定之給與標準或期限。

第 46 條

保險人違反第三十六條第二項規定，未於期限內通知勞保局者，處新臺幣六萬元以上三十萬元以下罰鍰，並限期令其改善；屆期未改善者，應按次處罰。

第 47 條（刪除）

第 48 條

事業單位違反第四十條規定，拒絕提供資料或對提出申訴勞工為不利處分者，處新臺幣三萬元以上三十萬元以下罰鍰。

第 49 條

雇主違反第八條之一第五項、第九條、第十八條、第二十條第一項、第二十一條第二項、第三十五條之二或第三十九條規定，未辦理申報提繳、停繳手續、置備名冊或保存文件，經限期改善，屆期未改善者，處新臺幣二萬元以上十萬元以下罰鍰，並按月處罰至改正為止。

第 50 條

雇主違反第十三條第一項規定，未繼續按月提撥勞工退休準備金者，處新臺幣二萬元以上三十萬元以下罰鍰，並應按月處罰，不適用勞動基準法之罰鍰規定。

主管機關對於前項應執行而未執行時，應以公務員考績法令相關處罰規定辦理。

第一項收繳之罰鍰，歸入勞動基準法第五十六條第三項勞工退休基金。

第 51 條

雇主違反第三十條或第三十九條規定，扣留勞工工資者，處新臺幣一萬元以上五萬元以下罰鍰。

第 52 條

雇主違反第十五條第二項、第二十一條第一項或第三十九條申報、通知規定者，處新臺幣五千元以上二萬五千元以下罰鍰。

第 53 條

雇主違反第十四條第一項、第十九條第一項或第二十條第二項規定，未按時提繳或繳足退休金者，自期限屆滿之次日起至完繳前一日止，每逾一日加徵其應提繳金額百分之三滯納金至應提繳金額之一倍為止。

前項雇主欠繳之退休金，經勞保局限期令其繳納，屆期未繳納者，依法移送行政執行。雇主有不服者，得依法提起行政救濟。

雇主違反第三十六條及第三十九條規定，未按時繳納或繳足保險費者，處其應負擔金額同額之罰鍰，並按月處罰至改正為止。

第一項及第二項規定，溯自中華民國九十四年七月一日生效。

第 53-1 條

雇主違反本條例，經主管機關或勞保局處以罰鍰或加徵滯納金者，應公布其事業單位或事業主之名稱、負責人姓名、處分期日、違反條文及處分金額；受委託運用勞工退休基金之機構經依第四十五條規定處以罰鍰者，亦同。

第 54 條

依本條例加徵之滯納金及所處之罰鍰，受處分人應於收受通知之日起三十日內繳納；屆期未繳納者，依法移送行政執行。

第三十九條所定年金保險之罰鍰處分及移送行政執行業務，委任勞保局辦理之。

第 54-1 條

雇主未依本條例規定繳納退休金或滯納金，且無財產可供執行或其財產不足清償者，由其代表人或負責人負清償責任。

前項代表人或負責人經勞保局限期令其繳納，屆期未繳納者，依法移送行政執行。

第 55 條

法人之代表人或其他從業人員、自然人之代理人或受僱人，因執行業務違反本條例規定，除依本章規定處罰行為人外，對該法人或自然人並應

處以各該條所定之罰鍰。但法人之代表人或自然人對於違反之發生，已盡力為防止行為者，不在此限。

法人之代表人或自然人教唆或縱容為違反之行為者，以行為人論。

第七章 附 則

第 56 條
事業單位因分割、合併或轉讓而消滅者，其積欠勞工之退休金，應由受讓之事業單位當然承受。

第 56-1 條
勞保局對於雇主未依本條例規定繳納之退休金及滯納金，優先於普通債權受清償。

第 56-2 條
勞工退休金不適用下列規定：
一、公司法有關公司重整之債務免責規定。
二、消費者債務清理條例有關清算之債務免責規定。
三、破產法有關破產之債務免責規定。

第 56-3 條
勞保局為辦理勞工退休金業務所需必要資料，得請相關機關提供，各該機關不得拒絕。

勞保局依前項規定取得之資料，應盡善良管理人之注意義務，相關資料之保有、處理及利用等事項，應依個人資料保護法之規定為之。

第 57 條
本條例施行細則，由中央主管機關定之。

第 58 條
本條例自公布後一年施行。
本條例修正條文，除已另定施行日期者外，自公布日施行。

勞工退休金月提繳分級表

民國 111 年 1 月 1 日勞動部令修正施行。

級距	級	實際工資／執行業務所得	月提繳工資／月提繳執行業務所得	級距	級	實際工資／執行業務所得	月提繳工資／月提繳執行業務所得
第 1 組	1	1,500 元以下	1,500 元	第 7 組	35	45,801 元至 48,200 元	48,200 元
	2	1,501 元至 3,000 元	3,000 元		36	48,201 元至 50,600 元	50,600 元
	3	3,001 元至 4,500 元	4,500 元		37	50,601 元至 53,000 元	53,000 元
	4	4,501 元至 6,000 元	6,000 元		38	53,001 元至 55,400 元	55,400 元
	5	6,001 元至 7,500 元	7,500 元		39	55,401 元至 57,800 元	57,800 元
第 2 組	6	7,501 元至 8,700 元	8,700 元	第 8 組	40	57,801 元至 60,800 元	60,800 元
	7	8,701 元至 9,900 元	9,900 元		41	60,801 元至 63,800 元	63,800 元
	8	9,901 元至 11,100 元	11,100 元		42	63,801 元至 66,800 元	66,800 元
	9	11,101 元至 12,540 元	12,540 元		43	66,801 元至 69,800 元	69,800 元
	10	12,541 元至 13,500 元	13,500 元		44	69,801 元至 72,800 元	72,800 元
第 3 組	11	13,501 元至 15,840 元	15,840 元	第 9 組	45	72,801 元至 76,500 元	76,500 元

	12	15,841 元至 16,500 元	16,500 元		46	76,501 元至 80,200 元	80,200 元
	13	16,501 元至 17,280 元	17,280 元		47	80,201 元至 83,900 元	83,900 元
	14	17,281 元至 17,880 元	17,880 元		48	83,901 元至 87,600 元	87,600 元
	15	17,881 元至 19,047 元	19,047 元	第 10 組	49	87,601 元至 92,100 元	92,100 元
	16	19,048 元至 20,008 元	20,008 元		50	92,101 元至 96,600 元	96,600 元
	17	20,009 元至 21,009 元	21,009 元		51	96,601 元至 101,100 元	101,100 元
	18	21,010 元至 22,000 元	22,000 元		52	101,101 元至 105,600 元	105,600 元
	19	22,001 元至 23,100 元	23,100 元		53	105,601 元至 110,100 元	110,100 元
第 4 組	20	23,101 元至 24,000 元	24,000 元	第 11 組	54	110,101 元至 115,500 元	115,500 元
	21	24,001 元至 25,250 元	25,250 元		55	115,501 元至 120,900 元	120,900 元
	22	25,251 元至 26,400 元	26,400 元		56	120,901 元至 126,300 元	126,300 元
	23	26,401 元至 27,600 元	27,600 元		57	126,301 元至 131,700 元	131,700 元
	24	27,601 元至 28,800 元	28,800 元		58	131,701 元至 137,100 元	137,100 元

第 5 組	25	28,801 元至 30,300 元	30,300 元		59	137,101 元至 142,500 元	142,500 元
	26	30,301 元至 31,800 元	31,800 元		60	142,501 元至 147,900 元	147,900 元
	27	31,801 元至 33,300 元	33,300 元		61	147,901 元 以上	150,000 元
	28	33,301 元至 34,800 元	34,800 元	備註： 一、本表依勞工退休金條例第十四條第五項規定訂定之。 二、本表月提繳工資／月提繳執行業務所得金額以新臺幣元為單位，角以下四捨五入。			
	29	34,801 元至 36,300 元	36,300 元				
第 6 組	30	36,301 元至 38,200 元	38,200 元				
	31	38,201 元至 40,100 元	40,100 元				
	32	40,101 元至 42,000 元	42,000 元				
	33	42,001 元至 43,900 元	43,900 元				
	34	43,901 元至 45,800 元	45,800 元				

PART 7

性別工作平等

性別工作平等法

民國 111 年 1 月 12 日總統令修正公布。

第一章　總　則

第 1 條
爲保障性別工作權之平等，貫徹憲法消除性別歧視、促進性別地位實質平等之精神，爰制定本法。

第 2 條
雇主與受僱者之約定優於本法者，從其約定。

本法於公務人員、教育人員及軍職人員，亦適用之。但第三十三條、第三十四條、第三十八條及第三十八條之一之規定，不在此限。

公務人員、教育人員及軍職人員之申訴、救濟及處理程序，依各該人事法令之規定。

本法於雇主依勞動基準法規定招收之技術生及準用技術生規定者，除適用高級中等學校建教合作實施及建教生權益保障法規定之建教生外，亦適用之。但第十六條及第十七條之規定，不在此限。

實習生於實習期間遭受性騷擾時，適用本法之規定。

第 3 條
本法用詞，定義如下：

一、受僱者：指受雇主僱用從事工作獲致薪資者。

二、求職者：指向雇主應徵工作之人。

三、雇主：指僱用受僱者之人、公私立機構或機關。代表雇主行使管理權之人或代表雇主處理有關受僱者事務之人，視同雇主。要派單位使用派遣勞工時，視爲第八條、第九條、第十二條、第十三條、第十八條、第十九條及第三十六條規定之雇主。

四、實習生：指公立或經立案之私立高級中等以上學校修習校外實習課

程之學生。

五、要派單位：指依據要派契約，實際指揮監督管理派遣勞工從事工作者。

六、派遣勞工：指受派遣事業單位僱用，並向要派單位提供勞務者。

七、派遣事業單位：指從事勞動派遣業務之事業單位。

八、薪資：指受僱者因工作而獲得之報酬；包括薪資、薪金及按計時、計日、計月、計件以現金或實物等方式給付之獎金、津貼及其他任何名義之經常性給與。

九、復職：指回復受僱者申請育嬰留職停薪時之原有工作。

第 4 條

本法所稱主管機關：在中央為勞動部；在直轄市為直轄市政府；在縣（市）為縣（市）政府。

本法所定事項，涉及各目的事業主管機關職掌者，由各該目的事業主管機關辦理。

第 5 條

為審議、諮詢及促進性別工作平等事項，各級主管機關應設性別工作平等會。

前項性別工作平等會應置委員五人至十一人，任期兩年，由具備勞工事務、性別問題之相關學識經驗或法律專業人士擔任之，其中經勞工團體、女性團體推薦之委員各二人，女性委員人數應占全體委員人數二分之一以上。

前項性別工作平等會組織、會議及其他相關事項，由各級主管機關另定之。

地方主管機關如設有就業歧視評議委員會，亦得由該委員會處理相關事宜。該會之組成應符合第二項之規定。

第 6 條

直轄市及縣（市）主管機關為婦女就業之需要應編列經費，辦理各類職

業訓練、就業服務及再就業訓練,並於該期間提供或設置托兒、托老及相關福利設施,以促進性別工作平等。

中央主管機關對直轄市及縣(市)主管機關辦理前項職業訓練、就業服務及再就業訓練,並於該期間提供或設置托兒、托老及相關福利措施,得給予經費補助。

第 6-1 條

主管機關應就本法所訂之性別、性傾向歧視之禁止、性騷擾之防治及促進工作平等措施納入勞動檢查項目。

第二章　性別歧視之禁止

第 7 條

雇主對求職者或受僱者之招募、甄試、進用、分發、配置、考績或陞遷等,不得因性別或性傾向而有差別待遇。但工作性質僅適合特定性別者,不在此限。

第 8 條

雇主為受僱者舉辦或提供教育、訓練或其他類似活動,不得因性別或性傾向而有差別待遇。

第 9 條

雇主為受僱者舉辦或提供各項福利措施,不得因性別或性傾向而有差別待遇。

第 10 條

雇主對受僱者薪資之給付,不得因性別或性傾向而有差別待遇;其工作或價值相同者,應給付同等薪資。但基於年資、獎懲、績效或其他非因性別或性傾向因素之正當理由者,不在此限。

雇主不得以降低其他受僱者薪資之方式,規避前項之規定。

第 11 條

雇主對受僱者之退休、資遣、離職及解僱，不得因性別或性傾向而有差別待遇。

工作規則、勞動契約或團體協約，不得規定或事先約定受僱者有結婚、懷孕、分娩或育兒之情事時，應行離職或留職停薪；亦不得以其為解僱之理由。

違反前二項規定者，其規定或約定無效；勞動契約之終止不生效力。

第三章　性騷擾之防治

第 12 條

本法所稱性騷擾，謂下列二款情形之一：

一、受僱者於執行職務時，任何人以性要求、具有性意味或性別歧視之言詞或行為，對其造成敵意性、脅迫性或冒犯性之工作環境，致侵犯或干擾其人格尊嚴、人身自由或影響其工作表現。

二、雇主對受僱者或求職者為明示或暗示之性要求、具有性意味或性別歧視之言詞或行為，作為勞務契約成立、存續、變更或分發、配置、報酬、考績、陞遷、降調、獎懲等之交換條件。

前項性騷擾之認定，應就個案審酌事件發生之背景、工作環境、當事人之關係、行為人之言詞、行為及相對人之認知等具體事實為之。

第 13 條

雇主應防治性騷擾行為之發生。其僱用受僱者三十人以上者，應訂定性騷擾防治措施、申訴及懲戒辦法，並在工作場所公開揭示。

雇主於知悉前條性騷擾之情形時，應採取立即有效之糾正及補救措施。

第一項性騷擾防治措施、申訴及懲戒辦法之相關準則，由中央主管機關定之。

第四章　促進工作平等措施

第 14 條

女性受僱者因生理日致工作有困難者，每月得請生理假一日，全年請假日數未逾三日，不併入病假計算，其餘日數併入病假計算。

前項併入及不併入病假之生理假薪資，減半發給。

第 15 條

雇主於女性受僱者分娩前後，應使其停止工作，給予產假八星期；妊娠三個月以上流產者，應使其停止工作，給予產假四星期；妊娠二個月以上未滿三個月流產者，應使其停止工作，給予產假一星期；妊娠未滿二個月流產者，應使其停止工作，給予產假五日。

產假期間薪資之計算，依相關法令之規定。

受僱者經醫師診斷需安胎休養者，其治療、照護或休養期間之請假及薪資計算，依相關法令之規定。

受僱者妊娠期間，雇主應給予產檢假七日。

受僱者陪伴其配偶妊娠產檢或其配偶分娩時，雇主應給予陪產檢及陪產假七日。

產檢假、陪產檢及陪產假期間，薪資照給。

雇主依前項規定給付產檢假、陪產檢及陪產假薪資後，就其中各逾五日之部分得向中央主管機關申請補助。但依其他法令規定，應給予產檢假、陪產檢及陪產假各逾五日且薪資照給者，不適用之。

前項補助業務，由中央主管機關委任勞動部勞工保險局辦理之。

第 16 條

受僱者任職滿六個月後，於每一子女滿三歲前，得申請育嬰留職停薪，期間至該子女滿三歲止，但不得逾二年。同時撫育子女二人以上者，其育嬰留職停薪期間應合併計算，最長以最幼子女受撫育二年為限。

受僱者於育嬰留職停薪期間，得繼續參加原有之社會保險，原由雇主負擔之保險費，免予繳納；原由受僱者負擔之保險費，得遞延三年繳納。

依家事事件法、兒童及少年福利與權益保障法相關規定與收養兒童先行共同生活之受僱者，其共同生活期間得依第一項規定申請育嬰留職停薪。

育嬰留職停薪津貼之發放，另以法律定之。

育嬰留職停薪實施辦法，由中央主管機關定之。

第 17 條

前條受僱者於育嬰留職停薪期滿後，申請復職時，除有下列情形之一，並經主管機關同意者外，雇主不得拒絕：

一、歇業、虧損或業務緊縮者。

二、雇主依法變更組織、解散或轉讓者。

三、不可抗力暫停工作在一個月以上者。

四、業務性質變更，有減少受僱者之必要，又無適當工作可供安置者。

雇主因前項各款原因未能使受僱者復職時，應於三十日前通知之，並應依法定標準發給資遣費或退休金。

第 18 條

子女未滿二歲須受僱者親自哺（集）乳者，除規定之休息時間外，雇主應每日另給哺（集）乳時間六十分鐘。

受僱者於每日正常工作時間以外之延長工作時間達一小時以上者，雇主應給予哺（集）乳時間三十分鐘。

前二項哺（集）乳時間，視為工作時間。

第 19 條

受僱於僱用三十人以上雇主之受僱者，為撫育未滿三歲子女，得向雇主請求為下列二款事項之一：

一、每天減少工作時間一小時；減少之工作時間，不得請求報酬。

二、調整工作時間。

受僱於僱用未滿三十人雇主之受僱者，經與雇主協商，雙方合意後，得依前項規定辦理。

第 20 條

受僱者於其家庭成員預防接種、發生嚴重之疾病或其他重大事故須親自照顧時，得請家庭照顧假；其請假日數併入事假計算，全年以七日為限。

家庭照顧假薪資之計算，依各該事假規定辦理。

第 21 條

受僱者依前七條之規定為請求時，雇主不得拒絕。

受僱者為前項之請求時，雇主不得視為缺勤而影響其全勤獎金、考績或為其他不利之處分。

第 22 條（刪除）

第 23 條

僱用受僱者一百人以上之雇主，應提供下列設施、措施：

一、哺（集）乳室。

二、托兒設施或適當之托兒措施。

主管機關對於雇主設置哺（集）乳室、托兒設施或提供托兒措施，應給予經費補助。

有關哺（集）乳室、托兒設施、措施之設置標準及經費補助辦法，由中央主管機關會商有關機關定之。

第 24 條

主管機關為協助因結婚、懷孕、分娩、育兒或照顧家庭而離職之受僱者獲得再就業之機會，應採取就業服務、職業訓練及其他必要之措施。

第 25 條

雇主僱用因結婚、懷孕、分娩、育兒或照顧家庭而離職之受僱者成效卓著者，主管機關得給予適當之獎勵。

第五章　救濟及申訴程序

第 26 條
受僱者或求職者因第七條至第十一條或第二十一條之情事，受有損害者，雇主應負賠償責任。

第 27 條
受僱者或求職者因第十二條之情事，受有損害者，由雇主及行爲人連帶負損害賠償責任。但雇主證明其已遵行本法所定之各種防治性騷擾之規定，且對該事情之發生已盡力防止仍不免發生者，雇主不負賠償責任。
如被害人依前項但書之規定不能受損害賠償時，法院因其聲請，得斟酌雇主與被害人之經濟狀況，令雇主爲全部或一部之損害賠償。
雇主賠償損害時，對於爲性騷擾之行爲人，有求償權。
被害人因第十二條之情事致生法律訴訟，於受司法機關通知到庭期間，雇主應給予公假。

第 28 條
受僱者或求職者因雇主違反第十三條第二項之義務，受有損害者，雇主應負賠償責任。

第 29 條
前三條情形，受僱者或求職者雖非財產上之損害，亦得請求賠償相當之金額。其名譽被侵害者，並得請求回復名譽之適當處分。

第 30 條
第二十六條至第二十八條之損害賠償請求權，自請求權人知有損害及賠償義務人時起，二年間不行使而消滅。自有性騷擾行爲或違反各該規定之行爲時起，逾十年者，亦同。

第 31 條
受僱者或求職者於釋明差別待遇之事實後，雇主應就差別待遇之非性別、性傾向因素，或該受僱者或求職者所從事工作之特定性別因素，負舉證責任。

第 32 條

雇主為處理受僱者之申訴，得建立申訴制度協調處理。

第 33 條

受僱者發現雇主違反第十四條至第二十條之規定時，得向地方主管機關申訴。

其向中央主管機關提出者，中央主管機關應於收受申訴案件，或發現有上開違反情事之日起七日內，移送地方主管機關。

地方主管機關應於接獲申訴後七日內展開調查，並得依職權對雙方當事人進行協調。

前項申訴處理辦法，由地方主管機關定之。

第 34 條

受僱者或求職者發現雇主違反第七條至第十一條、第十三條、第二十一條或第三十六條規定時，向地方主管機關申訴後，雇主、受僱者或求職者對於地方主管機關所為之處分有異議時，得於十日內向中央主管機關性別工作平等會申請審議或逕行提起訴願。雇主、受僱者或求職者對於中央主管機關性別工作平等會所為之處分有異議時，得依訴願及行政訴訟程序，提起訴願及進行行政訴訟。

前項申訴審議處理辦法，由中央主管機關定之。

第 35 條

法院及主管機關對差別待遇事實之認定，應審酌性別工作平等會所為之調查報告、評議或處分。

第 36 條

雇主不得因受僱者提出本法之申訴或協助他人申訴，而予以解僱、調職或其他不利之處分。

第 37 條

受僱者或求職者因雇主違反本法之規定，而向法院提出訴訟時，主管機關應提供必要之法律扶助。

前項法律扶助辦法，由中央主管機關定之。

受僱者或求職者為第一項訴訟而聲請保全處分時，法院得減少或免除供擔保之金額。

第六章　罰　則

第 38 條

雇主違反第二十一條、第二十七條第四項或第三十六條規定者，處新臺幣二萬元以上三十萬元以下罰鍰。

有前項規定行為之一者，應公布其姓名或名稱、負責人姓名，並限期令其改善；屆期未改善者，應按次處罰。

第 38-1 條

雇主違反第七條至第十條、第十一條第一項、第二項者，處新臺幣三十萬元以上一百五十萬元以下罰鍰。

雇主違反第十三條第一項後段、第二項規定者，處新臺幣十萬元以上五十萬元以下罰鍰。

有前二項規定行為之一者，應公布其姓名或名稱、負責人姓名，並限期令其改善；屆期未改善者，應按次處罰。

第七章　附　則

第 39 條

本法施行細則，由中央主管機關定之。

第 40 條

本法自中華民國九十一年三月八日施行。

本法修正條文，除中華民國九十六年十二月十九日修正之第十六條及一百十年十二月二十八日修正之條文施行日期由行政院定之者外，自公布日施行。

性別工作平等法施行細則

民國 111 年 1 月 18 日勞動部令修正發布。

第 1 條

本細則依性別工作平等法（以下簡稱本法）第三十九條規定訂定之。

第 2 條

本法第七條至第十一條、第三十一條及第三十五條所稱差別待遇，指雇主因性別或性傾向因素而對受僱者或求職者為直接或間接不利之對待。

第 3 條

本法第七條但書所稱工作性質僅適合特定性別者，指非由特定性別之求職者或受僱者從事，不能完成或難以完成之工作。

第 4 條（刪除）

第 4-1 條

實習生所屬學校知悉其實習期間遭受性騷擾時，所屬學校應督促實習之單位採取立即有效之糾正及補救措施，並應提供實習生必要協助。

申訴案件之申訴人為實習生時，地方主管機關得請求教育主管機關及所屬學校共同調查。

第 5 條

本法第十三條第一項、第十九條及第二十三條第一項所定僱用人數之計算，包括分支機構及附屬單位之僱用人數。

本法第十九條所定之僱用人數，依受僱者申請或請求當月第一個工作日雇主僱用之總人數計算。

第 6 條

本法第十五條第一項規定產假期間之計算，應依曆連續計算。

第 7 條

本法第十五條第五項規定之七日陪產檢及陪產假，除陪產檢於配偶妊娠

期間請假外，受僱者陪產之請假，應於配偶分娩之當日及其前後合計十五日期間內爲之。

第 8 條

受僱者於依本法第十六條第一項規定申請育嬰留職停薪期間屆滿前分娩或流產，於復職後仍在本法第十五條第一項所定之產假期間時，雇主仍應依本法規定給予產假。但得扣除自分娩或流產之日起至復職前之日數。

第 9 條

受僱者依本法第十六條第二項規定繼續參加原有之社會保險，不包括參加勞工職業災害保險，並應於原投保單位繼續投保。

第 10 條

依本法第十六條第二項規定繼續參加原有之社會保險者，其投保手續、投保金額、保險費繳納及保險給付等事項，依各該相關法令規定辦理。

第 11 條

本法第十八條第一項所定親自哺乳，包括女性受僱者以容器貯存母乳備供育兒之情形。

第 12 條

本法第十六條第一項、第十八條第一項及第十九條所稱子女，指婚生子女、非婚生子女及養子女。

第 13 條

受僱者依本法第十五條至第二十條規定爲申請或請求者，必要時雇主得要求其提出相關證明文件。

第 14 條

本法第二十三條第一項所定雇主應設置托兒設施或提供適當之托兒措施，包括與其他雇主聯合辦理或委託托兒服務機構辦理者。

第 15 條

本細則自發布日施行。

本細則中華民國一百十一年一月十八日修正發布之第七條自一百十一年一月十八日施行，第九條自一百十一年五月一日施行。

工作場所性騷擾防治措施申訴及懲戒辦法訂定準則

民國 109 年 4 月 6 日勞動部令修正發布。

第 1 條

本準則依性別工作平等法第十三條第三項規定訂定之。

第 2 條

僱用受僱者三十人以上之雇主,應依本準則訂定性騷擾防治措施、申訴及懲戒辦法,並在工作場所顯著之處公告及印發各受僱者。

前項辦法,應明定雇主為性騷擾行為人時,受僱者或求職者除依事業單位內部管道申訴外,亦得向地方主管機關提出申訴。

第 3 條

雇主應提供受僱者及求職者免於性騷擾之工作環境,採取適當之預防、糾正、懲戒及處理措施,並確實維護當事人之隱私。

第 4 條

性騷擾防治措施應包括下列事項:

一、實施防治性騷擾之教育訓練。

二、頒布禁止工作場所性騷擾之書面聲明。

三、規定處理性騷擾事件之申訴程序,並指定人員或單位負責。

四、以保密方式處理申訴,並使申訴人免於遭受任何報復或其他不利之待遇。

五、對調查屬實行為人之懲戒處理方式。

第 4-1 條

受僱者於非雇主所能支配、管理之工作場所工作者,雇主應為工作環境性騷擾風險類型辨識、提供必要防護措施,並事前詳為告知受僱者。

第 5 條

雇主應設置處理性騷擾申訴之專線電話、傳眞、專用信箱或電子信箱，並將相關資訊於工作場所顯著之處公開揭示。

第 6 條

性騷擾之申訴得以言詞或書面提出。以言詞爲申訴者，受理之人員或單位應作成紀錄，經向申訴人朗讀或使閱覽，確認其內容無誤後，由其簽名或蓋章。

前項書面應由申訴人簽名或蓋章，並載明下列事項：

一、申訴人姓名、服務單位及職稱、住居所、聯絡電話、申訴日期。

二、有代理人者，應檢附委任書，並載明其姓名、住居所、聯絡電話。

三、申訴之事實及內容。

第 7 條

雇主處理性騷擾之申訴，應以不公開方式爲之。

雇主爲處理前項之申訴，得由雇主與受僱者代表共同組成申訴處理委員會，並應注意委員性別之相當比例。

雇主爲學校時，得由該校之性別平等教育委員會依本準則處理性騷擾申訴事宜。

第 8 條

雇主接獲申訴後，得進行調查，調查過程應保護當事人之隱私權及其他人格法益。

第 9 條

申訴處理委員會召開時，得通知當事人及關係人到場說明，並得邀請具相關學識經驗者協助。

第 10 條

申訴處理委員會應爲附理由之決議，並得作成懲戒或其他處理之建議。

前項決議，應以書面通知申訴人、申訴之相對人及雇主。

第 11 條

申訴應自提出起二個月內結案；必要時，得延長一個月，並通知當事人。

申訴人及申訴之相對人對申訴案之決議有異議者，得於收到書面通知次日起二十日內，以書面提出申復。

前項申訴案經結案後，不得就同一事由再提出。

第 12 條

性騷擾行為經調查屬實，雇主應視情節輕重，對申訴之相對人為適當之懲戒或處理。如經證實有誣告之事實者，亦對申訴人為適當之懲戒或處理。

第 13 條

雇主應採取追蹤、考核及監督，確保懲戒或處理措施有效執行，並避免相同事件或報復情事發生。

第 14 條

雇主認為當事人有輔導或醫療之必要時，得引介專業輔導或醫療機構。

第 15 條

本準則自發布日施行。

本準則中華民國一百零九年四月六日修正發布之條文，自一百零九年十一月一日施行。

育嬰留職停薪實施辦法

民國 111 年 1 月 18 日勞動部令修正發布。

第 1 條

本辦法依性別工作平等法第十六條第五項規定訂定之。

第 2 條

受僱者申請育嬰留職停薪，應於十日前以書面向雇主提出。

前項書面應記載下列事項：

一、姓名、職務。

二、留職停薪期間之起訖日。

三、子女之出生年、月、日。

四、留職停薪期間之住居所、聯絡電話。

五、是否繼續參加社會保險。

前項育嬰留職停薪期間，每次以不少於六個月為原則。但受僱者有少於六個月之需求者，得以不低於三十日之期間，向雇主提出申請，並以二次為限。

第 3 條

受僱者於申請育嬰留職停薪期間，得與雇主協商提前或延後復職。

第 4 條

育嬰留職停薪期間，除勞僱雙方另有約定外，不計入工作年資計算。

第 5 條

育嬰留職停薪期間，受僱者欲終止勞動契約者，應依各相關法令之規定辦理。

第 6 條

育嬰留職停薪期間，雇主得僱用替代人力，執行受僱者之原有工作。

第 7 條

受僱者於育嬰留職停薪期間，不得與他人另訂勞動契約。

第 8 條

受僱者育嬰留職停薪期間，雇主應隨時與受僱者聯繫，告知與其職務有關之教育訓練訊息。

第 9 條

本辦法自發布日施行。

本辦法中華民國一百十年六月四日修正發布之條文，自一百十年七月一日施行；一百十一年一月十八日修正發布之條文，自一百十一年一月十八日施行。

PART 8

身心障礙者

身心障礙者權益保障法（節錄）

民國 110 年 1 月 20 日總統令修正公布。

第四章　就業權益

第 33 條
各級勞工主管機關應參考身心障礙者之就業意願，由職業重建個案管理員評估其能力與需求，訂定適切之個別化職業重建服務計畫，並結合相關資源，提供職業重建服務，必要時得委託民間團體辦理。
前項所定職業重建服務，包括職業重建個案管理服務、職業輔導評量、職業訓練、就業服務、職務再設計、創業輔導及其他職業重建服務。
前項所定各項職業重建服務，得由身心障礙者本人或其監護人向各級勞工主管機關提出申請。

第 34 條
各級勞工主管機關對於具有就業意願及就業能力，而不足以獨立在競爭性就業市場工作之身心障礙者，應依其工作能力，提供個別化就業安置、訓練及其他工作協助等支持性就業服務。
各級勞工主管機關對於具有就業意願，而就業能力不足，無法進入競爭性就業市場，需長期就業支持之身心障礙者，應依其職業輔導評量結果，提供庇護性就業服務。

第 35 條
直轄市、縣（市）勞工主管機關為提供第三十三條第二項之職業訓練、就業服務及前條之庇護性就業服務，應推動設立下列機構：
一、職業訓練機構。
二、就業服務機構。
三、庇護工場。
前項各款機構得單獨或綜合設立。機構設立因業務必要使用所需基地為公有，得經該公有基地管理機關同意後，無償使用。

第一項之私立職業訓練機構、就業服務機構、庇護工場，應向當地直轄市、縣（市）勞工主管機關申請設立許可，經發給許可證後，始得提供服務。

未經許可，不得提供第一項之服務。但依法設立之機構、團體或學校接受政府委託辦理者，不在此限。

第一項機構之設立許可、設施與專業人員配置、資格、遴用、培訓及經費補助之相關準則，由中央勞工主管機關定之。

第 36 條

各級勞工主管機關應協調各目的事業主管機關及結合相關資源，提供庇護工場下列輔導項目：

一、經營及財務管理。

二、市場資訊、產品推廣及生產技術之改善與諮詢。

三、員工在職訓練。

四、其他必要之協助。

第 37 條

各級勞工主管機關應分別訂定計畫，自行或結合民間資源辦理第三十三條第二項職業輔導評量、職務再設計及創業輔導。

前項服務之實施方式、專業人員資格及經費補助之相關準則，由中央勞工主管機關定之。

第 38 條

各級政府機關、公立學校及公營事業機構員工總人數在三十四人以上者，進用具有就業能力之身心障礙者人數，不得低於員工總人數百分之三。

私立學校、團體及民營事業機構員工總人數在六十七人以上者，進用具有就業能力之身心障礙者人數，不得低於員工總人數百分之一，且不得少於一人。

前二項各級政府機關、公、私立學校、團體及公、民營事業機構為進用

身心障礙者義務機關（構）；其員工總人數及進用身心障礙者人數之計算方式，以各義務機關（構）每月一日參加勞保、公保人數為準；第一項義務機關（構）員工員額經核定為員額凍結或列為出缺不補者，不計入員工總人數。

前項身心障礙員工之月領薪資未達勞動基準法按月計酬之基本工資數額者，不計入進用身心障礙者人數及員工總人數。但從事部分工時工作，其月領薪資達勞動基準法按月計酬之基本工資數額二分之一以上者，進用二人得以一人計入身心障礙者人數及員工總人數。

辦理庇護性就業服務之單位進用庇護性就業之身心障礙者，不計入進用身心障礙者人數及員工總人數。

依第一項、第二項規定進用重度以上身心障礙者，每進用一人以二人核計。

警政、消防、關務、國防、海巡、法務及航空站等單位定額進用總人數之計算範圍，得於本法施行細則另定之。

依前項規定不列入定額進用總人數計算範圍之單位，其職務應經職務分析，並於三年內完成。

前項職務分析之標準及程序，由中央勞工主管機關另定之。

第 38-1 條

事業機構依公司法成立關係企業之進用身心障礙者人數達員工總人數百分之二十以上者，得與該事業機構合併計算前條之定額進用人數。

事業機構依前項規定投資關係企業達一定金額或僱用一定人數之身心障礙者應予獎勵與輔導。

前項投資額、僱用身心障礙者人數、獎勵與輔導及第一項合併計算適用條件等辦法，由中央各目的事業主管機關會同中央勞工主管機關定之。

第 39 條

各級政府機關、公立學校及公營事業機構為進用身心障礙者，應洽請考試院依法舉行身心障礙人員特種考試，並取消各項公務人員考試對身心障礙人員體位之不合理限制。

第 40 條

進用身心障礙者之機關（構），對其所進用之身心障礙者，應本同工同酬之原則，不得爲任何歧視待遇，其所核發之正常工作時間薪資，不得低於基本工資。

庇護性就業之身心障礙者，得依其產能核薪；其薪資，由進用單位與庇護性就業者議定，並報直轄市、縣（市）勞工主管機關核備。

第 41 條

經職業輔導評量符合庇護性就業之身心障礙者，由辦理庇護性就業服務之單位提供工作，並由雙方簽訂書面契約。

接受庇護性就業之身心障礙者，經第三十四條之職業輔導評量單位評量確認不適於庇護性就業時，庇護性就業服務單位應依其實際需求提供轉銜服務，並得不發給資遣費。

第 42 條

身心障礙者於支持性就業、庇護性就業時，雇主應依法爲其辦理參加勞工保險、全民健康保險及其他社會保險，並依相關勞動法規確保其權益。

庇護性就業者之職業災害補償所採薪資計算之標準，不得低於基本工資。

庇護工場給付庇護性就業者之職業災害補償後，得向直轄市、縣（市）勞工主管機關申請補助；其補助之資格條件、期間、金額、比率及方式之辦法，由中央勞工主管機關定之。

第 43 條

爲促進身心障礙者就業，直轄市、縣（市）勞工主管機關應設身心障礙者就業基金；其收支、保管及運用辦法，由直轄市、縣（市）勞工主管機關定之。

進用身心障礙者人數未達第三十八條第一項、第二項標準之機關（構），應定期向所在地直轄市、縣（市）勞工主管機關之身心障礙者

就業基金繳納差額補助費；其金額，依差額人數乘以每月基本工資計算。

直轄市、縣（市）勞工主管機關之身心障礙者就業基金，每年應就收取前一年度差額補助費百分之三十撥交中央勞工主管機關之就業安定基金統籌分配；其提撥及分配方式，由中央勞工主管機關定之。

第 44 條

前條身心障礙者就業基金之用途如下：

一、補助進用身心障礙者達一定標準以上之機關（構），因進用身心障礙者必須購置、改裝、修繕器材、設備及其他為協助進用必要之費用。

二、核發超額進用身心障礙者之私立機構獎勵金。

三、其他為辦理促進身心障礙者就業權益相關事項。

前項第二款核發之獎勵金，其金額最高按超額進用人數乘以每月基本工資二分之一計算。

第 45 條

各級勞工主管機關對於進用身心障礙者工作績優之機關（構），應予獎勵。

前項獎勵辦法，由中央勞工主管機關定之。

第 46 條

非視覺功能障礙者，不得從事按摩業。

各級勞工主管機關為協助視覺功能障礙者從事按摩及理療按摩工作，應自行或結合民間資源，輔導提升其專業技能、經營管理能力，並補助其營運所需相關費用。

前項輔導及補助對象、方式及其他應遵行事項之辦法，由中央勞工主管機關定之。

醫療機構得僱用視覺功能障礙者於特定場所從事非醫療按摩工作。

醫療機構、車站、民用航空站、公園營運者及政府機關（構），不得提

供場所供非視覺功能障礙者從事按摩或理療按摩工作。其提供場地供視覺功能障礙者從事按摩或理療按摩工作者應予優惠。

第一項規定於中華民國一百年十月三十一日失其效力。

第 46-1 條

政府機關（構）及公營事業自行或委託辦理諮詢性電話服務工作，電話值機人數在十人以上者，除其他法規另有規定外，應進用視覺功能障礙者達電話值機人數十分之一以上。但因工作性質特殊或進用確有困難，報經電話值機所在地直轄市、縣（市）勞工主管機關同意者，不在此限。

於前項但書所定情形，電話值機所在地直轄市、縣（市）勞工主管機關與自行或委託辦理諮詢性電話服務工作之機關相同者，應報經中央勞工主管機關同意。

第 47 條

為因應身心障礙者提前老化，中央勞工主管機關應建立身心障礙勞工提早退休之機制，以保障其退出職場後之生活品質。

視覺功能障礙者生活重建及職業重建服務要點

民國 106 年 7 月 20 日衛生福利部、勞動部令會銜修正發布。

一、為執行身心障礙者權益保障法（以下簡稱本法）第六十條之一第二項規定，特訂定本要點。

二、本要點所定之視覺功能障礙者（以下簡稱視障者）生活重建服務及職業重建服務，由直轄市、縣（市）政府辦理，並得委託具視障者生活重建或職業重建服務專業經驗之國內大專校院、社會福利機構、團體、就業服務機構或職業訓練機構辦理。

三、直轄市、縣（市）政府辦理視障者重建服務時，應協調並整合轄內生活及職業重建服務資源，主動提供視障者所需之服務，並應使服務順利銜接。

四、直轄市、縣（市）政府辦理視障者生活重建服務內容，應依視障者個別需求，提供下列重建服務：

　　（一）個案管理（含評估及擬訂重建處遇計畫）。

　　（二）功能性視覺評估及視光學評估。

　　（三）定向行動訓練。

　　（四）生活技能訓練。

　　（五）資訊溝通能力及輔具訓練。

　　（六）心理支持。

　　（七）家庭支持。

　　（八）社交活動及人際關係之訓練。

　　（九）轉銜服務。

　　（十）其他生活重建及資源連結服務。

五、直轄市、縣（市）政府辦理視障者職業重建服務內容，應依視障者個別需求，提供下列重建服務：

（一）職業重建個案管理服務（含職涯諮商及評量、擬訂職業重建
　　　服務計畫）。

（二）功能性視覺評估、視光學評估及職業輔導評量服務。

（三）職前適應訓練。

（四）資訊溝通能力及就業輔具訓練。

（五）職場環境定向行動訓練。

（六）職業訓練。

（七）就業服務。

（八）創業輔導。

（九）職務再設計。

（十）其他職業重建及資源連結服務。

六、直轄市、縣（市）政府自行、委託或補助辦理視障者生活重建服務
　　時，所聘用相關服務人員之資格及訓練，應符合身心障礙者服務人
　　員資格訓練及管理辦法規定。

　　依前項規定受聘擔任個案管理工作之社會工作人員，應接受至少
　　四十五小時專業訓練。訓練課程內容由中央主管機關另行公告之。

　　前項專業訓練，應於初次進用一年內完成；於本要點生效前已在職
　　者，應於本要點生效後一年內完成，成績及格並取得結訓證明後，
　　始得繼續提供服務。

七、直轄市、縣（市）政府自行、委託或補助辦理視障者職業重建服務
　　時，所聘用相關服務人員之資格及訓練，應符合身心障礙者職業重
　　建服務專業人員遴用及培訓準則規定。

　　依前項規定受聘擔任職業重建個案管理員者，應依前項準則規定，
　　完成專業訓練及繼續教育時數，並取得資格認證後，始得繼續提供
　　服務。

八、為推動辦理視障者生活重建及職業重建服務，主管機關應會同目的
　　事業主管機關定期辦理視障者重建服務聯繫會議，以整合重建服務
　　資源、加強政府、民間團體及各服務提供單位間之聯繫協調。

九、生活重建及職業重建服務提供單位，應為服務對象建立個別檔案，

並接受直轄市、縣（市）政府定期輔導及查核。

直轄市、縣（市）政府辦理生活重建、職業重建服務之成效，列入中央對直轄市、縣（市）政府執行社會福利績效考核、身心障礙者就業促進業務評鑑。

PART 9

中高齡者及高齡者

中高齡者及高齡者就業促進法

民國 108 年 12 月 4 日總統令制定公布。

第一章　總　則

第 1 條

爲落實尊嚴勞動，提升中高齡者勞動參與，促進高齡者再就業，保障經濟安全，鼓勵世代合作與經驗傳承，維護中高齡者及高齡者就業權益，建構友善就業環境，並促進其人力資源之運用，特制定本法。

中高齡者及高齡者就業事項，依本法之規定；本法未規定者，適用勞動基準法、性別工作平等法、就業服務法、職業安全衛生法、就業保險法、職業訓練法及其他相關法律之規定。

第 2 條

本法所稱主管機關：在中央爲勞動部；在直轄市爲直轄市政府；在縣（市）爲縣（市）政府。

第 3 條

本法用詞，定義如下：

一、中高齡者：指年滿四十五歲至六十五歲之人。

二、高齡者：指逾六十五歲之人。

三、受僱者：指受僱主僱用從事工作獲致薪資之人。

四、求職者：指向僱主應徵工作之人。

五、僱主：指僱用受僱者之人、公私立機構或機關。代表僱主行使管理權或代表僱主處理有關受僱者事務之人，視同僱主。

第 4 條

本法適用對象爲年滿四十五歲之下列人員：

一、本國國民。

二、與在中華民國境內設有戶籍之國民結婚，且獲准在臺灣地區居留之

外國人、大陸地區人民、香港或澳門居民。

三、前款之外國人、大陸地區人民、香港或澳門居民,與其配偶離婚或其配偶死亡,而依法規規定得在臺灣地區繼續居留工作者。

第 5 條

雇主應依所僱用之中高齡者及高齡者需要,協助提升專業知能、調整職務或改善工作設施,提供友善就業環境。

第 6 條

中央主管機關為推動中高齡者及高齡者就業,應蒐集中高齡者及高齡者勞動狀況,辦理供需服務評估、職場健康、職業災害等相關調查或研究,並進行性別分析,其調查及研究結果應定期公布。

第 7 條

中央主管機關應會商中央目的事業主管機關及地方主管機關,至少每三年訂定中高齡者及高齡者就業計畫。

地方主管機關應依前項就業計畫,結合轄區產業特性,推動中高齡者及高齡者就業。

第 8 條

主管機關得遴聘受僱者、雇主、學者專家及政府機關之代表,研議、諮詢有關中高齡者及高齡者就業權益事項;其中受僱者、雇主及學者專家代表,不得少於二分之一。

前項代表中之單一性別、中高齡者及高齡者,不得少於三分之一。

第 9 條

為協助中高齡者及高齡者就業,主管機關得提供職場指引手冊。

第 10 條

為傳承中高齡者與高齡者智慧經驗及營造世代和諧,主管機關應推廣世代交流,支持雇主推動世代合作。

第 11 條
主管機關應推動中高齡者與高齡者就業之國際交流及合作。

第二章　禁止年齡歧視

第 12 條
雇主對求職或受僱之中高齡者及高齡者，不得以年齡為由予以差別待遇。

前項所稱差別待遇，指雇主因年齡因素對求職者或受僱者為下列事項之直接或間接不利對待：

一、招募、甄試、進用、分發、配置、考績或陞遷等。

二、教育、訓練或其他類似活動。

三、薪資之給付或各項福利措施。

四、退休、資遣、離職及解僱。

第 13 條
前條所定差別待遇，屬下列情形之一者，不受前條第一項規定之限制：

一、基於職務需求或特性，而對年齡為特定之限制或規定。

二、薪資之給付，係基於年資、獎懲、績效或其他非因年齡因素之正當理由。

三、依其他法規規定任用或退休年齡所為之限制。

四、依本法或其他法令規定，為促進特定年齡者就業之相關僱用或協助措施。

第 14 條
求職或受僱之中高齡者及高齡者於釋明差別待遇之事實後，雇主應就差別待遇之非年齡因素，或其符合前條所定之差別待遇因素，負舉證責任。

第 15 條
求職或受僱之中高齡者及高齡者發現雇主違反第十二條第一項規定時，

得向地方主管機關申訴。

地方主管機關受理前項之申訴，由依就業服務法相關規定組成之就業歧視評議委員會辦理年齡歧視認定。

第 16 條

雇主不得因受僱之中高齡者及高齡者提出本法之申訴或協助他人申訴，而予以解僱、調職或其他不利之處分。

第 17 條

求職或受僱之中高齡者及高齡者，因第十二條第一項之情事致受有損害，雇主應負賠償責任。

前項之損害賠償請求權，自請求權人知有損害及賠償義務人時起，二年間不行使而消滅。自有違反行為時起，逾十年者，亦同。

第三章　穩定就業措施

第 18 條

雇主依經營發展及穩定留任之需要，得自行或委託辦理所僱用之中高齡者及高齡者在職訓練，或指派其參加相關職業訓練。

雇主依前項規定辦理在職訓練，中央主管機關得予訓練費用補助，並提供訓練輔導協助。

第 19 條

雇主對於所僱用之中高齡者及高齡者有工作障礙或家屬需長期照顧時，得依其需要為職務再設計或提供就業輔具，或轉介適當之長期照顧服務資源。

雇主依前項規定提供職務再設計及就業輔具，主管機關得予輔導或補助。

第 20 條

雇主為使所僱用之中高齡者與高齡者傳承技術及經驗，促進世代合作，

得採同一工作分工合作等方式爲之。

雇主依前項規定辦理時，不得損及受僱者原有勞動條件，以穩定其就業。

雇主依第一項規定辦理者，主管機關得予輔導或獎勵。

第 21 條

雇主繼續僱用符合勞動基準法第五十四條第一項第一款所定得強制退休之受僱者達一定比率及期間，中央主管機關得予補助。

第 22 條

前四條所定補助、獎勵之申請資格條件、項目、方式、期間、廢止、經費來源及其他相關事項之辦法，由中央主管機關定之。

第四章　促進失業者就業

第 23 條

公立就業服務機構爲協助中高齡者及高齡者就業，應依其能力及需求，提供職涯輔導、就業諮詢與推介就業等個別化就業服務及相關就業資訊。

第 24 條

中央主管機關爲提升中高齡者及高齡者工作技能，促進就業，應辦理職業訓練。

雇主依僱用人力需求，得自行或委託辦理失業之中高齡者及高齡者職業訓練。

雇主依前項規定辦理職業訓練，中央主管機關得予訓練費用補助。

第 25 條

主管機關爲協助中高齡者及高齡者創業或與青年共同創業，得提供創業諮詢輔導、創業研習課程及創業貸款利息補貼等措施。

第 26 條

主管機關對於失業之中高齡者及高齡者，應協助其就業，提供相關就業協助措施，並得發給相關津貼、補助或獎助。

第 27 條

前三條所定補助、利息補貼、津貼或獎助之申請資格條件、項目、方式、期間、廢止、經費來源及其他相關事項之辦法，由中央主管機關定之。

第五章　　支持退休後再就業

第 28 條

六十五歲以上勞工，雇主得以定期勞動契約僱用之。

第 29 條

雇主對於所僱用之中高齡者，得於其達勞動基準法第五十四條第一項第一款所定得強制退休前一年，提供退休準備、調適及再就業之相關協助措施。

雇主依前項規定辦理時，中央主管機關得予補助。

第 30 條

雇主僱用依法退休之高齡者，傳承其專業技術及經驗，中央主管機關得予補助。

第 31 條

前二條所定補助之申請資格條件、項目、方式、期間、廢止、經費來源及其他相關事項之辦法，由中央主管機關定之。

第 32 條

中央主管機關為提供退休之中高齡者及高齡者相關資料供查詢，以強化退休人力再運用，應建置退休人才資料庫，並定期更新。

退休人才資料庫之使用依個人資料保護法相關規定辦理。

第六章　推動銀髮人才服務

第 33 條

中央主管機關為促進依法退休或年滿五十五歲之中高齡者及高齡者就業，應辦理下列事項，必要時得指定或委託相關機關（構）、團體推動之：

一、區域銀髮就業市場供需之調查。

二、銀髮人力資源運用創新服務模式之試辦及推廣。

三、延緩退休、友善職場與世代合作之倡議及輔導。

四、就業促進之服務人員專業知能培訓。

五、銀髮人才服務據點工作事項之輔導及協助。

第 34 條

地方主管機關得成立銀髮人才服務據點，辦理下列事項：

一、開發臨時性、季節性、短期性、部分工時、社區服務等就業機會及就業媒合。

二、提供勞動法令及職涯發展諮詢服務。

三、辦理就業促進活動及訓練研習課程。

四、促進雇主聘僱專業銀髮人才傳承技術及經驗。

五、推廣世代交流及合作。

地方主管機關辦理前項服務，中央主管機關得予補助，其申請資格條件、項目、方式、期間、廢止、經費來源及其他相關事項之辦法，由中央主管機關定之。

第 35 條

地方主管機關應定期向中央主管機關提送銀髮人才服務據點執行成果報告。

中央主管機關對地方主管機關推動銀髮人才服務據點應予監督及考核。

第七章　開發就業機會

第 36 條

中央主管機關為配合國家產業發展需要，得會商中央目的事業主管機關，共同開發中高齡者及高齡者就業機會。

第 37 條

公立就業服務機構應定期蒐集、整理與分析其業務區域內中高齡者及高齡者從事之行業與職業分布、薪資變動、人力供需及未來展望等資料。
公立就業服務機構應依據前項調查結果，訂定中高齡者及高齡者工作機會之開發計畫。

第 38 條

公立就業服務機構為協助中高齡者及高齡者就業或再就業，應開發適合之就業機會，並定期於勞動部相關網站公告。

第 39 條

主管機關為協助雇主僱用中高齡者及高齡者，得提供相關人力運用指引、職務再設計及其他必要之措施。

第 40 條

主管機關對於促進中高齡者及高齡者就業有卓越貢獻者，得予獎勵。
前項所定獎勵之申請資格條件、項目、方式、期間、廢止、經費來源及其他相關事項之辦法，由中央主管機關定之。

第八章　罰　則

第 41 條

違反第十二條第一項規定者，處新臺幣三十萬元以上一百五十萬元以下罰鍰。
違反第十六條規定者，處新臺幣二萬元以上三十萬元以下罰鍰。

第 42 條

有前條規定行為之一者，應公布其姓名或名稱、負責人姓名，並限期令其改善；屆期未改善者，應按次處罰。

第 43 條

本法所定之處罰，由地方主管機關為之。

第九章　附　則

第 44 條

本法施行細則，由中央主管機關定之。

第 45 條

本法施行日期，由行政院定之。

中高齡者及高齡者就業促進法施行細則

民國 109 年 12 月 3 日勞動部令訂定發布。

第 1 條

本細則依中高齡者及高齡者就業促進法（以下簡稱本法）第四十四條規定訂定之。

第 2 條

中央主管機關應至少每三年，公布本法第六條所定調查及研究之結果。

第 3 條

依本法第七條訂定中高齡者及高齡者就業計畫，應包括下列事項：

一、推動中高齡者及高齡者之職務再設計。

二、促進中高齡者及高齡者之職場友善。

三、提升中高齡者及高齡者之職業安全措施與輔具使用。

四、辦理提升中高齡者及高齡者專業知能之職業訓練。

五、獎勵雇主僱用失業中高齡者及高齡者。

六、推動中高齡者及高齡者之退休後再就業。

七、推動銀髮人才服務。

八、宣導雇主責任、受僱者就業及退休權益。

九、其他促進中高齡者及高齡者就業之相關事項。

前項計畫，應依目標期程及辦理情形適時檢討，以落實其成效。

第 4 條

本法第九條所定職場指引手冊，其內容包括下列事項：

一、勞動市場就業趨勢。

二、就業、轉業準備及職場適應相關資訊。

三、勞動相關法令。

四、促進中高齡者及高齡者就業措施。

五、其他有助於中高齡者及高齡者就業之相關資訊。

第 5 條
本法第十一條所定國際交流，為主管機關與其他國家之政府或民間組織合作辦理有關中高齡者及高齡者就業之觀摩考察、經驗交流或研討活動等事項。

第 6 條
本法第十九條所定職務再設計，為協助中高齡者及高齡者排除工作障礙，以提升其工作效能與穩定就業所進行之改善工作設備、工作條件、工作環境及調整工作方法之措施。

第 7 條
雇主依本法第二十八條以定期勞動契約僱用六十五歲以上勞工，不適用勞動基準法第九條規定。
前項定期契約期間，不適用勞動基準法第五十四條第一項第一款規定。
第一項定期勞動契約期限逾三年者，於屆滿三年後，勞工得終止契約。但應於三十日前預告雇主。

第 8 條
本法第三十七條第二項所定中高齡者及高齡者工作機會之開發計畫，其內容包括下列事項：
一、轄區產業適合中高齡者及高齡者之就業機會。
二、轄區中高齡者及高齡者之就業需求。
三、加強就業媒合之策略及作法。
四、預期成效。

第 9 條
本法第三十九條所定人力運用指引，其內容包括下列事項：
一、中高齡及高齡就業者特性。
二、職場管理及溝通。
三、勞動相關法令。

四、各項獎助雇主僱用措施。

五、績優企業案例。

六、其他有助於提高雇主僱用中高齡者及高齡者意願之相關資訊。

第 10 條

中央主管機關得將本法第三章穩定就業措施、第四章促進失業者就業、第五章支持退休後再就業及第七章開發就業機會所定事項，委任所屬就業服務機關（構）或職業訓練機構、委辦直轄市、縣（市）主管機關或委託相關機關（構）、團體辦理之。

第 11 條

本細則自中華民國一百零九年十二月四日施行。

在職中高齡者及高齡者穩定就業辦法

民國 109 年 12 月 3 日勞動部令訂定發布。

第一章　總　則

第 1 條

本辦法依中高齡者及高齡者就業促進法（以下簡稱本法）第二十二條規定訂定之。

第 2 條

本辦法所定雇主，為就業保險投保單位之民營事業單位、團體或私立學校。

前項所稱團體，指依人民團體法或其他法令設立者。但不包括政治團體及政黨。

第 3 條

本法第三章穩定就業措施，其項目如下：

一、職業訓練之補助。

二、職務再設計與就業輔具之輔導及補助。

三、世代合作之輔導及獎勵。

四、繼續僱用之補助。

第二章　職業訓練之補助

第 4 條

中央主管機關補助雇主依本法第十八條第一項規定，指派所僱用之中高齡者及高齡者參加職業訓練，以國內訓練單位公開招訓之訓練課程為限。

第 5 條

雇主依前條指派所僱用之中高齡者或高齡者參加職業訓練，應檢附下列文件、資料，送中央主管機關審核：

一、申請書。
二、全年度訓練計畫書，其內容包括對象及經費概算總表。
三、依法設立登記之證明文件影本。
四、當年度最近一期勞工保險費用繳款單及明細表影本。
五、最近一期繳納之營業稅證明或無欠稅證明。
六、其他經中央主管機關規定之文件、資料。

雇主應就各層級中高齡及高齡勞工參訓權益予以考量，以保障基層中高齡及高齡勞工之受訓權益。

第一項第二款所定訓練計畫書經核定後，雇主應於預定施訓日三日前至補助企業辦理訓練資訊系統登錄，並於每月十日前回報前一月已施訓之訓練課程。

雇主變更訓練課程內容，應於訓練計畫原定施訓日三日前向中央主管機關申請變更。

第一項文件、資料未備齊，應於中央主管機關通知期間內補正；屆期未補正者，不予受理。

第 6 條

雇主依第四條指派所僱用之中高齡者或高齡者參加職業訓練，得向中央主管機關申請訓練費用最高百分之七十之補助。但補助總額上限不得超過中央主管機關另行公告之金額。

第 7 條

雇主依第五條所送之訓練計畫書，經審核通過且實施完畢者，應於當年度檢附下列文件、資料向中央主管機關申請補助：

一、請款之領據或收據及存摺封面影本。
二、實際參訓人員總名冊。
三、訓練計畫實施及經費支出明細表。

四、經費支出原始憑證明細表及支出憑證。

五、訓練紀錄表及成果報告。

六、其他經中央主管機關規定之文件、資料。

第 8 條

雇主應依第五條核定訓練計畫書實施訓練，無正當理由連續二年單一班次參訓率低於原預定參訓人數之百分之六十，且逾核定班次三分之一者，次一年度不予受理申請。

第 9 條

雇主於計畫執行期間有下列情形之一者，該課程不予補助，並廢止原核定處分之全部或一部：

一、未經同意，自行變更部分訓練計畫書內容，或未依核定之訓練計畫書及課程進度實施訓練。

二、未於預定施訓日三日前登錄，或施訓日之次月十日前辦理訓練課程回報。

三、同一訓練課程，已接受其他政府機關補助。

第 10 條

雇主有下列情形之一者，中央主管機關應不予補助其訓練費用；已發給者，經撤銷或廢止原核定處分後，應限期命其返還：

一、未依據核定之訓練計畫書及課程進度實施訓練，且未於期限內申請辦理變更達二次以上。

二、未依核銷作業期程辦理申領補助訓練費。

第三章　職務再設計與就業輔具之輔導及補助

第 11 條

雇主依本法第十九條第一項所定為職務再設計或提供就業輔具，得向主管機關申請輔導或補助。

前項補助金額，按所申請人數，每人每年以新臺幣十萬元為限。但經評

估有特殊需求，經主管機關事前核准者，不在此限。

第 12 條

前條所定職務再設計或提供就業輔具之輔導或補助項目如下：

一、提供就業輔具：為排除中高齡者及高齡者工作障礙，維持、改善、增加其就業能力之輔助器具。

二、改善工作設備或機具：為提高中高齡者及高齡者工作效能，增進其生產力，所進行工作設備或機具之改善。

三、改善職場工作環境：為穩定中高齡者及高齡者就業，所進行與工作場所環境有關之改善。

四、改善工作條件：為改善中高齡者及高齡者工作狀況，提供必要之工作協助。

五、調整工作方法：透過分析與訓練，按中高齡者及高齡者特性，安排適當工作。

前項情形，屬職業安全衛生法所定之雇主義務或責任者，不予補助。

第 13 條

雇主依第十一條規定申請職務再設計或提供就業輔具，應檢附下列文件、資料，送主管機關審核：

一、申請書。

二、依法設立登記之證明文件影本。

三、勞工保險投保證明文件或僱用證明文件影本。

四、其他經主管機關規定之文件、資料。

前項文件、資料未備齊，應於主管機關通知期間內補正；屆期未補正者，不予受理。

第 14 條

主管機關受理職務再設計或就業輔具補助申請，為評估申請案件之需要性、必要性、可行性、預算合理性及能否解決工作障礙等，得視需要邀請專家學者至現場訪視及提供諮詢輔導，並得召開審查會議審查。

第 15 條

依第十三條規定申請補助費用，應於核定補助項目執行完畢三十日內檢附下列文件、資料，向主管機關申請撥款及經費核銷：

一、核准函影本。

二、領據。

三、成果報告。

四、會計報告或收支清單。

五、發票或收據等原始憑證。

前項文件、資料未備齊，應於主管機關通知期間內補正；屆期未補正者，不予受理。

第 16 條

雇主申請補助購置之就業輔具，符合下列各款情形，且於受補助後二年內遇該補助項目之職位出缺，而未能僱用使用相同輔具之中高齡者或高齡者，應報請主管機關回收輔具：

一、全額補助，且具重複使用性質。

二、未逾使用期限。

三、經第十四條評估、審查應予回收。

前項第二款所定使用期限，依下列順序定之：

一、屬衛生福利部身心障礙者輔具費用補助基準表所定輔具者，其使用年限從其規定。

二、依行政院主計總處財物標準分類規定之使用年限。

三、非屬前二款者，使用年限為二年。

第四章　世代合作之輔導及獎勵

第 17 條

本法第二十條第一項所稱促進世代合作，指雇主透過同一工作分工合作、調整內容及其他方法，使所僱用之中高齡者及高齡者與差距年齡達

十五歲以上之受僱者共同工作之方式。

第 18 條

僱主依前條推動世代合作之方式如下：

一、人才培育型：由中高齡者或高齡者教導跨世代員工，傳承知識、技
　　術及實務經驗。

二、工作分享型：由不同世代共同合作，發展職務互補或時間分工，且
　　雙方應有共同工作時段。

三、互為導師型：結合不同世代專長，雙方互為導師，共同提升營運效
　　率。

四、能力互補型：依不同世代職務能力進行工作重組、工作規劃或績效
　　調整。

五、其他世代合作之推動方式。

主管機關為促進僱主辦理世代合作，推動世代交流及經驗傳承，得聘請
專家學者或具實務經驗工作者，視僱主需求提供諮詢及輔導。

第 19 條

中央主管機關對推動前條世代合作項目著有績效之僱主，得公開表揚，
頒發獎座（牌）及獎金。

前項獎勵活動以每二年辦理一次為原則，獎勵相關事項，由中央主管機
關公告之。

第五章　　繼續僱用之補助

第 20 條

僱主依本法第二十一條申請補助者，應符合下列資格條件：

一、繼續僱用符合勞動基準法第五十四條第一項第一款規定之受僱者，
　　達其所僱用符合該規定總人數之百分之三十。

二、繼續僱用期間達六個月以上。

三、繼續僱用期間之薪資不低於原有薪資。

前項第一款所定受僱者，不得爲雇主之配偶或三親等內之親屬。

第 21 條

符合前條所定雇主應於每年中央主管機關公告期間內，檢附下列文件、資料，向公立就業服務機構提出申請次一年度繼續僱用補助，並送中央主管機關審核：

一、申請書。

二、繼續僱用計畫書。

三、依法設立登記之證明文件影本。

四、繼續僱用者投保勞工保險或職業災害保險之證明文件。

五、繼續僱用者最近三個月之薪資證明文件。

六、其他經中央主管機關規定之文件、資料。

雇主應於繼續僱用期滿六個月之日起九十日內，檢附繼續僱用期間之僱用與薪資證明文件及中央主管機關核准函影本，向公立就業服務機構請領繼續僱用補助。

雇主申請第一項補助時，不得同時請領與本辦法相同性質之津貼或補助。

第 22 條

繼續僱用之補助，僱用日數未達三十日者不予列計，並按雇主繼續僱用期間核發，其規定如下：

一、勞僱雙方約定按月計酬方式給付薪資者，依下列標準核發：

（一）雇主繼續僱用期間滿六個月，自雇主僱用第一個月起，依受僱人數每人每月補助新臺幣一萬三千元，一次發給六個月僱用補助。

（二）雇主繼續僱用期間逾六個月，自第七個月起依受僱人數每人每月補助新臺幣一萬五千元，按季核發，最高補助十二個月。

二、勞僱雙方約定按前款以外方式給付薪資者，依下列標準核發：

（一）雇主繼續僱用期間滿六個月，自雇主僱用第一個月起，依受僱人數每人每小時補助新臺幣七十元，每月最高發給新臺幣一萬三千元，一次發給六個月僱用補助。

（二）雇主繼續僱用期間逾六個月，自第七個月起依受僱人數每人每小時補助新臺幣八十元，每月最高發給新臺幣一萬五千元，按季核發，最高補助十二個月。

雇主於申請前條補助期間，遇有勞僱雙方計酬方式變更情事，應報請公立就業服務機構備查。

第六章　附　則

第 23 條

主管機關及公立就業服務機構為查核本辦法執行情形，得查對相關文件、資料，雇主不得規避、妨礙或拒絕。

第 24 條

除本辦法另有規定者外，雇主有下列情形之一者，主管機關應不予核發獎勵或補助；已發給者，經撤銷或廢止後，應限期命其返還：

一、不實請領或溢領。

二、執行內容與原核定計畫不符。

三、未實質僱用中高齡者及高齡者。

四、規避、妨礙或拒絕主管機關或公立就業服務機構查核。

五、以同一事由已領取政府機關相同性質之補助。

六、違反本辦法規定。

七、其他違反相關勞動法令，情節重大。

有前項第一款所定情事，主管機關得停止補助二年。

第 25 條

本辦法所規定之書表及文件，由中央主管機關定之。

第 26 條

本辦法所需經費，由主管機關編列預算支應。

第 27 條
本辦法自中華民國一百零九年十二月四日施行。

失業中高齡者及高齡者就業促進辦法

民國 109 年 12 月 3 日勞動部令訂定發布。

第一章　總　則

第 1 條
本辦法依中高齡者及高齡者就業促進法（以下簡稱本法）第二十七條規定訂定之。

第 2 條
本辦法所稱雇主，為就業保險投保單位之民營事業單位、團體或私立學校。

前項所稱定團體，指依人民團體法或其他法令設立者。但不包括政治團體及政黨。

第 3 條
本法第二十七條所定補助、利息補貼、津貼或獎助如下：

一、職業訓練補助。

二、創業貸款利息補貼。

三、跨域就業補助。

四、臨時工作津貼。

五、職場學習及再適應津貼。

六、僱用獎助。

第二章　職業訓練之補助

第 4 條
失業之中高齡者及高齡者，參加中央主管機關自辦、委託或補助辦理之

職業訓練課程，全額補助其訓練費用。

申請前項補助者，應檢附下列文件、資料，向辦理職業訓練單位提出，送中央主管機關審核：

一、身分證明文件影本。

二、其他經中央主管機關規定之文件、資料。

第 5 條

中央主管機關為提升失業之高齡者工作技能，促進就業，得自辦、委託或補助辦理高齡者職業訓練專班。

前項高齡者職業訓練專班，應符合下列規定：

一、訓練對象為經公立就業服務機構或受託單位就業諮詢並推介參訓，且由職業訓練單位甄選錄訓之高齡者。

二、訓練專班之規劃應切合高齡者就業市場，其課程、教材、教法及評量方式，應適合失業之高齡者身心特性及需求。

第 6 條

雇主依本法第二十四條第二項規定辦理訓練，並申請訓練費用補助者，最低開班人數應達五人，且訓練時數不得低於八十小時。

第 7 條

雇主依前條規定申請訓練費用補助者，應檢附下列文件、資料，送中央主管機關審核：

一、申請書。

二、招募計畫書，其內容應包括僱用結訓中高齡者及高齡者之勞動條件。

三、訓練計畫書。

四、依法設立登記之證明文件影本。

五、其他經中央主管機關規定之文件、資料。

經核定補助者，補助標準分為下列二類，其餘未補助部分，由雇主自行負擔，不得向受訓學員收取任何費用：

一、由僱主自行辦理訓練：補助訓練費用百分之七十。
二、僱主委託辦理訓練：補助訓練費用百分之八十五。

第 8 條

依第六條辦理職業訓練結訓後，僱主應依招募計畫書之勞動條件全部僱用；未僱用者，其全部或一部之訓練費用不予補助。但中途離退訓、成績考核不合格或因個人因素放棄致未僱用者，不在此限。

前項僱用人數於結訓一個月內離職率達百分之三十以上，不予補助已離職者之訓練費用。

第 9 條

失業之中高齡者及高齡者參加職業訓練，中央主管機關得發給職業訓練生活津貼；其申請資格條件、方式、期間及不予核發、撤銷或廢止等事項，準用就業促進津貼實施辦法第三條、第十八條至第二十一條及第二十六條規定。

第三章　　創業貸款利息補貼

第 10 條

失業之中高齡者及高齡者，符合下列規定，並檢具相關文件、資料，經中央主管機關同意核貸，得向金融機構辦理創業貸款：
一、登記為所營事業之負責人，並有實際經營該事業之事實。
二、未同時經營其他事業。
三、三年內曾參與政府創業研習課程至少十八小時。
四、所營事業設立登記未超過五年。
五、所營事業員工數未滿五人。
六、貸款用途以購置或租用廠房、營業場所、機器、設備或營運週轉金為限。
前項失業者與二十九歲以下之青年共同創業，向金融機構辦理貸款時，應檢具共同實際經營該事業之創業計畫書。

前項共同創業者不得為配偶、三親等內血親、二親等內血親之配偶、配偶之二親等內血親或其配偶。

第 11 條

創業貸款之利率，按中華郵政股份有限公司二年期定期儲金機動利率加百分之零點五七五機動計息。

第 12 條

第十條所定創業貸款，其利息補貼之最高貸款額度為新臺幣二百萬元；所營事業為商業登記法第五條規定得免辦理登記之小規模商業，並辦有稅籍登記者，利息補貼之最高貸款額度為新臺幣五十萬元。

貸款人貸款期間前二年之利息，由中央主管機關全額補貼。

貸款人符合第十條第二項規定者，貸款期間前三年之利息，由中央主管機關全額補貼；第四年起負擔年息百分之一點五，利息差額由中央主管機關補貼，但年息低於百分之一點五時，由貸款人負擔實際全額利息。

前項利息補貼期間最長七年。

第 13 條

貸款人有下列情形之一者，自事實發生之日起停止或不予補貼利息；已撥付者，由承貸金融機構向貸款人追回，並返還中央主管機關：

一、所營事業停業、歇業或變更負責人。

二、貸款人積欠貸款本息達六個月。

前項第二款情形於貸款人清償積欠貸款本息且恢復正常繳款後，得繼續補貼利息。

第 14 條

同一創業貸款案件，曾領取政府機關其他相同性質創業貸款利息補貼或補助者，不得領取本辦法之創業貸款利息補貼。

第四章　跨域就業補助

第 15 條
本辦法所定跨域就業補助項目如下：
一、求職交通補助金。
二、異地就業交通補助金。
三、搬遷補助金。
四、租屋補助金。

第 16 條
失業之中高齡者及高齡者，親自向公立就業服務機構辦理求職登記，經諮詢及開立介紹卡推介就業，有下列情形之一者，得發給求職交通補助金：
一、推介地點與日常居住處所距離三十公里以上。
二、為低收入戶、中低收入戶或家庭暴力被害人。
除前項規定外，其他補助資格條件、核發金額及相關事項，準用就業促進津貼實施辦法第三條、第八條及第九條規定。

第 17 條
申請前條補助，應檢附下列文件、資料：
一、身分證明文件影本。
二、同意代為查詢勞工保險資料委託書。
三、補助金領取收據。
四、其他經中央主管機關規定之文件、資料。

第 18 條
失業之中高齡者及高齡者依本辦法、就業促進津貼實施辦法及就業保險促進就業實施辦法申領之求職交通補助金應合併計算，每人每年度以四次為限。

第 19 條

符合下列各款情形之失業者，親自向公立就業服務機構辦理求職登記，經諮詢及開立介紹卡推介就業，得向就業當地轄區之公立就業服務機構申請核發異地就業交通補助金：

一、高齡者、失業期間連續達三個月以上中高齡者或非自願性離職中高齡者。

二、就業地點與原日常居住處所距離三十公里以上。

三、因就業有交通往返之事實。

四、連續三十日受僱於同一雇主。

第 20 條

中高齡者及高齡者申請前條異地就業交通補助金，其申請程序、應備文件、資料、核發標準、補助期間及不予核發或撤銷等事項，準用就業保險促進就業實施辦法第二十七條、第二十八條及第三十六條規定。

第 21 條

符合下列各款情形之失業者，親自向公立就業服務機構辦理求職登記，經諮詢及開立介紹卡推介就業，得向就業當地轄區之公立就業服務機構申請核發搬遷補助金：

一、高齡者、失業期間連續達三個月以上中高齡者或非自願性離職中高齡者。

二、就業地點與原日常居住處所距離三十公里以上。

三、因就業而需搬離原日常居住處所，搬遷後有居住事實。

四、就業地點與搬遷後居住處所距離三十公里以內。

五、連續三十日受僱於同一雇主。

第 22 條

中高齡者及高齡者申請前條搬遷補助金，其申請程序、應備文件、資料、核發標準及不予核發或撤銷等事項，準用就業保險促進就業實施辦法第三十條、第三十一條及第三十六條規定。

第 23 條

符合下列各款情形之失業者，親自向公立就業服務機構辦理求職登記，
經諮詢及開立介紹卡推介就業，得向就業當地轄區之公立就業服務機構
申請核發租屋補助金：

一、高齡者、失業期間連續達三個月以上中高齡者或非自願性離職中高
　　齡者。

二、就業地點與原日常居住處所距離三十公里以上。

三、因就業而需租屋，並在租屋處所有居住事實。

四、就業地點與租屋處所距離三十公里以內。

五、連續三十日受僱於同一雇主。

第 24 條

中高齡者及高齡者申請前條租屋補助金，其申請程序、應備文件、資
料、核發標準、補助期間及不予核發或撤銷等事項，準用就業保險促進
就業實施辦法第三十三條、第三十四條及第三十六條規定。

第 25 條

中高齡者及高齡者申領租屋補助金或異地就業交通補助金，僅得按月擇
一申領。

第 26 條

中高齡者及高齡者依本辦法及就業保險促進就業實施辦法申領之租屋補
助金、異地就業交通補助金及搬遷補助金應合併計算，租屋補助金及異
地就業交通補助金申領期間最長十二個月；搬遷補助金最高新臺幣三萬
元。

第五章　臨時工作津貼

第 27 條

失業之中高齡者及高齡者，親自向公立就業服務機構辦理求職登記，經
就業諮詢並推介就業，有下列情形之一者，得指派其至用人單位從事臨

時性工作，並發給臨時工作津貼：
一、於求職登記日起十四日內未能推介就業。
二、有正當理由無法接受推介工作。
公立就業服務機構發給前項津貼之適用對象，準用就業促進津貼實施辦法第三條規定。
第一項正當理由、用人單位及津貼發給方式，準用就業促進津貼實施辦法第十條第二項至第四項規定。

第 28 條
前條津貼發給標準，按中央主管機關公告之每小時基本工資核給，且不超過每月基本工資，最長六個月。

第 29 條
用人單位申請津貼應備文件、資料，準用就業促進津貼實施辦法第十一條規定。
失業之中高齡者及高齡者申領第二十七條津貼，其請假及給假事宜，準用就業促進津貼實施辦法第十三條規定。
公立就業服務機構查核及終止用人單位計畫，準用就業促進津貼實施辦法第十四條及第十五條規定。
失業之中高齡者及高齡者申領第二十七條津貼，其撤銷、廢止、停止或不予給付臨時工作津貼情形，準用就業促進津貼實施辦法第十六條規定。
用人單位辦理保險事項，準用就業促進津貼實施辦法第十七條規定。

第 30 條
依本辦法、就業促進津貼實施辦法及就業保險促進就業實施辦法申領之臨時工作津貼應合併計算，二年內申領期間最長六個月。

第六章　職場學習及再適應津貼

第 31 條

失業之中高齡者及高齡者，親自向公立就業服務機構辦理求職登記，經公立就業服務機構評估後，得推介至用人單位進行職場學習及再適應。

第 32 條

前條所稱用人單位，指依法登記或取得設立許可之民間團體、民營事業單位、公營事業機構、非營利組織或學術研究機構。但不包括政治團體及政黨。

用人單位應向當地轄區公立就業服務機構提出職場學習及再適應工作計畫書，經公立就業服務機構審核通過後，進用其推介之中高齡者及高齡者。

前項計畫執行完畢後，用人單位得向公立就業服務機構申請職場學習及再適應津貼、用人單位行政管理及輔導費。

第 33 條

用人單位請領職場學習及再適應津貼期間，應以不低於中央主管機關公告之基本工資進用。

職場學習及再適應津貼，按每小時基本工資核給，且不超過每月基本工資。

前項津貼補助期間最長三個月，高齡者經當地轄區公立就業服務機構評估後，得延長至六個月。

中高齡者及高齡者轉換職場學習及再適應單位，其期間應合併計算，二年內合併之期間最長六個月。

第 34 條

用人單位向公立就業服務機構申請第三十二條所定行政管理及輔導費，其發給金額，以實際核發職場學習及再適應津貼之百分之三十核給。

第 35 條

用人單位於計畫執行完畢或經公立就業服務機構終止六十日內,應檢附下列文件、資料,向當地轄區公立就業服務機構申請第三十二條津貼及補助:

一、計畫核准函影本。
二、領據。
三、參加計畫人員名冊。
四、津貼與行政管理及輔導費之印領清冊及工作輔導紀錄。
五、參加計畫人員之簽到表,或足以證明參與計畫之出勤文件影本。
六、參加計畫人員之勞工保險投保資料或其他資料影本。
七、延長補助之核准函影本。
八、已依身心障礙者權益保障法及原住民族工作權保障法規定,足額進用身心障礙者及原住民或繳納差額補助費、代金之文件影本。

第 36 條

公立就業服務機構補助用人單位職場學習及再適應津貼之人數限制如下:

一、以用人單位申請日前一個月之勞工保險投保人數之百分之三十為限,不足一人者以一人計。但員工數為十人以下者,最多得補助三人。
二、同一用人單位各年度最高補助之人數不得超過十人。

第 37 條

用人單位申領職場學習及再適應津貼、行政管理費及輔導費,有下列情形之一者,公立就業服務機構得視其違反情形,撤銷或廢止全部或一部之補助;已領取者,應限期命其返還:

一、進用負責人之配偶或三親等內之親屬。
二、同一用人單位再進用離職未滿一年者。
三、進用之人員,於同一時期已領取政府機關其他相同性質之就業促進相關補助或津貼。

四、自行進用未經公立就業服務機構推介之失業者。

第七章　僱用獎助

第 38 條

失業期間連續達三十日以上之中高齡者及高齡者，向公立就業服務機構辦理求職登記，經就業諮詢無法推介就業者，公立就業服務機構得發給僱用獎助推介卡。

前項失業期間之計算，以辦理前項求職登記之日起回溯三十日，該期間未有參加就業保險、勞工保險或職業災害保險之紀錄。

第 39 條

僱主僱用前條之中高齡者及高齡者連續滿三十日，由公立就業服務機構發給僱用獎助。

前項所定僱用，為僱主以不定期契約或一年以上之定期契約僱用勞工。

第 40 條

僱主連續僱用同一領有僱用獎助推介卡之中高齡者及高齡者，應於滿三十日之日起九十日內，檢附下列文件、資料，向原推介轄區之公立就業服務機構申請僱用獎助：

一、僱用獎助申請書。

二、僱用名冊、載明受僱者工作時數之薪資清冊、出勤紀錄。

三、受僱勞工之身分證明文件或有效期間居留證明文件影本。

四、請領僱用獎助之勞工保險、就業保險、職業災害保險投保資料表或其他足資證明投保之文件。

五、其他經中央主管機關規定之文件、資料。

前項僱主，得於每滿三個月之日起九十日內，向原推介轄區之公立就業服務機構提出僱用獎助之申請。

第一項僱用期間，一個月以三十日計算，其末月僱用時間逾二十日而未滿三十日者，以一個月計算。

第 41 條

雇主依前二條規定申請僱用獎助，依下列規定核發：

一、高齡者與雇主約定以按月計酬全時工作受僱者：依受僱人數每人每月發給新臺幣一萬五千元。

二、高齡者與雇主約定按前款以外方式工作受僱者：依受僱人數每人每小時發給新臺幣八十元，每月最高發給新臺幣一萬五千元。

三、中高齡者與雇主約定以按月計酬全時工作受僱者：依受僱人數每人每月發給新臺幣一萬三千元。

四、中高齡者與雇主約定按前款以外方式工作受僱者：依受僱人數每人每小時發給新臺幣七十元，每月最高發給新臺幣一萬三千元。

勞工依勞動基準法及性別工作平等法等相關法令規定請假，致雇主給付薪資低於前項各款核發標準之情形，依勞工實際獲致薪資數額發給僱用獎助。

同一雇主僱用同一勞工，雇主依本辦法、就業保險促進就業實施辦法申領之僱用獎助及政府機關其他相同性質之補助或津貼應合併計算；其申領期間最長十二個月。

同一勞工於同一時期受僱於二以上雇主，並符合第一項第二款或第四款規定者，各雇主均得依規定申請獎助；公立就業服務機構應按雇主申請送達受理之時間，依序核發。但獎助金額每月合計不得逾第一項第二款或第四款規定之最高金額。

第 42 條

雇主僱用第三十八條之失業者，公立就業服務機構不予核發或撤銷僱用獎助之情形，準用就業保險促進就業實施辦法第十九條第二項規定。

第八章　附　則

第 43 條

第十九條、第二十一條、第二十三條及第四十條所定受僱或僱用期間之認定，自勞工到職投保就業保險生效之日起算。但依法不得投保就業保

險者，自勞工到職投保勞工保險或職業災害保險生效之日起算。

第 44 條

雇主、用人單位或勞工申請本辦法補助、補貼、津貼或獎助之文件、資料未備齊者，應於主管機關或公立就業服務機構通知期間內補正；屆期未補正者，不予受理。

第 45 條

主管機關及公立就業服務機構為查核本辦法執行情形，得查對相關文件、資料。雇主、用人單位、依本辦法領取補助、補貼、津貼或獎助者，不得規避、妨礙或拒絕。

第 46 條

除本辦法另有規定者外，依本辦法領取補助、補貼、津貼及獎助者，有下列情形之一，主管機關或公立就業服務機構應不予核發；已發給者，經撤銷或廢止後，應限期命其返還：

一、不實請領或溢領。

二、規避、妨礙或拒絕主管機關或公立就業服務機構查核。

三、違反本辦法規定。

四、其他違反相關勞動法令，情節重大。

有前項第一款所定情事，主管機關或公立就業服務機構得停止補助二年。

第 47 條

本辦法所規定之書表及文件，由中央主管機關定之。

第 48 條

本辦法所需經費，由主管機關編列預算支應。

第 49 條

本辦法自中華民國一百零九年十二月四日施行。

退休中高齡者及高齡者再就業補助辦法

民國 109 年 12 月 3 日勞動部令訂定發布。

第 1 條

本辦法依中高齡者及高齡者就業促進法（以下簡稱本法）第三十一條規定訂定之。

第 2 條

本辦法所定雇主，為就業保險投保單位之民營事業單位、團體或私立學校。

前項所稱團體，指依人民團體法或其他法令設立者。但不包括政治團體及政黨。

第 3 條

雇主依本法第二十九條提供下列協助措施者，得向中央主管機關申請補助：

一、辦理勞工退休準備與調適之課程、團體活動、個別諮詢、資訊及文宣。

二、辦理勞工退休後再就業之職涯發展、就業諮詢、創業諮詢及職業訓練。

雇主應於中央主管機關公告之受理期間提出申請。

第一項各款補助額度，同一雇主每年最高新臺幣五十萬元。

第一項與第二項所定受理期間、審查及核銷作業等事項，由中央主管機關公告之。

第 4 條

雇主依前條規定申請補助，應檢附下列文件、資料，送中央主管機關審核：

一、申請書。

二、計畫書。

三、經費概算表。

四、依法設立登記之證明文件影本。

五、其他經中央主管機關規定之文件、資料。

前項文件、資料未備齊者，應於中央主管機關通知期間內補正；屆期未補正者，不予受理。

第 5 條

雇主依本法第三十條僱用高齡者傳承專業技術及經驗，得向中央主管機關申請下列補助：

一、傳承專業技術及經驗之實作或講師鐘點費。

二、非自有場地費。

三、其他必要之費用。

雇主應於中央主管機關公告之受理期間提出申請。

第一項補助額度，每位受僱用之高齡者每年最高補助雇主新臺幣十萬元，每位雇主每年最高補助新臺幣五十萬元；受僱用之高齡者，不得為雇主配偶或三親等以內親屬。

第一項與第二項所定受理期間、審查及核銷作業等事項，由中央主管機關公告之。

第 6 條

雇主依前條規定申請補助，應檢附下列文件、資料，送中央主管機關審核：

一、申請書。

二、計畫書。

三、經費概算表。

四、依法設立登記之證明文件影本。

五、講師為退休高齡者證明文件影本。

六、講師具專業技術及經驗證明文件影本。

七、僱用證明文件影本。

八、其他經中央主管機關規定之文件、資料。

前項文件、資料未備齊者，應於中央主管機關通知期間內補正；屆期未補正者，不予受理。

第 7 條

中央主管機關為查核本辦法執行情形，得查對相關文件、資料，雇主不得規避、妨礙或拒絕。

第 8 條

雇主有下列情形之一者，應不予核發補助；已發給者，經撤銷或廢止後，應限期命其返還：

一、不實請領或溢領。

二、執行內容與原核定計畫不符。

三、未實質僱用中高齡者及高齡者。

四、規避、妨礙或拒絕中央主管機關查核。

五、同一事由已領取政府機關相同性質之補助。

六、違反本辦法規定。

七、其他違反相關勞動法令，情節重大。

有前項第一款所定情事，中央主管機關得停止補助二年。

第 9 條

本辦法所規定之書表及文件，由中央主管機關定之。

第 10 條

本辦法所需經費，由中央主管機關編列預算支應。

第 11 條

本辦法自中華民國一百零九年十二月四日施行。

地方政府成立銀髮人才服務據點
補助辦法

民國 109 年 12 月 3 日勞動部令訂定發布。

第 1 條

本辦法依中高齡者及高齡者就業促進法（以下簡稱本法）第三十四條第二項規定訂定之。

第 2 條

地方主管機關爲辦理本法第三十四條第一項所定銀髮人才服務據點及業務，得按年研提實施計畫報中央主管機關，經審核通過後發給補助。

前項實施計畫，內容應包括下列事項：

一、計畫目標。

二、轄區勞動力現況及供需分析。

三、辦理方式。

四、服務項目。

五、預定進度。

六、預期績效。

七、經費概算表。

八、其他經中央主管機關規定之事項。

前項第三款所定辦理方式，應包括成立之銀髮人才服務據點與中央主管機關所屬就業服務機關（構）及單位之合作或分工事項。

第一項補助標準、申請、審核及核銷作業等事項，由中央主管機關公告之。

第 3 條

前條第一項所定補助之項目如下：

一、開辦之設施設備費。

二、設施設備汰換費。

三、房屋租金。

四、人事費。

五、業務費。

地方主管機關購置前項第一款及二款之設施設備，其採購及財產管理應依有關規定及法定程序辦理。

第 4 條

地方主管機關獲得第二條補助者，應依核定之實施計畫辦理；其計畫內容有變更者，應事前報請中央主管機關同意。

第 5 條

地方主管機關獲得第二條補助者，於中央主管機關辦理業務訪視及考核時，不得規避、妨礙或拒絕。

第 6 條

地方主管機關獲得第二條補助者，應於年度結束後一個月內，將執行成果報告送中央主管機關備查。

第 7 條

地方主管機關成立銀髮人才服務據點，辦理本法第三十四條第一項所定事項，中央主管機關得聘請專家學者或具實務經驗工作者，視地方主管機關需求提供協助及輔導措施。

第 8 條

地方主管機關推動銀髮人才服務績效優良者，中央主管機關得予以公開表揚或獎勵。

第 9 條

地方主管機關獲得第二條補助，有下列情事之一者，經通知限期改善而屆期未改善，中央主管機關得撤銷或廢止全部或一部之補助；已補助者，應限期命其返還：

一、不實請領或溢領。

二、執行內容與原核定計畫不符。

三、規避、妨礙或拒絕中央主管機關辦理業務訪視及考核。

四、經中央主管機關考核成效不佳。

第 10 條

本辦法所規定之書表及文件，由中央主管機關定之。

第 11 條

本辦法所需經費，由中央主管機關編列預算支應。

第 12 條

本辦法自中華民國一百零九年十二月四日施行。

促進中高齡者及高齡者就業獎勵辦法

民國 109 年 12 月 3 日勞動部令訂定發布。

第 1 條

本辦法依中高齡者及高齡者就業促進法第四十條第二項規定訂定之。

第 2 條

本辦法適用於下列對象：

一、依法登記或取得設立許可之民營事業單位、非營利組織及民間團
　　體。

二、從事促進中高齡者及高齡者就業事項之相關人員（以下簡稱從業人
　　員）。

政府機關（構）與公營事業單位及其從業人員，不適用本辦法。

第 3 條

前條所定適用對象之評選，分為績優單位及從業人員二組。

前項所定績優單位組，依其組織性質及規模分為下列四類：

一、中小企業類：依法辦理公司登記或商業登記，且合於中小企業認定
　　標準之企業。

二、大型企業類：依法辦理公司登記或商業登記，且非屬中小企業之企
　　業。

三、中小型之機構、非營利組織或團體類：經常僱用員工數未滿一百人
　　者、診所或地區醫院。

四、大型之機構、非營利組織或團體類：經常僱用員工數滿一百人者、
　　區域醫院或醫學中心。

第 4 條

報名績優單位組者，應符合下列各款要件：

一、積極進用中高齡者及高齡者，並促進其穩定就業，有具體實績。

二、依法登記或取得設立許可滿三年，且營運中。

三、依法繳交勞工保險費、全民健康保險費、提撥勞工退休準備金及提繳勞工退休金。

四、依身心障礙者權益保障法與原住民族工作權保障法，已足額進用身心障礙者及原住民，或繳納差額補助費及代金。

五、最近二年內未有重大違反相關勞動法令情事。

報名從業人員組者，應為從事促進中高齡者及高齡者就業事項相關工作滿三年，有具體事蹟，並經相關單位或人員推薦之現職從業人員。

第 5 條

第二條所定對象參加評選，應檢具下列文件、資料：

一、基本資料表。

二、協助中高齡及高齡者措施及優良實績或事蹟說明表。

三、其他經主管機關指定之相關證明文件、資料。

前項所定文件、資料、受理期間及評選作業等事項，由主管機關公告之。

第 6 條

主管機關應成立評選小組，辦理第三條所定績優單位及從業人員評選。

前項所定評選小組，置委員十一人至十九人，其組成如下：

一、專家學者代表五人至八人。

二、人力資源主管代表、非營利團體代表五人至八人。

三、主管機關代表一人至三人。

評選小組委員，任一性別比例不得少於三分之一。

第 7 條

本辦法所定績優單位及從業人員，依下列項目評選：

一、建立及推動友善中高齡者及高齡者就業機制。

二、促進中高齡者及高齡者職場穩定就業措施。

三、結合單位組織特性，辦理中高齡及高齡人力發展之前瞻性或創意性措施。

四、執行前三款所定項目具有成效及影響力。

五、其他足為楷模之事蹟。

第 8 條

本辦法之獎項如下：

一、績優單位獎。

二、績優人員獎。

前項所定獎項名額由評選小組分配之，評選小組並得視參選狀況調整或從缺。

獲獎者由主管機關公開表揚，頒發獎座（牌）及獎金，並得補助參加主管機關辦理與本項業務相關之國內外交流活動。

第 9 條

第三條所定評選，以每二年辦理一次為原則。

第 10 條

參選者於報名截止日前二年內、審查期間及獲獎後二年內，有下列情形之一，主管機關得撤銷或廢止其參選或獲獎資格，並應限期命其返還已頒發之獎金：

一、提報偽造、變造、不實或失效資料。

二、違反本辦法規定。

三、其他違反相關勞動法令，情節重大。

第 11 條

本辦法所需經費，由主管機關編列預算支應。

第 12 條

本辦法自中華民國一百零九年十二月四日施行。

PART 10
其他

大量解僱勞工保護法

民國 104 年 7 月 1 日總統令修正公布。

第 1 條

為保障勞工工作權及調和雇主經營權，避免因事業單位大量解僱勞工，致勞工權益受損害或有受損害之虞，並維護社會安定，特制定本法；本法未規定者，適用其他法律之規定。

第 2 條

本法所稱大量解僱勞工，指事業單位有勞動基準法第十一條所定各款情形之一、或因併購、改組而解僱勞工，且有下列情形之一：

一、同一事業單位之同一廠場僱用勞工人數未滿三十人者，於六十日內解僱勞工逾十人。

二、同一事業單位之同一廠場僱用勞工人數在三十人以上未滿二百人者，於六十日內解僱勞工逾所僱用勞工人數三分之一或單日逾二十人。

三、同一事業單位之同一廠場僱用勞工人數在二百人以上未滿五百人者，於六十日內解僱勞工逾所僱用勞工人數四分之一或單日逾五十人。

四、同一事業單位之同一廠場僱用勞工人數在五百人以上者，於六十日內解僱勞工逾所僱用勞工人數五分之一或單日逾八十人。

五、同一事業單位於六十日內解僱勞工逾二百人或單日逾一百人。

前項各款僱用及解僱勞工人數之計算，不包含就業服務法第四十六條所定之定期契約勞工。

第 3 條

本法所稱主管機關：在中央為勞動部；在直轄市為直轄市政府；在縣（市）為縣（市）政府。

同一事業單位大量解僱勞工事件，跨越直轄市、縣（市）行政區域時，直轄市或縣（市）主管機關應報請中央主管機關處理，或由中央主管機

關指定直轄市或縣（市）主管機關處理。

第 4 條

事業單位大量解僱勞工時，應於符合第二條規定情形之日起六十日前，將解僱計畫書通知主管機關及相關單位或人員，並公告揭示。但因天災、事變或突發事件，不受六十日之限制。

依前項規定通知相關單位或人員之順序如下：

一、事業單位內涉及大量解僱部門勞工所屬之工會。

二、事業單位勞資會議之勞方代表。

三、事業單位內涉及大量解僱部門之勞工。但不包含就業服務法第四十六條所定之定期契約勞工。

事業單位依第一項規定提出之解僱計畫書內容，應記載下列事項：

一、解僱理由。

二、解僱部門。

三、解僱日期。

四、解僱人數。

五、解僱對象之選定標準。

六、資遣費計算方式及輔導轉業方案等。

第 5 條

事業單位依前條規定提出解僱計畫書之日起十日內，勞雇雙方應即本於勞資自治精神進行協商。

勞雇雙方拒絕協商或無法達成協議時，主管機關應於十日內召集勞雇雙方組成協商委員會，就解僱計畫書內容進行協商，並適時提出替代方案。

第 6 條

協商委員會置委員五人至十一人，由主管機關指派代表一人及勞雇雙方同數代表組成之，並由主管機關所指派之代表為主席。資方代表由雇主指派之；勞方代表，有工會組織者，由工會推派；無工會組織而有勞資

會議者，由勞資會議之勞方代表推選之；無工會組織且無勞資會議者，由事業單位通知第四條第二項第三款規定之事業單位內涉及大量解僱部門之勞工推選之。

勞僱雙方無法依前項規定於十日期限內指派、推派或推選協商代表者，主管機關得依職權於期限屆滿之次日起五日內代為指定之。

協商委員會應由主席至少每二週召開一次。

第 7 條

協商委員會協商達成之協議，其效力及於個別勞工。

協商委員會協議成立時，應作成協議書，並由協商委員簽名或蓋章。

主管機關得於協議成立之日起七日內，將協議書送請管轄法院審核。

前項協議書，法院應儘速審核，發還主管機關；不予核定者，應敘明理由。

經法院核定之協議書，以給付金錢或其他代替物或有價證券之一定數量為標的者，其協議書得為執行名義。

第 8 條

主管機關於協商委員會成立後，應指派就業服務人員協助勞資雙方，提供就業服務與職業訓練之相關諮詢。

雇主不得拒絕前項就業服務人員進駐，並應排定時間供勞工接受就業服務人員個別協助。

第 9 條

事業單位大量解僱勞工後再僱用工作性質相近之勞工時，除法令另有規定外，應優先僱用經其大量解僱之勞工。

前項規定，於事業單位歇業後，有重行復工或其主要股東重新組織營業性質相同之公司，而有招募員工之事實時，亦同。

前項主要股東係指佔原事業單位一半以上股權之股東持有新公司百分之五十以上股權。

政府應訂定辦法，獎勵雇主優先僱用第一項、第二項被解僱之勞工。

第 10 條

經預告解僱之勞工於協商期間就任他職，原雇主仍應依法發給資遣費或退休金。但依本法規定協商之結果條件較優者，從其規定。

協商期間，雇主不得任意將經預告解僱勞工調職或解僱。

第 11 條

僱用勞工三十人以上之事業單位，有下列情形之一者，由相關單位或人員向主管機關通報：

一、僱用勞工人數在二百人以下者，積欠勞工工資達二個月；僱用勞工人數逾二百人者，積欠勞工工資達一個月。

二、積欠勞工保險保險費、工資墊償基金、全民健康保險保險費或未依法提繳勞工退休金達二個月，且金額分別在新臺幣二十萬元以上。

三、全部或主要之營業部分停工。

四、決議併購。

五、最近二年曾發生重大勞資爭議。

前項規定所稱相關單位或人員如下：

一、第一款、第三款、第四款及第五款為工會或該事業單位之勞工；第四款為事業單位。

二、第二款為勞動部勞工保險局、衛生福利部中央健康保險署。

主管機關應於接獲前項通報後七日內查訪事業單位，並得限期令其提出說明或提供財務報表及相關資料。

主管機關依前項規定派員查訪時，得視需要由會計師、律師或其他專業人員協助辦理。

主管機關承辦人員及協助辦理人員，對於事業單位提供之財務報表及相關資料，應保守秘密。

第 12 條

事業單位於大量解僱勞工時，積欠勞工退休金、資遣費或工資，有下列情形之一，經主管機關限期令其清償；屆期未清償者，中央主管機關得函請入出國管理機關禁止其代表人及實際負責人出國：

一、僱用勞工人數在十人以上未滿三十人者，積欠全體被解僱勞工之總金額達新臺幣三百萬元。

二、僱用勞工人數在三十人以上未滿一百人者，積欠全體被解僱勞工之總金額達新臺幣五百萬元。

三、僱用勞工人數在一百人以上未滿二百人者，積欠全體被解僱勞工之總金額達新臺幣一千萬元。

四、僱用勞工人數在二百人以上者，積欠全體被解僱勞工之總金額達新臺幣二千萬元。

事業單位歇業而勞工依勞動基準法第十四條第一項第五款或第六款規定終止勞動契約，其僱用勞工人數、勞工終止契約人數及積欠勞工退休金、資遣費或工資總金額符合第二條及前項各款規定時，經主管機關限期令其清償，屆期未清償者，中央主管機關得函請入出國管理機關禁止其代表人及實際負責人出國。

前二項規定處理程序及其他應遵行事項之辦法，由中央主管機關定之。

第 13 條
事業單位大量解僱勞工時，不得以種族、語言、階級、思想、宗教、黨派、籍貫、性別、容貌、身心障礙、年齡及擔任工會職務為由解僱勞工。

違反前項規定或勞動基準法第十一條規定者，其勞動契約之終止不生效力。

主管機關發現事業單位違反第一項規定時，應即限期令事業單位回復被解僱勞工之職務，逾期仍不回復者，主管機關應協助被解僱勞工進行訴訟。

第 14 條
中央主管機關應編列專款預算，作為因違法大量解僱勞工所需訴訟及必要生活費用。其補助對象、標準、申請程序等應遵行事項之辦法，由中央主管機關定之。

第 15 條

為掌握勞動市場變動趨勢，中央主管機關應設置評估委員會，就事業單位大量解僱勞工原因進行資訊蒐集與評估，以作為產業及就業政策制訂之依據。

前項評估委員會之組織及應遵行事項之辦法，由中央主管機關定之。

第 16 條

依第十二條規定禁止出國者，有下列情形之一時，中央主管機關應函請入出國管理機關廢止禁止其出國之處分：

一、已清償依第十二條規定禁止出國時之全部積欠金額。

二、提供依第十二條規定禁止出國時之全部積欠金額之相當擔保。但以勞工得向法院聲請強制執行者為限。

三、已依法解散清算，且無賸餘財產可資清償。

四、全部積欠金額已依破產程序分配完結。

第 17 條

事業單位違反第四條第一項規定，未於期限前將解僱計畫書通知主管機關及相關單位或人員，並公告揭示者，處新臺幣十萬元以上五十萬元以下罰鍰，並限期令其通知或公告揭示；屆期未通知或公告揭示者，按日連續處罰至通知或公告揭示為止。

第 18 條

事業單位有下列情形之一者，處新臺幣十萬元以上五十萬元以下罰鍰：

一、未依第五條第二項規定，就解僱計畫書內容進行協商。

二、違反第六條第一項規定，拒絕指派協商代表或未通知事業單位內涉及大量解僱部門之勞工推選勞方代表。

三、違反第八條第二項規定，拒絕就業服務人員進駐。

四、違反第十條第二項規定，在協商期間任意將經預告解僱勞工調職或解僱。

第 19 條

事業單位違反第十一條第三項規定拒絕提出說明或未提供財務報表及相關資料者，處新臺幣三萬元以上十五萬元以下罰鍰；並限期令其提供，屆期未提供者，按次連續處罰至提供為止。

第 20 條

依本法所處之罰鍰，經限期繳納，屆期不繳納者，依法移送強制執行。

第 21 條

本法自公布日後三個月施行。

本法修正條文自公布日施行。

勞資爭議處理法

民國 110 年 4 月 28 日總統令修正公布。

第一章　總　則

第 1 條

為處理勞資爭議，保障勞工權益，穩定勞動關係，特制定本法。

第 2 條

勞資雙方當事人應本誠實信用及自治原則，解決勞資爭議。

第 3 條

本法於雇主或有法人資格之雇主團體（以下簡稱雇主團體）與勞工或工會發生勞資爭議時，適用之。但教師之勞資爭議屬依法提起行政救濟之事項者，不適用之。

第 4 條

本法所稱主管機關：在中央為勞動部；在直轄市為直轄市政府；在縣（市）為縣（市）政府。

第 5 條

本法用詞，定義如下：

一、勞資爭議：指權利事項及調整事項之勞資爭議。

二、權利事項之勞資爭議：指勞資雙方當事人基於法令、團體協約、勞動契約之規定所為權利義務之爭議。

三、調整事項之勞資爭議：指勞資雙方當事人對於勞動條件主張繼續維持或變更之爭議。

四、爭議行為：指勞資爭議當事人為達成其主張，所為之罷工或其他阻礙事業正常運作及與之對抗之行為。

五、罷工：指勞工所為暫時拒絕提供勞務之行為。

第6條

權利事項之勞資爭議，得依本法所定之調解、仲裁或裁決程序處理之。

法院為審理權利事項之勞資爭議，必要時應設勞工法庭。

權利事項之勞資爭議，勞方當事人有下列情形之一者，中央主管機關得給予適當扶助：

一、提起訴訟。

二、依仲裁法提起仲裁。

三、因工會法第三十五條第一項第一款至第四款所定事由，依本法申請裁決。

前項扶助業務，中央主管機關得委託民間團體辦理。

前二項扶助之申請資格、扶助範圍、審核方式及委託辦理等事項之辦法，由中央主管機關定之。

第7條

調整事項之勞資爭議，依本法所定之調解、仲裁程序處理之。

前項勞資爭議之勞方當事人，應為工會。但有下列情形者，亦得為勞方當事人：

一、未加入工會，而具有相同主張之勞工達十人以上。

二、受僱於僱用勞工未滿十人之事業單位，其未加入工會之勞工具有相同主張者達三分之二以上。

第8條

勞資爭議在調解、仲裁或裁決期間，資方不得因該勞資爭議事件而歇業、停工、終止勞動契約或為其他不利於勞工之行為；勞方不得因該勞資爭議事件而罷工或為其他爭議行為。

第二章　調　解

第9條

勞資爭議當事人一方申請調解時，應向勞方當事人勞務提供地之直轄市

或縣（市）主管機關提出調解申請書。

前項爭議當事人一方為團體協約法第十條第二項規定之機關（構）、學校者，其出席調解時之代理人應檢附同條項所定有核可權機關之同意書。

第一項直轄市、縣（市）主管機關對於勞資爭議認為必要時，得依職權交付調解，並通知勞資爭議雙方當事人。

第一項及前項調解，其勞方當事人有二人以上者，各勞方當事人勞務提供地之主管機關，就該調解案件均有管轄權。

第 10 條

調解之申請，應提出調解申請書，並載明下列事項：

一、當事人姓名、性別、年齡、職業及住所或居所；如為法人、雇主團體或工會時，其名稱、代表人及事務所或營業所；有代理人者，其姓名、名稱及住居所或事務所。

二、請求調解事項。

三、依第十一條第一項選定之調解方式。

第 11 條

直轄市或縣（市）主管機關受理調解之申請，應依申請人之請求，以下列方式之一進行調解：

一、指派調解人。

二、組成勞資爭議調解委員會（以下簡稱調解委員會）。

直轄市或縣（市）主管機關依職權交付調解者，得依前項方式之一進行調解。

第一項第一款之調解，直轄市、縣（市）主管機關得委託民間團體指派調解人進行調解。

第一項調解之相關處理程序、充任調解人或調解委員之遴聘條件與前項受託民間團體之資格及其他應遵行事項之辦法，由中央主管機關定之。

主管機關對第三項之民間團體，除委託費用外，並得予補助。

第 12 條

直轄市或縣（市）主管機關指派調解人進行調解者，應於收到調解申請書三日內為之。

調解人應調查事實，並於指派之日起七日內開始進行調解。

直轄市或縣（市）主管機關於調解人調查時，得通知當事人、相關人員或事業單位，以言詞或書面提出說明；調解人為調查之必要，得經主管機關同意，進入相關事業單位訪查。

前項受通知或受訪查人員，不得為虛偽說明、提供不實資料或無正當理由拒絕說明。

調解人應於開始進行調解十日內作出調解方案，並準用第十九條、第二十條及第二十二條之規定。

第 13 條

調解委員會置委員三人或五人，由下列代表組成之，並以直轄市或縣（市）主管機關代表一人為主席：

一、直轄市、縣（市）主管機關指派一人或三人。

二、勞資爭議雙方當事人各自選定一人。

第 14 條

直轄市、縣（市）主管機關以調解委員會方式進行調解者，應於收到調解申請書或職權交付調解後通知勞資爭議雙方當事人於收到通知之日起三日內各自選定調解委員，並將調解委員之姓名、性別、年齡、職業及住居所具報；屆期未選定者，由直轄市、縣（市）主管機關代為指定。

前項主管機關得備置調解委員名冊，以供參考。

第 15 條

直轄市、縣（市）主管機關以調解委員會方式進行調解者，應於調解委員完成選定或指定之日起十四日內，組成調解委員會並召開調解會議。

第 16 條

調解委員會應指派委員調查事實，除有特殊情形外，該委員應於受指派

後十日內，將調查結果及解決方案提報調解委員會。

調解委員會應於收到前項調查結果及解決方案後十五日內開會。必要時或經勞資爭議雙方當事人同意者，得延長七日。

第 17 條

調解委員會開會時，調解委員應親自出席，不得委任他人代理；受指派調查時，亦同。

直轄市、縣（市）主管機關於調解委員調查或調解委員會開會時，得通知當事人、相關人員或事業單位以言詞或書面提出說明；調解委員為調查之必要，得經主管機關同意，進入相關事業單位訪查。

前項受通知或受訪查人員，不得為虛偽說明、提供不實資料或無正當理由拒絕說明。

第 18 條

調解委員會應有調解委員過半數出席，始得開會；經出席委員過半數同意，始得決議，作成調解方案。

第 19 條

依前條規定作成之調解方案，經勞資爭議雙方當事人同意在調解紀錄簽名者，為調解成立。但當事人之一方為團體協約法第十條第二項規定之機關（構）、學校者，其代理人簽名前，應檢附同條項所定有核可權機關之同意書。

第 20 條

勞資爭議當事人對調解委員會之調解方案不同意者，為調解不成立。

第 21 條

有下列情形之一者，視為調解不成立：

一、經調解委員會主席召集會議，連續二次調解委員出席人數未過半數。

二、未能作成調解方案。

第 22 條

勞資爭議調解成立或不成立，調解紀錄均應由調解委員會報由直轄市、縣（市）主管機關送達勞資爭議雙方當事人。

第 23 條

勞資爭議經調解成立者，視為爭議雙方當事人間之契約；當事人一方為工會時，視為當事人間之團體協約。

第 24 條

勞資爭議調解人、調解委員、參加調解及經辦調解事務之人員，對於調解事件，除已公開之事項外，應保守秘密。

第三章　仲　裁

第 25 條

勞資爭議調解不成立者，雙方當事人得共同向直轄市或縣（市）主管機關申請交付仲裁。但調整事項之勞資爭議，當事人一方為團體協約法第十條第二項規定之機關（構）、學校時，非經同條項所定機關之核可，不得申請仲裁。

勞資爭議當事人之一方為第五十四條第二項之勞工者，其調整事項之勞資爭議，任一方得向直轄市或縣（市）申請交付仲裁；其屬同條第三項事業調整事項之勞資爭議，而雙方未能約定必要服務條款者，任一方得向中央主管機關申請交付仲裁。

勞資爭議經雙方當事人書面同意，得不經調解，逕向直轄市或縣（市）主管機關申請交付仲裁。

調整事項之勞資爭議經調解不成立者，直轄市或縣（市）主管機關認有影響公眾生活及利益情節重大，或應目的事業主管機關之請求，得依職權交付仲裁，並通知雙方當事人。

第 26 條

主管機關受理仲裁之申請，應依申請人之請求，以下列方式之一進行仲

裁，其爲一方申請交付仲裁或依職權交付仲裁者，僅得以第二款之方式
爲之：
一、選定獨任仲裁人。
二、組成勞資爭議仲裁委員會（以下簡稱仲裁委員會）。
前項仲裁人與仲裁委員之資格條件、遴聘方式、選定及仲裁程序及其他
應遵行事項之辦法，由中央主管機關定之。

第 27 條

雙方當事人合意以選定獨任仲裁人方式進行仲裁者，直轄市或縣（市）
主管機關應於收到仲裁申請書後，通知勞資爭議雙方當事人於收到通知
之日起五日內，於直轄市、縣（市）主管機關遴聘之仲裁人名冊中選定
獨任仲裁人一人具報；屆期未選定者，由直轄市、縣（市）主管機關代
爲指定。
前項仲裁人名冊，由直轄市、縣（市）主管機關遴聘具一定資格之公正
並富學識經驗者充任、彙整之，並應報請中央主管機關備查。
第三十二條、第三十三條及第三十五條至第三十七條之規定，於獨任仲
裁人仲裁程序準用之。

第 28 條

申請交付仲裁者，應提出仲裁申請書，並檢附調解紀錄或不經調解之同
意書；其爲一方申請交付仲裁者，並應檢附符合第二十五條第二項規定
之證明文件。

第 29 條

以組成仲裁委員會方式進行仲裁者，主管機關應於收到仲裁申請書或依
職權交付仲裁後，通知勞資爭議雙方當事人於收到通知之日起五日內，
於主管機關遴聘之仲裁委員名冊中各自選定仲裁委員具報；屆期未選定
者，由主管機關代爲指定。
勞資雙方仲裁委員經選定或指定後，主管機關應於三日內通知雙方仲裁
委員，於七日內依第三十條第一項及第二項或第四項規定推選主任仲裁

委員及其餘仲裁委員具報；屆期未推選者，由主管機關指定。

第 30 條

仲裁委員會置委員三人或五人，由下列人員組成之：

一、勞資爭議雙方當事人各選定一人。

二、由雙方當事人所選定之仲裁委員於仲裁委員名冊中，共同選定一人
　　或三人。

前項仲裁委員會置主任仲裁委員一人，由前項第二款委員互推一人擔
任，並為會議主席。

仲裁委員由直轄市、縣（市）主管機關遴聘具一定資格之公正並富學識
經驗者任之。直轄市、縣（市）主管機關遴聘後，應報請中央主管機關
備查。

依第二十五條第二項規定由中央主管機關交付仲裁者，其仲裁委員會置
委員五人或七人，由勞資爭議雙方當事人各選定二人之外，再共同另選
定一人或三人，並由共同選定者互推一人為主任仲裁委員，並為會議主
席。

前項仲裁委員名冊，由中央主管機關會商相關目的事業主管機關後遴聘
之。

第 31 條

主管機關應於主任仲裁委員完成選定或指定之日起十四日內，組成仲裁
委員會，並召開仲裁會議。

第 32 條

有下列情形之一者，不得擔任同一勞資爭議事件之仲裁委員：

一、曾為該爭議事件之調解委員。

二、本人或其配偶、前配偶或與其訂有婚約之人為爭議事件當事人，或
　　與當事人有共同權利人、共同義務人或償還義務人之關係。

三、為爭議事件當事人八親等內之血親或五親等內之姻親，或曾有此親
　　屬關係。

四、現爲或曾爲該爭議事件當事人之代理人或家長、家屬。

五、工會爲爭議事件之當事人者，其會員、理事、監事或會務人員。

六、雇主團體或雇主爲爭議事件之當事人者，其會員、理事、監事、會務人員或其受僱人。

仲裁委員有前項各款所列情形之一而不自行迴避，或有具體事實足認其執行職務有偏頗之虞者，爭議事件當事人得向主管機關申請迴避，其程序準用行政程序法第三十三條規定。

第 33 條

仲裁委員會應指派委員調查事實，除有特殊情形外，調查委員應於指派後十日內，提出調查結果。

仲裁委員會應於收到前項調查結果後二十日內，作成仲裁判斷。但經勞資爭議雙方當事人同意，得延長十日。

主管機關於仲裁委員調查或仲裁委員會開會時，應通知當事人、相關人員或事業單位以言詞或書面提出說明；仲裁委員爲調查之必要，得經主管機關同意後，進入相關事業單位訪查。

前項受通知或受訪查人員，不得爲虛僞說明、提供不實資料或無正當理由拒絕說明。

第 34 條

仲裁委員會由主任仲裁委員召集，其由委員三人組成者，應有全體委員出席，經出席委員過半數同意，始得作成仲裁判斷；其由委員五人或七人組成者，應有三分之二以上委員出席，經出席委員四分之三以上同意，始得作成仲裁判斷。

仲裁委員連續二次不參加會議，當然解除其仲裁職務，由主管機關另行指定仲裁委員代替之。

第 35 條

仲裁委員會作成仲裁判斷後，應於十日內作成仲裁判斷書，報由主管機關送達勞資爭議雙方當事人。

第 36 條

勞資爭議當事人於仲裁程序進行中和解者，應將和解書報仲裁委員會及主管機關備查，仲裁程序即告終結；其和解與依本法成立之調解有同一效力。

第 37 條

仲裁委員會就權利事項之勞資爭議所作成之仲裁判斷，於當事人間，與法院之確定判決有同一效力。

仲裁委員會就調整事項之勞資爭議所作成之仲裁判斷，視為爭議當事人間之契約；當事人一方為工會時，視為當事人間之團體協約。

對於前二項之仲裁判斷，勞資爭議當事人得準用仲裁法第五章之規定，對於他方提起撤銷仲裁判斷之訴。

調整事項經作成仲裁判斷者，勞資雙方當事人就同一爭議事件不得再為爭議行為；其依前項規定向法院提起撤銷仲裁判斷之訴者，亦同。

第 38 條

第九條第四項、第十條、第十七條第一項及第二十四條之規定，於仲裁程序準用之。

第四章　裁　決

第 39 條

勞工因工會法第三十五條第二項規定所生爭議，得向中央主管機關申請裁決。

前項裁決之申請，應自知悉有違反工會法第三十五條第二項規定之事由或事實發生之次日起九十日內為之。

第 40 條

裁決之申請，應以書面為之，並載明下列事項：

一、當事人之姓名、性別、年齡、職業及住所或居所；如為法人、雇主團體或工會，其名稱、代表人及事務所或營業所；有代理人者，其

　　姓名、名稱及住居所或事務所。
二、請求裁決之事項及其原因事實。

第 41 條

基於工會法第三十五條第二項規定所為之裁決申請，違反第三十九條第二項及前條規定者，裁決委員應作成不受理之決定。但其情形可補正者，應先限期令其補正。

前項不受理決定，不得聲明不服。

第 42 條

當事人就工會法第三十五條第二項所生民事爭議事件申請裁決，於裁決程序終結前，法院應依職權停止民事訴訟程序。

當事人於第三十九條第二項所定期間提起之訴訟，依民事訴訟法之規定視為調解之聲請者，法院仍得進行調解程序。

裁決之申請，除經撤回者外，與起訴有同一效力，消滅時效因而中斷。

第 43 條

中央主管機關為辦理裁決事件，應組成不當勞動行為裁決委員會（以下簡稱裁決委員會）。

裁決委員會應秉持公正立場，獨立行使職權。

裁決委員會置裁決委員七人至十五人，均為兼職，其中一人至三人為常務裁決委員，由中央主管機關遴聘熟悉勞工法令、勞資關係事務之專業人士任之，任期二年，並由委員互推一人為主任裁決委員。

中央主管機關應調派專任人員或聘用專業人員，承主任裁決委員之命，協助辦理裁決案件之程序審查、爭點整理及資料蒐集等事務。具專業證照執業資格者，經聘用之期間，計入其專業執業年資。

裁決委員會之組成、裁決委員之資格條件、遴聘方式、裁決委員會相關處理程序、前項人員之調派或遴聘及其他應遵行事項之辦法，由中央主管機關定之。

第 44 條

中央主管機關應於收到裁決申請書之日起七日內，召開裁決委員會處理之。

裁決委員會應指派委員一人至三人，依職權調查事實及必要之證據，並應於指派後二十日內作成調查報告，必要時得延長二十日。

裁決委員調查或裁決委員會開會時，應通知當事人、相關人員或事業單位以言詞或書面提出說明；裁決委員為調查之必要，得經主管機關同意，進入相關事業單位訪查。

前項受通知或受訪查人員，不得為虛偽說明、提供不實資料或無正當理由拒絕說明。

申請人經依第三項規定通知，無正當理由二次不到場者，視為撤回申請；相對人二次不到場者，裁決委員會得經到場一造陳述為裁決。

裁決當事人就同一爭議事件達成和解或經法定調解機關調解成立者，裁決委員會應作成不受理之決定。

第 45 條

主任裁決委員應於裁決委員作成調查報告後七日內，召開裁決委員會，並於開會之日起三十日內作成裁決決定。但經裁決委員會應出席委員二分之一以上同意者得延長之，最長以三十日為限。

第 46 條

裁決委員會應有三分之二以上委員出席，並經出席委員二分之一以上同意，始得作成裁決決定；作成裁決決定前，應由當事人以言詞陳述意見。

裁決委員應親自出席，不得委任他人代理。

裁決委員審理案件相關給付報酬標準，由中央主管機關定之。

第 47 條

裁決決定書應載明下列事項：

一、當事人姓名、住所或居所；如為法人、雇主團體或工會，其名稱、

代表人及主事務所或主營業所。

二、有代理人者，其姓名、名稱及住居所或事務所。

三、主文。

四、事實。

五、理由。

六、主任裁決委員及出席裁決委員之姓名。

七、年、月、日。

裁決委員會作成裁決決定後，中央主管機關應於二十日內將裁決決定書送達當事人。

第 47-1 條

中央主管機關應以定期出版、登載於網站或其他適當方式公開裁決決定書。但裁決決定書含有依政府資訊公開法應限制公開或不予提供之事項者，應僅就其他部分公開之。

前項公開，得不含自然人之名字、身分證統一編號及其他足資識別該個人之資料。但應公開自然人之姓氏及足以區辨人別之代稱。

第 48 條

對工會法第三十五條第二項規定所生民事爭議事件所為之裁決決定，當事人於裁決決定書正本送達三十日內，未就作為裁決決定之同一事件，以他方當事人為被告，向法院提起民事訴訟者，或經撤回其訴者，視為雙方當事人依裁決決定書達成合意。

裁決經依前項規定視為當事人達成合意者，裁決委員會應於前項期間屆滿後七日內，將裁決決定書送請裁決委員會所在地之法院審核。

前項裁決決定書，法院認其與法令無牴觸者，應予核定，發還裁決委員會送達當事人。

法院因裁決程序或內容與法令牴觸，未予核定之事件，應將其理由通知裁決委員會。但其情形可以補正者，應定期間先命補正。

經法院核定之裁決有無效或得撤銷之原因者，當事人得向原核定法院提起宣告裁決無效或撤銷裁決之訴。

前項訴訟，當事人應於法院核定之裁決決定書送達後三十日內提起之。

第 49 條
前條第二項之裁決經法院核定後，與民事確定判決有同一效力。

第 50 條
當事人本於第四十八條第一項裁決決定之請求，欲保全強制執行或避免損害之擴大者，得於裁決決定書經法院核定前，向法院聲請假扣押或假處分。

前項聲請，債權人得以裁決決定代替請求及假扣押或假處分原因之釋明，法院不得再命債權人供擔保後始為假扣押或假處分。

民事訴訟法有關假扣押或假處分之規定，除第五百二十九條規定外，於前二項情形準用之。

裁決決定書未經法院核定者，當事人得聲請法院撤銷假扣押或假處分之裁定。

第 51 條
基於工會法第三十五條第一項及團體協約法第六條第一項規定所為之裁決申請，其程序準用第三十九條、第四十條、第四十一條第一項、第四十三條至第四十七條規定。

前項處分並得令當事人為一定之行為或不行為。

不服第一項不受理決定者，得於決定書送達之次日起三十日內繕具訴願書，經由中央主管機關向行政院提起訴願。

對於第一項及第二項之處分不服者，得於決定書送達之次日起二個月內提起行政訴訟。

第 52 條
本法第三十二條規定，於裁決程序準用之。

第五章　爭議行為

第 53 條

勞資爭議，非經調解不成立，不得為爭議行為；權利事項之勞資爭議，不得罷工。

雇主、雇主團體經中央主管機關裁決認定違反工會法第三十五條、團體協約法第六條第一項規定者，工會得依本法為爭議行為。

第 54 條

工會非經會員以直接、無記名投票且經全體過半數同意，不得宣告罷工及設置糾察線。

下列勞工，不得罷工：

一、教師。

二、國防部及其所屬機關（構）、學校之勞工。

下列影響大眾生命安全、國家安全或重大公共利益之事業，勞資雙方應約定必要服務條款，工會始得宣告罷工：

一、自來水事業。

二、電力及燃氣供應業。

三、醫院。

四、經營銀行間資金移轉帳務清算之金融資訊服務業與證券期貨交易、結算、保管事業及其他辦理支付系統業務事業。

前項必要服務條款，事業單位應於約定後，即送目的事業主管機關備查。

提供固定通信業務或行動通信業務之第一類電信事業，於能維持基本語音通信服務不中斷之情形下，工會得宣告罷工。

第二項及第三項所列之機關（構）及事業之範圍，由中央主管機關會同其主管機關或目的事業主管機關定之；前項基本語音通信服務之範圍，由目的事業主管機關定之。

重大災害發生或有發生之虞時，各級政府為執行災害防治法所定災害預

防工作或有應變處置之必要，得於災害防救期間禁止、限制或停止罷工。

第 55 條

爭議行為應依誠實信用及權利不得濫用原則為之。

雇主不得以工會及其會員依本法所為之爭議行為所生損害為由，向其請求賠償。

工會及其會員所為之爭議行為，該當刑法及其他特別刑法之構成要件，而具有正當性者，不罰。但以強暴脅迫致他人生命、身體受侵害或有受侵害之虞時，不適用之。

第 56 條

爭議行為期間，爭議當事人雙方應維持工作場所安全及衛生設備之正常運轉。

第六章　訴訟費用之暫減及強制執行之裁定

第 57 條

勞工或工會提起確認僱傭關係或給付工資之訴，暫免徵收依民事訴訟法所定裁判費之二分之一。

第 58 條

除第五十條第二項所規定之情形外，勞工就工資、職業災害補償或賠償、退休金或資遣費等給付，為保全強制執行而對雇主或雇主團體聲請假扣押或假處分者，法院依民事訴訟法所命供擔保之金額，不得高於請求標的金額或價額之十分之一。

第 59 條

勞資爭議經調解成立或仲裁者，依其內容當事人一方負私法上給付之義務，而不履行其義務時，他方當事人得向該管法院聲請裁定強制執行並暫免繳裁判費；於聲請強制執行時，並暫免繳執行費。

前項聲請事件，法院應於七日內裁定之。

對於前項裁定，當事人得爲抗告，抗告之程序適用非訟事件法之規定，非訟事件法未規定者，準用民事訴訟法之規定。

第 60 條

有下列各款情形之一者，法院應駁回其強制執行裁定之聲請：

一、調解內容或仲裁判斷，係使勞資爭議當事人爲法律上所禁止之行爲。

二、調解內容或仲裁判斷，與爭議標的顯屬無關或性質不適於強制執行。

三、依其他法律不得爲強制執行。

第 61 條

依本法成立之調解，經法院裁定駁回強制執行聲請者，視爲調解不成立。但依前條第二款規定駁回，或除去經駁回強制執行之部分亦得成立者，不適用之。

第七章　罰　則

第 62 條

雇主或雇主團體違反第八條規定者，處新臺幣二十萬元以上六十萬元以下罰鍰。

工會違反第八條規定者，處新臺幣十萬元以上三十萬元以下罰鍰。

勞工違反第八條規定者，處新臺幣一萬元以上三萬元以下罰鍰。

第 63 條

違反第十二條第四項、第十七條第三項、第三十三條第四項或第四十四條第四項規定，爲虛僞之說明或提供不實資料者，處新臺幣三萬元以上十五萬元以下罰鍰。

違反第十二條第三項、第十七條第三項、第三十三條第四項或第四十四條第四項規定，無正當理由拒絕說明或拒絕調解人或調解委員進入事業

單位者，處新臺幣一萬元以上五萬元以下罰鍰。

勞資雙方當事人無正當理由未依通知出席調解會議者，處新臺幣二千元以上一萬元以下罰鍰。

第八章 附 則

第 64 條

權利事項之勞資爭議，經依鄉鎮市調解條例調解成立者，其效力依該條例之規定。

權利事項勞資爭議經當事人雙方合意，依仲裁法所為之仲裁，其效力依該法之規定。

第八條之規定於前二項之調解及仲裁適用之。

第 65 條

為處理勞資爭議，保障勞工權益，中央主管機關應捐助設置勞工權益基金。

前項基金來源如下：

一、勞工權益基金（專戶）賸餘專款。

二、由政府逐年循預算程序之撥款。

三、本基金之孳息收入。

四、捐贈收入。

五、其他有關收入。

第 66 條

本法施行日期，由行政院定之。

個人資料保護法

民國 104 年 12 月 30 日總統令修正公布。

第一章 總 則

第 1 條

為規範個人資料之蒐集、處理及利用，以避免人格權受侵害，並促進個人資料之合理利用，特制定本法。

第 2 條

本法用詞，定義如下：

一、個人資料：指自然人之姓名、出生年月日、國民身分證統一編號、護照號碼、特徵、指紋、婚姻、家庭、教育、職業、病歷、醫療、基因、性生活、健康檢查、犯罪前科、聯絡方式、財務情況、社會活動及其他得以直接或間接方式識別該個人之資料。

二、個人資料檔案：指依系統建立而得以自動化機器或其他非自動化方式檢索、整理之個人資料之集合。

三、蒐集：指以任何方式取得個人資料。

四、處理：指為建立或利用個人資料檔案所為資料之記錄、輸入、儲存、編輯、更正、複製、檢索、刪除、輸出、連結或內部傳送。

五、利用：指將蒐集之個人資料為處理以外之使用。

六、國際傳輸：指將個人資料作跨國（境）之處理或利用。

七、公務機關：指依法行使公權力之中央或地方機關或行政法人。

八、非公務機關：指前款以外之自然人、法人或其他團體。

九、當事人：指個人資料之本人。

第 3 條

當事人就其個人資料依本法規定行使之下列權利，不得預先拋棄或以特約限制之：

一、查詢或請求閱覽。
二、請求製給複製本。
三、請求補充或更正。
四、請求停止蒐集、處理或利用。
五、請求刪除。

第 4 條
受公務機關或非公務機關委託蒐集、處理或利用個人資料者，於本法適用範圍內，視同委託機關。

第 5 條
個人資料之蒐集、處理或利用，應尊重當事人之權益，依誠實及信用方法為之，不得逾越特定目的之必要範圍，並應與蒐集之目的具有正當合理之關聯。

第 6 條
有關病歷、醫療、基因、性生活、健康檢查及犯罪前科之個人資料，不得蒐集、處理或利用。但有下列情形之一者，不在此限：
一、法律明文規定。
二、公務機關執行法定職務或非公務機關履行法定義務必要範圍內，且事前或事後有適當安全維護措施。
三、當事人自行公開或其他已合法公開之個人資料。
四、公務機關或學術研究機構基於醫療、衛生或犯罪預防之目的，為統計或學術研究而有必要，且資料經過提供者處理後或經蒐集者依其揭露方式無從識別特定之當事人。
五、為協助公務機關執行法定職務或非公務機關履行法定義務必要範圍內，且事前或事後有適當安全維護措施。
六、經當事人書面同意。但逾越特定目的之必要範圍或其他法律另有限制不得僅依當事人書面同意蒐集、處理或利用，或其同意違反其意願者，不在此限。

依前項規定蒐集、處理或利用個人資料，準用第八條、第九條規定；其中前項第六款之書面同意，準用第七條第一項、第二項及第四項規定，並以書面為之。

第7條

第十五條第二款及第十九條第一項第五款所稱同意，指當事人經蒐集者告知本法所定應告知事項後，所為允許之意思表示。

第十六條第七款、第二十條第一項第六款所稱同意，指當事人經蒐集者明確告知特定目的外之其他利用目的、範圍及同意與否對其權益之影響後，單獨所為之意思表示。

公務機關或非公務機關明確告知當事人第八條第一項各款應告知事項時，當事人如未表示拒絕，並已提供其個人資料者，推定當事人已依第十五條第二款、第十九條第一項第五款之規定表示同意。

蒐集者就本法所稱經當事人同意之事實，應負舉證責任。

第8條

公務機關或非公務機關依第十五條或第十九條規定向當事人蒐集個人資料時，應明確告知當事人下列事項：

一、公務機關或非公務機關名稱。

二、蒐集之目的。

三、個人資料之類別。

四、個人資料利用之期間、地區、對象及方式。

五、當事人依第三條規定得行使之權利及方式。

六、當事人得自由選擇提供個人資料時，不提供將對其權益之影響。

有下列情形之一者，得免為前項之告知：

一、依法律規定得免告知。

二、個人資料之蒐集係公務機關執行法定職務或非公務機關履行法定義務所必要。

三、告知將妨害公務機關執行法定職務。

四、告知將妨害公共利益。

五、當事人明知應告知之內容。

六、個人資料之蒐集非基於營利之目的,且對當事人顯無不利之影響。

第9條

公務機關或非公務機關依第十五條或第十九條規定蒐集非由當事人提供之個人資料,應於處理或利用前,向當事人告知個人資料來源及前條第一項第一款至第五款所列事項。

有下列情形之一者,得免為前項之告知:

一、有前條第二項所列各款情形之一。

二、當事人自行公開或其他已合法公開之個人資料。

三、不能向當事人或其法定代理人為告知。

四、基於公共利益為統計或學術研究之目的而有必要,且該資料須經提供者處理後或蒐集者依其揭露方式,無從識別特定當事人者為限。

五、大眾傳播業者基於新聞報導之公益目的而蒐集個人資料。

第一項之告知,得於首次對當事人為利用時併同為之。

第10條

公務機關或非公務機關應依當事人之請求,就其蒐集之個人資料,答覆查詢、提供閱覽或製給複製本。但有下列情形之一者,不在此限:

一、妨害國家安全、外交及軍事機密、整體經濟利益或其他國家重大利益。

二、妨害公務機關執行法定職務。

三、妨害該蒐集機關或第三人之重大利益。

第11條

公務機關或非公務機關應維護個人資料之正確,並應主動或依當事人之請求更正或補充之。

個人資料正確性有爭議者,應主動或依當事人之請求停止處理或利用。但因執行職務或業務所必須,或經當事人書面同意,並經註明其爭議者,不在此限。

個人資料蒐集之特定目的消失或期限屆滿時，應主動或依當事人之請求，刪除、停止處理或利用該個人資料。但因執行職務或業務所必須或經當事人書面同意者，不在此限。

違反本法規定蒐集、處理或利用個人資料者，應主動或依當事人之請求，刪除、停止蒐集、處理或利用該個人資料。

因可歸責於公務機關或非公務機關之事由，未爲更正或補充之個人資料，應於更正或補充後，通知曾提供利用之對象。

第 12 條

公務機關或非公務機關違反本法規定，致個人資料被竊取、洩漏、竄改或其他侵害者，應查明後以適當方式通知當事人。

第 13 條

公務機關或非公務機關受理當事人依第十條規定之請求，應於十五日內，爲准駁之決定；必要時，得予延長，延長之期間不得逾十五日，並應將其原因以書面通知請求人。

公務機關或非公務機關受理當事人依第十一條規定之請求，應於三十日內，爲准駁之決定；必要時，得予延長，延長之期間不得逾三十日，並應將其原因以書面通知請求人。

第 14 條

查詢或請求閱覽個人資料或製給複製本者，公務機關或非公務機關得酌收必要成本費用。

第二章　　公務機關對個人資料之蒐集、處理及利用

第 15 條

公務機關對個人資料之蒐集或處理，除第六條第一項所規定資料外，應有特定目的，並符合下列情形之一者：

一、執行法定職務必要範圍內。

二、經當事人同意。

三、對當事人權益無侵害。

第 16 條

公務機關對個人資料之利用，除第六條第一項所規定資料外，應於執行法定職務必要範圍內爲之，並與蒐集之特定目的相符。但有下列情形之一者，得爲特定目的外之利用：

一、法律明文規定。

二、爲維護國家安全或增進公共利益所必要。

三、爲免除當事人之生命、身體、自由或財產上之危險。

四、爲防止他人權益之重大危害。

五、公務機關或學術研究機構基於公共利益爲統計或學術研究而有必要，且資料經過提供者處理後或經蒐集者依其揭露方式無從識別特定之當事人。

六、有利於當事人權益。

七、經當事人同意。

第 17 條

公務機關應將下列事項公開於電腦網站，或以其他適當方式供公眾查閱；其有變更者，亦同：

一、個人資料檔案名稱。

二、保有機關名稱及聯絡方式。

三、個人資料檔案保有之依據及特定目的。

四、個人資料之類別。

第 18 條

公務機關保有個人資料檔案者，應指定專人辦理安全維護事項，防止個人資料被竊取、竄改、毀損、滅失或洩漏。

第三章　非公務機關對個人資料之蒐集、處理及利用

第 19 條

非公務機關對個人資料之蒐集或處理，除第六條第一項所規定資料外，
應有特定目的，並符合下列情形之一者：

一、法律明文規定。

二、與當事人有契約或類似契約之關係，且已採取適當之安全措施。

三、當事人自行公開或其他已合法公開之個人資料。

四、學術研究機構基於公共利益為統計或學術研究而有必要，且資料經
　　過提供者處理後或經蒐集者依其揭露方式無從識別特定之當事人。

五、經當事人同意。

六、為增進公共利益所必要。

七、個人資料取自於一般可得之來源。但當事人對該資料之禁止處理或
　　利用，顯有更值得保護之重大利益者，不在此限。

八、對當事人權益無侵害。

蒐集或處理者知悉或經當事人通知依前項第七款但書規定禁止對該資料
之處理或利用時，應主動或依當事人之請求，刪除、停止處理或利用該
個人資料。

第 20 條

非公務機關對個人資料之利用，除第六條第一項所規定資料外，應於蒐
集之特定目的必要範圍內為之。但有下列情形之一者，得為特定目的外
之利用：

一、法律明文規定。

二、為增進公共利益所必要。

三、為免除當事人之生命、身體、自由或財產上之危險。

四、為防止他人權益之重大危害。

五、公務機關或學術研究機構基於公共利益為統計或學術研究而有必
　　要，且資料經過提供者處理後或經蒐集者依其揭露方式無從識別特

　　定之當事人。

六、經當事人同意。

七、有利於當事人權益。

非公務機關依前項規定利用個人資料行銷者，當事人表示拒絕接受行銷時，應即停止利用其個人資料行銷。

非公務機關於首次行銷時，應提供當事人表示拒絕接受行銷之方式，並支付所需費用。

第 21 條

非公務機關為國際傳輸個人資料，而有下列情形之一者，中央目的事業主管機關得限制之：

一、涉及國家重大利益。

二、國際條約或協定有特別規定。

三、接受國對於個人資料之保護未有完善之法規，致有損當事人權益之虞。

四、以迂迴方法向第三國（地區）傳輸個人資料規避本法。

第 22 條

中央目的事業主管機關或直轄市、縣（市）政府為執行資料檔案安全維護、業務終止資料處理方法、國際傳輸限制或其他例行性業務檢查而認有必要或有違反本法規定之虞時，得派員攜帶執行職務證明文件，進入檢查，並得命相關人員為必要之說明、配合措施或提供相關證明資料。

中央目的事業主管機關或直轄市、縣（市）政府為前項檢查時，對於得沒入或可為證據之個人資料或其檔案，得扣留或複製之。對於應扣留或複製之物，得要求其所有人、持有人或保管人提出或交付；無正當理由拒絕提出、交付或抗拒扣留或複製者，得採取對該非公務機關權益損害最少之方法強制為之。

中央目的事業主管機關或直轄市、縣（市）政府為第一項檢查時，得率同資訊、電信或法律等專業人員共同為之。

對於第一項及第二項之進入、檢查或處分，非公務機關及其相關人員不

得規避、妨礙或拒絕。

參與檢查之人員，因檢查而知悉他人資料者，負保密義務。

第 23 條

對於前條第二項扣留物或複製物，應加封緘或其他標識，並爲適當之處置；其不便搬運或保管者，得命人看守或交由所有人或其他適當之人保管。

扣留物或複製物已無留存之必要，或決定不予處罰或未爲沒入之裁處者，應發還之。但應沒入或爲調查他案應留存者，不在此限。

第 24 條

非公務機關、物之所有人、持有人、保管人或利害關係人對前二條之要求、強制、扣留或複製行爲不服者，得向中央目的事業主管機關或直轄市、縣（市）政府聲明異議。

前項聲明異議，中央目的事業主管機關或直轄市、縣（市）政府認爲有理由者，應立即停止或變更其行爲；認爲無理由者，得繼續執行。經該聲明異議之人請求時，應將聲明異議之理由製作紀錄交付之。

對於中央目的事業主管機關或直轄市、縣（市）政府前項決定不服者，僅得於對該案件之實體決定聲明不服時一併聲明之。但第一項之人依法不得對該案件之實體決定聲明不服時，得單獨對第一項之行爲逕行提起行政訴訟。

第 25 條

非公務機關有違反本法規定之情事者，中央目的事業主管機關或直轄市、縣（市）政府除依本法規定裁處罰鍰外，並得爲下列處分：

一、禁止蒐集、處理或利用個人資料。

二、命令刪除經處理之個人資料檔案。

三、沒入或命銷燬違法蒐集之個人資料。

四、公布非公務機關之違法情形，及其姓名或名稱與負責人。

中央目的事業主管機關或直轄市、縣（市）政府爲前項處分時，應於防

制違反本法規定情事之必要範圍內，採取對該非公務機關權益損害最少
之方法為之。

第 26 條

中央目的事業主管機關或直轄市、縣（市）政府依第二十二條規定檢查
後，未發現有違反本法規定之情事者，經該非公務機關同意後，得公布
檢查結果。

第 27 條

非公務機關保有個人資料檔案者，應採行適當之安全措施，防止個人資
料被竊取、竄改、毀損、滅失或洩漏。

中央目的事業主管機關得指定非公務機關訂定個人資料檔案安全維護計
畫或業務終止後個人資料處理方法。

前項計畫及處理方法之標準等相關事項之辦法，由中央目的事業主管機
關定之。

第四章　損害賠償及團體訴訟

第 28 條

公務機關違反本法規定，致個人資料遭不法蒐集、處理、利用或其他侵
害當事人權利者，負損害賠償責任。但損害因天災、事變或其他不可抗
力所致者，不在此限。

被害人雖非財產上之損害，亦得請求賠償相當之金額；其名譽被侵害
者，並得請求為回復名譽之適當處分。

依前二項情形，如被害人不易或不能證明其實際損害額時，得請求法院
依侵害情節，以每人每一事件新臺幣五百元以上二萬元以下計算。

對於同一原因事實造成多數當事人權利受侵害之事件，經當事人請求損
害賠償者，其合計最高總額以新臺幣二億元為限。但因該原因事實所涉
利益超過新臺幣二億元者，以該所涉利益為限。

同一原因事實造成之損害總額逾前項金額時，被害人所受賠償金額，不

受第三項所定每人每一事件最低賠償金額新臺幣五百元之限制。

第二項請求權，不得讓與或繼承。但以金額賠償之請求權已依契約承諾或已起訴者，不在此限。

第 29 條

非公務機關違反本法規定，致個人資料遭不法蒐集、處理、利用或其他侵害當事人權利者，負損害賠償責任。但能證明其無故意或過失者，不在此限。

依前項規定請求賠償者，適用前條第二項至第六項規定。

第 30 條

損害賠償請求權，自請求權人知有損害及賠償義務人時起，因二年間不行使而消滅；自損害發生時起，逾五年者，亦同。

第 31 條

損害賠償，除依本法規定外，公務機關適用國家賠償法之規定，非公務機關適用民法之規定。

第 32 條

依本章規定提起訴訟之財團法人或公益社團法人，應符合下列要件：

一、財團法人之登記財產總額達新臺幣一千萬元或社團法人之社員人數達一百人。

二、保護個人資料事項於其章程所定目的範圍內。

三、許可設立三年以上。

第 33 條

依本法規定對於公務機關提起損害賠償訴訟者，專屬該機關所在地之地方法院管轄。對於非公務機關提起者，專屬其主事務所、主營業所或住所地之地方法院管轄。

前項非公務機關為自然人，而其在中華民國現無住所或住所不明者，以其在中華民國之居所，視為其住所；無居所或居所不明者，以其在中華民國最後之住所，視為其住所；無最後住所者，專屬中央政府所在地之

地方法院管轄。

第一項非公務機關為自然人以外之法人或其他團體，而其在中華民國現無主事務所、主營業所或主事務所、主營業所不明者，專屬中央政府所在地之地方法院管轄。

第 34 條

對於同一原因事實造成多數當事人權利受侵害之事件，財團法人或公益社團法人經受有損害之當事人二十人以上以書面授與訴訟實施權者，得以自己之名義，提起損害賠償訴訟。當事人得於言詞辯論終結前以書面撤回訴訟實施權之授與，並通知法院。

前項訴訟，法院得依聲請或依職權公告曉示其他因同一原因事實受有損害之當事人，得於一定期間內向前項起訴之財團法人或公益社團法人授與訴訟實施權，由該財團法人或公益社團法人於第一審言詞辯論終結前，擴張應受判決事項之聲明。

其他因同一原因事實受有損害之當事人未依前項規定授與訴訟實施權者，亦得於法院公告曉示之一定期間內起訴，由法院併案審理。

其他因同一原因事實受有損害之當事人，亦得聲請法院為前項之公告。

前二項公告，應揭示於法院公告處、資訊網路及其他適當處所；法院認為必要時，並得命登載於公報或新聞紙，或用其他方法公告之，其費用由國庫墊付。

依第一項規定提起訴訟之財團法人或公益社團法人，其標的價額超過新臺幣六十萬元者，超過部分暫免徵裁判費。

第 35 條

當事人依前條第一項規定撤回訴訟實施權之授與者，該部分訴訟程序當然停止，該當事人應即聲明承受訴訟，法院亦得依職權命該當事人承受訴訟。

財團法人或公益社團法人依前條規定起訴後，因部分當事人撤回訴訟實施權之授與，致其餘部分不足二十人者，仍得就其餘部分繼續進行訴訟。

第 36 條

各當事人於第三十四條第一項及第二項之損害賠償請求權，其時效應分別計算。

第 37 條

財團法人或公益社團法人就當事人授與訴訟實施權之事件，有為一切訴訟行為之權。但當事人得限制其為捨棄、撤回或和解。

前項當事人中一人所為之限制，其效力不及於其他當事人。

第一項之限制，應於第三十四條第一項之文書內表明，或以書狀提出於法院。

第 38 條

當事人對於第三十四條訴訟之判決不服者，得於財團法人或公益社團法人上訴期間屆滿前，撤回訴訟實施權之授與，依法提起上訴。

財團法人或公益社團法人於收受判決書正本後，應即將其結果通知當事人，並應於七日內將是否提起上訴之意旨以書面通知當事人。

第 39 條

財團法人或公益社團法人應將第三十四條訴訟結果所得之賠償，扣除訴訟必要費用後，分別交付授與訴訟實施權之當事人。

提起第三十四條第一項訴訟之財團法人或公益社團法人，均不得請求報酬。

第 40 條

依本章規定提起訴訟之財團法人或公益社團法人，應委任律師代理訴訟。

第五章　罰　則

第 41 條

意圖為自己或第三人不法之利益或損害他人之利益，而違反第六條第一

項、第十五條、第十六條、第十九條、第二十條第一項規定,或中央目的事業主管機關依第二十一條限制國際傳輸之命令或處分,足生損害於他人者,處五年以下有期徒刑,得併科新臺幣一百萬元以下罰金。

第 42 條

意圖為自己或第三人不法之利益或損害他人之利益,而對於個人資料檔案為非法變更、刪除或以其他非法方法,致妨害個人資料檔案之正確而足生損害於他人者,處五年以下有期徒刑、拘役或科或併科新臺幣一百萬元以下罰金。

第 43 條

中華民國人民在中華民國領域外對中華民國人民犯前二條之罪者,亦適用之。

第 44 條

公務員假借職務上之權力、機會或方法,犯本章之罪者,加重其刑至二分之一。

第 45 條

本章之罪,須告訴乃論。但犯第四十一條之罪者,或對公務機關犯第四十二條之罪者,不在此限。

第 46 條

犯本章之罪,其他法律有較重處罰規定者,從其規定。

第 47 條

非公務機關有下列情事之一者,由中央目的事業主管機關或直轄市、縣(市)政府處新臺幣五萬元以上五十萬元以下罰鍰,並令限期改正,屆期未改正者,按次處罰之:

一、違反第六條第一項規定。

二、違反第十九條規定。

三、違反第二十條第一項規定。

四、違反中央目的事業主管機關依第二十一條規定限制國際傳輸之命令或處分。

第 48 條

非公務機關有下列情事之一者，由中央目的事業主管機關或直轄市、縣（市）政府限期改正，屆期未改正者，按次處新臺幣二萬元以上二十萬元以下罰鍰：

一、違反第八條或第九條規定。

二、違反第十條、第十一條、第十二條或第十三條規定。

三、違反第二十條第二項或第三項規定。

四、違反第二十七條第一項或未依第二項訂定個人資料檔案安全維護計畫或業務終止後個人資料處理方法。

第 49 條

非公務機關無正當理由違反第二十二條第四項規定者，由中央目的事業主管機關或直轄市、縣（市）政府處新臺幣二萬元以上二十萬元以下罰鍰。

第 50 條

非公務機關之代表人、管理人或其他有代表權人，因該非公務機關依前三條規定受罰鍰處罰時，除能證明已盡防止義務者外，應並受同一額度罰鍰之處罰。

第六章　附　則

第 51 條

有下列情形之一者，不適用本法規定：

一、自然人為單純個人或家庭活動之目的，而蒐集、處理或利用個人資料。

二、於公開場所或公開活動中所蒐集、處理或利用之未與其他個人資料結合之影音資料。

公務機關及非公務機關，在中華民國領域外對中華民國人民個人資料蒐集、處理或利用者，亦適用本法。

第 52 條
第二十二條至第二十六條規定由中央目的事業主管機關或直轄市、縣（市）政府執行之權限，得委任所屬機關、委託其他機關或公益團體辦理；其成員因執行委任或委託事務所知悉之資訊，負保密義務。

前項之公益團體，不得依第三十四條第一項規定接受當事人授與訴訟實施權，以自己之名義提起損害賠償訴訟。

第 53 條
法務部應會同中央目的事業主管機關訂定特定目的及個人資料類別，提供公務機關及非公務機關參考使用。

第 54 條
本法中華民國九十九年五月二十六日修正公布之條文施行前，非由當事人提供之個人資料，於本法一百零四年十二月十五日修正之條文施行後爲處理或利用者，應於處理或利用前，依第九條規定向當事人告知。

前項之告知，得於本法中華民國一百零四年十二月十五日修正之條文施行後首次利用時併同爲之。

未依前二項規定告知而利用者，以違反第九條規定論處。

第 55 條
本法施行細則，由法務部定之。

第 56 條
本法施行日期，由行政院定之。

現行條文第十九條至第二十二條及第四十三條之刪除，自公布日施行。

前項公布日於現行條文第四十三條第二項指定之事業、團體或個人應於指定之日起六個月內辦理登記或許可之期間內者，該指定之事業、團體或個人得申請終止辦理，目的事業主管機關於終止辦理時，應退還已繳規費。已辦理完成者，亦得申請退費。

前項退費，應自繳費義務人繳納之日起，至目的事業主管機關終止辦理之日止，按退費額，依繳費之日郵政儲金之一年期定期存款利率，按日加計利息，一併退還。已辦理完成者，其退費，應自繳費義務人繳納之日起，至目的事業主管機關核准申請之日止，亦同。

外國專業人才延攬及僱用法

民國 110 年 7 月 7 日總統令修正公布。

第 1 條

爲加強延攬及僱用外國專業人才,以提升國家競爭力,特制定本法。

第 2 條

外國專業人才在中華民國(以下簡稱我國)從事專業工作、尋職,依本法之規定;本法未規定者,適用就業服務法、入出國及移民法及其他相關法律之規定。

第 3 條

本法之主管機關爲國家發展委員會。

本法所定事項,涉及中央目的事業主管機關職掌者,由各該機關辦理。

第 4 條

本法用詞,定義如下:

一、外國專業人才:指得在我國從事專業工作之外國人。

二、外國特定專業人才:指外國專業人才具有中央目的事業主管機關公告之我國所需科技、經濟、教育、文化藝術、體育、金融、法律、建築設計、國防及其他領域之特殊專長,或經主管機關會商相關中央目的事業主管機關認定具有特殊專長者。

三、外國高級專業人才:指入出國及移民法所定爲我國所需之高級專業人才。

四、專業工作:指下列工作:

（一）就業服務法第四十六條第一項第一款至第三款、第五款及第六款所定工作。

（二）就業服務法第四十八條第一項第一款及第三款所定工作。

（三）依補習及進修教育法立案之短期補習班（以下簡稱短期補習班）之專任外國語文教師,或具專門知識或技術,且經中央

目的事業主管機關會商教育部指定之短期補習班教師。

（四）教育部核定設立招收外國專業人才、外國特定專業人才及外國高級專業人才子女專班之外國語文以外之學科教師。

（五）學校型態實驗教育實施條例、公立高級中等以下學校委託私人辦理實驗教育條例及高級中等以下教育階段非學校型態實驗教育實施條例所定學科、外國語文課程教學、師資養成、課程研發及活動推廣工作。

第 5 條

雇主聘僱外國專業人才在我國從事前條第四款之專業工作，除依第七條規定不須申請許可者外，應檢具相關文件，向勞動部申請許可，並依就業服務法規定辦理。但聘僱從事就業服務法第四十六條第一項第三款及前條第四款第四目、第五目之專業工作者，應檢具相關文件，向教育部申請許可。

依前項本文規定聘僱外國專業人才從事前條第四款第三目之專業工作，其工作資格及審查標準，由勞動部會商中央目的事業主管機關定之。

依第一項但書規定聘僱外國專業人才從事所定之專業工作，其工作資格、審查基準、申請許可、廢止許可、聘僱管理及其他相關事項之辦法，由教育部定之。

依第一項規定聘僱從事前條第四款第四目、第五目專業工作之外國專業人才，其聘僱之管理，除本法另有規定外，依就業服務法有關從事該法第四十六條第一項第一款至第六款工作者之規定辦理。

外國專業人才經許可在我國從事前項專業工作者，其停留、居留及永久居留，除本法另有規定外，依入出國及移民法之規定辦理。

第 6 條

外國人取得國內外大學之碩士以上學位，或教育部公告世界頂尖大學之學士以上學位者，受聘僱在我國從事就業服務法第四十六條第一項第一款專門性或技術性工作，除應取得執業資格、符合一定執業方式及條件者，及應符合中央目的事業主管機關所定之法令規定外，無須具備一定

期間工作經驗。

第 7 條

外國專業人才、外國特定專業人才及外國高級專業人才在我國從事專業工作，有下列情形之一者，不須申請許可：

一、受各級政府及其所屬學術研究機關（構）聘請擔任顧問或研究工作。

二、受聘僱於公立或已立案之私立大學進行講座、學術研究經教育部認可。

外國專業人才、外國特定專業人才及外國高級專業人才，其本人、配偶、未成年子女及因身心障礙無法自理生活之成年子女，經許可永久居留者，在我國從事工作，不須向勞動部或教育部申請許可。

第 8 條

雇主聘僱從事專業工作之外國特定專業人才，其聘僱許可期間最長為五年，期滿有繼續聘僱之需要者，得申請延期，每次最長為五年。

前項外國特定專業人才經內政部移民署許可居留者，其外僑居留證之有效期間，自許可之翌日起算，最長為五年；期滿有繼續居留之必要者，得於居留期限屆滿前，向內政部移民署申請延期，每次最長為五年。該外國特定專業人才之配偶、未成年子女及因身心障礙無法自理生活之成年子女，經內政部移民署許可居留者，其外僑居留證之有效期間及延期期限，亦同。

第 9 條

外國特定專業人才擬在我國從事專業工作者，得逕向內政部移民署申請核發具工作許可、居留簽證、外僑居留證及重入國許可四證合一之就業金卡。內政部移民署許可核發就業金卡前，應會同勞動部及外交部審查。但已入國之外國特定專業人才申請就業金卡時得免申請居留簽證。

前項就業金卡有效期間為一年至三年；符合一定條件者，得於有效期間屆滿前申請延期，每次最長為三年。

前二項就業金卡之申請程序、審查、延期之一定條件及其他相關事項之
辦法，由內政部會商勞動部及外交部定之。

依第一項申請就業金卡或第二項申請延期者，由內政部移民署收取規
費；其收費標準，由內政部會商勞動部及外交部定之。

第 10 條

外國專業人才為藝術工作者，得不經僱主申請，逕向勞動部申請許可，
在我國從事藝術工作；其許可期間最長為三年，必要時得申請延期，每
次最長為三年。

前項申請之工作資格、審查基準、申請許可、廢止許可、聘僱管理及其
他相關事項之辦法，由勞動部會商文化部定之。

第 11 條

外國專業人才擬在我國從事專業工作，須長期尋職者，得向駐外館處申
請核發三個月有效期限、多次入國、停留期限六個月之停留簽證，總停
留期限最長為六個月。

依前項規定取得停留簽證者，自總停留期限屆滿之日起三年內，不得再
依該項規定申請核發停留簽證。

依第一項規定核發停留簽證之人數，由外交部會同內政部並會商主管機
關及中央目的事業主管機關，視人才需求及申請狀況每年公告之。

第一項申請之條件、程序、審查及其他相關事項之辦法，由外交部會同
內政部並會商中央目的事業主管機關，視人才需求定之。

第 12 條

外國專業人才或外國特定專業人才以免簽證或持停留簽證入國，經許可
或免經許可在我國從事專業工作者，得逕向內政部移民署申請居留；經
許可者，發給外僑居留證。

外國專業人才在我國從事專業工作及外國特定專業人才，經許可居留或
永久居留者，其配偶、未成年子女及因身心障礙無法自理生活之成年子
女，以免簽證或持停留簽證入國者，得逕向內政部移民署申請居留，經

許可者，發給外僑居留證。

依前二項許可居留並取得外僑居留證之人，因居留原因變更，而有入出國及移民法第二十三條第一項各款情形之一者，得向內政部移民署申請變更居留原因。但有該條第一項第一款但書規定者，不得申請。

依前三項申請居留或變更居留原因，有入出國及移民法第二十四條第一項各款情形之一者，內政部移民署得不予許可；已許可者，得撤銷或廢止其許可，並註銷其外僑居留證。

前項之人有入出國及移民法第二十四條第一項第十款或第十一款情形經不予許可者，不予許可之期間，自其出國之翌日起算至少為一年，並不得逾三年。

第 13 條

外國專業人才在我國從事專業工作、外國特定專業人才依第八條第二項規定取得外僑居留證或依第九條規定取得就業金卡，於居留效期或就業金卡有效期間屆滿前，仍有居留之必要者，其本人及原經許可居留之配偶、未成年子女及因身心障礙無法自理生活之成年子女，得向內政部移民署申請延期居留。

前項申請延期居留經許可者，發給外僑居留證，其外僑居留證之有效期間，自原居留效期或就業金卡有效期間屆滿之翌日起延期六個月；延期屆滿前，有必要者，得再申請延期一次，總延長居留期間最長為一年。

第 14 條

外國專業人才在我國從事專業工作，合法連續居留五年，平均每年居住一百八十三日以上，並符合下列各款要件者，得向內政部移民署申請永久居留：

一、成年。

二、無不良素行，且無警察刑事紀錄證明之刑事案件紀錄。

三、有相當之財產或技能，足以自立。

四、符合我國國家利益。

以下列各款情形之一為居留原因而經許可在我國居留之期間，不計入前

項在我國連續居留期間：

一、在我國就學。

二、經許可在我國從事就業服務法第四十六條第一項第八款至第十款工
　　作。

三、以前二款人員為依親對象經許可居留。

外國特定專業人才在我國合法連續居留三年，平均每年居住一百八十三
日以上，且其居留原因係依第八條第一項規定取得特定專業人才工作許
可或依第九條規定取得就業金卡，並符合第一項各款要件者，得向內政
部移民署申請永久居留。

外國專業人才及外國特定專業人才在我國就學取得大學校院碩士以上學
位者，得依下列規定折抵第一項及前項之在我國連續居留期間：

一、外國專業人才：取得博士學位者折抵二年，碩士學位者折抵一年。
　　二者不得合併折抵。

二、外國特定專業人才：取得博士學位者折抵一年。

依第一項及第三項規定申請永久居留者，應於居留及居住期間屆滿後二
年內申請之。

第一項第二款及第十六條第一項第一款所定無不良素行之認定、程序及
其他相關事項之標準，由內政部定之。

第 15 條

外國專業人才在我國從事專業工作、外國特定專業人才及外國高級專業
人才，經內政部移民署許可永久居留者，其成年子女經內政部移民署認
定符合下列要件之一，得不經雇主申請，逕向勞動部申請許可，在我國
從事工作：

一、曾在我國合法累計居留十年，每年居住超過二百七十日。

二、未滿十四歲入國，每年居住超過二百七十日。

三、在我國出生，曾在我國合法累計居留十年，每年居住超過一百八十
　　三日。

雇主聘僱前項成年子女從事工作，得不受就業服務法第四十六條第一

項、第三項、第四十七條、第五十二條、第五十三條第三項、第四項、第五十七條第五款、第七十二條第四款及第七十四條規定之限制,並免依第五十五條規定繳納就業安定費。

第一項外國專業人才、外國特定專業人才及外國高級專業人才之子女於中華民國一百十二年一月一日前未滿十六歲入國者,得適用該項規定,不受該項第二款有關未滿十四歲入國之限制。

第 16 條

外國專業人才在我國從事專業工作,經內政部移民署許可永久居留後,其配偶、未成年子女及因身心障礙無法自理生活之成年子女,在我國合法連續居留五年,平均每年居住一百八十三日以上,並符合下列要件者,得向內政部移民署申請永久居留:

一、無不良素行,且無警察刑事紀錄證明之刑事案件紀錄。

二、符合我國國家利益。

外國特定專業人才依第十四條第三項規定經內政部移民署許可永久居留後,其配偶、未成年子女及因身心障礙無法自理生活之成年子女,在我國合法連續居留三年,平均每年居住一百八十三日以上,並符合前項各款要件者,得向內政部移民署申請永久居留。

前二項外國專業人才及外國特定專業人才之永久居留許可,依入出國及移民法第三十三條第一款至第三款及第八款規定經撤銷或廢止者,其配偶、未成年子女及因身心障礙無法自理生活之成年子女之永久居留許可,應併同撤銷或廢止。

依第一項及第二項規定申請永久居留者,應於居留及居住期間屆滿後二年內申請之。

第 17 條

外國高級專業人才依入出國及移民法規定申請永久居留者,其配偶、未成年子女及因身心障礙無法自理生活之成年子女,得隨同本人申請永久居留。

前項外國高級專業人才之永久居留許可,依入出國及移民法第三十三條

第一款至第三款及第八款規定經撤銷或廢止者，其配偶、未成年子女及因身心障礙無法自理生活之成年子女之永久居留許可，應併同撤銷或廢止。

第 18 條

外國特定專業人才及外國高級專業人才經內政部移民署許可居留或永久居留者，其直系尊親屬得向外交部或駐外館處申請核發一年效期、多次入國、停留期限六個月及未加註限制不准延期或其他限制之停留簽證；期滿有繼續停留之必要者，得於停留期限屆滿前，向內政部移民署申請延期，並得免出國，每次總停留期間最長為一年。

第 19 條

外國專業人才、外國特定專業人才及外國高級專業人才，其本人、配偶、未成年子女及因身心障礙無法自理生活之成年子女，經內政部移民署許可永久居留後，出國五年以上未曾入國者，內政部移民署得廢止其永久居留許可及註銷其外僑永久居留證。

第 20 條

自一百零七年度起，在我國未設有戶籍並因工作而首次核准在我國居留且符合一定條件之外國特定專業人才，其從事專業工作，或依第九條規定取得就業金卡並在就業金卡有效期間受聘僱從事專業工作，於首次符合在我國居留滿一百八十三日且薪資所得超過新臺幣三百萬元之課稅年度起算五年內，其各該在我國居留滿一百八十三日之課稅年度薪資所得超過新臺幣三百萬元部分之半數免予計入綜合所得總額課稅，且不適用所得基本稅額條例第十二條第一項第一款規定。

前項一定條件、申請適用程序、應檢附之證明文件及其他相關事項之辦法，由財政部會商相關機關定之。

第 21 條

外國專業人才、外國特定專業人才及外國高級專業人才有下列情形之一者，其本人、配偶、未成年子女及因身心障礙無法自理生活之成年子

女,經領有居留證明文件者,應參加全民健康保險爲保險對象,不受全
民健康保險法第九條第一款在臺居留滿六個月之限制:

一、受聘僱從事專業工作。

二、外國特定專業人才及外國高級專業人才,具全民健康保險法第十條
　　第一項第一款第四目所定雇主或自營業主之被保險人資格。

第 22 條

從事專業工作之外國專業人才及外國特定專業人才,並經內政部移民署
依本法規定許可永久居留者,於許可之日起適用勞工退休金條例之退休
金制度。但其於本法中華民國一百十年六月十八日修正之條文施行前已
受僱且仍服務於同一事業單位,於許可之日起六個月內,以書面向雇主
表明繼續適用勞動基準法之退休金規定者,不在此限。

曾依前項但書規定向雇主表明繼續適用勞動基準法之退休金規定者,不
得再變更選擇適用勞工退休金條例之退休金制度。

依第一項規定適用勞工退休金條例退休金制度者,其適用前之工作年資
依該條例第十一條規定辦理。

雇主應爲適用勞工退休金條例退休金制度之外國專業人才及外國特定專
業人才,向勞動部勞工保險局辦理提繳手續,並至遲於第一項規定期限
屆滿之日起十五日內申報。

第一項外國專業人才及外國特定專業人才於本法中華民國一百十年六月
十八日修正之條文施行前已適用勞工退休金條例,或已依法向雇主表明
繼續適用勞動基準法之退休金制度者,仍依各該規定辦理,不適用前四
項規定。

第 23 條

外國專業人才、外國特定專業人才及外國高級專業人才受聘僱擔任我國
公立學校現職編制內專任合格有給之教師與研究人員,及政府機關與其
所屬學術研究機關(構)現職編制內專任合格有給之研究人員,其退休
事項準用公立學校教師之退休規定且經許可永久居留者,得擇一支領一
次退休金或月退休金。

已依前項規定支領月退休金而經內政部移民署撤銷或廢止其永久居留許可者，喪失領受月退休金之權利。但因回復我國國籍、取得我國國籍或兼具我國國籍經撤銷或廢止永久居留許可者，不在此限。

第 24 條

香港或澳門居民在臺灣地區從事專業工作或尋職，準用第五條第一項至第四項、第六條、第七條第一項、第八條至第十一條、第十三條、第二十條及第二十一條規定；有關入境、停留及居留等事項，由內政部依香港澳門關係條例及其相關規定辦理。

第 25 條

我國國民兼具外國國籍而未在我國設有戶籍，並持外國護照至我國從事專業工作或尋職者，依本法有關外國專業人才之規定辦理。但其係因歸化取得我國國籍者，得免申請工作許可。

經歸化取得我國國籍且兼具外國國籍而未在我國設有戶籍，並持我國護照入國從事專業工作或尋職者，得免申請工作許可。

第 26 條

外國專業人才、外國特定專業人才及外國高級專業人才經歸化取得我國國籍者，其成年子女之工作許可、配偶與未成年子女及因身心障礙無法自理生活之成年子女之永久居留、直系尊親屬探親停留簽證，準用第十五條至第十九條規定。

第 27 條

本法施行日期，由行政院定之。

國家圖書館出版品預行編目資料

人資人員常用法典／李聰成編著. -- 四
版. -- 臺北市：五南圖書出版股份有
限公司, 2023.03
　　面；　公分
　ISBN 978-626-343-664-0（平裝）

1.CST: 勞動法規

556.84　　　　　　　111021327

1QB9

人資人員常用法典

編 著 者 ─ 李聰成（86.8）

發 行 人 ─ 楊榮川

總 經 理 ─ 楊士清

總 編 輯 ─ 楊秀麗

副總編輯 ─ 劉靜芬

責任編輯 ─ 呂伊真

封面設計 ─ 姚孝慈

出 版 者 ─ 五南圖書出版股份有限公司

地　　址：106台北市大安區和平東路二段339號4樓

電　　話：(02)2705-5066　　傳　真：(02)2706-61

網　　址：https://www.wunan.com.tw

電子郵件：wunan@wunan.com.tw

劃撥帳號：01068953

戶　　名：五南圖書出版股份有限公司

法律顧問　林勝安律師

出版日期　2020年7月初版一刷
　　　　　2021年4月二版一刷
　　　　　2022年2月三版一刷
　　　　　2023年3月四版一刷

定　　價　新臺幣450元

經典永恆・名著常在

五十週年的獻禮——經典名著文庫

五南，五十年了，半個世紀，人生旅程的一大半，走過來了。

思索著，邁向百年的未來歷程，能為知識界、文化學術界作些什麼？

在速食文化的生態下，有什麼值得讓人雋永品味的？

歷代經典・當今名著，經過時間的洗禮，千錘百鍊，流傳至今，光芒耀人；

不僅使我們能領悟前人的智慧，同時也增深加廣我們思考的深度與視野。

我們決心投入巨資，有計畫的系統梳選，成立「經典名著文庫」，

希望收入古今中外思想性的、充滿睿智與獨見的經典、名著。

這是一項理想性的、永續性的巨大出版工程。

不在意讀者的眾寡，只考慮它的學術價值，力求完整展現先哲思想的軌跡；

為知識界開啟一片智慧之窗，營造一座百花綻放的世界文明公園，

任君遨遊、取菁吸蜜、嘉惠學子！